KAIQI HUAXUE JIAOSHI ZHIYE
XINGFU DE MIMA

开启化学教师职业
幸福的密码

吴庆生 著

- 统驭专业技能
- 洞悉成长规律

- 孵化名师骨干
- 参悟发展真谛

中山大学出版社
·广州·

版权所有　翻印必究

图书在版编目(CIP)数据

开启化学教师职业幸福的密码/吴庆生著. —广州：中山大学出版社，2022.6
ISBN 978-7-306-07412-6

Ⅰ.①开… Ⅱ.①吴… Ⅲ.①中学化学课—师资培养—研究 Ⅳ.①G633.82

中国版本图书馆 CIP 数据核字(2022)第 026051 号

出 版 人：	王天琪
策划编辑：	杨文泉
责任编辑：	杨文泉
封面设计：	曾　斌
责任校对：	邱紫妍
责任技编：	靳晓虹
出版发行：	中山大学出版社
电　　话：	编辑部 020－84110283，84113349，84111997，84110779
	发行部 020－84111998，84111981，84111160
地　　址：	广州市新港西路 135 号
邮　　编：	510275　　传　真：020－84036565
网　　址：	http://www.zsup.com.cn　E-mail：zdcbs@mail.sysu.edu.cn
印 刷 者：	广东虎彩云印刷有限公司
规　　格：	787mm×1092mm　1/16　22.5 印张　530 千字
版次印次：	2022 年 6 月第 1 版　2022 年 6 月第 1 次印刷
定　　价：	48.00 元

如发现本书因印装质量影响阅读，请与出版社发行部联系调换

序　言

化学教学是一门科学，因为化学教学有规律可循，也能够量化评价；化学教学也是一门技术，因为化学教学的一些基本技能必须经过反复实践方能掌握；化学教学还是一门艺术，因为化学教学的特色与风格无法完全模仿。化学教师从教学新手成长为教学熟手、教学骨干、名师乃至专家型教师，需要遵循教师专业成长的基本规律。由于教育教学是项实践活动，因此只能够在活动过程中训练实操技法、积累实践经验、掌握教学技能。化学教师只有找准专业发展的切入点，摸索教学各要素的特点和规律，掌握不同发展阶段的专业要求，走专业成长的径直通道，才能够实现教师职业素养的快速提升。

第一，基本生存技能。能上课和会讲题既是教师日常工作的内容，也是教师的基本生存技能。掌握不同知识内容的讲授策略应从课型入手，而掌握题目的分析与讲解技巧则宜从题型切入。

根据元素化合物、化学概念与原理、规则技能、复习课、讲评课等不同课型的知识内容特点、学习方法与认知心理特点的不同特征，教师采取与之相匹配的建构模式和教学策略，往往能达到举一反三、触类旁通之效。化学知识内容与教学要求相对恒定，而课堂组织形式却千变万化。在新课程实施和推进的不同阶段，教学研究的"时尚"主题也在不断地演绎变化。因此，教师应该深度学习与研究化学知识内容的纵横关联和建构策略，灵活地选取与之相适宜的课堂组织形式，并赋予一定的时尚内涵。

题目是教师"教"和学生"学"的落脚点和交互平台，也是检测学业成绩的主要形式。高考题的考查内容与形式对中学化学试题具有导向和引领作用。因此，分析和研究高考试题的题型特点、规律和解题模式，能够抓住习题教学的关键和脉络。教师要研究教材主干知识和核心内容的考查形式，把中、高考试题的考查内容与考查规律分解至模块章节，这样能够提升教学的针对性和实效性。

第二，专业成长技能。公开课是促进教师课堂教学技能提升的平台和捷径。化学教师利用公开课平台，可以深入研究知识内容和学生学情，提升理论水平，整合吸纳备课组及学科组的集体智慧。命制试题是研究试题的有效途径，在选编题组和命制试题的过程中能够提升教师对题目的感知能力和领悟能力，能够深入体验和领会试题的命制规则和考查意图。命制试题的过程，也是深入研究教材和学生的过程，有利于精准教学。

第三，必备素养技能。班级管理能力既是化学教师担任班主任时的专业技能，也是作为化学教师的必备素养，课堂组织教学、课后监管作业、督促落实学习任务等，都要讲究管理方法和处理技巧。另外，只有站在班主任的全局视角，才能够协调好学习化学学科与其他学科之间的关系；也只有掌握学生的心理特点和工作方法，才能够顺利推动"学困生"的化学学习和辅导。因此，优良的班主任素质是化学教学成绩的保障。

第四，高端发展技能。案例研究、论文撰写和课题研究是进行教育教学研究的常见方式和手段，也是迈向专业素养高端发展的抓手和路径。案例研究既始于教育教学实践中的问题，又回归馈赠于实践活动。案例研究为后续的论文写作和课题研究提供了素材实例、理论基础和研究方法，而论文撰写和课题研究也是案例成果的提炼与升华。

化学教师职业素养的发展自始至终都离不开实践和研究。在实践中研究、在研究中实践，是教师职业成长的特点。虽然化学知识、德育内容和教育教学规律相对恒定，但社会环境、学生个体、教育教学理论和阶段目标要求等都在不断地发展变化，只有与时俱进，不断地学习、思考和研究，提升自我研究和实践能力，才能够主动适应和驾驭职业发展的阶段要求，提升职业幸福指数。

首先，坚持实践至上原则。教育教学理论产生于实践，是对实践经验的总结、概括和升华，只有源自教育教学实践的理论才具有应用价值，脱离实践的理论则显得空洞乏味。在理论指导下的实践，更容易摸索到实践的规律，提高实操质量。但理论的发展通常会滞后于实践，在教育教学实践活动中，如果没有与之匹配的理论作为指导，那就坚持实践至上的原则，勇于开拓，以实践效果来评价实践活动。当然，当教育教学实践经验和操作水平达到一定高度时，可以根据行之有效的做法提炼或发展理论，自成一体，形成理论体系和教育教学风格。

其次，以解决问题为研究导向。教育教学研究是以解决工作中的突出问题为出发点的，从实际问题出发进行研究，得出具有实效性的经验再反哺实践，从而提升教育教学质量。教师的专业发展要根据自身的阶段成长需求做好规划，最好与当前工作内容相结合，这样的研究才具有能动性和可持续性，因为实践活动能够为研究提供鲜活的素材内容和研究主题。

随着学术感知能力和洞察能力的提升，在研究问题的过程中会发现新问题，甚至是一系列问题，但受时间和精力所限，只能选择最有价值的核心问题进行研究。在研究问题的过程中生成新问题，再研究解决新问题，从而促进专业素养的良性循环和可持续发展。

再次，专业发展遵循螺旋递进规律。教学工作具有循环性，因此，教师的专业发展也应该是循环递进的。初次接触不同模块、不同知识内容的教学，简单与青涩在所难免，但如果下一次再教授此内容时还是老思路、老办法，那就是原地踏步。为了能够看得见和感受得到自我成长的历程，教师要建立个人资料库，包括教学设计、课件、班会活动方案、家长会资料、练习卷和测试题等，并分类存档，对使用过程中出现的问题进行标记，这样便于带着问题进行自主研修，通过努力很容易摸索到解决问题的办法，然后对原有文案进行调整和修改。随着教学理念与实践经验的丰富与提升，当下一次接触到相同的教学内容时，就可以在原有基础上进行改进和创新，规避又从"零"开始的怪圈。这样经过一轮轮的教学循环，也就实现了一次次的迭代升级。

在专业成长过程中，教师既会面临专业成长的瓶颈期，也会受各种因素的干扰，比如各种评价、心态、身体状况和家庭环境等，很难畅通无阻、一如既往地前行。教师进行必要的调节和休整也是常态，既可以消解此前的纠结和困扰，也可以体验和感受周围的风景；这既是现实生活的需要，也是处于低谷状态时自我修炼的需要，更是蜕变前酝酿的需要。没有磨炼，就难以有执着和飞跃。只要植入职业发展的种子，适逢机缘，就会扬帆起航。

最后，提升认识问题的深度和思想境界的高度。当专业技能提高到一定阶段后，要继续向上发展，就要依赖思想境界的提升，因为人的思想境界决定思考内容和行为方式。职业工作只是生活的一部分，存在着既统一又有些对立的关系，而职业的高端发展，需要投入更多的情感、时间和精力，将专业高端发展融入生活，则需要一定的认识深度和境界高度。借助于专业知识的精专，可以发展认识问题的深度和高度，而认识能力的提升，又能反哺专业的发展，两者相辅相成、相得益彰。因此，要保持专业素养可持续发展，就要不断地发展认识能力，领悟教育教学的本质，提升认识层级和思想境界。

教师职业成长的各要素之间既相对独立，也彼此影响：没有教育教学的摸索和反思，就难以有理论的内化和践行；没有对课型和题型的深入研究，就难以提升教学的针对性和实效性；没有对案例研究的实例总结，就难以撰写论文和研究课题；没有班级管理的经验，就难以实现课堂和作业的有效管理；没有思想境界的高度，就难以有研究成果的提升和飞跃。本书依据化学教师专业发展的必然逻辑规律，审视专业成长的必要因素，从基本生存技能、专业成长技能、必备素养技能和高端发展技能等诸多方面，结合翔实、生动的案例，指出化学教师发展职业能力的方向和路径。

本书撷取的教学案例是针对中学化学教科书的不同版本，汇集了自新课程实施以来的教科研成果精品。由于跨度时间长、版本多，读者在分享案例、观点、理念和思想时，可以体验到化学教学的发展历程和研究方向，能够充分认识到研究内容和研究方法的永恒价值，这也体现和彰显了本书的层次、丰富、新颖和厚重特色。

本书对教师的专业发展进行了探索尝试，希望能够借此启迪和协助更多教师走向职业发展的快速通道。本书为在校师范生的未来职业规划和专业研修提供了案例和参考；为化学教学新手提供了专业技能提升的切入点和路径；为骨干教师的高端发展提供了启发、思路和方向；也为其他学科教师的专业成长提供了借鉴与参考。虽殚精竭虑愿为教师的专业成长提供便捷通道，但终囿于经验、学识和能力，一些专业成长的关键要素或有缺漏、一些案例的处理方法尚欠成熟、一些观点仍待商榷，衷心切望得到广大学界同行的关心、支持和批评指正！

目　　录

主题1　课型研究是专业成长的绿色通道 ··· 1
　　浪淘沙・课型 ··· 1
　　1.1　常见化学课型与教学范式 ··· 2
　　1.2　"元素价类二维图"复习元素化合物策略探索 ··································· 8
　　1.3　化学概念建构模式的探索与实践 ··· 14
　　1.4　化学核心概念关键特征的建构策略 ··· 20
　　1.5　培养学生化学实验技能的教学策略 ··· 27
　　1.6　探究性实验的设计思路和相关要领 ··· 32
　　1.7　有机化学规则技能的培养策略 ·· 36
　　1.8　复习整理有机化学知识的教学策略 ··· 41
　　1.9　整合教学策略在化学复习中的应用 ··· 46

主题2　为知识建构的内核穿上一件时尚得体的外衣 ····················· 53
　　画堂春・课堂 ·· 53
　　2.1　对四种基本化学课型实施自主学习教学模式的研究报告 ··············· 54
　　2.2　化学课堂"互动生成"教学模式实践研究 ······································· 69
　　2.3　问题架构式生成性课堂的教学实践与探索 ··································· 74

主题3　模型匹配是认识化学并与之交流的思维模式 ····················· 81
　　破阵子・题型 ·· 81
　　3.1　利用"模型法"突破化学实验探究题 ··· 82
　　3.2　利用"模型法"突破工艺流程图题 ··· 90
　　3.3　利用"模型法"突破反应原理常见问题 ··· 95
　　3.4　利用有机规则模型突破有机合成推导题 ···································· 102
　　3.5　利用化学模型提升学生解决问题的能力 ···································· 110
　　3.6　利用"核心目的"逆向突破化学综合性问题 ································ 116

主题4　习题是师生的着力点和交流平台 ····································· 122
　　卜算子・题目 ·· 122
　　4.1　利用题组训练提升化学关键性技能 ··· 123
　　4.2　潜修化学专业素养　提升试题命制质量 ···································· 130
　　4.3　化学习题讲评课的教学策略 ··· 140

主题 5	反思与创新是驱动教学能力提升的引擎 ……………………………	145
	长相思•修炼 ………………………………………………………………	145
	5.1 化学微观表征的方法与教学策略 ……………………………………	146
	5.2 利用支架协助学生建构化学程序性知识 ……………………………	152
	5.3 在核心问题的探究中建构电化学知识 ………………………………	157
	5.4 运用形体活动化解教学难点 …………………………………………	162
	5.5 通过活动建构化学平衡的生命属性——"化学平衡复习"教学设计 ……	165
	5.6 "点石成金"法之实验改进二则 ……………………………………	170
	5.7 基于发展学生化学关键能力的复习教学策略 ………………………	172
	5.8 建构整体性知识 提升系统性思维 …………………………………	177

主题 6	境界成就专业发展的广度和高度 …………………………………………	183
	渔家傲•远见 ………………………………………………………………	183
	6.1 化学思维品质的培养策略 ……………………………………………	184
	6.2 矫治化学认知偏差 提升学科思辨能力 ……………………………	189
	6.3 在化学实验教学中发展学生的推理能力 ……………………………	192
	6.4 发展学生推理能力的教学策略 ………………………………………	199
	6.5 促进学生认识发展的教学策略 ………………………………………	206
	6.6 发展学生化学认识能力的实践与探索 ………………………………	210
	6.7 浅析化学大概念的凝练与建构 ………………………………………	217
	6.8 化学大概念单元教学的实践与研究 …………………………………	223
	6.9 在化学教学中渗透化学学科思想的实践与探索 ……………………	231

主题 7	让公开课展示你的才智与优雅 ……………………………………………	245
	一剪梅•公开课 ……………………………………………………………	245
	7.1 "六心"让公开课展示你的才智与优雅 ……………………………	246
	7.2 浅谈化学课堂教学的四维评价 ………………………………………	251
	7.3 利用最后五分钟互动答疑点亮课堂 …………………………………	258

主题 8	研究活动让师生携手感知化学的灵动 ……………………………………	264
	少年游•研究活动 …………………………………………………………	264
	8.1 化学活动小课题 素养影响大乾坤 …………………………………	265
	8.2 研究案例 1 地沟油的制取与检测 …………………………………	271
	8.3 研究案例 2 利用烟油制取家用洗涤膏 ……………………………	278
	8.4 研究案例 3 万能集气、量气与储气装置 …………………………	285

主题 9	研究与写作是专业素养跃升的双翼 ………………………………………	289
	青玉案•明理 ………………………………………………………………	289

  9.1 案例研究是教师专业发展的起点和归宿 …………………… 290
  9.2 在写作中修炼自我 ………………………………………… 294

主题 10 在心灵触碰中修炼自我 ……………………………………… 302
  江城子·班主任 …………………………………………………… 302
  10.1 提升寄宿学校班级管控效益的实践与探索 ……………… 303
  10.2 让"冷处理"成为班级管理的常态 ……………………… 307
  10.3 在班级精巧管理中塑造学生的优良品质 ………………… 311
  10.4 班主任素养能力自主发展路径初探 ……………………… 316

主题 11 让专业成长成为一种习惯 ……………………………………… 321
  清平乐·莲心 ……………………………………………………… 321
  11.1 浅析教师自主发展之内驱力与方向 ……………………… 322
  11.2 浅析教师自主发展之途径与策略 ………………………… 326
  11.3 教师职业幸福漫谈 ………………………………………… 330
  11.4 学校团队管理策略探讨 …………………………………… 333
  11.5 构建有效校本教研的思考与探索 ………………………… 335

主题 12 让专业素养激活感悟世界的触角 …………………………… 340
  蝶恋花·登山 ……………………………………………………… 340
  12.1 赏析化学中蕴含的灵性与哲理 …………………………… 341
  12.2 平衡论 ……………………………………………………… 346
  12.3 原创论 ……………………………………………………… 347
  12.4 评价论 ……………………………………………………… 348

主题1　课型研究是专业成长的绿色通道

根据中学化学学习任务和学习方式的差异，化学课可以分为新授课、练习课、复习课和讲评课等几种课型。其中，新授课可根据学习内容、学习方法和认知心理上的不同特征，再细分为三种"亚课型"，即事实学习（主要是元素化合物知识的学习）、规则学习（主要是化学概念和化学理论知识的学习）和技能学习（化学计算、化学用语以及化学实验等知识与技能的学习）。

分类标准和研究的出发点不同，化学课型的分类方法也不相同。由于同一种课型的学生认知特征和学习方法非常相似或接近，因此与之对应的应该是相同的学习策略和教学模式。教师掌握了不同化学课型的特征后，就可以从课型教学规律的层面去统摄驾驭不同的教学内容，提升教学的差异性、深刻性和实效性。同时，也为化学教学的艺术性奠定技术基础。

浪淘沙·课型

概念易混淆，
方程纷扰，
性质涌现四处跑。
驾驭顽性倚何招？
课型法宝。

外延定辈分，
守恒管照，
通性特性无一逃。
分家循规俱静好，
同门同道。

1.1 常见化学课型与教学范式

依据化学学习内容、学习方法和认知心理的不同特征,我们可以把化学课分为化学概念课、元素化合物课、规则技能课与讲评课四种课型。由于四种课型的学习内容彼此不同,而同一种课型的学生认知特征和学习方法又非常相似,因此与之对应的应该是四种不同的学习策略和教学模式。(见表1-1)

表1-1 化学课型与教学程式

化学课型	教学程式	适用内容
化学概念课	对比归类→剖析抽象→推论演绎→整理融合	氧化还原反应、离子反应、电解质、原电池、电解池、盐类水解等
元素化合物课	建构元素价类二维图→利用元素价类二维图定位物质通性→物质的特性→建构物质间的转化关系	钠、氯、铁、铝、硫、氮等元素及其化合物
规则技能课	分析规则的原理依据→在正例的模仿练习中建构规则→利用反例建构规则的适用情境→在适度的练习中建立应用规则的双向自动化反应→整理同类规则,建构规则系统	化学用语、化学计算、实验操作、有机规则等
讲评课	讲评课前的准备(教师要做题→统计并分析学生的答题情况→把同类问题进行归类→让学生自主矫正认知误区)→课堂讲评习题(以课本实例为原点进行类比拓展→搭建思维路径→建构解决问题的程式→跟进变式练习)→课后学生整理要点,教师渗透强化	章节习题讲评、单元测试讲评、模块检测讲评等

1.1.1 化学概念课

1.1.1.1 课型概述与特征

化学概念是在化学科学发展过程中建立起来的,是化学现象和化学事实的概括化和抽象化的思维形式,能反映同类事物的化学运动规律和本质属性。化学概念是化学学科知识体系的基础,是课程内容的重要组成部分,更是整个化学知识的"骨架",而核心概念则是精髓和命脉。只有理解和掌握了化学概念,才能牢固地、系统地掌握化学基础知识和基本技能,才能形成探究问题的能力。

概念的含义可分为内涵与外延。概念的内涵是指概念的本质,即概念的关键特征;而概念的外延则是指概念的适用对象、条件、范围等,即概念的背景属性。

学生在学习概念时虽然不可能像前人那样经过长期探索，但对概念的学习、应用和发展，必须以感性认识为前提。所以，概念教学可将抽象概念直观化、具体化，在学生已有知识的基础上，创设问题情境，设计一些学生动手实践活动，使学生在自主活动中发现问题，为学生概念的形成提供一些感性认识，然后不断挖掘材料的内涵，逐渐上升为抽象的概念。在化学课堂教学中，提供尽可能充足的实验事实、数据或经验，并加以归纳、概括形成概念；或通过复习原有概念，并分析其与新概念的关系，用演绎的方法形成新概念。

1.1.1.2 教学流程

（1）对比归类——从哪里来

利用反例把要审辨的事物从它所处的周围环境、外在视野或边沿部分中审辨出来，并进行归类才能得出其表观特征。而不能仅仅列举一些符合某一概念界定的同类事物，只重视正例的相同之处，是不足以让学生审辨到概念的关键特征的。

（2）剖析抽象——本质是什么

选取典型例证，从概念的表观特征切入，剖析概念的实质，从而建构化学概念的本质特征。同时，厘清化学概念表观特征与本质特征之间的相互关系。

（3）推论演绎——有什么用

让学生理解概念并培养学生的思维能力，就必须引导学生根据概念的关键特征进行推论演绎，得出一些相关的结论。化学概念的推论演绎过程，也是理解和应用化学概念关键特征的过程。

（4）整理融合——到哪里去

只有把新概念纳入已有的概念系统中，学生才能够建立起新旧概念之间的逻辑联系，也才能深入理解概念的适用条件和关键特征，才能不断地丰富和完善学生的认知结构。

1.1.1.3 教学要求

①概念的建构要结合具体例证。从"感性→理性"是认识事物的普遍规律，化学概念的建构要从具体的例证入手，通过对具体例证的分析、比较与辨别，提取其共同的特征信息，舍弃干扰信息，然后将特征信息进一步抽象和概括。概念的具体例证越丰富，关键特征就越明显，就越有利于概念的学习和理解。因此，建构化学概念的四个环节均需要结合具体例证，否则就容易误入"从概念到概念"的空洞的教学流程。

②"应用至上"是内化概念关键特征的途径。化学概念的产生本身就是从感知具体的物质和现象开始，经过由表及里、由感性到理性的概括和抽象形成的。化学概念是化学知识体系的组成细胞，也是化学学习和思维的基元。因此，化学概念的教学要遵循"应用至上"的原则，在理解中应用、在应用中理解。化学概念的应用过程，也是概念关键特征的内化过程，在应用过程中，能够更进一步地丰富和完善概念的内涵与外延。

1.1.1.4 评价标准

①初步建立概念后，通过解释、判断正例或反例，或通过变式训练，理解概念的本质属性，明确其适用范围与条件。

②理解化学概念的关键特征，并能够应用概念的关键特征解决生活与生产实践活动中的具体问题。

③通过在新的情境中运用概念进行分类、解释，或者运用概念的属性进行推论等变式训练，巩固与内化概念，并形成概念系统。

1.1.2 元素化合物课

1.1.2.1 课型概述与特征

元素化合物课是学习一些物质的组成、结构、性质、制法及其用途等各方面的知识。如果采用简单的"授受"教学模式，学生只能机械地记忆一些元素化合物的事实，而思维能力和化学学科素养无法得以提高。元素化合物课能够有效地培养和训练学生的观察能力、实验能力、分析能力、概括能力以及推理能力等。所以，元素化合物教学通过引导学生探究物质的性质，自主建构物质间的相互反应规律，借以培养学生的思维品质和科学素养。

以物质的类别（单质、氧化物、酸、碱、盐等）为横坐标，以某元素的化合价为纵坐标，在二维平面内绘制含有某元素物质的图像称之为该元素的价类二维图。元素价类二维图具有直观、线索清晰、引导性强等特点，以"元素价类二维图"作为元素化合物的建构平台，既有利于从物质类别和价态视角掌握物质的通性，更有利于建构物质间的转化关系，还有助于培养学生的统摄思维和概括能力。

1.1.2.2 教学流程

（1）建构元素价类二维图

元素价类二维图是从物质类别与核心元素价态来定位物质的，并借此判定物质的类别通性和价态特性（氧化还原性）。因此，在教学中，首先要建构某元素价类二维图。

（2）利用元素价类二维图定位物质性质

以元素价类二维图为平台，首先依据物质类别横向分析该物质的类别通性，再根据核心元素的化合价纵向分析该物质的氧化（还原）性，最后再辨析该物质的非价态特性。即按照"先归类，再通性，后特性"的思维方式建构元素化合物。

（3）建构元素价类二维图中物质间的转化关系

相对于单一、孤立的反应，通过创设情境建构的物质间的转化关系，更有利于对物质性质的系统掌握，并能够从该物质与其他物质的相互关联中全面认知该物质的性质。同时，关系图相当于一个图式模板，有利于同类物质变化关系的模仿迁移。

1.1.2.3 教学要求

①把元素化合物知识和学生学习的难点内容创设为问题情境，引导学生在解决问题的过程中建构元素化合物知识，并获取解决问题的技能和策略。问题情境的创设应遵循连续性和阶梯性原则，按照由浅入深、由表及里、由简单到复杂、由具体到抽象的内在逻辑，引导学生沿着台阶拾级而上，实现"低起点，高落点"的优化认知结构和提升能力的学习目的。

②课堂上引导学生进行元素化合物知识的探究，无论是理论探讨还是实验探究，首先要求学生必须具备一定的背景知识，否则难以开展探究或探究难以为继。

③学生要对课堂上所要探究的内容有初步的了解，必要时要事先设计实验方案，以便在课堂上加以实验和讨论，否则课堂时间紧，往往会出现刚刚开始探究就要被迫结束的现象。所以，探究元素化合物知识课前要列出自主学习提纲，当学生具备了必要的基础知识和技能后，课堂探究就会主动、积极并富有成效。

1.1.2.4 评价标准

①掌握元素化合物的典型化学性质，并通过物质之间的转化关系建构元素化合物的转化关系图。学会应用物质的类别属性与核心元素的化合价分析该物质的化学性质。

②建构元素化合物知识的"三重"表征。通过阅读材料、观看多媒体素材、观察与分析实验现象或科学探究等活动建构宏观表征，通过书写方程式建构符号表征，运用理论模型从微观角度建构微观表征。

③通过分类、比较、归纳、概括等加工活动，重组新旧知识，发展元素化合物的知识结构和认知模式；通过回答应用性问题等活动以巩固元素化合物知识。

1.1.3 规则技能课

1.1.3.1 课型概述与特征

化学在其发展过程中形成了独特的化学用语和化学规则，这些规则既是尊重客观事实的智慧创造，也是约定俗成的通用模式。有机反应规则、实验操作、化学用语与化学计算等可纳入技能学习的教学范畴。根据行为心理学的理论，若要整体掌握技能就要首先对其进行分解，把目标技能分解成若干个简单单元，从学生的实际起点出发，先进行范例演示，接着让学生练习并掌握简单单元，然后螺旋式递进，最后综合强化。

1.1.3.2 教学流程

（1）分析规则的原理依据

在规则技能教学时，要紧扣其原理依据，让学生不但知道怎样做，而且还要知道为什么这样做。分析规则的实质，能发展学生的认识能力，有利于规则的应用迁移，更有利于解决复杂问题。

（2）在正例的模仿练习中建构规则

如果简单地将规则的方法、规范和步骤罗列出来，然后让学生去操练，不管教师表达得如何清晰，学生也是不得要领、难以应用。只有在学生模仿练习的过程中，引导学生概括总结规则的步骤、方法和规范，这样建构的规则才是属于学生自己的规则，才具有应用迁移价值。

变式练习是规则技能获得和提高的关键手段。首先，结合具体实例的变式练习，要符合教学目标、符合大多数学生的认识水平；其次，变式要具有典型性，具有"由例及类"的特点，能达到举一反三、触类旁通的效果；最后，变式呈现的易难顺序要与学生的认识顺序产生"共振"。规则的建构只有做到了全面性和概括性，形成的应用技能才具备有效性和普适性。

(3) 利用反例建构规则的适用情境

提供一些不能用规则解释或操作的反例，引导学生分辨规则的适用情境，提高学生的认知反省水平，使学生对规则的理解更加深入，做到处变不惊。

(4) 在适度的练习中建立应用规则的双向自动化反应

①在适度练习中进行及时矫正与总结。对于规则技能的学习，只理解规则的意义，知道如何应用是不够的。熟练地应用规则是衡量技能获得的重要标志。规则技能的掌握有赖于适度的练习，只有通过一定量的练习，应用规则的技能才能达到熟练程度和自动化水平。

规则技能的练习效果不在于次数的多少，而在于重复练习要达到的正确性、协调性和自动化，因此，规则练习必须与矫正、总结有机地结合起来。一方面要及时订正错误，找出错误的原因并进行矫正；另一方面，在练习后要注意思路和方法的反思总结，以提升规则的迁移能力。

②建立应用规则的双向自动化反应。程序性知识是由陈述性知识转化而来的，是陈述性知识的动态成分，与静态的陈述性知识不同，程序性知识以"产生式"的动态形式来表征，即"如果……，那么……"。通过应用规则的适度练习，建立应用规则的双向反应，既可以从条件"如果……"得出行动"那么……"；也可以从目标行动"那么……"逆向推出所需的条件"如果……"。

只有单项规则的应用技能达到了双向自动化水平，才能为优化重组不同规则创造条件，才能为应用不同规则解决综合性问题奠定基础。

(5) 整理同类规则，建构规则系统

单项规则只能解决适用的某一方面的问题，而要解决综合问题，则需要将不同规则进行优化重组，建构规则网络，为解决综合问题提供策略选择。

①整合同类规则。首先对同类规则进行整合，采用类比方法，通过抽象概括，分析同类规则的实质，提升规则迁移的广泛性和精准度。

②建构规则系统。当一个产生式的"那么……"成为另一个产生式的"如果……"时，这2个产生式便建立了相互联系。若一组产生式有这种相互联系，便形成一个产生式系统。产生式系统是解决复杂问题的程序性知识。

1.1.3.3 教学要求

规则技能学习是一种范例教学，"举例说明"是范例教学最通用的方法。如果离开了具体的实例，只是由教师将枯燥的方法、规范的步骤干巴巴地罗列，不管教师的表达如何清晰，学生也是不得要领的。因此，要根据教学目标和学生实际，合理地组织好例题和习题教学。首先，例题和习题必须符合本课题的教学目标，符合本班大多数学生的认知水平；其次，例题和习题必须精，必须典型；最后，例题和习题的呈现顺序要经过合理的安排，尽量与学生的认知程序产生"共振"。

1.1.3.4 评价标准

①通过老师的范例讲解或正例的呈现，建构解决同类问题的规则技能。

②初步运用规则技能解决典型问题，并列出操作步骤。在运用中体会规则程序背后的化学原理和化学思想，内化为对规则程序的理解。

③通过典型的、题组式的、有逻辑的变式练习，提升学生规则技能的熟练程度，以便为综合应用规则技能解决复杂问题奠定基础。

1.1.4 讲评课

1.1.4.1 课型概述与特征

教师的"教"和学生的"学"都离不开习题。习题既是检测"教"与"学"的工具，也是师生交流的媒介。化学章节和单元习题讲评课是教师对学生所做练习进行解析和评价的一种课型，是新授课的有机组成部分。

新授课往往以知识的逻辑建构为线索，注重知识的有序生成。而习题讲评课则是以解决问题为中心，通过内引外联，将解决问题的相关知识进行整合，以重组和优化学生的认知结构。这样通过纵向和横向的双重建构，既协助学生完善了认知结构，又提升了学生应用知识的能力。

1.1.4.2 教学流程

（1）讲评课前的准备

①教师要做题。教师做题，能深度领会习题的知识要点、命题意图、难度水平和能力要求，站在学生的角度换位思考，预测学生可能出现的问题和错误，以切中学生的最近发展区。

②统计并分析学生的答题情况。统计各个小题的大致错误率（可通过抽样进行统计），以确定要讲评的题目。一般来讲，错误率在30%～70%之间的题目要重点讲评，因为这类题目属于阶梯性题目，具有知识建构价值和能力提升功能。

③把同类问题进行归类。把在习题中暴露的问题进行归类，已形成问题组，归类时既可按知识点归类，也可按错误类型归类，亦可按思路方法归类。把同类问题整合在一起，按照问题类别的逻辑顺序进行讲评。

④让学生自主矫正认知误区。在习题讲评前，让学生对照参考答案进行自我矫正，这是引导学生自主学习和培养元认知能力的有效途径。

（2）课堂讲评习题

①以课本实例为原点进行类比拓展。首先要引导学生回归课本，找出相关知识点在课本中的出处。通过回忆、联想将相关知识进行系统梳理，形成知识网络，达到"做一题、温一章"的目的。

②搭建思维路径。遵循学生的认知规律，通过搭建思维路径，让学生借助一个个阶梯来逐步解决问题。

③建构解决问题的程式。当协助学生解决了具体问题后，教师应适时引导学生总结概括该类问题的特征和解题步骤，从而提炼出解决此类问题的程式。

④跟进变式练习。当引导学生建构了解决问题的程式后，教师要安排学生进行变式练习，这样既能在应用中理解和巩固程式，又便于掌握程式的适用情境。

1.1.4.3 教学要求

习题讲评课针对的是班级学生存在的普遍性问题，引导学生建构的是普适性的技能和策略，而具体到每名学生来说，则要在课后根据自己的实际情况整理课堂笔记，提炼整理适用于自己的方法和要点，这样既为了及时总结讲评课的学习成果，也为了以后复习巩固之用。

习题讲评课只是及时弥补和矫正了学生的认知结构，而知识的消化和内化还需要一段时间。因此，教师要带着学生的这些问题，在后续的教学中适时地进行渗透和强化。

1.1.4.4 评价标准

①能够灵活地应用化学知识解决具体化学问题，达到学以致用的目的，以掌握解决具体化学问题的基本方法与基本技能。对习题中蕴含的主要问题类型进行回顾和整理，形成某种问题图式（指题型或小专题性问题）及解决的方法和策略。

②通过解析典型问题的解决方法与解决程序，掌握解决此类问题的策略；同时，丰富对化学知识内涵与外延的理解。另外，围绕某一主题，按一定的线索构建知识网络。

1.2 "元素价类二维图"复习元素化合物策略探索[①]

以物质的类别（单质、氧化物、酸、碱、盐等）为横坐标，以某元素的化合价为纵坐标，在二维平面内绘制含有某元素物质的图像称之为该元素的"元素价类二维图"。元素价类二维图具有直观、线索清晰、引导性强等特点。[②] 以元素价类二维图作为元素化合物的复习平台，既有利于从物质类别和价态视角掌握物质性质，更有利于优化重组物质间的转化关系，还有助于培养学生的统摄思维和概括能力。

把元素化合物的重点知识和对于学生而言的难点内容创设为问题，引导学生在解决问题的过程中优化重组元素化合物知识，并获取解决问题的技能和策略。问题情境的创设应遵循连续性和阶梯性原则，按照由浅入深、由表及里、由简单到复杂、由具体到抽象的内在逻辑，引导学生拾级而上，实现"低起点，高落点"的优化认知结构和提升能力的复习目的。[③]

1.2.1 建构元素价类二维图

元素价类二维图是从物质类别与核心元素价态分析物质性质，并借此判定物质的类别通性和氧化（还原）性。因此，首先要建构元素价类二维图。

案例1：Fe元素价类二维图（见图1-1）

①含有Fe元素的常见单质、氧化物、碱和盐有哪些？

[①] 黄海云、吴庆生：《用"元素价类二维图"复习元素化合物策略探索》，载《化学教学》2014年第5期，第34-37页。

[②] 陈鹏：《利用价类图复习"常见无机物及其应用"》，载《化学教育》2012年第3期，第33-34页。

[③] 夏向东：《化学教学中问题情境的创设策略》，载《研究性学习探索》2009年第2期，第35-37页。

②Fe 元素的常见价态有哪些？
③以物质类别为横坐标，以 Fe 元素的价态为纵坐标，画出 Fe 元素的平面坐标。
④将含有 Fe 元素的常见物质标注在坐标图上。

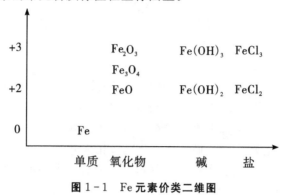

图 1-1　Fe 元素价类二维图

又如，N 元素价类二维图（见图 1-2）：

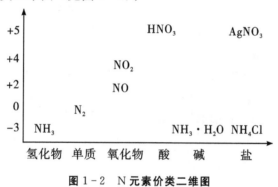

图 1-2　N 元素价类二维图

1.2.2　利用元素价类二维图分析物质性质

物质的化学性质涵盖物质所属的类别通性、氧化性（还原）性以及该物质所具有的特殊性质。以元素价类二维图为平台，首先依据物质类别横向分析该物质的类别通性，再根据核心元素的化合价纵向分析该物质的氧化（还原）性，最后再辨析该物质的特性。即按照"先归类，再通性，后特性"的思维方式复习元素化合物。

1.2.2.1　物质的类别通性

根据物质所属的类别，可以初步判定该物质所属的类别通性。

比如，Fe_3O_4 具有金属氧化物的通性，能溶于酸，即：$Fe_3O_4 + 8H^+ = 2Fe^{3+} + Fe^{2+} + 4H_2O$。

又如，$NH_3 \cdot H_2O$ 作为碱，能与盐发生复分解反应，即：$3NH_3 \cdot H_2O + Al^{3+} = Al(OH)_3 \downarrow + 3NH_4^+$。

1.2.2.2　物质的氧化（还原）性

当物质中核心元素的化合价为最低价态时，该物质具有还原性；当核心元素为最高价态时，该物质具有氧化性；而当处于中间价态时，该物质既具有氧化性，又具有还原性。

案例 2：Fe、Fe^{2+} 与 Fe^{3+} 的氧化（还原）性

①根据 Fe、$FeCl_2$、$FeCl_3$ 中 Fe 元素的价态，判断三种物质的氧化（还原）性；

（$\overset{0}{Fe}$ 具有还原性，$\overset{+3}{FeCl_3}$ 具有氧化性，而 $\overset{+2}{FeCl_2}$ 既具有氧化性又具有还原性）

②Fe 要转化为 Fe^{2+}，需要与具有何种性质的物质反应？具体有哪些物质？

（氧化性物质，比如 HCl、$CuCl_2$、$FeCl_3$、I_2 与 S 等）

③Fe 要转化为 Fe^{3+}，需要与具有何种性质的物质反应？具体有哪些物质？

（氧化性物质，比如 Cl_2、Br_2、HNO_3 与浓 H_2SO_4 等）

④Fe 与不同氧化剂反应，被氧化的产物不同，有何规律？

（Fe 被弱氧化剂氧化为 Fe^{2+}，而被强氧化剂氧化为 Fe^{3+}）

⑤Fe^{3+} 能被具有何种性质的物质还原为 Fe^{2+}？具体有哪些物质？

（还原剂，比如 Fe、Cu、KI 等）

⑥Fe^{2+} 的氧化性和还原性如何体现？

（Fe^{2+} 与 Mg、Zn 等反应体现 Fe^{2+} 的氧化性，而与 Cl_2、HNO_3、H_2O_2、酸性 $KMnO_4$ 溶液等反应则体现其还原性）

1.2.2.3 物质的特性

物质所具有的特性，是指该性质异于此类物质所具有的通性。物质的特性与此类物质的通性进行对比，一方面有利于辨明特性与通性的差异；另一方面，将特性与通性"捆绑"在一起，有利于对特性与通性的整体认知和情境互联。

比如，铁粉与水蒸气反应，该反应的特性要与钠、镁与水反应对比才能体现出来：

$$3Fe+4H_2O(g)\xrightarrow{高温}Fe_3O_4+4H_2$$

$$2Na+2H_2O=\!=\!=2NaOH+H_2\uparrow$$

$$Mg+2H_2O\xrightarrow{\triangle}Mg(OH)_2+H_2\uparrow$$

又如，NO_2 与 H_2O 反应，要与 CO_2、SO_2 与 H_2O 反应进行对比：

$$3NO_2+H_2O=\!=\!=2HNO_3+NO$$

$$CO_2+H_2O=\!=\!=H_2CO_3$$

$$SO_2+H_2O=\!=\!=H_2SO_3$$

再如，NH_3 是碱性气体，能够使湿润的红色石蕊试纸变蓝；而作为酸性气体的 HCl、SO_2 等则能使湿润的蓝色石蕊试纸变红。

1.2.3 优化重组元素价类二维图中物质间的转化关系

在元素化合物新授课学习时，物质之间的转化一般是单向的、线性的；而复习课则要建构物质之间的转化关系，使元素化合物知识结构化、网络化。相对于单一、孤立的反应，通过创设情境建构的物质间的转化关系，更有利于对物质性质的系统掌握，并能够从该物质与其他物质的相互关联中全面认知该物质的性质。同时，关系图相当于一个图式模板，有利于同类物质变化关系的模仿迁移。

1.2.3.1 直线型

比如，钠露置在空气中发生的变化：

$$Na \xrightarrow{O_2} Na_2O \xrightarrow{H_2O} NaOH \xrightarrow[\text{潮解}]{H_2O} NaOH\text{溶液} \xrightarrow{CO_2} Na_2CO_3 \cdot 10H_2O \xrightarrow{\text{风化}} Na_2CO_3$$

又如，"雷雨发庄稼"的原理：

$$N_2 \xrightarrow[\text{放电}]{O_2} NO \xrightarrow{O_2} NO_2 \xrightarrow{H_2O} HNO_3 \xrightarrow{M^{n+}} M(NO_3)_n$$

再如，用硫磺制取硫酸的工艺流程：

$$S \xrightarrow{O_2} SO_2 \xrightarrow{O_2} SO_3 \xrightarrow{H_2O} H_2SO_4$$

物质之间的"直线型"转化关系，将零散的物质串联起来，是建构元素化合物相互关系的主线，它以直观、递进的形式，为物质间的制取提供线索。

1.2.3.2 三角型

比如，①将 Al 溶解在盐酸溶液中，然后向其中逐滴滴加 NaOH 溶液；②将 Al 溶解在 NaOH 溶液中，然后向其中逐滴滴加 HCl 溶液。上述转化关系可构成"铝三角"。（见图1-3）

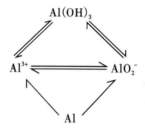

图1-3　铝三角

元素化合物之间的"三角型"关系是常见的重要物质之间的固化关系，通常是分析物质性质和相互关系的思维单元，也是迁移应用物质性质的重要工具。

1.2.3.3 综合型

案例3：铁及其化合物的相互转化

①取少量铁粉与水蒸气反应后的固体于试管中，加入盐酸使其完全溶解，然后加入 NaOH 溶液。

②用铝热法还原 Fe_3O_4。

……

上述系列反应中构成的转化关系为（见图1-4）：

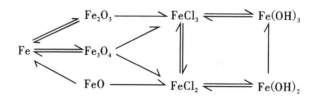

图1-4　铁及其化合物的相互转化

物质之间的"综合型"转化关系，比较系统地整合了物质之间的相互反应，有利于整体认知、定位某一物质在该元素化合物中的性质和角色功能。

1.2.4 系统整合元素价类二维图中物质的性质

复习不是知识的简单重复与再现，而是在学生原有认知基础上的优化和提升。系统整合同一物质发生同种反应的产物差异以及不同物质的同类问题，能促使学生认知结构的条理化和系统化。

1.2.4.1 整理同一物质发生同种反应的产物差异

同一物质发生同种反应，由于反应物相同而生成物不同，因此，极易造成混乱。而通过对比反应条件、反应物浓度以及相对量的多少，可以明辨反应的差异。

（1）反应条件不同，生成物不同

Na 在空气中直接被氧化为 Na_2O，而在加热条件下则被氧化为 Na_2O_2。

$$4Na+O_2=2Na_2O$$

$$2Na+O_2 \xrightarrow{\triangle} Na_2O_2$$

（2）浓度不同，生成物不同

Cu 与浓 HNO_3 反应生成 NO_2，而与稀 HNO_3 则生成 NO。

$$Cu+4HNO_3(浓)=Cu(NO_3)_2+2NO_2\uparrow+2H_2O$$

$$3Cu+8HNO_3(稀)=3Cu(NO_3)_2+2NO\uparrow+4H_2O$$

（3）相对量不同，生成物不同

Fe 与过量的稀 HNO_3 反应生成 $Fe(NO_3)_3$，而与少量的稀 HNO_3 则生成 $Fe(NO_3)_2$。

$$Fe+4HNO_3(过量)=Fe(NO_3)_3+NO\uparrow+2H_2O$$

$$3Fe+8HNO_3(少量)=3Fe(NO_3)_2+2NO\uparrow+4H_2O$$

1.2.4.2 整合不同物质的同类问题

将不同物质的同类问题进行整合，建构解决问题的系统方案，并通过"情境转化"解决复杂问题。

案例 4：利用显色反应检验 Fe^{3+} 与 Fe^{2+}

①如何检验铁丝在氯气中的燃烧产物是 $FeCl_3$？

②如何检验铁粉溶解在盐酸中生成 $FeCl_2$？

③激光打印机墨粉的磁性成分是 Fe_3O_4，含量一般是 20%～30%。如何检验墨粉中含有 Fe_3O_4？

在解决上述问题的过程中，引导学生整理 Fe^{3+} 与 Fe^{2+} 的四种检验情况：

①Fe^{3+} 的检验：KSCN 溶液。
②Fe^{2+} 的检验：KSCN 溶液和氯水。
③Fe^{2+} 存在下 Fe^{3+} 的检验：KSCN 溶液。
④Fe^{3+} 存在下 Fe^{2+} 的检验：酸性 $KMnO_4$ 溶液。

学生建构了利用显色反应检验 Fe^{3+} 与 Fe^{2+} 的系统方案后，当遇到了新的情境，就可以通过"情境转化"进行解决。比如,检验 $FeSO_4$ 是否变质,可以转化为"Fe^{2+} 存在下 Fe^{3+} 的检验"。

1.2.5　用原理理论统摄元素价类二维图中物质的性质

在新授课学习元素化合物时,由于还没有系统学习物质结构和反应原理等知识,对于涉及结构与原理的内容,只能告知"是什么"。而当进入高三复习时,就可以打破模块、章节的界限,不仅要解释"为什么",还要从原理理论去分析问题、理解问题和解决问题。因此,复习元素化合物,要从更高层面去设计与规划,不仅仅要注重元素化合物知识的重组与优化,还要注重反应原理的应用,并要厘清不同模块之间的内在联系。①

1.2.5.1　**物质结构元素周期性**

为什么 Cl_2 的氧化性强于 S?

$$2Fe+3Cl_2 \xrightarrow{\text{点燃}} 2FeCl_3$$

$$Fe+S \xrightarrow{\triangle} FeS$$

Cl_2 比 S 的氧化能力强,能直接将 Fe 氧化为 Fe^{3+}。原因是虽然 Cl 和 S 都位于第三周期,但 Cl 的原子半径小于 S,Cl 的得电子能力强于 S,因此,Cl_2 的氧化性强于 S。

1.2.5.2　**弱电解质的电离平衡**

$Al(OH)_3$ 为什么既能与酸反应,又能与碱反应呢?

$Al(OH)_3$ 既能发生碱式电离,又能发生酸式电离。即:

$$Al^{3+}+3OH^- \rightleftharpoons Al(OH)_3 \rightleftharpoons H^+ +AlO_2^- +H_2O$$

向 $Al(OH)_3$ 加入 H^+,$Al(OH)_3$ 向碱式电离方向移动;当加入 OH^- 时,$Al(OH)_3$ 向酸式电离方向移动。

即:$Al(OH)_3+3H^+ \rightleftharpoons Al^{3+}+3H_2O$

$\quad\quad Al(OH)_3+OH^- \rightleftharpoons AlO_2^- +2H_2O$

1.2.5.3　**溶解平衡**

向饱和 Na_2CO_3 溶液中通入 CO_2,会有晶体析出,为什么?

饱和 Na_2CO_3 溶液中存在着溶解平衡:

$$Na_2CO_3(s) \rightleftharpoons Na_2CO_3(aq) \rightleftharpoons 2Na^+ +CO_3^{2-}$$

而 $CO_3^{2-}+CO_2+H_2O \rightleftharpoons 2HCO_3^-$

$Na^+ +HCO_3^- \rightleftharpoons NaHCO_3(aq) \rightleftharpoons NaHCO_3(s)$

由于:① $NaHCO_3$ 的溶解度比 Na_2CO_3 小;②生成的 $NaHCO_3$ 的质量比消耗的 Na_2CO_3 的大(即 106 g Na_2CO_3 生成 168 g $NaHCO_3$),即溶质增加;③反应消耗了水,即溶剂减少。因此,会出现沉淀,主要原因是①。

---

① 唐敏:《从"氨的分子结构与性质"谈元素化合物的复习策略》,载《化学教学》2011 年第 10 期,第 59-60 页。

1.2.5.4 盐类水解

如何利用水解原理制取 $Fe(OH)_2$？

将一根除锈的铁钉放入试管中，加入 0.5 mol/L H_2SO_4 溶液浸没铁钉，加热，产生气体，待反应 2 min 后，用胶体滴管吸取饱和 Na_2CO_3 溶液挤入试管中液体底部，发现产生大量气体，随着气体的逐渐减少，发现试管底部开始逐渐出现白色沉淀。最后，气泡消失，试管中充满白色沉淀。

该实验中，Fe 与 H_2SO_4 反应产生的 Fe^{2+}，与 CO_3^{2-} 发生双水解，在 H_2 和 CO_2 的保护下生成 $Fe(OH)_2$ 白色沉淀。

$$Fe^{2+} + CO_3^{2-} + H_2O = Fe(OH)_2\downarrow + CO_2\uparrow$$

1.2.5.5 电化学原理

如何设计装置以氯化钠为原料制取家用消毒液 NaClO？

用石墨做电极电解饱和氯化钠溶液，a 为负极，b 为正极，装置见图 1-5。

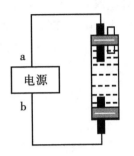

图 1-5　电解法制取消毒液

通电时，电解饱和食盐水：

$$2NaCl + H_2O = 2NaOH + H_2\uparrow + Cl_2\uparrow$$

阳极产生的 Cl_2 在上升的过程中，与阴极附近的 NaOH 溶液反应，产生消毒液 NaClO：

$$Cl_2 + 2NaOH = NaCl + NaClO + H_2O$$

1.3　化学概念建构模式的探索与实践[①]

化学概念是在化学科学发展过程中建立起来的，是化学现象和化学事实概括化和抽象化的思维形式，能够反映同类事物的化学运动规律和本质属性。[②] 化学概念是化学学科知识体系的骨架，在化学教学中处于基础性和先导性位置。因此，准确地理解化学概念，不仅能够统摄化学知识、完善知识结构，而且还能够厘清化学问题的本质，有助于发展学生思维的严谨性和逻辑性。

在化学概念教学时，教师要实现从"知识立意"向"素养立意"、从"教授过程"向"学悟过程"的转变。首先创设问题情境，在实例中生成概念；然后通过对概念的微观探析和符号表征，让概念"立"起来；接着对概念进行辨析和应用，以深度理解概念；最后将概念纳入已有的知识结构中。在学生观察、归纳、分析、研讨和应用等活动过程中，水到渠成地生成和内化概念，从而提升化学概念建构的逻辑性和有效性。

---

① 吴庆生：《化学概念建构模式的探索与实践》，载《化学教学》2021 年第 5 期，第 36-39 页。
② 祝钱：《例谈初中化学概念教学中的变式和迁移策略》，载《化学教学》2020 年第 3 期，第 89-92 页。

1.3.1 创设典型实例

概念的引入切忌简单地从概念到概念,而应该结合具体实例,宏观、具体的实例更容易被学生接受,还能够激发学生的学习兴趣。结合案例进行概念教学,有利于"从实例中来,到实例中去"。为了从实例中有效地抽象提炼概念,创设的实例要具备常见性、全面性、一致性和直观性等特点。

1.3.1.1 常见性

从学生熟悉的物质、反应或情境来创设问题,学生会容易介入与共情,概括抽象概念也相对比较顺畅。而如果选取陌生的情境,学生在认知和理解情境时会比较费时费力,那么再抽象提炼概念就会存在一定难度。

当然,有时为了增加实验的趣味性和直观性,也可以引入一些前沿的技术或情境,但要考虑到学生的知识基础和能力水平,要对预期的难点进行必要的铺垫。比如,用电导率传感器来测量 $Ba(OH)_2$ 溶液中滴加稀 H_2SO_4 时溶液导电性的变化,就要先介绍电导率传感器是定量测定溶液导电能力的,就像借助于灯泡发光来定性测量溶液的导电能力一样。

1.3.1.2 全面性

为了用科学归纳法从实例中概括抽象出概念,选取的实例要尽可能全面,即概念涉及的种类都要至少列举一个,这样归纳、概括的方法才会逻辑和科学。比如,盐类水解实验既要列举强酸弱碱盐(如 NH_4Cl),也要列举强碱弱酸盐(如 Na_2CO_3)等。

1.3.1.3 一致性

选取相近的物质或反应进行比对,更容易忽略次要因素的影响,有助于抓住问题的本质和关键。比如学习胶体概念时,可以列举饱和 $FeCl_3$ 溶液、$Fe(OH)_3$ 胶体和 $Fe(OH)_3$ 沉淀三组物质,并对其分别进行振荡和激光笔照射实验,很容易得出胶体与悬浊液的稳定性差异以及胶体与溶液的丁达尔效应不同。再由饱和 $FeCl_3$ 溶液制备 $Fe(OH)_3$ 胶体,以及将 $Fe(OH)_3$ 胶体继续加热发生聚沉得到 $Fe(OH)_3$ 沉淀,可以实现溶液、胶体和沉淀三种独立分散系的相互转化。

1.3.1.4 直观性

形象、直观的实例,更容易抽象提炼出概念。比如,借助于 H_2SO_4 和 $Ba(OH)_2$ 的反应来抽象提炼离子反应的概念:向 0.01 mol/L $Ba(OH)_2$ 溶液滴加 3~5 滴酚酞试液,然后向 $Ba(OH)_2$ 溶液中匀速逐滴加入 0.2 mol/L H_2SO_4 溶液。

溶液由红色变成无色,说明 H^+ 和 OH^- 结合成 H_2O;溶液出现白色沉淀,说明 Ba^{2+} 与 SO_4^{2-} 结合成 $BaSO_4$;用电导率传感器测量溶液,溶液的电导率变化如图 1-6 所示。

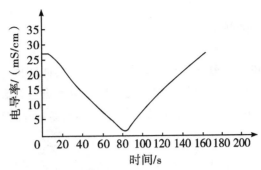

图 1-6　向 $Ba(OH)_2$ 溶液中滴加 H_2SO_4 溶液的电导率变化曲线①

从曲线可以清晰地看到电导率的变化，曲线直观地显示出溶液中离子浓度的变化情况，在氢氧化钡与硫酸反应过程中，离子浓度不断降低，电导率下降，之后氢氧化钡反应完全，继续滴加硫酸，离子浓度又相对增加，电导率又开始增大。这条电导率变化曲线实现了离子反应的可视化，让学生"看到了"离子反应的微观本质。②

1.3.2　概念的生成

1.3.2.1　抽象提炼概念

对宏观现象进行概括提炼概念的过程，实质上是直接经验转化为间接经验的过程，也是实现知识内化的关键步骤。归纳概括通常采用"异处求同"的思维方法，通过抽象提炼，实现从个体性质到类别通性的飞跃。

比如，通过 $NaCl$、KNO_3、蔗糖、酒精四种化合物分别在固体、水溶液以及熔融状态下导电性对比实验，可以抽象提炼出电解质与非电解质的概念。

1.3.2.2　定义概念

概念的表述可以分为外延和内涵。概念的外延是指概念所能适用的范围边界；而内涵则是指概念所具有的含义，表示某种事物的特定属性，是概念的本质特征。因此，定义概念需要从外延和内涵两个方面进行界定。比如电解质的定义模型：

$\begin{cases} 外延：化合物 \\ 内涵：在水溶液中或熔融状态下能够导电 \end{cases}$

所以，电解质可被定义为：在水溶液中或熔融状态下能够导电的化合物。

向学生介绍了概念的定义模型后，就可以引导学生直接去定义概念，这样既有利于学生理解概念的丰富内涵，更有利于概念的内化与应用。

当然，随着学习内容的深入，概念的内涵也在不断地深化，比如氧化还原反应：

---

① 胡久华、黄燕宁：《化学必修第一册教师用书》，山东科学技术出版社 2019 年版。
② 周业虹：《学科核心素养下的化学概念教学设计》，载《化学教学》2018 年第 9 期，第 37-40 页。

$$\left\{\begin{array}{l}\text{外延：化学反应}\\ \text{内涵}\left\{\begin{array}{l}\text{得失氧（外显特征，局限性）}\\ \text{化合价升降（表观特征）}\\ \text{电子转移（本质特征）}\end{array}\right.\end{array}\right.$$

1.3.3 概念的微观探析与符号表征

1.3.3.1 概念的微观探析

在对宏观现象进行识别后，接着要对产生宏观现象的原因进行微观分析，这样既有利于理解概念的本质，同时也为概念的表征写下伏笔。

比如，通过比较 0.1 mol/L HCl 溶液和 0.1 mol/L CH_3COOH 溶液导电性的差异，再微观分析 HCl 溶液和 CH_3COOH 溶液中粒子的种类，如图 1-7 所示。

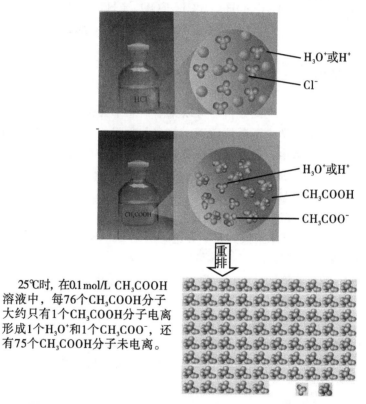

图 1-7 HCl 溶液和 CH_3COOH 溶液中粒子种类比较①

由图中可以直接得出 HCl 完全电离，为强电解质；而 CH_3COOH 不完全电离，为弱电解质。所以，相同温度、相同浓度的 HCl 溶液和 CH_3COOH 溶液相比，HCl 溶液中离子浓度大，导电能力强；而 CH_3COOH 溶液中离子浓度小，导电能力弱。

---

① 王祖浩：《化学反应原理》，江苏教育出版社 2006 年版，第 59 页。

在化学概念教学中，借助于图像、动画、模型等感性教学素材，可以将原本看不见摸不着的内容生动形象地展现在学生面前，做到"微观过程可视化"，增强概念教学的趣味性和有效性。比如，引导学生利用粒子结构示意图画出 NaCl、HCl 的微观形成过程，不仅降低了电子得失与电子偏移的理解难度，而且通过分析电子转移与元素化合价升降的对应关系，还能够直接得出氧化还原反应的表观特征（化合价升降）与本质特征（电子转移）的相互关系。

1.3.3.2 概念的符号表征

化学符号表征是沟通宏观识别和微观探析的中介和桥梁，是化学概念学科化的表现形式，是对宏观信息和微观信息的抽象和概括，它以简练的形式表达了宏观现象、微观本质以及数量关系。

比如，为了表征强电解质 HCl 和弱电解质 CH_3COOH 的电离情况，可用电离方程式表示如下：

$$HCl == H^+ + Cl^-；CH_3COOH \rightleftharpoons CH_3COO^- + H^+$$

HCl 完全电离，而 CH_3COOH 则存在电离平衡，仅部分电离而已。

1.3.4 概念的辨析

对化学概念进行多层面变式分析，可以排除概念中无关因素的干扰，有利于学生对概念本质的认识，能够让学生不断地矫正、整合和重组相关知识，达到自我构建概念的目的。在概念的变式训练中，通常是围绕着概念的外延和内涵进行设计。比如，采用正误判断对电解质进行变式训练：

①铜丝能导电，所以是电解质。
②NaCl 溶液和盐酸都能导电，所以是电解质。
③$BaSO_4$ 难溶于水，其水溶液几乎不导电，所以 $BaSO_4$ 不是电解质。
④NaCl 是电解质，所以 NaCl 固体可以导电。
⑤CO_2、NH_3 的水溶液能导电，所以 NH_3、CO_2 均是电解质。

题组①～②是针对电解质的外延，题组③～⑤则针对电解质的内涵。

学生在概念建构的起始阶段，利用正向变式有利于学生对刚刚形成的概念进行初步强化；而在概念的后期巩固阶段，采用反向变式可以让学生对概念的理解更加精确，还能够排除学生认知结构中无关属性的干扰，实现对概念本质的精准辨析。

1.3.5 概念的应用

学生建构概念之后，要通过课后练习来巩固深化课堂上的理解，探索概念的适用边界，建立学习内容与实际问题之间的联系。

比如，离子反应的应用表现在离子方程式的书写、离子共存的判断，还有离子的推断等，其中离子的推断是离子反应、离子共存的综合应用。例如：

某无色、澄清溶液中可能含有 ① Na^+、② SO_4^{2-}、③ Cl^-、④ HCO_3^-、⑤ CO_3^{2-}、

⑥H^+、⑦Cu^{2+}中的几种,且每种离子的浓度均相等。依次进行下列实验,且每步所加试剂均过量,观察到的现象见表1-2。

表1-2 离子推断的实验操作及现象

步骤	操作	现象
(1)	用紫色石蕊试液检验	溶液变红
(2)	向溶液中滴加 $BaCl_2$ 和稀 HCl	有白色沉淀生成
(3)	将(2)中所得混合物过滤,向滤液中加入 $AgNO_3$ 溶液和稀 HNO_3	有白色沉淀生成

下列结论正确的是

A. 肯定含有的离子是①②⑥ B. 该实验无法确定是否含有③
C. 可能含有的离子是①③ D. 肯定没有的离子是⑤⑦

当离子之间相互结合为气体、沉淀或弱电解质而发生离子反应时,则离子之间就不能大量共存。首先根据溶液为无色,可以排除Cu^{2+};然后根据实验步骤(1)及其现象,说明溶液中存在H^+,依据"互斥性原则",溶液中肯定不存在HCO_3^-和CO_3^{2-}。接着根据实验步骤(2)及其现象,溶液中含有SO_4^{2-}。而根据实验步骤(2)(3)及其实验现象,依据"进出性原则",此时并不能确定原溶液中是否含有Cl^-。最后根据原溶液中已经确定的H^+、SO_4^{2-}以及各种离子浓度相等,依据"电中性原则",可以判断原溶液中肯定含有Na^+,同时否定含有Cl^-。

1.3.6 概念的归类

任何一个化学概念都不是孤立存在的,而是与其他有关概念相互交织、共同作用而形成一个个概念群组。随着教学内容的不断深入,这些概念群组进而形成具有一定主题的知识结构和知识体系。[①]

教师在进行概念教学时,不仅要了解新概念在知识结构中的位置,还要理解新概念的发展脉络,这样才能够准确把握概念教学的深度和广度。只有将新概念纳入已有的概念群组中,才能够建立完善的知识结构。比如,电解质可从两个维度进行归类:

1.3.6.1 交叉分类

化合物 { 按是否含有碳元素 → 无机物、有机物
按化合物性质 → 氧化物、酸、碱、盐
按在水溶液或熔融状态下是否导电 → 电解质、非电解质
按化合物的组成和结构 → 离子化合物、共价化合物

---

① 薛青峰、孙美华:《概念主题理念下的化学概念教学的实践与思考》,载《化学教学》2018年第8期,第45-46页。

比如，NaCl属于化合物分类中的无机物、盐、电解质和离子化合物。每一种物质都具有多种类别属性，分类标准不同，所属的类别也不同，当然也具备所属类别的通性。

1.3.6.2 树状分类

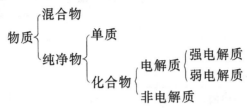

采用树状分类，可以直观地理顺新概念与已有概念的相互关系，形成知识结构和概念体系。同时，也可以进一步强化概念的外延和丰富概念的内涵。

1.4 化学核心概念关键特征的建构策略[①]

化学概念是在化学科学发展过程中建立起来的，是化学现象和化学事实的概括化和抽象化的思维形式，能反映同类事物的化学运动规律和本质属性。[②] 化学概念是化学学科知识体系的基础，而核心概念则是精髓和命脉。

概念具有内涵和外延两个基本特征。概念的外延是指概念所反映事物的对象范围，称为背景属性；概念的内涵是指概念所反映事物对象所特有的属性，称为关键特征。比如，氧化还原反应是指化合价升降（或电子转移）的化学反应，"化学反应"是背景属性，而"化合价升降（或电子转移）"则是氧化还原反应的关键特征。

建构化学核心概念就是从概念的背景属性中辨析出概念的关键特征并加以应用。审辨化学核心概念的关键特征，既有利于学生认识概念的实质，又有利于应用概念，并能够发展学生的认识能力。

1.4.1 审辨化学核心概念的表观特征和本质特征

化学核心概念的关键特征可分解为表观特征和本质特征，表观特征是外在的、宏观的和表象的，而本质特征则是内隐的、微观的和本质的。比如，化学反应前后，"同种元素化合价升降"是氧化还原反应区别于非氧化还原反应的表观特征，而"同种元素化合价升降"的原因则是电子发生了转移（得失或偏移），所以，电子转移是氧化还原反应的本质特征。只有理解化学核心概念的表观特征和本质特征，并厘清其相互关系，才能够完整地认知化学核心概念。

---

① 吴庆生：《化学核心概念关键特征的建构策略》，载《化学教育》2015年第1期，第34-38页。
② 陆军：《运用认知心理学指导高中生学习化学概念》，载《上海教育科研》2007年第5期，第87-88页。

一些化学核心概念的表观特征和本质特征如表1-3所示。

表1-3 化学核心概念的表观特征和本质特征

化学核心概念	表观特征	本质特征	背景属性
氧化还原反应	化合价升降	电子得失或偏移	化学反应
原电池	产生电流	负极失去电子而氧化,正极得到电子而还原	电能与化学能转换装置
化学平衡	浓度恒定	正逆反应速率相等	可逆反应
盐类水解	盐溶液呈酸性或碱性	促进了水的电离	盐的水溶液

1.4.2 化学核心概念关键特征的建构程式

1.4.2.1 对比归类——从哪里来

一般教学认为,只要列举一些符合某一概念界定的同类事物即正例,让学生找出相同之处,便可以得出概念的关键特征。但事实上,只重视事物的相同之处,是不足以让学生审辨到概念的关键特征的,还需要与背景属性中的反例进行对比,把要审辨的事物从它所处的周围环境、外在视野或边沿部分中审辨出来[1],并进行归类才能得出其表观特征。

比如,通过正例(氧化还原反应)与反例(非氧化还原反应)的对比,归纳得出"化合价升降"是氧化还原反应的表观特征。而化学平衡状态是从非平衡状态下建立起来的,通过对比,得出"反应物或生成物的浓度恒定"是可逆反应达到平衡状态的表观特征。

案例1:氧化还原反应的表观特征

【设问】什么物质能够将CuO还原为Cu?

【回答】还原剂H_2、C和CO均能够将CuO还原为Cu。

【设问】CuO失去氧发生还原反应,那么H_2、C和CO发生何种反应呢?

【回答】H_2、C和CO得到氧,发生氧化反应。

【讲述】氧化反应和还原反应同时发生,称为氧化还原反应。如:

① $H_2 + CuO \xrightarrow{\triangle} Cu + H_2O$

② $C + 2CuO \xrightarrow{高温} 2Cu + CO_2\uparrow$

③ $CO + CuO \xrightarrow{\triangle} Cu + CO_2\uparrow$

【设问】下列反应是氧化还原反应吗?

④ $CO_2 + H_2O == H_2CO_3$

⑤ $CaCO_3 \xrightarrow{高温} CaO + CO_2\uparrow$

⑥ $CuO + H_2SO_4 == CuSO_4 + H_2O$

---

[1] 卢敏玲:《变易理论和优化课堂教学》,安徽教育出版社2011年版,第113页。

【回答】属于非氧化还原反应。

【设问】标出上述反应中各种元素的化合价,观察同种元素化合价的前后变化情况,归纳出氧化还原反应、非氧化还原反应与元素化合价的前后变化有何对应关系。

【分析】

① $\overset{0}{H_2} + \overset{+2-2}{CuO} \xrightarrow{\Delta} \overset{0}{Cu} + \overset{+1-2}{H_2O}$

② $\overset{0}{C} + 2\overset{+2-2}{CuO} \xrightarrow{\text{高温}} 2\overset{0}{Cu} + \overset{+4-2}{CO_2}\uparrow$

③ $\overset{+2-2}{CO} + \overset{+2-2}{CuO} \xrightarrow{\Delta} \overset{0}{Cu} + \overset{+4-2}{CO_2}\uparrow$

⎫ 氧化还原反应

④ $\overset{+4-2}{CO_2} + \overset{+1-2}{H_2O} = \overset{+1+4-2}{H_2CO_3}$

⑤ $\overset{+2+4-2}{CaCO_3} \xrightarrow{\text{高温}} \overset{+2-2}{CaO} + \overset{+4-2}{CO_2}\uparrow$

⑥ $\overset{+2-2}{CuO} + \overset{+1+6-2}{H_2SO_4} = \overset{+2+6-2}{CuSO_4} + \overset{+1-2}{H_2O}$

⎫ 非氧化还原反应

【归纳】氧化还原反应中同种元素的化合价有升降,而同种元素的化合价没有升降的化学反应则为非氧化还原反应。

案例2:化学平衡的表观特征

【设问】根据下列数据画出反应物浓度和生成物浓度随时间变化的曲线图。

在一定温度下,将0.40 mol N_2 和0.60 mol H_2 充入1 L恒容密闭容器中发生反应生成NH_3,不同时刻各物质的浓度如下:

时刻/min	$c(N_2)$/(mol/L)	$c(H_2)$/(mol/L)	$c(NH_3)$/(mol/L)
0	0.40	0.60	0
5	0.37	0.51	0.06
10	0.35	0.45	0.10
15	0.35	0.45	0.10
35	0.35	0.45	0.10

【画图】见图1-8:

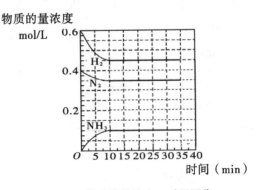

图1-8 物质的量浓度—时间图像

【设问】对照图像分析 0～10 min 和 10～35 min 时间段反应物和生成物的浓度变化情况。

【回答】0～10 min 时间段，反应物浓度逐渐减少，生成物浓度则逐渐增大；10～35 min 时间段，反应物和生成物的浓度均保持不变。

【抽象】10～35 min 时间段是平衡状态，而 0～10 min 时间段为非平衡状态。反应物和生成物浓度保持恒定是可逆反应达到平衡状态的标志。

1.4.2.2 剖析抽象——本质是什么

选取典型例证，从概念的表观特征切入，剖析概念的实质，从而建构化学核心概念的本质特征。同时，厘清化学核心概念表观特征与本质特征之间的相互关系。

案例 3：氧化还原反应的本质特征

【设问】分析并判断 $2Na+Cl_2 \xrightarrow{\triangle} 2NaCl$ 是否为氧化还原反应。

【分析】$2\overset{0}{Na}+\overset{0}{Cl_2} \xrightarrow{\triangle} 2\overset{+1\ -1}{NaCl}$，是氧化还原反应。

【设问】为什么 Na 和 Cl_2 的化合价都是 0 价，而 NaCl 中 Na 是 +1 价、Cl 是 -1 价呢？

【分析】化合价是元素之间相互化合时表现出来的性质，Na 和 Cl_2 是单质，没有与其他元素化合，所以为 0 价；但对于 NaCl 来说：

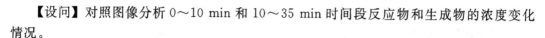

【概括】元素化合价符号与数值大小取决于原子中电子转移（得失或偏移）的方向和数目。

【提炼】氧化还原反应的本质是电子转移（得失或偏移），化合价升降只是表观特征。

【设问】以 H_2 还原 CuO 为例，归纳化合价升降、得失电子与物质性质之间的相互关系。

【归纳】

化合价升高，失电子，发生氧化反应，是还原剂

$$\overset{0}{H_2} + \overset{+2\ -2}{CuO} \xrightarrow{\triangle} \overset{0}{Cu} + \overset{+1\ -2}{H_2O}$$

化合价降低，得电子，发生还原反应，是氧化剂

【设问】判断反应 $Zn+CuSO_4==ZnSO_4+Cu$ 的氧化剂和还原剂，并指出该反应电子转移的方向。

【分析与实验】向一只烧杯中加入 1.0 mol/L $CuSO_4$ 溶液 30 mL，将连接导线和电流计的石墨棒和锌片插入 $CuSO_4$ 溶液，观察实验现象。

电流计指针发生偏转，电流从石墨棒流向锌片，说明电子从锌片转移到石墨棒上。

【提炼】氧化还原反应伴随着电子转移，电子由还原剂转移至氧化剂。

案例4：化学平衡的本质特征

【设问】浓度对反应速率有何影响？

【回答】浓度越大，反应速率越快；浓度越小，反应速率越慢。

【设问】结合"案例2"中的数据，分析消耗 N_2 速率和生成 N_2 速率的变化情况。

【分析】0 min 时刻，N_2 和 H_2 的浓度最大，N_2 的正反应速率也最大；此时还没有生成 NH_3，所以 N_2 的逆反应速率为0。但随着反应的进行，N_2 和 H_2 的浓度逐渐减少，N_2 的正反应速率逐渐减少，而 NH_3 的浓度逐渐增大，N_2 的逆反应速率逐渐增大。但在 0~10 min 时间段，正反应消耗 N_2 的速率一直大于逆反应生成 N_2 的速率，总反应向正反应方向进行。从 10 min 时刻开始，N_2、H_2 和 NH_3 的浓度不再发生变化，正反应消耗 N_2 的速率等于逆反应生成 N_2 的速率，总反应处于动态平衡状态，即达到了化学平衡。

【设问】定性画出正反应消耗 N_2 的速率和逆反应生成 N_2 的速率随时间的变化曲线图。

【画图】见图1-9：

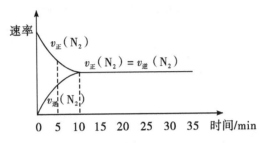

图1-9 速率-时间图像

【设问】总反应速率与正、逆反应速率的关系如何？

【回答】一个可逆反应表现出来的速率是正、逆反应速率的合速率（即正、逆反应速率的差值）。当总反应速率为0时，即达到了化学平衡状态。（见图1-10）

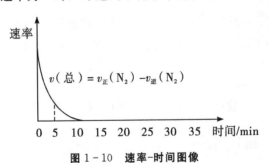

图1-10 速率-时间图像

【升华】正、逆反应速率相等是可逆反应达到平衡状态（即各组分浓度恒定）的内在动力。

1.4.2.3 推论演绎——有什么用

化学概念的学习不能仅止于审辨阶段，否则学生就难以脱离背诵记忆的学习模式。要让学生理解概念并培养学生的思维能力，就必须引导学生根据概念的关键特征进行推论演绎，得出一些相关的结论。化学概念的推论演绎过程，也是理解和应用化学概念关键特征的过程。

案例5：氧化还原反应的推论

【设问】根据下列物质中核心元素的常见化合价，判断该物质的氧化性或还原性。

FeCl₃ KI SO₂ H₂O₂

【分析】+3价是Fe元素的高价态，所以FeCl₃只具有氧化性；-1价是I元素的最低价态，所以KI只具有还原性；而+4价和-1价分别是S和O元素的中间价态，所以SO₂和H₂O₂既具有氧化性又具有还原性。

【设问】分析预测FeCl₃与KI反应后的产物是什么。

【分析】FeCl₃具有氧化性，$\overset{+3}{Fe} \rightarrow \overset{+2}{Fe}$；KI具有还原性，$\overset{-1}{I} \rightarrow \overset{0}{I}$。预测反应方程式为：2FeCl₃+2KI══2FeCl₂+I₂+2KCl

【设问】如何检验预测是否正确？

【实验】向2 mL 1 mol/L FeCl₃溶液中滴加数滴1 mol/L KI溶液，观察现象；然后再滴加淀粉试液，观察现象。

FeCl₃溶液由黄色变为棕黄色，滴加淀粉试液后变成蓝色，说明生成了I₂。

案例6：化学平衡的推论

【设问】"案例2"中10～35 min时间段，N₂的物质的量分数（或物质的量浓度分数）为多少？有何特点？

【回答】N₂的物质的量分数（或物质的量浓度分数)约为38.9%，保持恒定。

【设问】平衡状态时，$v_正(N_2)$与$v_逆(H_2)$有何关系？$v_正(H_2)$与$v_逆(NH_3)$呢？

【回答】$3v_正(N_2)=v_逆(H_2)$

$2v_正(H_2)=3v_逆(NH_3)$

【设问】在第35 min时刻向该恒容密闭容器中充入0.10 mol/L NH₃，原平衡状态还能保持吗？若不能保持，该如何变化？

【分析】刚充入0.10 mol/L NH₃时，NH₃的浓度迅速升至0.20 mol/L，逆反应速率增大，而此时N₂、H₂的浓度没有变化，即正反应速率不变，此时逆反应速率大于正反应速率，平衡向逆反应方向移动。

随着反应向逆反应方向进行，N₂、H₂的浓度逐渐增大，正反应速率逐渐增大，而逆反应速率逐渐减少，最后正、逆反应速率相等，反应体系又达到了新的平衡状态，此时，N₂、H₂和NH₃的浓度及含量又开始保持恒定。

1.4.2.4 整理融合——到哪里去

只有把新概念纳入已有的概念系统中，学生才能够建立起新旧概念之间的逻辑联系，也才能对概念的适用条件和关键特征进行深入的理解，才能不断地丰富和完善学生的认知结构。

案例7：氧化还原反应的融合

【设问】如何评价氧化还原反应的三种定义？

【评价】氧化还原反应的三种定义：

①得失氧的化学反应——有局限性。

②元素化合价升降的化学反应——表观特征。

③电子转移（得失或偏移）的化学反应——本质特征。

【设问】判断下列反应所属的四大基本反应类型，并指出其是否为氧化还原反应。

①$2Cu+O_2 \xrightarrow{\triangle} 2CuO$

②$Cu(OH)_2 \xrightarrow{\triangle} CuO+H_2O$

③$H_2+CuO \xrightarrow{\triangle} Cu+H_2O$

④$CuO+H_2SO_4 == CuSO_4+H_2O$

⑤$CO_2+H_2O == H_2CO_3$

⑥$2H_2O \xrightarrow{通电} 2H_2\uparrow +O_2\uparrow$

⑦$Zn+CuSO_4 == Cu+ZnSO_4$

⑧$HCl+NaOH == NaCl+H_2O$

【分析】化学反应所属的类型（见表1-4）：

表1-4 化学反应所属的类型

反应类型	化合反应	分解反应	置换反应	复分解反应
氧化还原反应	①	⑥	③⑦	—
非氧化还原反应	⑤	②	—	④⑧

【设问】用圆表示氧化还原反应集合，用椭圆表示化合、分解、置换和复分解反应集合，用集合关系图表示氧化还原反应与四大基本反应类型之间的相互关系。

【展示】展示并完善学生的作品（见图1-11）：

图1-11 氧化还原反应与四大基本反应类型的关系

【设问】⑦⑧属于离子反应吗？如何看待反应所属的类别？

【回答】⑦⑧属于离子反应。分类标准不同，反应所属的类别也不同。

案例8：化学平衡的融合

化学平衡、弱电解质的电离平衡、盐类的水解平衡和难溶物的溶解平衡是四大平衡体系，都具有"动""定""等""变"的平衡特征。当外界条件变化，平衡体系发生移动，皆遵循勒夏特里原理，即"增谁减谁、降谁补谁"，原因是可逆反应具有自动调节的平衡机制，能够通过平衡的移动来减缓外界因素的影响。

1.4.3 化学核心概念的建构要点与内化途径

1.4.3.1 核心概念的建构要结合具体例证

从感性到理性是认识事物的普遍规律，化学核心概念的建构要从具体的例证入手，通过对具体例证的分析、比较与辨别，提取其共同的特征信息，舍弃干扰信息，然后将特征信息进一步抽象和概括。[1] 概念的具体例证越丰富，关键特征就越明显，就越有利于概念的学习和理解。因此，建构化学核心概念的四个环节均需要结合具体例证，否则就容易误入"从概念到概念"的空洞教学流程。

1.4.3.2 "应用至上"是内化核心概念关键特征的途径

按照"对比归类→剖析抽象→推论演绎→整理融合"的认知顺序建构了化学核心概念的关键特征后，只能说初步建构了概念，要想深入地理解和内化概念，还需要在后续的实践应用中进一步地丰富和完善。

化学概念的产生本身就是从感知具体的物质和现象开始，经过由表及里、由感性到理性的概括和抽象形成的。[2] 化学概念是化学知识体系的组成细胞，也是化学学习和思维的基元。因此，化学核心概念教学要遵循"应用至上"的原则，在理解中应用、在应用中理解。化学核心概念的应用过程，也是概念关键特征的内化过程，在应用过程中，能够更进一步地丰富和完善概念的内涵与外延。

比如氧化还原反应的应用对象有利用化合价推断物质的氧化（或还原）性、利用物质的氧化（还原）性推断产物、利用金属单质的还原性判断原电池的电极、利用阴离子的还原性（或阳离子的氧化性）的强弱判断电极产物等。

1.5 培养学生化学实验技能的教学策略[3]

化学实验是学生学习化学的重要途径，也是进行科学探究的重要方式。[4] 化学实验技能是指完成化学实验过程所需要的各种技能技巧。掌握化学实验技能既是化学学习的内容，也是学生学习化学的工具和保障。良好的实验技能有利于化学基础知识的建构和实验探究能力的提升。

一般来说，化学实验过程可分为实验准备、实验实施和实验结果处理三个阶段[5]，涉及实验设计、实验基本操作和实验表征三种实验技能。（见图1-12）

---

[1] 刘知新：《化学教学论》（第4版），高等教育出版社2004年版，第230-232页。
[2] 郭睿：《我国化学概念教学二十五年》，载《教育科学研究》2006年第4期，第47-48页。
[3] 吴庆生：《培养学生化学实验技能的教学策略》，载《化学教育》2015年第9期，第53-55页。
[4] 史文景：《浅谈学生化学实验技能的培养》，载《中华少年》2012年第3期，第229页。
[5] 刘知新：《化学教学论》，高等教育出版社2004年版，第151-153页。

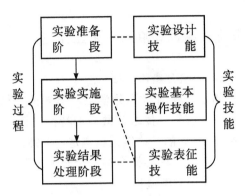

图 1-12　完成实验过程所需的三种实验技能

　　实验技能的培养一般从实验基本操作开始，但就每一个具体的化学实验来说，由于实验的内容和功能不同，培养学生实验技能的侧重点也有所不同。培养实验技能遵循"感知记忆→模仿练习→迁移应用"的技能教学原则，使之逐步内化为学生自身的化学素养。

1.5.1　实验基本操作技能

　　化学实验基本操作是指常见实验仪器和化学药品的选择与使用、仪器的组装与连接、常见实验故障和偶发事件的处理等。

1.5.1.1　了解仪器的构造原理和试剂性能

　　化学仪器是化学实验的工具，了解仪器的构造原理，学生的操作才会更加自觉和主动。如从烧杯、量筒到滴定管，容器越来越细，其精确度也从 1.0 mL、0.1 mL 上升到 0.01 mL。因此，为提高滴定测量实验的准确度，采用滴定管量取待测溶液和标准溶液的体积。

　　了解试剂的性能，可以引导学生自觉地根据试剂的性能采取有针对性的操作。比如，由于浓硫酸稀释时放出大量的热并且密度比水大，所以稀释浓硫酸时要将浓硫酸沿着容器壁慢慢注入水中，让水起液封作用，防止硫酸飞溅；并且用玻璃棒不断地搅拌，使其产生的热量散失。

1.5.1.2　在模仿练习中掌握操作要领

　　实验基本操作技能的教学，如果一开始就强调诸多实验要点，学生在具体操练时就会比较紧张、被动，从而缩手缩脚。同时，学生要顾及要点，操作就会显得不连贯，并且可能会顾此失彼。因此，实验操作技能的学习首先要去模仿，在做中学，在模仿练习的过程中进行反馈矫正。

　　对于有些容易出错的操作，也可以让学生先去练习，在练习后根据学生暴露的问题引出操作要点，此时，学生更能领会规范操作的必要性。比如分液操作，一些学生在观摩老师示范时没有留意，结果有的学生在向分液漏斗添加液体时活塞漏液，有的学生则发现打开活塞后液体流不下来。针对上述两种现象，老师适时提出分液漏斗在使用前要检查其液密性，而当液体静置分层后要首先打开玻璃塞。

1.5.1.3 增加练习次数，提高操作的规范化和自动化

实验操作的记忆属于运动记忆，运动记忆只有达到自动化程度，记忆才会比较牢固。在学生初步学会了实验操作后，要让学生通过一定量的练习，让动作固定下来，达到规范的动作定位。否则，一旦形成错误的实验操作，以后就很难纠正了。[①]

为节约实验试剂，可用替代品进行练习，比如用自来水代替液体药品，用食盐代替固体粉末等。在分组实验时可适当采用组间比赛的形式，实验小组的两位同学轮流操作，在单位时间内操作规范并且次数最多者获胜；也可以采用课外实验技能大赛的形式，以促使学生实验操作的规范程度和熟练程度达到自动化水平。

1.5.1.4 在具体实验中不断矫正和强化操作的规范性

单纯练习实验基本操作，学生比较容易掌握，但当进行具体实验时，学生通常会顾此失彼，比如向试管或烧杯中滴加试剂时，很少有学生能做到滴管悬空。因此，在后续的具体实验中要不断地进行矫正和强化，同时引导学生相互之间进行提醒和监督。学生之间提醒和监督的过程也是规范操作的内化过程。

1.5.2 实验表征技能

化学实验表征是指通过对实验对象的观察、记录和描述以获得化学实验事实，以及处理加工实验事实得出化学原理或规律等。

无论是实验仪器和化学药品的性能和使用，还是实验现象的观察和描述，都需要用化学用语进行表征。表征化学实验既是进行化学实验的呈现形态，也是促使实验规范的必要措施。比如过滤操作中的"一角、两低、三靠"，对学生规范操作起到了简明扼要的导向作用。

1.5.2.1 审辨实验前后的特征变化

描述实验现象，通常是指概括实验前后相同属性的特征变化以及出现新的特征。比如描述钠与水的反应，可概括为"浮、熔、游、响、红"，其中"浮"和"熔"是对比于钠保存在煤油时的密度和状态，而"游、响、红"则是出现的新特征。

根据实验前后的特征变化，分析导致其变化的内在原因，从而得出实验结论。比如钠与水反应，"红"说明生成了 NaOH，"游"和"响"说明产生了气体，经检验是 H_2，从而得出：$2Na + 2H_2O = 2NaOH + H_2\uparrow$。

1.5.2.2 从对照实验中得出结论

为探究某一因素的影响或比较两种物质性质上的差异，均采用对照实验。而对照实验采用控制变量法，即探究一种因素对因变量的影响。

比如分别将 2 mL 0.1 mol/L 和 0.2 mol/L 的 $H_2C_2O_4$ 溶液与 4 mL 0.01 mol/L 的 $KMnO_4$ 酸性溶液进行反应，比较溶液褪色所需的时间，从而得出浓度对反应速率的影响。

1.5.2.3 归纳、概括和抽象的思维方式

化学反应原理和化学规律是多种物质或多种反应在某一方面的共同属性。通过归纳

---

① 刘永梅：《如何培养化学实验技能》，载《读写算》2010 年第 23 期，第 281 页。

一类物质或一类反应的共同现象,概括、抽象出其本质特征,从而得出其化学原理或化学规律。如从 $NaCl$、Na_2SO_4、CH_3COONa、Na_2CO_3、NH_4Cl 和 $(NH_4)_2SO_4$ 溶液的酸碱性得出盐类水解的规律。

1.5.3 实验设计技能

化学实验是应用已知的知识和理论去探究新知识和新理论的桥梁和纽带。化学实验是在人为的实验条件下,通过改变实验对象的状态和性质,从而获得各种化学实验事实。① 化学实验设计是依据一定的化学实验目的和要求,运用有关的化学知识与技能,对实验的仪器、装置、步骤和方法等进行一种规划。实验设计能力是学生综合素质的集中体现。

化学综合实验以解决问题为中心,由系列实验基本操作组合而成。实验原理是综合实验的灵魂,因此,要引导学生依据实验原理设计实验方案、实验装置和实验步骤,变被动的"照方抓药"为"开方下药",以提升学生参与实验的积极性和主动性。

1.5.3.1 以实验原理为中心设计和优化实验方案

实验原理是设计实验方案的理论依据。首先要引导学生分析解决问题的实验原理,然后从实验原理出发设计具体的、可操作的实验方案,并进行优化。

如酸碱中和滴定,用已知浓度的 NaOH 溶液测定未知浓度的盐酸溶液,实验原理如下:

$$c(HCl) = \frac{c(NaOH) \cdot V[NaOH(aq)]}{V[HCl(aq)]}$$

根据实验原理,要量取参与反应 HCl 和 NaOH 的体积,要用滴定管精确量取;为防止量取时 $c(HCl)$ 和 $c(NaOH)$ 被稀释变小,要事先润洗滴定管;当然还要借助于指示剂判断滴定终点。由此可设计实验方案。(见图 1-13)

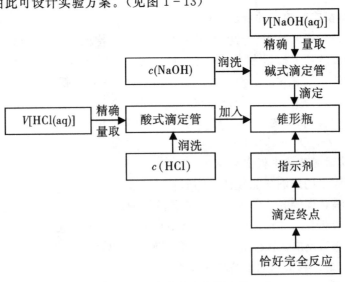

图 1-13 中和滴定实验方案

---

① 刘知新:《化学教学论》,高等教育出版社 2004 年版,第 151-153 页。

实验方案解决了实验的可能性问题,而要实施实验方案,还有赖于具体的实验装置和实验步骤。

1.5.3.2 设计实验装置

根据实验方案设计实验装置,既要考虑各种实验仪器和化学药品的性能,又要考虑各种因素的相互影响。因此,在设计、组装实验装置之前,首先要引导学生设计实验装置图。

由于时间和实验硬件所限,学生能做的实物实验是有一定限度的,通常是一次性的。学生在更多情况下接触到的是实验装置图,教师也经常会借助实验装置图分析与探究一些化学问题。而利用好实验装置图的前提则是要引导学生建构实物装置与装置图之间的对应关系。

在学生掌握了常见化学仪器的基本画法后,再引导学生结合具体实验画装置图,以建构装置图与实物装置之间的对应关系。可以在教室里放置一些常见的实验仪器和装置,这样学生可随时把装置图与实物装置进行接驳和强化。

当学生建构起装置图和实物装置之间的对应关系后,就可以引导学生根据实验方案设计所需的实验装置图。利用实验装置图简单、快捷和改进便利的特点,对学生设计的实验装置图进行改进、完善和创新。最后,创造条件,让学生按照自己设计的实验装置图组装实物装置并进行实验。

在有些情况下,学生也可以直接利用实验装置图进行实验分析与探究。当然,实验是化学的最高法庭。所有利用装置图的化学探究必须依据实验事实,只有"从实验中来,到实验中去",在化学教学中融入实验意识和实验思维,化学课堂才能展现出其独特魅力。

1.5.3.3 设计实验步骤和实验流程图

实验步骤是具体化的实验方案。实验步骤中的每一环节都要为实验目的服务,只有在实验目的的整体背景下设计实验步骤,学生才能自觉和主动地处理好实验环节,才能提高实验的成功率。

相对于实验步骤来说,实验流程图可以直观、简洁地展示实验的全貌,并突出实验的关键步骤和核心物质。将实验步骤转化为流程图,以简约化的图式储存信息,有利于信息的储存和提取。

比如,检验海带中存在碘元素的实验流程图。(见图1-14)

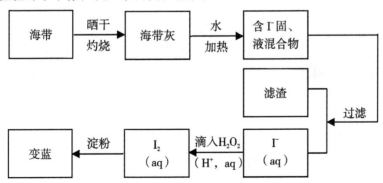

图1-14 检验海带中碘元素的实验流程

实验步骤注重的是实验过程中的每一个细节，而实验流程图则突出实验的关键环节，实验步骤和实验流程图各有侧重、相得益彰。因此，引导学生把实验步骤转化为实验流程图，既可以加深学生对实验的认识，又能够提升学生分析实验和概括实验的能力。

1.6 探究性实验的设计思路和相关要领[①]

1.6.1 探究性实验的意义

教科书上的陈述性实验较多，由于有预期的实验现象和结论，学生的关注点集中在正确操作和实验现象上，而"为什么这么做？""怎么想到用这种方法？"等问题则很少被体现。而探究性实验则注重实验的过程体验，通过创设"为什么""怎么会""怎么样"等问题情境，引导学生按照一定的化学思维逻辑进行知识的有机建构。探究性实验既能让学生对化学学习产生持久的兴趣，又能够激发学生的求知欲望。

把陈述性实验设计为探究性实验，能极大地发挥实验的体验价值和知识建构功能，对于教导学生科学方法、训练学生的思维品质和培养对化学的情感都有所裨益。

1.6.2 探究性实验的设计思路

1.6.2.1 把验证性实验设计为探究性实验

化学选修4（2007年人教版）"实验3-3"。该实验通过对比$Mg(OH)_2$溶解于HCl和NH_4Cl溶液，验证除了酸之外，某些盐溶液也可以用来溶解沉淀。

NH_4Cl溶液本身显酸性，$Mg(OH)_2$能溶解于NH_4Cl溶液，是因为H^+与$Mg(OH)_2$电离出来的OH^-结合成水，还是因为NH_4^+与$Mg(OH)_2$电离出来的OH^-结合成$NH_3 \cdot H_2O$呢？将该实验设计为"探究$Mg(OH)_2$沉淀溶于NH_4Cl溶液的原因"，能够让学生更深刻地认识和理解沉淀溶解于某些盐溶液的实质。

【设问】向盛有少量$Mg(OH)_2$沉淀的试管中滴加适量NH_4Cl溶液，沉淀溶解，$Mg(OH)_2$沉淀溶解的原因是什么？

【猜想假设】

可能原因①：

$$Mg(OH)_2(s) \rightleftharpoons Mg^{2+}(aq) + 2OH^-(aq)$$
$$+$$
$$2NH_4Cl = 2Cl^- + 2NH_4^+$$
$$\Downarrow$$
$$2NH_3 \cdot H_2O$$

[①] 吴庆生：《探究性实验的设计思路和相关要领》，载《化学教学》2013年第7期，第58-60页。

可能原因②：

$$Mg(OH)_2(s) \rightleftharpoons Mg^{2+}(aq) + 2OH^-(aq)$$
$$+$$
$$2NH_4^+ + 2H_2O \rightleftharpoons 2NH_3 \cdot H_2O + 2H^+$$
$$\Downarrow$$
$$2H_2O$$

【设计与实验】向 $Mg(OH)_2$ 沉淀中加入适量 CH_3COONH_4 溶液（或显中性、碱性的 NH_4Cl 和 $NH_3 \cdot H_2O$ 的混合液），沉淀溶解。

【分析】在 NH_4Cl 溶液中，存在着大量的 NH_4^+，只有少部分 NH_4^+ 水解产生 H_3O^+，在平衡控制时浓度成为主要因素，H_3O^+ 与 OH^- 的结合自然竞争不过 NH_4^+。通过向 $Mg(OH)_2$ 沉淀中加入呈中性的 CH_3COONH_4 溶液，沉淀溶解，进一步佐证了 NH_4^+ 与 OH^- 结合的事实。

【结论】$Mg(OH)_2$ 沉淀溶解的原因是生成了弱电解质（$NH_3 \cdot H_2O$），由此降低了平衡体系中 OH^- 浓度，促进平衡向沉淀溶解的方向移动。

1.6.2.2 把事实性实验设计为探究性实验

化学必修第一册（2019 年人教版）"实验 3-3"，陈述了用 KSCN 溶液检验 Fe^{3+} 的实验事实，而后续 Fe^{2+} 的检验也是借助于 Fe^{3+} 的检验来实现的。

学生"照方抓药"式地完成 Fe^{3+} 实验，平淡无奇，一切都在预期之中，难以体验到 KSCN 溶液的灵敏检测功能。如何凸显 KSCN 溶液的灵敏性能呢？先将 Fe^{3+} 稀释，然后通过观察溶液的颜色和加碱生成沉淀来检验，发现这些方法对稀释后的 Fe^{3+} 的检验都无济于事。此时展示 KSCN 溶液的灵敏魅力，则能给学生留下深刻的印象。

【设问】Fe^{3+} 如何检验？

【回答】①观察溶液的颜色；②滴加 NaOH 溶液。

【实验】向一支试管中滴加 3 滴 0.1 mol/L $FeCl_3$ 溶液，然后加入蒸馏水至试管的 1/2 处，把稀释后的溶液部分倒入另外两支试管，使三支试管中 $FeCl_3$ 溶液的体积近乎相等。

取其中两支试管，一支观察溶液颜色，发现近乎无色；另一支滴加 NaOH 溶液，发现没有明显现象。

【设问】对于 Fe^{3+} 的稀溶液，该如何进行检验呢？

【实验】向第三支试管中滴加几滴 KSCN 溶液，发现溶液立刻出现了血红色。

【结论】KSCN 溶液是 Fe^{3+} 检验的灵敏试剂，对于低浓度 Fe^{3+} 的检验尤为显著。

1.6.2.3 把素材性实验设计为探究性实验

化学选择性必修 1（2020 年人教版）"盐溶液的酸碱性"，选取了 6 种盐作为素材，先测试盐溶液的酸碱性，再把盐进行归类，得出盐的类型与溶液酸碱性的对应关系，最后再分析盐溶液呈酸碱性的原因。

盐类水解的本质是盐电离出来的弱离子与水电离出来的 H^+ 或 OH^- 结合成弱酸或弱碱，促进了水的电离。因此，把该实验设计为"如何促进水的电离"，引导学生利用已有的弱电解质知识，找出能与 H^+ 或 OH^- 结合的弱离子，从而找到对应的盐。同时，借助于具体数值分析，更能直观地展示水的电离程度增大。

【设问】影响水电离平衡的因素有哪些？

【回答】温度和浓度。

【设问】如何促进水的电离？应加什么物质？

【回答】①升高温度；②降低 H^+ 或 OH^- 浓度，比如加入金属钠可降低 H^+ 浓度。

【设问】还可以加入哪些物质降低 H^+ 浓度，即有哪些离子能够与 H^+ 结合成弱电解质？

【回答】CH_3COONa 中的 CH_3COO^- 和 Na_2CO_3 中的 CO_3^{2-} 等。

$$H_2O \rightleftharpoons H^+ + OH^-$$
$$+$$
$$CH_3COONa = CH_3COO^- + Na^+$$
$$\Updownarrow$$
$$CH_3COOH$$

【设问】如何设计实验方案证明加入 CH_3COONa 固体后水的电离程度增大？

【实验】指示剂、pH 试纸或 pH 计测定 CH_3COONa 溶液的 pH>7。

【设问】在常温下，如果测得 CH_3COONa 溶液的 pH=13，则水的电离出的 $c(H^+)$ 和 $c(OH^-)$ 是多少？

【分析】

$$H_2O \rightleftharpoons H^+ + OH^- \ (10^{-1}) \quad K_W = 10^{-14}$$

（溶液中 10^{-13}）

$$CH_3COONa = CH_3COO^- + Na^+$$
$$\Updownarrow$$
$$CH_3COOH$$

在常温下，水电离出的 $c(H^+)$ 和 $c(OH^-)$ 均为 10^{-7}，当加入 CH_3COONa 后，水电离出的 $c(H^+)$ 和 $c(OH^-)$ 为 10^{-1}，但由于一部分 H^+ 与 CH_3COO^- 结合，溶液中存在的 $c(H^+)$ 仅为 10^{-13}。

【结论】盐类水解的实质是促进了水的电离。

1.6.2.4 拓展延伸陈述性实验

化学必修第一册（2019年人教版）"实验3-1"，$FeSO_4$ 溶液与 NaOH 溶液反应生成 $Fe(OH)_2$ 白色沉淀，由于 O_2 的氧化作用，$Fe(OH)_2$ 白色沉淀迅速变成灰绿色，最后变成红褐色。

把这个实验拓展为"如何制取 $Fe(OH)_2$ 白色沉淀"，学生在设计并进行探究实验的过程中对于 O_2 氧化 Fe^{2+} 以及 $Fe(OH)_2$ 都会有深刻的认识。

【设问】向 NaOH 溶液滴入 $FeSO_4$ 溶液,反应生成的 $Fe(OH)_2$ 白色沉淀迅速被氧化,O_2 来自哪里?

【回答】①$FeSO_4$ 溶液中有 O_2;②NaOH 溶液中有 O_2;③在滴加溶液时带入了 O_2;④试管中溶液上层与空气接触而溶有 O_2。

【设问】如何排除 O_2 对反应的影响?

【回答】①配制溶液时应选用煮沸过的蒸馏水;②在新制 $FeSO_4$ 溶液的上层加一层煤油隔绝 O_2;③用长胶头滴管把 NaOH 溶液挤入 $FeSO_4$ 溶液中。

【实验】①取新配好的 $FeSO_4$ 溶液约 3 mL 于洁净的试管中,在上层滴入约 2 mL 的煤油;②用长胶头滴管吸取除氧后的 NaOH 溶液,伸入除氧后的 $FeSO_4$ 溶液中再挤出一部分 NaOH 溶液,即可制得 $Fe(OH)_2$ 白色沉淀。

【设问】预测 Na 与 $FeSO_4$ 溶液反应的实验现象。

【实验与分析】结合实验现象进行分析。

【设问】能否用 Na 与 $FeSO_4$ 溶液反应直接得到 $Fe(OH)_2$ 白色沉淀?

【讨论】学生相互交流讨论,教师进行评价。

【实验】$Fe(OH)_2$ 白色沉淀的创新制法:①取少量铁粉于试管中,加入约 3 mL 蒸馏水,再滴入 3~4 mL 的煤油;②将水加热至沸腾后再冷却回室温;③向试管中加入少量 $FeSO_4$ 粉末;④用玻璃棒蘸取绿豆大小的钠,伸入试管中的煤油层中。

钠在煤油层慢慢下沉,与硫酸亚铁溶液接触后即放出气泡,随后迅速上浮返回至煤油层,溶液有白色絮状沉淀产生并徐徐下沉。接着,金属钠又下沉与溶液再次发生反应,又产生了一些白色沉淀。这种现象不断重复,直至金属钠反应完全。

【分析】针对实验现象进行原理分析。

1.6.3 实验探究的操作要领

1.6.3.1 对核心问题的关键环节进行探究

中学化学可探究的问题很多,但由于课堂时间有限,不可能也没有必要"凡问必究",而要对化学知识结构中的枢纽性问题进行探究。比如,酸、碱和含有弱离子的盐都会对水的电离产生影响,所以影响水的电离是盐类水解的核心问题,而"如何促进水的电离"则成了探究的关键环节。

1.6.3.2 注重探究的逻辑思维过程

实验操作仅仅是探究性实验的"形",探究性实验的"神"则是化学逻辑思维过程。无论是设计实验方案、分析实验现象,还是实验后推理提炼,都离不开化学逻辑思维。探究性实验只有做到"以神驭形、形神合一",才能从感性认识上升到理性认识,实现知识结构与思维能力的同步"升华"。

1.6.3.3 预设与动态生成相结合

学生在探究实验过程中,思维比较活跃,经常会产生一些新奇的想法。同时,尽管教师精心设计实验方案,但学生在实验过程中,仍会出现一些有异于预期的现象。此时,教师要处理好预设和动态生成结合的关系,积极开发学生动态生成的教学资源。注重思考和分析实验中的异常现象和实验结果的微小差异,以培养学生实事求是的科学态度和科学严谨的思维品质。

比如,Fe^{3+}存在条件下的Fe^{2+}的检验方法是滴加$KMnO_4$溶液,如果滴加后溶液不显紫色,说明溶液中含有Fe^{2+}。但有些学生在实验过程中,出现了与预期相悖的现象,即在含有Fe^{2+}溶液中滴加$KMnO_4$溶液后仍显示紫色。什么原因呢?可能是因为这些学生滴加的$KMnO_4$溶液过量。

此时,把学生实验过程中的异常现象设计为新的探究内容,探究滴加$KMnO_4$的量与Fe^{2+}溶液变色的关系。根据$KMnO_4—5Fe^{2+}$的关系,要氧化2 mL 0.001 mol/L Fe^{2+}需要0.001 mol/L $KMnO_4$溶液的滴数(一滴为0.04 mL)为:

$$滴数=\frac{2\times10^{-3}\times0.001}{5\times0.04\times10^{-3}\times0.01}=10$$

如果滴加超过10滴,溶液将会显示紫色。考虑到有些混合溶液中所含有Fe^{2+}的浓度可能会更低,所以,一般滴加0.001 mol/L $KMnO_4$溶液1~2滴即可,以防止$KMnO_4$过量出现干扰。该实验能够有效地矫正部分学生滴加试剂时"越多越好"的习惯,有助于学生强化"定量"的实验意识。

1.7 有机化学规则技能的培养策略[①]

C_5H_{10}有正戊烷、异戊烷和新戊烷三种同分异构体,属于事实性或资料性的陈述性知识。而书写C_5H_{10}的同分异构体则涉及书写同分异构体的方法和技能,是属于由概念和规则构成的程序性知识。陈述性知识的学习是知识学习的初级阶段,也是掌握程序性知识的基础和条件。[②] 一个人获得了程序性知识,掌握了规则技能,实质上也就获得了能力和方法,凸显了知识学习的目的和功用。

有机化学在其发展过程中形成了独特的化学用语和化学规则,这些规则既是尊重客观事实的智慧创造,也是约定俗成的通用模式。无论是有机物的命名和同分异构体的书写,还是有机反应规则和信息迁移,都属于应用既定规则的程序性知识。应用有机规则的技能既是学生学习有机化学的重要内容,也是探究有机化学的必要工具。

1.7.1 分析规则的原理依据

如果仅仅重视有机规则的方法和步骤教学,而忽视规则背后的原理依据,这样会不

[①] 吴庆生:《建构有机化学规则技能的教学策略》,载《中学化学教学参考》2014年第5期,第15-17页。

[②] 高路、段静:《试论历史教学中"程序性知识"的教学问题》,载《湖北大学成人教育学院学报》2008年第5期,第65-66页。

利于学生解决稍复杂的化学问题,也不利于学生的智力发展。因此,在规则技能教学时,要紧扣其原理依据,让学生不但知道怎样做,而且还要让他们知道为什么这样做。

1.7.1.1 球棍模型是有机规则的思维媒介

结构简式是表征有机化学的思维单元和分析工具。结构简式是结构式的简化,突出了有机分子的结构特征。而结构式则源自分子的球棍模型。(见图1-15)

比如,反映直链烷烃分子真实结构的球棍模型是立体的、锯齿形的,而结构式则是平面的、直线型的。当把同一个碳原子上的相同原子或原子团进行合并,或者把直接相邻且相同的原子团合并,碳碳单键省略,这样就得到了结构简式。如果再把有机分子中的碳、氢元素符号省略,只表示分子中键的连接情况,每个拐点或终点均表示一个碳原子,这样就形成了键线式。

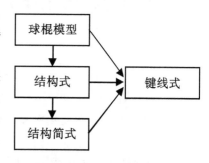

图1-15 球棍模型与结构式、结构简式及键线式的关系

球棍模型作为放大了的有机分子,是有机化学的思维依据。因此,在有机规则教学中要充分挖掘球棍模型的形象直观思维价值,把宏观的球棍模型作为探究微观有机分子结构的思维媒介。

1.7.1.2 分析规则的内在本质

分析规则的实质,能发展学生的认识能力,有利于规则的应用迁移,更有利于解决复杂问题。

案例1:CH_3CH_2OH 的催化氧化

【实验】向一支试管中加入3~5 mL乙醇,取一根10~15 cm长的铜丝,下端绕成螺旋状,在酒精灯上灼烧至红热,插入乙醇中,反复几次。

黑色氧化铜变成光洁亮红色铜,反复5次左右,可以在试管口明显闻到刺激性气味,说明生成了乙醛。

【设问】经称量,铜反应前后的质量没有改变,那么Cu和CuO分别起什么作用?

【分析】在有氧条件下,Cu是催化剂,表面的CuO是中间产物。反应机理如下:

$$Cu + O_2 \longrightarrow CuO$$

$$\begin{array}{c} O-H \\ | \\ CH_3-C-H \\ | \\ H \end{array} + CuO \longrightarrow \begin{array}{c} O-H \\ | \\ CH_3-C-OH \\ | \\ H \end{array} + Cu$$

$$\begin{array}{c} O\!-\!H \\ | \\ CH_3-C-OH \\ | \\ H \end{array} \longrightarrow \begin{array}{c} O \\ \| \\ CH_3-C-H \end{array} + H_2O \; ①$$

---

① 李先栓:《铜催化氧化乙醇生成醛的反应机理》,载《化学教学》2011年第9期,第45-46页。

总反应式为：

$$2CH_3CH_2OH + O_2 \xrightarrow[\triangle]{Cu} 2CH_3CHO + 2H_2O$$

【设问】该反应机理较为复杂，不利于应用迁移，应如何简化该反应的规则呢？

【概括简化】

$$CH_3-\underset{H}{\underset{|}{\overset{O\!\!\mid\!H}{\overset{|}{C}}}}{-}\boxed{H+O_2} \longrightarrow CH_3-\overset{O}{\overset{\|}{C}}-H+H_2O$$

【归纳】醇的催化氧化在表观形式上相当于—OH 上的—H 和 α-H 直接与 O_2 结合生成水。

规则越简化，就越容易应用迁移。由于有机反应的机理较为复杂，不利于反应规则的应用迁移，因此，有必要对反应机理进行简化，以形成简洁直观的表观规则。

1.7.2 在正例的模仿练习中建构规则

如果简单地将规则的方法、规范和步骤罗列出来，然后让学生去操练，不管教师表达得如何清晰，学生也是不得要领、难以应用。只有在学生模仿练习的过程中，引导学生概括总结规则的步骤、方法和规范，这样建构的规则才是属于学生自己的规则，才具有应用迁移价值。

变式练习是规则技能获得和提高的关键手段。结合具体实例的变式练习，首先要符合教学目标、符合大多数学生的认识水平。其次，变式要具有典型性，具有"由例及类"的特点，能达到举一反三、触类旁通的效果。最后，变式呈现的易难顺序要与学生的认识顺序产生"共振"。规则的建构只有做到了全面性和概括性，形成的应用技能才具备有效性和普适性。

案例 2：消去反应的书写

模仿示例书写卤代烃发生消去反应的方程式。

示例：$CH_3CH_2Br + NaOH \xrightarrow[\triangle]{醇} CH_2=CH_2\uparrow + NaBr + H_2O$

①$CH_3CH_2CH_2Br$

②$CH_3CH_2CHClCH_3$

③$(CH_3)_3CBr$

在模仿练习中，学生首先建构了卤代烃发生消去反应的实质——消去了—X 原子和 β-H，消去的 HX 在碱性条件下继续发生中和反应。通过书写 1°（伯）卤代烃、2°（仲）卤代烃和 3°（叔）卤代烃的消去反应方程式，学生建构了三种不同类型的卤代烃发生消去反应的全面认知。

1.7.3 利用反例建构规则的适用情境

提供一些不能用规则解释或操作的反例,引导学生分辨规则的适用情境,提高学生认知反省水平,使学生对规则的理解更加深入,做到处变不惊。

案例3:消去反应的必要条件

【活动】组装 CH_3CH_2Br、CH_3Cl 和 $(CH_3)_3CBr$ 的球棍模型。

【设问】CH_3CH_2Br 发生消去反应的实质是什么?

【回答】消去的是—Br 和 β-H。

【设问】对照 CH_3Cl 和 $(CH_3)_3CBr$ 的球棍模型,它们能否发生消去反应?

【回答】没有 β-H,故不能发生消去反应。

【设问】卤代烃发生消去反应的必要条件是什么?

【归纳】卤代烃发生消去反应的必要条件:①分子中碳原子数≥2;②要有 β-H。

1.7.4 在适度的练习中建立应用规则的双向自动化反应

1.7.4.1 在适度练习中及时矫正与总结

对于规则技能的学习,只理解规则的意义,知道如何应用是不够的。熟练地应用规则是衡量技能获得的重要标志。规则技能的掌握有赖于适度的练习,只有通过一定量的练习,应用规则的技能才能达到熟练程度和自动化水平。[①]

规则技能的练习效果不在于次数的多少,而在于重复练习要达到的正确性、协调性和自动化,因此,规则练习必须与矫正、总结有机地结合起来。一方面要及时订正错误,找出错误的原因并进行矫正;另一方面,要在练习后注意思路和方法的反思总结,以提升规则的迁移能力。

1.7.4.2 建立应用规则的双向自动化反应

程序性知识是由陈述性知识转化而来,是陈述性知识的动态成分,与静态的陈述性知识不同,程序性知识以"产生式"的动态形式来表征,即"如果……,那么……"。通过应用规则的适度练习,建立应用规则的双向反应,既可以从条件"如果……"得出目标行动"那么……",也可以从目标行动"那么……"逆向推出所需的条件"如果……"。

比如,根据有机物的结构简式进行命名,也可根据名称书写其结构简式;卤代烃发生消去反应可以形成"碳碳双键",而要得到"碳碳双键",则可以通过卤代烃的消去反应。

只有单项规则的应用技能达到了双向自动化水平,才能为优化重组不同规则创造条件,才能为应用不同规则解决综合性问题奠定基础。

---

① 刘知新:《化学教学论》,高等教育出版社2004年版,第236-237页。

1.7.5 整理同类规则，建构规则系统

单项规则只能解决适用的某一方面的问题，而要解决有机综合问题，则需要将不同规则进行优化重组，建构规则网络，为解决综合有机问题提供策略选择。

1.7.5.1 整合同类规则

首先对同类规则进行整合，采用类比方法，通过抽象概括，分析同类规则的实质，提升规则迁移的广泛性和精准度。

案例4：甲苯和苯酚中苯基与取代基的相互影响

（1）取代基对苯基的影响

—CH_3和—OH对苯基的影响，使得苯基的邻、对位上的—H原子变得比较活泼，容易被其他原子或原子团所取代。具体表现为甲苯和苯酚均能发生三元取代。

（2）苯基对取代基的影响

苯基对取代基的影响，使得取代基上的—H比较活泼。具体表现在甲苯中的—CH_3能够被酸性$KMnO_4$溶液氧化为—COOH；而苯酚中的—OH能够电离出H^+，表现出一定的弱酸性。

1.7.5.2 建构规则系统

当一个产生式的"那么……"成为另一个产生式的"如果……"时，这两个产生式便建立了相互联系。若一组产生式有这种相互联系，便会形成一个产生式系统，产生式系统是解决复杂问题的程序性知识。①

有机合成是较为复杂的有机综合性问题，有机合成实质上是官能团按照一定规则的相互转化。因此，解决有机合成的前提是要理清和理顺官能团之间的转化规则，建构官能团转化的规则系统。

例如，以$CH_2=CH_2$为起始物建构一系列官能团相互转化的内在逻辑关系（见图1-16）：

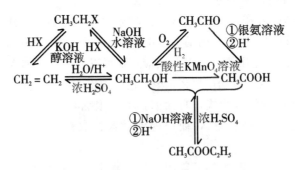

图1-16 官能团之间的相互转化关系

当学生建构了官能团之间相互转化的规则系统后，假以时日，当遇到适用的情境时，就能立即做出反应，知道该怎么办。

---

① 黄燕玲、喻平：《对数学理解的再认识》，载《数学教育学报》2002年第3期，第41-42页。

比如由 CH_3CH_2Br 合成 $CH_2(OH)CH_2(OH)$，分析目标产物，要引入 2 个—OH，需要由 2 个—X 通过水解得到，而 CH_3CH_2Br 只有 1 个—Br，因此需要先进行消去反应，形成碳碳双键，然后再通过加成反应得到 2 个—X。

1.8 复习整理有机化学知识的教学策略

有机化学复习是以课程标准和考试说明为依托，以学生的易错问题为切入点，以典型物质的官能团为抓手，以"烃及其衍生物的相互转化"为主线，将有机化学知识条理化、系统化。通过知识结构的重组来优化学生的认知结构，借以提升学生解决有机问题的能力。

1.8.1 复习内容的选择

1.8.1.1 切中学生的最近发展区

有机化学知识的复习，要以学生知识和能力的现状为背景，以课程标准和考试说明为准则。无论是知识的重组与优化，还是能力的训练与提升，都要切中学生的最近发展区。因此，一方面，要充分了解学生在新授课学习以及单元、模块检测中存在的问题；另一方面，要注重收集学生在有机复习训练中出现的错题，分析错题背后隐藏着的知识、方法或能力的缺陷。学生的错题通常既反映了有机化学的重点内容，也隐含着解决有机问题的关键点。因此，要建立班级错题库，并以此作为有机化学复习的出发点和能力提升的着力点。

1.8.1.2 突出核心知识

有机化学基础知识既是解决有机化学问题的本源，也是提升能力的根基。化学教师要统观全局，在掌握章节、模块的结构和知识体系的基础上，抓住主干知识内容，尽可能将反映知识内在联系的"骨架"和核心内容提炼出来，① 如同系物、同分异构体、反应类型、反应机理以及官能团之间的相互转化等。引导学生厘清核心知识的主线和相互联系、整理好有机化学知识的脉络，这样，学生就能够提纲挈领地统摄和运用有机知识。而一些细节内容只需要让学生自行查阅完善即可。

1.8.2 复习整理的思路

有机化学复习要以官能团之间的相互转化为主线，建构"具有相同官能团的有机物性质相似"的迁移规律。打破章节和模块之间的界限，通过前后联系、归纳整理、分析对比，把分散的有机知识系统化、条理化和网络化。②

---

① 叶阳春：《高中物理单元结构复习的实践》，载《素质教育论坛》2012 年第 1 期，第 63 - 64 页。
② 韩欣亭：《立足基础侧重能力》，载《新校园》2011 年第 2 期，第 135 - 136 页。

1.8.2.1 以典型物质为中心,多维度整合官能团的特征性质

以具体的典型物质为中心,将该物质的特征性质沿着不同方向去整合、集结同类物质。这样,既有利于学生整合、审辨同类物质的性质差异,又有助于对官能团特征性质的全面掌握。

图 1-17 乙醇的性质

案例 1:乙醇的性质(见图 1-17)

(1) 物理性质

与水以任意比例互溶
沸点高(相对于 CH_3CH_3) $\}\xrightarrow{分析}$ 氢键 $\xrightarrow{结论}$

—OH 决定醇的溶解性和沸点 $\xrightarrow{拓展}$ —OH 的数目影响醇的沸点

(2) 与金属钠反应

实验产生 H_2 $\xrightarrow{分析}$ 置换—OH 中的 H $\xrightarrow{拓展}$ 能产生 H_2 的官能团 $\xrightarrow{整合}$ 醇羟基、酚羟基和羧基

(3) 催化氧化

实验 $\xrightarrow{现象1}$ 实验前后铜没有变化 $\xrightarrow{拓展}$ 催化剂

实验 $\xrightarrow{现象2}$ 生成 CH_3CHO $\xrightarrow{分析}$ —OH 上的 H 和 α-H 与 O_2 结合成 H_2O $\xrightarrow{拓展}$

$\begin{cases} 3 个 α-H & 生成甲醛 & 如:CH_3OH \\ 2 个 α-H & 生成醛 & 如:CH_3CH_2OH \\ 1 个 α-H & 生成酮 & 如:CH_3CH(OH)CH_3 \\ 无 α-H & 不能被氧化 & 如:(CH_3)_3COH \end{cases}$

(4) 消去反应

生成 $CH_2=CH_2$ $\xrightarrow{分析}$ 消去—OH 和 β-H $\xrightarrow{拓展}$

$\begin{cases} 2 种 β-H & 生成两种烯烃 & 如:CH_3CH_2CH(OH)CH_3 \\ 1 种 β-H & 生成一种烯烃 & 如:CH_3CH(OH)CH_3 \\ 无 β-H & 不能消去 & 如:(CH_3)_3COH \end{cases} \}\xrightarrow{整合}$ 卤代烃的消去反应

(5) 酯化反应

生成乙酸乙酯 $\xrightarrow{分析}$ "酸脱羟基醇脱氢" $\xrightarrow{拓展}$ 高级脂肪酸与丙三醇反应得到油脂 $\xrightarrow{拓展}$ 酯的水解 $\xrightarrow{分析}$ "酸上羟基醇上氢" $\xrightarrow{整合}$ 酯在中性、酸性和碱性条件下水解

1.8.2.2 用共用电子对的拆合整合有机反应类型

有机化学反应主要是官能团之间的相互转化,而官能团之间转化的本质是共价键的断裂与形成,亦即共用电子对的拆与合。当一个共价键断裂时,原成键的两个原子各分得一个电子;当两个各带有一个电子的原子重新组成一个新的共用电子对时,即形成了一个新的共价键。

案例2：共用电子对的拆合

（1）取代反应

（2）加成反应

（3）消去反应

用共用电子的拆合统领反应类型，一方面，有利于学生对有机反应实质的分析和理解；另一方面，更有利于学生对有机信息的分析和迁移应用。

比如，分析（2011·重庆，28）$CH_3CHO + CH_3CHO \xrightarrow{稀碱} CH_3CH(OH)CH_2CHO$，从共用电子对的视角分析，其实质是加成反应：

再如（2013·四川，10）有机信息：

1.8.2.3 用通用方法解决不同问题

将解决不同问题的方法进行比较、整合,抽象出普适的通用方法,能加深学生对该方法使用特点和适用范围的理解和应用。比如,酯与碱反应、卤代烃的水解、卤代烃的消去、银镜反应等方程式的书写较困难,而将此类反应进行分解,既有助于学生理解反应的实质,又能降解书写方程式的难度。

案例3:"三步法"书写方程式

(1) 酯与碱反应

$$CH_3COOCH_3 + H_2O \longrightarrow CH_3COOH + CH_3OH$$
$$CH_3COOH + NaOH \longrightarrow CH_3COONa + H_2O$$
$$\Rightarrow CH_3COOCH_3 + NaOH \longrightarrow CH_3COONa + CH_3OH$$

(2) 卤代烃的水解

$$CH_3CH_2Br + H_2O \longrightarrow CH_3CH_2OH + HBr$$
$$HBr + NaOH \longrightarrow NaBr + H_2O$$
$$\Rightarrow CH_3CH_2Br + NaOH \longrightarrow CH_3CH_2OH + NaBr$$

(3) 卤代烃的消去反应

$$CH_3CH_2Br \longrightarrow CH_2=CH_2\uparrow + HBr$$
$$HBr + NaOH \longrightarrow NaBr + H_2O$$
$$\Rightarrow CH_3CH_2Br + NaOH \longrightarrow CH_2=CH_2\uparrow + NaBr + H_2O$$

(4) 银镜反应

$$CH_3CHO + 2Ag(NH_3)_2OH \longrightarrow CH_3COOH + 2Ag\downarrow + 4NH_3 + H_2O$$
$$CH_3COOH + NH_3 \longrightarrow CH_3COONH_4$$
$$\Rightarrow CH_3CHO + 2Ag(NH_3)_2OH \longrightarrow CH_3COONH_4 + 2Ag\downarrow + 3NH_3\uparrow + H_2O$$

上述方程式的书写,引导学生按照"先水解后中和"或"先氧化后中和"的程式进行分步书写,能够提升学生书写方程式的准确度。

1.8.2.4 将相似的问题进行对比审辨

对于诸如催化氧化与消去反应的实质、甲苯和苯酚中苯环与取代基的相互影响以及醇、酚、羧酸与 Na、NaOH、NaHCO$_3$ 反应等易混淆的内容,要在异中求同中进行归纳,在同中求异中进行审辨,辨析相似属性中的一些本质差异,从而使整合的内容更加全面与清晰。

案例4:CH_3CH_2Br 中 Br 元素的检验和蔗糖水解产物的检验

$$CH_3CH_2Br \xrightarrow[\triangle]{NaOH} 水解液 \xrightarrow{HNO_3} 中和 \xrightarrow{AgNO_3} 淡黄色沉淀$$

$$蔗糖 \xrightarrow[\triangle]{H_2SO_4} 水解液 \xrightarrow{NaOH} 中和 \xrightarrow{Ag(NH_3)_2OH} 银镜$$

上述两种物质的检验,有相似之处,$AgNO_3$ 检验 Br^-,需要酸性环境;用 $Ag(NH_3)_2OH$ 检验—CHO,需要碱性环境。因此,两个反应在滴加检测试剂前均要用 H^+ 或 OH^- 进行中和。

也可以某一物质为中心将相关知识进行归纳、审辨。比如,以 α-羟基丙酸(乳酸)为例,将—OH、—COOH 与 Na、NaOH、NaHCO$_3$ 反应以及环酯、加聚和缩聚进行整合辨析。

$$CH_2CHCOOH\underset{OH}{|} \begin{cases} Na \\ NaOH \\ NaHCO_3 \\ \xrightarrow{催化剂} 环酯 \\ \xrightarrow[170\ ℃]{催化剂} B \xrightarrow[C_2H_5OH]{H^+} C \xrightarrow{加聚} D \\ \xrightarrow[缩聚]{一定条件} 高聚物\ E \end{cases}$$

1.8.3　复习整理的策略

1.8.3.1　让学生解读实例

复习有机化学知识，如果只是简单地陈述要点，虽然"有理有据"，但学生对其的理解和印象都十分有限。而如果引导学生根据要点结合实例进行解读，则能够提升学生整理和优化认知结构的质量。

比如，"等效氢"的判断方法：①同一碳原子上的氢原子等效；②同一碳原子上的甲基氢原子等效；③位于对称位置上的碳原子上的氢原子等效。首先让学生分别从不同类型的有机物中列举三种"等效氢"的实例，然后进行评价。学生列举实例的过程，也是搜索、分类和整理认知库中有机知识的过程，其重组、优化意义远大于简单地被告知。

1.8.3.2　以课本素材为原点进行回归与拓展

将解决问题的核心知识和关键环节回归课本，找出课本的出处，能够为解决具体问题提供蓝本依据。当多次建构素材原点与问题情境之间联系时，能够加深学生对课本知识的理解和掌握，丰富课本素材的内涵和外延。

案例5：（2011·上海，15）β-月桂烯的结构如图所示，一分子该物质与两分子溴发生加成反应的产物（只考虑位置异构）理论上最多有（　　）。

A．2种　　　　B．3种
C．4种　　　　D．6种

该反应都可回归化学选修5（2007年人教版）第30页中1，3-丁二烯的1，4-加成，或者说是1，3-丁二烯的1，4-加成的变式。

拓展1：1，3丁二烯的加聚反应

$nCH_2=CH-CH=CH_2 \longrightarrow \text{\textonehalf}CH_2-CH=CH-CH_2\text{\textonehalf}_n$

拓展2：（2012·广州二模，30）共轭双烯与含有双键的化合物生成六元环

1.8.3.3 注重解题方法的概括与提炼

通过解决一个具体的典型问题,再引导学生运用同样的方法解决另一个同类问题,然后引导学生概括总结解决此类问题的方法,最后教师再进行提炼与完善。这样能达到"做一题、学一法、会一类、通一片"的复习效果。

案例6:某化合物的分子式为 $C_5H_{11}Cl$,则其同分异构体有_____种(不考虑对映异构体)。

C_5H_{12} 的同分异构体有三种,即正戊烷、异戊烷和新戊烷,每一种异构体的"等效氢"有几种,即该有机物的一氯取代物也就有几种。

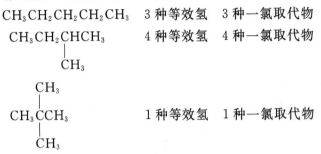

因此,$C_5H_{11}Cl$ 的同分异构体共有 8 种。

有机分子通常可分为母体烃基和官能团取代基,由于母体烃基有异构,而取代基的位置也能异构,如果烃基和取代基都同时变化,则很容易写重复或写漏。此时,如果将母体烃几种异构情况先固定下来,而取代基则分别在母体烃的基础上进行异构,这样就能快捷、准确地书写出同分异构体了。这种方法称之为"先定母体再移取代基法"。

迁移:二甲苯苯环上的一溴代物共有_____种。

先固定邻二甲苯、间二甲苯和对二甲苯三种母体,然后再根据苯环上的等效氢,判断其一溴代物的种类。

1.9 整合教学策略在化学复习中的应用

化学复习不是简单重复学过的内容,而是根据学生的学情与阶段要求梳理知识、突破难点、提升能力。通过对化学知识与方法的复习整合,建构完善的知识网络与方法模型,提升学生分析问题与解决问题的关键能力,借以发展学生的化学核心素养。

1.9.1 整合的意义

新授课是按照模块和章节的顺序,根据学生的认知规律与知识间的内在逻辑联系进行建构,而复习课则是打破模块与章节的界限,以解决问题为导向,以整合知识和方法为途径,以提升学生的关键能力为着力点,以发展学生的化学核心素养为目的,根据学生的知识基础与能力水平进行整合重组。整合就是把零散的东西通过一定方式进行衔接，把零散的要素精心组合，形成有价值、有效率的一个整体[1]，让学生"既见树木，又见森林"，实现知识结构和方法模型的共享和协同，让学生的化学核心素养得到有效提升。

整合的目的是让学生把学过的知识与方法进行融会贯通，以实现灵活应用和提升能力。引导学生找出整合对象的内在联系，并对其进行比较、整理，然后再进行概括、提炼。首先，无论是知识内容的整合，还是方法模型的整合，都有助于整合对象之间互为铺垫、相互融合，有助于学生理解，比如，掌握了"利用浓度商判断化学平衡移动方向"，对"根据离子积判断溶液离子是否出现沉淀"的理解就很容易了。其次，通过对整合对象的抽象概括，有助于理解问题的本质。最后，化学知识内容多，对应的方法也比较多，如果没有进行系统梳理，方法与问题的匹配效率就会降低，而把同类问题进行整合，总结解决问题的策略和方法，这样能够快速、精准地进行匹配，从而提升解决问题的速度和准确度。

1.9.2　整合的原则

化学知识内容丰富，方法多样，需要进行整合的内容须具备以下条件：

第一，学生的认知难点。学生在解决具体问题时遇到的有一定难度的内容与方法，才具有整合的意义与价值。比如，利用浓度商判断化学平衡移动方向，根据离子积判断溶液离子是否出现沉淀等。

第二，整合对象要具有内在的逻辑联系。比如，化学反应平衡与难溶物溶解平衡同属于平衡体系，都遵循勒夏特列原理。

第三，便于形成解决问题的方法模型。整合是为了形成知识结构与方法系统，便于建构方法模型，有了方法模型，才能够提升分析问题与解决问题的关键能力。

1.9.3　整合的内容

1.9.3.1　概念的整合

把同一领域的概念进行整合，能够深入地理解概念的含义（表观特征）、实质（本质特征）与适用范围（背景属性）。比如，对平衡体系中的转化率、产率、回收率、利用率、电离度、水解程度等概念进行如下整合。（见表1-5）

---

[1]　钟显云：《提升高三化学复习有效性的教学整合策略》，载《中学课程辅导》2016年第3期，第24-25页。

表1-5 转化率、产率、回收率、利用率、电离度、水解程度等概念的比较

内容	对象					
	转化率	电离度	水解程度	产率	回收率	利用率
适用范围	可逆体系			可逆反应与非可逆反应		
针对对象	反应物			生成物		
含义	转化量与初始量比值			实际产量与理论产量比值		
实质	正方向进行的程度					

1.9.3.2 原理的整合

定量判断可逆反应平衡移动方向以及溶液离子是否产生沉淀,都是利用体系中某一时刻生成物浓度幂乘积与反应物浓度幂乘积(难溶物为1)的比值,即通过浓度商或离子积与常数进行比较,从定量的视角判断平衡移动的方向。(见表1-6)

表1-6 可逆反应平衡移动方向与溶液离子是否产生沉淀比较

内容	对象	
	可逆反应平衡移动方向	溶液离子是否产生沉淀
适用范围	可逆反应,比如:$aA(g)+bB(g) \rightleftharpoons cC(g)+dD(g)$	难溶物溶解平衡,比如:$A_mB_n(s) \rightleftharpoons mA^{n+}(aq) + nB^{m-}(aq)$
针对对象	浓度商:$Q=\dfrac{c^c(C) \cdot c^d(D)}{c^a(A) \cdot c^b(B)}$	离子积:$Q_c = c^m(A^{n+}) \cdot c^n(B^{m-})$
含义	①$Q<K$:反应正向移动; ②$Q=K$:反应处于平衡状态; ③$Q>K$:反应逆向移动	①$Q_c<K_{sp}$:正向移动,溶液未饱和,无沉淀析出; ②$Q_c=K_{sp}$:处于平衡状态,溶液饱和; ③$Q_c>K_{sp}$:逆向移动,溶液过饱和,有沉淀析出
实质	当浓度商或离子积小于常数时,说明平衡体系生成物浓度幂的乘积小于反应物浓度幂的乘积,平衡正向移动	

1.9.3.3 方法的整合

书写链状有机物的同分异构体,根据书写方法可以分为两类:

(1) 卤代烃、醇、醛、羧酸同分异构体的书写方法

①摘除官能团。

②将剩余的碳链采用降碳对称法书写出所有的同分异构体。

③利用等效氢法判断同分异构体中氢原子的种类,氢原子有几种,该种物质一元取代的同分异构体就有几种。

(2) 烯烃、炔烃、醚、酮同分异构体的书写

①摘除官能团。

②将剩余的碳链采用降碳对称法书写出所有的同分异构体。

③利用对称法判断同分异构体中碳碳单键的种类，单键有几种类型，该种物质的同分异构体就有几种。

比如，分别写出 $C_5H_{12}O$ 醇和醚的同分异构体：

$C_5H_{12}O$ 醇和醚的同分异构，摘除—OH 或—O—后的烷烃碳链异构有三种（碳骨架式，下同）：

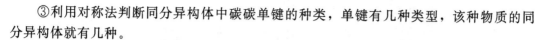

a.　　　　　　　　b.　　　　　　　　c.

①$C_5H_{12}O$ 醇的同分异构体。

a.

```
C—C—C—C—C  叠加   { C—C—C—C—C      }
                    OH
                   C—C—C—C—C           3 种同分异构体
                        OH
                   C—C—C—C—C
                            OH
3 种氢原子      —OH
```

b.

```
                    OH
                    |
                   C—C—C—C
                    |
                    C
                    OH
                    |
C—C—C—C  叠加   { C—C—C—C              } 4 种同分异构体
  |       —OH       |
  C                 C
4 种氢原子          C—C—C—C
                    |
                    C  OH
                   C—C—C—C
                    |
                    C   OH
```

c.

```
   C                 C
   |                 |
C—C—C  叠加   { C—C—C           } 1 种同分异构体
   |    —OH        |   |
   C               C  CH
1 种氢原子
```

②$C_5H_{12}O$ 醚的同分异构体。

a.

C-C-C-C-C (2种碳碳单键) $\xrightarrow[-O-]{\text{叠加}}$ $\begin{Bmatrix} C-O-C-C-C-C \\ C-C-O-C-C-C \end{Bmatrix}$ 2 种同分异构体

b.

3 种碳碳单键 $\xrightarrow[-O-]{\text{叠加}}$ 3 种同分异构体

c.

1 种碳碳单键 $\xrightarrow[-O-]{\text{叠加}}$ 1 种同分异构体

1.9.3.4 定性与定量的整合

从定性到定量,是思维层级的高阶要求,从"量"的视角分析问题,往往更能反映问题的本质,也有助于对定性含义的理解。

比如,比较 CH_3COONa 与 Na_2CO_3、$NaHCO_3$ 的碱性强弱,一般都是定性地解释为 H_2CO_3 的酸性弱于 CH_3COOH,所以对应盐的水解程度比较大,因此,同浓度碳酸盐的碱性强于醋酸盐。这种分析比较笼统,对有些盐还不一定成立,比如草酸盐(25 ℃时,$K_{a1}=5.4\times 10^{-3}$,$K_{a2}=5.4\times 10^{-5}$)。因此,只有进行定量分析,才能够得出准确的结论。(见表 1-7)

表 1-7 醋酸、碳酸的电离常数及其对应盐的水解常数(25 ℃)比较

常数	物质		
	CH_3COOH	H_2CO_3	
电离常数	$K_a=1.75\times 10^{-5}$	$K_{a1}=4.4\times 10^{-7}$	$K_{a2}=4.7\times 10^{-11}$
水解常数	$K_h=K_w/K_a=5.71\times 10^{-10}$	$K_{h2}=K_w/K_{a1}=2.27\times 10^{-8}$	$K_{h1}=K_w/K_{a2}=2.13\times 10^{-4}$

从水解常数的大小比较,就可以直接得出同浓度的 CH_3COONa 与 Na_2CO_3、$NaHCO_3$ 的碱性强弱关系:$Na_2CO_3 > NaHCO_3 > CH_3COONa$。

1.9.3.5 跨界整合

把不同模块、不同章节、不同领域的内容按照其内在逻辑联系进行整合,有助于学生整体驾驭,能起到融会贯通的作用。

以"酸性 $KMnO_4$ 氧化 H_2O_2 的离子方程式"和"CH_4 燃料电池在碱性环境中的负极电极反应式"为例，整合氧化还原离子方程式与电极反应式的书写步骤见表 1-8。

表 1-8 氧化还原类离子方程式与电极反应式的书写比较

氧化还原离子方程式		电极反应式	
步骤	案例	步骤	案例
①根据信息及元素化合价升降原理写出氧化剂、还原剂、氧化产物与还原产物	$MnO_4^- + H_2O_2$ —— $Mn^{2+} + O_2\uparrow$	①根据信息及电极种类写出得失电子情况与产物	$CH_4 - e^-$ —— CO_3^{2-}
②利用化合价升降相等配平氧化剂、还原剂、氧化产物与还原产物	$2MnO_4^- + 5H_2O_2$ —— $2Mn^{2+} + 5O_2\uparrow$	②利用化合价升降与得失电子数目相等标出得失电子数目	$CH_4 - 8e^-$ —— CO_3^{2-}
③根据电荷守恒与环境条件，在方程式两边补充相应数目的 H^+ 或 OH^-	$2MnO_4^- + 5H_2O_2 + 6H^+$ —— $2Mn^{2+} + 5O_2\uparrow$	③根据电荷守恒与环境条件，在方程式两边补充相应数目的 H^+、OH^-、O^{2-} 或 CO_3^{2-}	$CH_4 - 8e^- + 10OH^-$ —— CO_3^{2-}
④根据原子守恒配平方程式，如补充相应数目的 H_2O 等	$2MnO_4^- + 5H_2O_2 + 6H^+ =\!= 2Mn^{2+} + 5O_2\uparrow + 8H_2O$	④根据原子守恒配平方程式，如补充相应数目的 H_2O 等	$CH_4 - 8e^- + 10OH^- =\!= CO_3^{2-} + 7H_2O$

1.9.4 整合的教学要点

1.9.4.1 采用案例教学

把化学知识与方法进行整合，是为了方便、快捷地使用。由于整合后的内容与方法具有一定的概括性与抽象性，因此在进行复习整合时，如果没有案例作为支撑，仅仅进行罗列呈现，学生理解与掌握的程度就会受到限制，他们使用这些知识和方法也往往不得要领，难以得心应手。整合只有遵循"从案例中来"，才能更好地"到实例中去"。

案例的选择要具有典型性，这样从案例得出的结论才具有普适应用价值。

1.9.4.2 引导学生进行建构

首先，教师要根据自身的理解与驾驭能力，先进行整合。教师只有站在一定的高度上进行整合，才能够更好地把控整合的方向与高度。

其次，教师要根据整合内容与学情进行设计，通过铺垫、搭建台阶，引导学生自行进行建构，因为学生只有体验整合的过程，才能够理解其中的逻辑联系与内在本质，才能够运用自如。

最后，由于受知识、能力、视野所限，对于有些内容，学生很难进行拔高与提炼，需要教师进行引导，让结论从学生嘴中说出，这样得出的结论才是属于学生自己的。

1.9.4.3 针对性题组训练

整合后的内容与方法要借助题组进行深入理解与巩固。题组的设计要遵循螺旋递进的原则，这样才能够循序渐进地提升学生分析问题与解决问题的关键能力。

比如，训练链状有机物同分异构体书写的题组如下：

① 书写 C_5H_{12} 的所有同分异构体。
② 书写 C_5H_{10} 烯烃的同分异构体。
③ 书写 $C_5H_{12}O$ 醇的同分异构体。
④ 书写 $C_5H_{12}O$ 醚的同分异构体。
⑤ 书写 $C_5H_{10}O$ 醛的同分异构体。
⑥ 书写 $C_5H_{10}O_3$ 含有羧基、醚键的同分异构体。

主题 2　为知识建构的内核穿上一件时尚得体的外衣

　　化学课堂教学的组织形式可以分为自主学习、合作探究、同伴互助、互动生成、学生展示等多种组织形态，但究竟采用何种形式组织课堂教学，取决于化学知识内容特点、建构方式、学生基础以及教学期待等。其中，知识内容特点是核心要素，知识内容决定建构方式，并直接影响教学策略的选择和课堂组织形式的匹配。

　　化学知识的教学有多种形式，即所谓"条条道路通罗马"，没有优劣之分，只有效益差异。教学研究的目的就是教学效果的最优化和教学效益的最大化。近年来，化学新课程教学研究不断向前发展，涌现出一大批教研成果。每一阶段新课程的推进与深入，都会有一个时尚主题，该主题的内涵通常会集成上一阶段的研究成果。一线化学教师既是教科研的受众，也是教科研的推动者。化学教师参与和拥抱当下的教研活动主题，并以此为学习平台，积极吸纳教学理念和教学智慧，以实现教师职业的适应、发展和提升。教师只有把教学理念、教学策略与实操技巧融会贯通，然后结合自身特点进行开拓和创新，才能够形成独具匠心的教学特色和教学风格。

画堂春·课堂

一湖一舟一鹭闲，
青山倒影线相连。
暖风轻抚起涟漪，
乐游岸边。

笛声悠扬婉转，
彩蝶飞舞相伴。
云彻雾卷露笑脸，
青蓝畅欢。

2.1 对四种基本化学课型实施自主学习教学模式的研究报告[①]

"为了每一位学生的发展"是新课程的最高宗旨和核心理念。新一轮基础教育课程改革的核心目的就是通过课程的变革来实现学生学习方式的革新，进而促进学生综合素质的全面提升。普通高中新课程倡导个性化的知识形成方式，而自主学习正是学生对学习作自由的、灵活的安排或选择，是课程改革的基本特征。当然，学生的自主学习有别于完全自学或"独立学习"，其有赖于教师的导学。自主学习的理念始终伴随着导学的理念。

作为化学教师，应充分认识到自主学习的重要价值及其理论依据，在化学教学中尊重学生自主发展的愿望，充分调动学生自主参与，引导学生自主学习，提高学生自主学习效率，在实施过程中不断进行教学反思，以实现自主学习教学模式的最优化和学生综合素质全面提升的最大化。

2.1.1 自主学习教学模式的研究内容

课型是课的类型、模型的简称。它的含义有两种，一是指课的类型，它是指按某种分类的基准（或方法）对各种课进行分类。二是指课的模型，它是在对各种类型的课在其教学任务、教学内容、教学策略、师生活动方式、需用时间等方面的共同特征进行抽象和概括的基础上形成的模型、模式。[②] 为便于研究化学新课程的需要，依据化学新课程的学习内容、学习方法和认知心理的不同特征，化学课分为元素化合物课、化学概念和化学理论课、化学计算和化学用语课以及复习课四种课型。由于四种课型的学习内容彼此不同，而学生针对同一种课型的认知特征和学习方法又非常相似，与之对应的应该是四种不同的学习策略和教学模式。因此，通过对典型课例的分析和教学实践，选择、优化、组合开展自主学习的教学策略，探索不同课型开展自主学习的教学规律，从而寻求到开展自主学习的最佳途径。

开展自主学习教学模式必将对教学效果产生影响，其影响是正面还是负面，是显著还是微弱，则可采用问卷调查、等组实验比较分析等方法进行分析。通过分析、比较实验班和对照班学生的学习兴趣、自主学习状况及学业成绩的前后变化而得出研究结论并进行教学反思。

[①] 黄宪主编：《行动与创新·物理、化学、生物分册》，华南理工大学出版社2007年版，第109－121页。

[②] 广州市教育局教学研究室编著：《中学化学课型与教学模式研究》，新世纪出版社2002年版，第3－6页。

2.1.2 教学模式实施及效果的评价方案

2.1.2.1 实验对象、时间及内容

从2004年9月至2005年7月,在广州开发区中学(广东省一级学校)高一年级,以班级为单位进行单因素分层等组实验,取年级前测成绩(2004年中考成绩)相近的班级即高一(2)为实验班,高一(4)为对照班。每班学生根据中考化学成绩又分成中上、中等、中下三种层次,分别形成同级的实验组和对照组。在实验班实践自主学习教学模式,而对照班则采用除自主学习以外的其他与实验班相同的教学策略。通过调查问卷、学业成绩分析开展自主学习教学模式对学生的学习兴趣和态度、自主学习状况以及学习成绩等方面的影响。

2.1.2.2 变量的选择与处理

(1) 实验变量

自变量:在教学中开展自主学习教学模式。

因变量:学习兴趣和态度,学生的自主学习状况,学业成绩。

干扰变量:影响实验效果的其他因素,如教师、学生、教学资源等。

(2) 控制干扰变量的措施

①实验班与对照班由同一化学教师担任,学生情况基本相近。

②统一使用一切课外资料,统一布置作业,绝不增加实验班学生的学业负担。

③抽样合理,测查科学。既重视实验结果的测查,又重视实验过程的测查;既注重成绩的测查,又重视兴趣、态度和能力的测查。

④全部实施分层次教学。

为避免分层次教学成为干扰变量,在实验班和对照班均采取分层次教学,并开设成功课和提高课。成功课针对学习成绩中等偏下的学生,以复习巩固为主;而提高课则针对平时学有余力的学生,以能力训练和提高为主。成功课和提高课一般每周1~2次,学生的人数都没有固定的限制,学生可自由选择。这种分层次教学,为学生自主选择学习的内容和接受教育的环境及方式,提供了选择的自由。

⑤开放相同的学习资源和学习场所。

开放学习资源和学习场所,满足学生自主选择学习资料和学习场所的需要。① 首先,每周五下午第八节对学生开放化学实验室,学生在平时学习过程中的有关实验问题,周三前通过科任教师与实验员联系,并事先写好实验预习报告,由实验员确定实验的地点。为便于学生查阅资料,每个模块都为学生提供一些可参考的图书目录。同时,开放学校的电子阅览室,并向学生提供一些较好的学习网站,如中学化学同步辅导(http://www.huaxue123.com)、天河部落(http://59.42.251.241:9010/default.aspx)、中国国家图书馆(http://www.nlc.gov.cn)等,便于学生上网浏览。

---

① 王玉兵、赵在民:《自主学习特点及其教育环境构建》,载《中国教育学刊》2003年第1期,第39-40页。

2.1.2.3 测量手段及自主学习效果评价

借助学习兴趣、态度问卷调查表、自主学习状况调查表及学生学习成绩，进行数据统计研究。由于自主学习状况的调查内容较多，信度准确率不够高，因此采用了问卷选项选择（见表2-4～表2-8）的百分比进行统计。而学习兴趣和态度的调查是对实验样本整体进行问卷调查，学生的学业成绩也是取样本整体，然后进行实验组和对照组均值差异的显著性检验—配对样本的T检验。

（1）前测

2004年9月，以高一入学的化学中考成绩为学业前测成绩，取高一年级前测成绩接近的高一（2）班、高一（4）班分别为实验班和对照班。并于第三周对这些学生进行化学学习兴趣的问卷调查，此次调查结果为化学学习兴趣的前测数据。

（2）后测统计并处理

后测在高一下学期的期中试以后对学生进行化学学习兴趣及自主学习状况的问卷调查，化学学习成绩则用高一学年的期末统考成绩。自主学习状况采用选项选择的百分比进行统计，而化学学习兴趣及学业成绩则用 SPSS 10.0 for windows 软件包进行统计分析。

2.1.3 自主学习教学模式

2.1.3.1 元素化合物

元素化合物课是学习一些物质的组成、结构、性质、制法及其用途等各方面的知识。如果采用简单的"授受"教学模式，学生只能是机械地记忆一些元素化合物的事实，而其思维能力和化学学科素养无法得以提高。元素化合物课能够培养和训练学生的观察能力、实验能力、分析能力、概括能力以及推理能力等。所以，元素化合物教学通过引导学生探究物质的性质，自主建构物质间的相互反应规律，借以培养学生的思维品质和科学素养。

（1）课例分析

案例1：化学必修1（2004年人教版）第四章第三节"硫和氮的氧化物——二氧化硫"

【课前自主学习提纲】

①查阅当天的广州开发区和广州市城区的空气质量报告。
②空气污染指数是如何界定的？
③空气中的二氧化硫和二氧化氮是从哪里来的？它们有什么危害？
④如何检验溶液的酸碱性？
⑤试从化合价升降的角度分析 SO_2 的氧化性及还原性，试举例说明。

【课堂自主实验探究】教师根据教学内容设计所要探究的内容：SO_2 的溶解性、漂白作用及还原性，具体实验探究的主题：

①如何用实验证明 SO_2 易溶于水？其水溶液酸性如何？
②设计实验探究 SO_2 的漂白作用。
③设计实验探究 SO_2 的还原性。

在教师的引导、启发下由实验小组（两人一组）设计实验方案，如设计实验探究

SO_2 的还原性，学生设计的实验方案有：
a. 用氯水氧化 SO_2，观察溶液颜色的变化。
b. 用酸性 $KMnO_4$ 氧化 SO_2，观察溶液颜色的变化。
c. 用 HNO_3 氧化 SO_2，然后用 $BaCl_2$ 检验 SO_4^{2-}。
d. 用 H_2O_2 氧化 SO_2，然后用 $BaCl_2$ 和稀盐酸检验 SO_4^{2-}。
……………

然后组间讨论，教师评价，确定实验方案。采用氯水、酸性 $KMnO_4$ 溶液氧化 SO_2，根据氧化剂溶液褪色可判断 SO_2 被氧化而具有还原性，实验操作简便；而 c 和 d 则是通过检验 SO_2 被氧化后的 SO_4^{2-}，从而间接说明 SO_2 的还原性。但从环保、绿色化学的角度考虑，方案 a、b 和 c 均有污染性气体或造成水污染的离子产生，而方案 d 则是最佳选择。

学生通过设计实验方案，对 SO_2 及相关物质的性质有了更深入的认识，并训练了学生的思维和能力。接着进行实验方案实施，在实验过程中，学生观察实验现象，并进行现象分析。这样，学生在探究实验的过程中就能自主建构起 SO_2 性质的知识结构。

案例 2：化学必修 2（2004 年人教版）第三章第 2 节"来自石油和煤的两种基本化工原料——苯"

【课前自主学习提纲】
①如何鉴别乙烷和乙烯两种气体？
②烷烃和烯烃具有何种特征性质？如何检验烯烃？
③试写出 C_6H_6 可能的结构简式。

【课堂自主探究】根据有机物"结构决定性质"的科学思想，引导学生从理论和实验去探究苯的结构和性质：
①如何探究苯的溶解性？其密度如何？如何鉴别分层后哪层液体为苯？
②根据苯的分子式 C_6H_6，试写出苯可能的结构简式；
③若苯分子为上述结构之一，则其应具有什么重要性质？怎样设计实验来证明？
④从苯分子组成和结构来分析，苯应具有哪些化学性质？

学生利用已有的知识和教科书提供的素材进行自主学习，如②和③：学生根据苯的分子式 C_6H_6 可写出直链烃可能的结构简式：

$CH_2=CH-C≡C-CH=CH_2$； $CH≡C-C≡C-CH_2-CH_3$；
$CH≡C-CH=CH-CH=CH_2$； $CH≡C-CH_2-CH_2-C≡CH$；……

若为上述中的结构之一，即含有不饱和键，那么就可以用溴水或酸性高锰酸钾溶液来检验，但实验后发现溴水和高锰酸钾均不褪色，说明苯分子结构中不含有" $C=C$ "或" $-C≡C-$ "，由此学生对苯分子的结构产生了浓厚兴趣。

（2）引导探究式自主学习教学实践反思
①课堂上引导学生进行探究元素化合物知识，无论是理论探讨还是实验探究，首先要求学生必须具备一定的背景知识，如探究 SO_2 溶于水后显酸性，必须掌握溶液酸碱性的检验方法。其次，学生要对课堂上所要探究的内容有初步的了解，必要时要事先设计实验方案，以便在课堂上加以实验和讨论，否则课堂时间紧，会出现刚刚开始探究就要

结束的现象。所以,探究元素化合物知识课前要列出自主学习提纲,当学生具备了必要的基础知识和技能后,课堂探究才会主动、积极并会富有成效。

②引导学生自主探究学习元素化合物知识。首先,要在关键问题(如 SO_2 性质、苯的性质)上探究,不可能也不需要不分轻重地在所有问题上探究。其次,在探究性学习时,应当尽可能创设灵活多样的学习活动来充分调动学生的主动性,如实验探究、资料查阅及合作与交流等多种学习活动形式;该举措的目的是维持学生学习的热情,让学生的思维始终处于(或是大部分时间处于)兴奋的思考中,从而优化各种思维品质。

2.1.3.2 化学概念和化学原理

学生在学习概念和原理时虽然不可能像前人那样经过长期探索,但对概念的学习、应用和发展,必须要以感性认识为前提。所以,概念和原理教学可将抽象概念和原理直观化、具体化,在学生已有知识的基础上,创设问题情境,设计一些学生动手实践活动,使学生在自主活动中发现问题,为概念和原理的形成提供一些感性认识,然后不断挖掘材料的内涵,逐渐上升为抽象的概念和原理。

(1)课例分析

案例3:化学必修1(2004年人教版)第二章第二节"离子反应"

【课题】探究 H_2SO_4 和 $Ba(OH)_2$ 在溶液中发生反应的实质

【实验探究】在 100 mL 烧杯中装入约 50 mL 氢氧化钡溶液,向烧杯中滴加 3~5 滴酚酞试液,将盛有稀硫酸溶液的分液漏斗置于铁架台上,用带有二极管的测溶液导电装置测试溶液导电性,向烧杯中逐滴加入硫酸溶液直至过量。(见图 2-1)

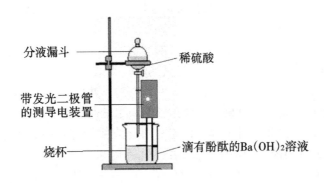

图 2-1 稀硫酸与 $Ba(OH)_2$ 溶液反应实质的研究

【思考与交流】①观察到什么现象?
②产生上述现象的原因是什么?
③该实验说明了什么?

【直观现象分析】
①溶液由红变无色→溶液碱性减弱→证明 H^+ 和 OH^- 结合生成了水。
②白色难溶物→Ba^{2+} 与 SO_4^{2-} 结合生成的 $BaSO_4$ 沉淀。
③发光二极管变暗→溶液导电能力减弱→离子浓度减小→离子有消耗。

【抽象分析】硫酸与 $Ba(OH)_2$ 分别属于酸、碱类的电解质,从电离的角度分析,硫酸与 $Ba(OH)_2$ 溶液中所含的微粒分别是 H^+、SO_4^{2-}、Ba^{2+}、OH^-;稀硫酸与 $Ba(OH)_2$

溶液反应的实质是溶液中的 H^+、SO_4^{2-}、Ba^{2+}、OH^- 相互结合生成了水（难电离物）和 $BaSO_4$ 沉淀（难溶物），所以电解质溶液间的反应实质是离子间的反应。

学生通过 H_2SO_4 和 $Ba(OH)_2$ 反应过程直观地感受到溶液的酸碱性及导电性的变化，然后分析、讨论溶液中离子的变化情况，就可自主地抽象和建构出电解质溶液发生反应的实质——离子反应，而离子反应的本质则是离子浓度降低。

案例4：化学必修1（2004年人教版）第二章第三节"氧化还原反应"

【自主学习提纲】

①以典型的氧化还原反应 $H_2+CuO \xrightarrow{\triangle} Cu+H_2O$ 和 $C+2CuO \xrightarrow{高温} 2Cu+CO_2\uparrow$ 为例，标出各种元素的化合价，分析元素化合价反应前后的变化情况，归纳氧化剂、还原剂中元素化合价的升降关系。

②以钠在氯气中燃烧为例，分析钠元素、氯元素的化合价变化与得失电子有何关系？

③元素化合价升降的根本原因是什么？

④写出四大基本反应类型的方程式（每一类型写2条），试分析它们元素化合价前后的变化情况，归纳四大基本反应类型与氧化还原反应之间的关系。并尝试画出交叉分类示意图。

通过典型、具体的化学方程式，让学生尝试标出元素化合价，通过分析元素化合价反应前后的变化情况，引导学生归纳、抽象出氧化还原反应、氧化剂和还原剂的表观特征。接着以钠在氯气中燃烧来分析 NaCl 的形成过程，引导学生分析得出元素化合价的升降源自电子得失，然后再辅以分析 HCl 的形成，学生就能建构起对"氧化还原的本质特征——电子转移（得失或偏移）"的全面认识。

（2）直观抽象式自主学习教学实践反思

①化学概念和原理是人们对物质及其化学现象本质属性的认识，是概括的、抽象的，因此只有与具体的、直观的事物联系起来，才能便于认识和理解。所以，在引导学生自主建构化学概念和原理时，首先要找准能反映该概念和原理的本质属性的直观素材——具体的事物或事例，这样学生才能比较直接地抽象出素材的本质属性。比如，离子反应选择 H_2SO_4 与 $Ba(OH)_2$ 的反应事实作为实验素材就比较明显、直观。

②学生对概念和原理的学习容易走入一个"以定义论定义"的误区，急于知道概念和原理的内容及运用概念去解题，而忽视了概念和原理的形成过程。因此，在针对概念和原理的教学设计中，遵循概念和原理的形成过程，通过"获得感性知识→抽象本质属性→准确表达定义→建立概念和原理系统"四个阶段，激发学生人人动手（实践能力）、动脑（思维能力），协助学生建构化学概念和原理知识。

2.1.3.3 化学计算和化学用语

化学计算和化学用语可纳入技能学习的教学范畴。根据行为心理学的理论，若要整体掌握技能就要首先对其进行分解，把目标技能分解成若干个简单单元，从学生的实际起点出发，先进行范例演示，接着让学生练习并掌握简单单元，然后螺旋式递进，最后综合强化。

(1) 课例分析

案例 5：化学必修 1（2004 年人教版）第一章第二节"化学计量在实验中的应用——物质的量的计算"

【填表】尝试填空，自主学习物质的量、摩尔质量以及摩尔质量与相对原子（或分子）质量的关系。（见表 2-1）

表 2-1　物质的量的推算过程

计算量	物质种类			
	Fe	C	O_2	H_2O
相对原子（或分子）质量	56	12	32	18
每个原子（或分子）的质量	$9.3×10^{-23}$ g	$1.99×10^{-23}$ g	$5.32×10^{-23}$ g	$3×10^{-23}$ g
不同物质的质量	56 g	12 g	32 g	18 g
所含原子（或分子）的数目	$6.02×10^{23}$	$6.02×10^{23}$	$6.02×10^{23}$	$6.02×10^{23}$
物质的量	1 mol Fe	1 mol C	1 mol O_2	1 mol H_2O
摩尔质量	56 g/mol	12 g/mol	32 g/mol	18 g/mol

上例中，先由不同物质的每个原子（或分子）的质量计算出具有一定质量的物质所含有的原子（或分子）数目——$6.02×10^{23}$ 即阿伏伽德罗常数，将其定为 1 mol，而该单位的物理量就是物质的量。从所填表格的数值可直接得出每摩尔物质的质量就是所给物质的质量（如每摩尔铁原子的质量就是 56 g），此时就可以水到渠成地推出摩尔质量的概念，并且学生通过比较，还会发现摩尔质量在数值上等于该物质的相对原子（或分子）质量。

在学生理解物质的量、阿伏伽德罗常数及摩尔质量等的基础上，通过练习题组训练，自主归纳、总结三者之间的相互转化关系。

【练习 1】①5 mol CO_2 的分子数是_____；
②$1.204×10^{24}$ 个 H_2O 分子的物质的量是_____ mol。

【归纳】归纳物质的量（n）、阿伏伽德罗常数（N_A）与粒子数（N）相互之间的关系：

$$N = n × N_A$$

【练习 2】①0.5 mol O_2 的质量是多少克？8 mol CO_2 的质量是多少克？
②64 g O_2 的物质的量是多少？8 g SO_3 的物质的量是多少？含有多少个 SO_3 分子？

【归纳】试归纳物质的量（n）、质量（m）与摩尔质量（M）的相互关系：

$$n = \frac{m}{M}$$

【练习 3】试填写表 2-2，比较物质的质量、物质的量和粒子数之间的相互转化关系

表2-2 物质的质量、物质的量和粒子数的计算

	2 g 水	2 mol H$_2$O	2个水分子
质量（m）	—		
物质的量（mol）		—	
分子数（个）			—

【归纳】归纳物质的质量、物质的量及物质所含粒子数之间的关系（见图2-2）：

$$物质的质量 \underset{\times 摩尔质量(g/mol)}{\overset{\div 摩尔质量}{\rightleftarrows}} 物质的量（mol） \underset{\div 6.02\times 10^{23}}{\overset{\times 6.02\times 10^{23}(mol^{-1})}{\rightleftarrows}} 粒子数$$

图2-2 物质的质量、物质的量和粒子数的相互转化关系

通过"练习1"，学生建构物质的量与粒子数之间的相互关系；通过"练习2"建构物质的量与摩尔质量之间的相互关系；而在此基础上的"练习3"则是将物质的质量、物质的量及粒子数统一在一起，得出物质的量是联系宏观（质量）与微观（粒子数）的桥梁，是化学计算的基础和核心。

案例6：化学必修2（2004年人教版）第一章第三节"化学键——电子式的书写"

【尝试书写】

①原子的电子式：

　　　　Na·　　:Cl:　　Mg:　　:O:　　:F·　　Ca:

②离子的电子式：

阳离子：Na$^+$　　　Mg^{2+}　　　Al^{3+}

阴离子：[:Cl:]$^-$　　[:S:]$^{2-}$　　[:F:]$^-$

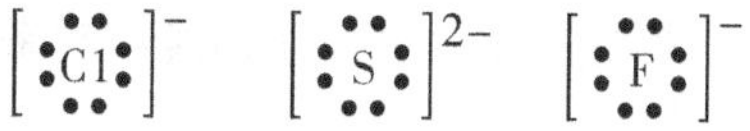

③离子化合物的电子式：

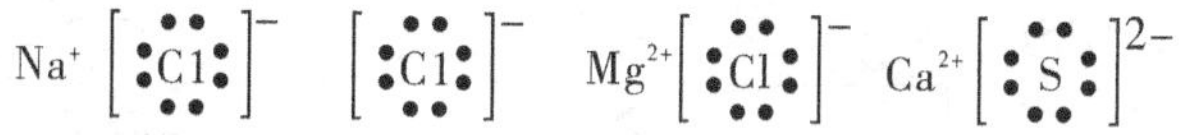

　　　　Na$^+$[:Cl:]$^-$　　[:Cl:]$^-$Mg^{2+}[:Cl:]$^-$　　Ca^{2+}[:S:]$^{2-}$

④离子化合物形成过程的电子式：

　　　　:Cl· + ·Mg· + :Cl· ⟶ [:Cl:]$^-$Mg^{2+}[:Cl:]$^-$

电子式的书写可分解为：原子电子式→阳离子电子式→阴离子电子式→离子化合物的电子式→离子化合物形成过程电子式的书写。每一步教师先写1~2个范例（如钠原子、氯原子的电子式），然后引导学生尝试书写其他原子的电子式（如镁原子、氟原子等），再让学生总结每一类电子式的书写规则，如阳离子的电子式即为其离子符号。当学生掌握了原子、离子及离子化合物的电子式书写规则后，离子化合物形成过程的电子式的书写就简单易行了。

（2）螺旋递进式自主学习教学实践反思

①技能学习是一种范例教学，"举例说明"是范例教学中最通用的方法。化学计算和化学用语的教学若离开了具体的实例，只是由教师将枯燥的方法、规范的步骤干巴巴地

罗列出来，不管教师表达得如何清晰，学生很可能也是不得要领的。因此，教师要根据教学目标和学生实际，合理地组织好例题和习题教学。首先，例题和习题必须符合本课题的教学目标，符合本班大多数学生的认知水平；其次，例题和习题必须精，必须典型；最后，例题和习题的呈现顺序要经过合理的安排，尽量与学生的认知程序产生"共振"。

②在范例教学环节上，目前有两个较为普遍的通病。其一是在分析例题时重步骤、重规范而轻原理、轻过程，只讲怎样做，少讲为什么这样做，对于在背后支撑这些具体步骤的化学概念、化学原理，则往往只在讲步骤前作为原则提一提，而在分析例题时并没有步步扣紧去分析为什么这样做。这样，概念和原理成了游离于教学主体内容以外的标签。事实上，它们应该成为化学计算和化学用语教学的主线和灵魂。范例教学的另一个突出问题就是就题论题，欠缺必要的思路归纳。这样往往会使学生淹没于例题中，常出现"老师一讲都明白，自己一做却不会"的现象。因此，在化学计算和化学用语的例题剖析过程中，要紧紧抓住化学概念和化学原理，注重解题思路的分析和方法的归纳，要引导学生提炼例题的理论精髓。

2.1.3.4 复习课

化学复习课在中学化学的教学中分布广、频率高（每章节、每单元、每板块）、作用大。对学生来讲，复习课是"温故而知新"；对老师而言，复习课是新课的延续。复习课中知识复习的主体是学生，没有学生的积极参与，不可能有很好的复习效果。这要求教师在组织复习的过程中能突破传统教学思想的束缚，引导学生自主建构知识网络，以实现知识重组。

（1）课例分析

案例7：对于物质间的相互转化可用知识网络来加以建构，如铁三角、铝三角、烃及其衍生物的相互转化等。当然，关系图不能直接呈现给学生，否则无异于机械记忆，而要把重点内容或平时学生未掌握的知识点设计为空格或表格，让学生通过填空来自主建构。

烃及其衍生物相互转化关系的设计可见图2-3。

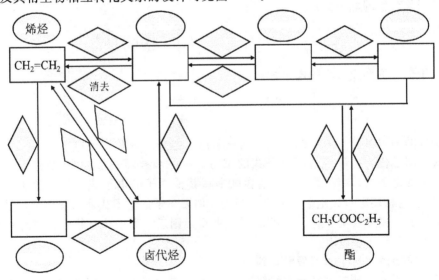

图2-3 烃及其衍生物相互转化关系

这个关系图是以教科书中烃及其衍生物的典型代表物的相互转化构织而成的。首先，学生通过填写乙烷、溴乙烷、乙醇、乙醛和乙酸的结构简式及其相互转化的反应类型，就能自主地建构乙烷、乙烯、溴乙烷、乙醇、乙醛、乙酸和乙酸乙酯的相互转化关系。接着，引导学生填写不同物质的所属类别，学生就会从感性的具体物质上升到理性的物质种类来认识烃及其衍生物的相互转化。最后，引导学生从官能团的角度来分析烃及其衍生物的相互转化，至此，学生已建构成完整的知识网络。

案例8：以问题为中心，可把与该问题相关的知识有机地搭起桥梁，通过设置问题情景，让学生在解决问题的过程中自主建构知识体系。

以物质的量为中心的计算：

①64 g 氧气的物质的量是多少？含有多少个氧分子、氧原子？标准状况下气体的体积是多少升？

②$3.01×10^{24}$个 HCl 分子，它的质量是多少克？标准状况下占有的体积是多少升？溶于水制成2升溶液，物质的量浓度是多少？

③以上计算中涉及哪些化学量？哪个化学量是计算的关键？

④它们是怎样进行换算的？对应的单位分别是什么？

学生通过计算、分析，就能自主建构物质的量、物质的质量、气体的体积、粒子数和物质的量浓度等相互换算关系。（见图2-4）

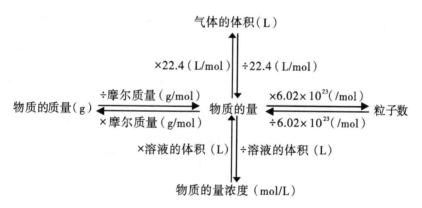

图2-4 物质的量与物质的质量、气体的体积、粒子数及物质的量浓度相互换算关系

由此学生可以得出：物质的量是连接宏观（质量）和微观（粒子数）的桥梁，也是不同的化学量（质量、体积、粒子数、物质的量浓度）相互换算的桥梁，所以物质的量是化学计算的核心。

（2）网络构建式自主学习教学实践反思

①复习课切忌把复习变成新授课的简单重复，把知识结构变成知识点的简单罗列。复习课要注重合理重组知识，通过知识重组，以突出知识间的内在联系，体现知识的系统性和深刻性。重组的知识多采取"知识块""知识网"的形式出现，知识网络可以将知识点连接成一个整体。通过启发引导学生编织知识网络，以加深理解，同时也便于他们在使用时随时从信息库中提取。

②复习课的讲、练、评要有鲜明的针对性，针对性的复习可以帮助学生查缺补漏，全面理解、掌握知识。针对性复习的内容因学生群体认知水平的不同而有差异，无论复习的知识是重点还是难点，但必须是学生平时学习过程中暴露出来理不清、疏不顺的问题，或者是学生运用起来有困难的知识。对于复习课中的理论性和技能性知识，要进行有针对性的变式练习，经过反馈和矫正，以弥补学生的知识缺漏。而对于重点知识的延伸、难点的突破，则应以重、难点知识为主线，通过演练纵向或横向题组，让学生在新的问题情境中，全面而准确地把握知识的脉络。

2.1.4 教学效果的分析与讨论

2.1.4.1 化学学习兴趣的比较与分析

结合课题研究的内容与目的，参考西南师范大学出版社出版的《现代教育技术与测评技术》(朱德全、宋乃庆主编)①，参照心理测量学关于人格测量的自陈量表编制方法，设计了学习兴趣水平调查问卷。在高一入学时及高一下学期期中试以后分别对实验班与对照班的学生进行学习兴趣调查，测量结果分析见表2-3。

表2-3 实验班与对照班的学生化学学习兴趣比较②

水平	班别	人数(N)	前测					后测				
			平均分	标准差	均数差	t值	显著性水平(P)	平均分	标准差	均数差	t值	显著性水平(P)
中上	实验班	15	48.00	6.24	0.40	0.238	$P=0.815$ >0.05	49.00	5.78	1.87	1.589	$P=0.134$ >0.05
	对照班	15	47.60	4.55				47.13	6.28			
中等	实验班	20	42.85	4.04	0.25	0.341	$P=0.737$ >0.05	46.20	5.17	2.85	2.984	$P=0.008$ <0.01
	对照班	20	42.60	3.57				43.35	5.62			
中下	实验班	16	34.19	4.09	0.5	0.877	$P=0.394$ >0.05	43.44	6.30	6.56	3.228	$P=0.006$ <0.01
	对照班	16	34.69	4.24				36.88	4.86			

表2-3的数据信息表明：实验班与对照班的学生在学习兴趣、态度方面，中上、中等及中下水平学生的前测平均分差异均不显著（$P>0.05$），说明他们的学习兴趣和态度在实验前处于同一水平。后测数据显示实验班与对照班的中上水平的学生差异不显著（$P>0.05$），但中等水平及中下水平的学生差异均极其显著（$P<0.01$）。说明开展自主学习教学模式对中上水平学生在学习兴趣、态度上无明显影响，但对于中等及中下水平的学生，特别是中下水平的学生在学习兴趣、态度方面影响极其显著。可见，在实验班

---

① 朱德全、宋乃庆：《现代教育统计与测评技术》，西南师范大学出版社1998年版，第5—9页。
② http://www.cqbxzx.com/web/jyky/ShowArticle.asp?ArticleID=404。

实施自主学习教学模式，诱发了学生学习化学的潜在动机，增强了学生化学学习的兴趣和化学学习的能力。①

2.1.4.2 自主学习状况的比较与分析

在高一下学期的期中试以后对学生进行自主学习状况调查，共发出调查问卷102份，回收有效问卷88份，回收率为86%，其中实验班45份，对照班43份。

表2-4是实验班与对照班的学生的化学自主学习情况。

表2-4 实验班与对照班的学生化学自主学习情况的调查

调查项	班别			
	实验班		对照班	
	人数	占比(%)	人数	占比(%)
上课我总是有自己的目标和计划	8	18	2	5
我做化学实验时总是先预习、认真操作和观察	13	29	5	12
没有理解好的知识，我常求教于别人，但绝不放过自我努力	11	24	7	16
我做化学作业、思考化学问题时，不受他人的影响	14	31	9	21
回答化学问题时，我不愿意别人提示，喜欢独立思考	14	31	6	14
总是把所学知识与物理、生物、日常生活联系起来思考	15	33	7	16
每学完一个单元的知识，我一定会进行归纳总结	15	33	3	7

表2-4分析表明：通过近一个学年的开展自主学习教学模式的实践，实验班的学生的自主学习的意识、方法和能力等都优于对照班。

表2-5—表2-8是实验班与对照班的学生的学习主动性、计划性及时间的利用率情况。

表2-5 实验班与对照班的学生学习主动性的体现

调查项	班别			
	实验班		对照班	
	人数	占比(%)	人数	占比(%)
主动完成学习任务	14	31	6	14
能够完成学习任务	23	51	14	33
不得不完成学习任务	3	7	4	9
视情况而定	4	9	19	44

---

① 寿才明：《高中生化学学习心理探究及调整策略课题实验报告》，载《化学教育》2001年第5期，第28-32页。

表2-6　实验班与对照班的学生学习计划性的体现

调查项	班别			
	实验班		对照班	
	人数	占比(%)	人数	占比(%)
很有计划性	7	15	2	5
较有计划性	26	58	14	31
一般	11	24	23	53
无计划	2	4	8	19

表2-7　实验班与对照班的学生学习时间的利用率

调查项	班别			
	实验班		对照班	
	人数	占比(%)	人数	占比(%)
高	9	20	2	5
一般	24	53	19	44
时高时低	8	18	18	42
随心所欲	3	7	5	12

表2-8　实验班与对照班的学生学习时间利用率的自我评价

调查项	班别			
	实验班		对照班	
	人数	占比(%)	人数	占比(%)
满意	7	16	3	7
基本满意	28	62	19	44
不满意	8	18	18	42
很不满意	2	4	3	7

表2-5—2-8分析表明：实验班学生学习的主动性、计划性及时间的利用率都明显高于对照班。而对照班的学生则存在自主学习动机不强、策略贫乏、自我监控能力弱、时间管理不当等问题[①]，他们缺少必要的学习主动性，真正能够主动完成学习任务的学生仅占总人数的14%。

---

① 张秀娟：《构建"导学"自主学习教学模式》载《辽宁教育研究》2006年第3期，第69-70页。

2.1.4.3 学习成绩的比较与分析

根据高一入学时的中考成绩及高一学年期末成绩做如下分析。(见表2-9)

表2-9 实验班与对照班学生的化学成绩比较

水平	班别	人数(N)	前测					后测				
			平均分	标准差	均数差	t值	显著性水平(P)	平均分	标准差	均数差	t值	显著性水平(P)
中上	实验班	15	88.27	3.63	0.13	0.087	$P=0.932$ >0.05	81.00	7.22	1.73	0.909	$P=0.379$ >0.05
	对照班	15	88.13	3.62				79.27	6.82			
中等	实验班	20	71.94	3.79	0.55	0.411	$P=0.685$ >0.05	73.55	8.83	8.40	3.372	$P=0.003$ <0.01
	对照班	20	71.40	3.83				65.15	6.92			
中下	实验班	16	60.31	4.19	0.50	0.287	$P=0.778$ >0.05	67.00	7.56	13.31	4.217	$P=0.001$ <0.01
	对照班	16	59.81	4.62				53.69	9.67			

表2-9的数据表明:在学习成绩方面,实验班与对照班比较,三种水平学生的前测平均数差异均不显著($P>0.05$),说明实验班和对照班的学生在实验前的化学成绩相当。后测数据显示,实验班和对照班中上水平学生的平均数差异不显著($P>0.05$),而中等及中下水平学生的平均数差异显著($P<0.01$),特别是中下水平的学生尤为突出。说明开展自主学习教学模式对中上水平的学生的化学成绩影响不大,而对于中等及中下水平的学生尤其是中下学生的化学成绩影响显著。

2.1.5 研究结论

2.1.5.1 探索适合不同化学课型的自主学习教学模式

分析中学化学的四种课型特点,通过教学实践探索到与之相适应的四种不同的自主学习教学模式见表2-10。

表2-10 化学课型与自主学习教学模式对应

化学课型	自主学习教学模式	课例	同类教学内容
元素化合物	引导探究式	二氧化硫、苯	铁、铝、氯气、硫酸等
化学概念和化学原理	直观抽象式	离子反应、同分异构现象	元素周期律、原电池等
化学计算和化学用语	螺旋递进式	物质的量计算、电子式	化学反应速率、化学平衡等
复习课	网络建构式	烃及其衍生物相互转化、以物质的量为中心的计算	铝三角、铁三角、氯及其化合物等

2.1.5.2 揭示自主学习对不同层次学生的影响

自主学习教学模式对学生的学习兴趣和态度、自主学习状况以及学习成绩均有正向促进作用。自主学习能够增强学生的学习兴趣、丰富学习方式、提高学习成绩。

无论是实验班还是对照班,对于中上水平的学生来说,开展自主学习教学模式对他们的学习兴趣和学习成绩影响不大。因为中上水平的学生基础知识扎实、学习兴趣浓厚、学习能力强,他们能够选择和组合不同学习方式。但对于中等及中下水平的学生,开展自主学习对他们的学习兴趣及化学成绩的影响非常明显。因为通过引导他们自主学习,改进了他们的学习方式,增强了他们学习化学的信心,所以他们学习兴趣增强,化学成绩提高显著,特别是对中下水平的学生的影响尤为显著。

2.1.6 教学反思

2.1.6.1 分析教学内容,灵活地选择和驾驭适宜的自主学习教学模式

虽然不同课型可采用与之适应的自主学习教学模式,但在教学实践过程中,也发现各种不同的自主学习教学模式之间并没有严格的界限,只是侧重点不同而已。比如,基本概念和原理中的"离子反应"内容的教学,已经有了"引导探究"成分。另外,一种教学模式并不一定适宜该课型的所有教学内容,如果一味地套用该教学模式,其结果往往会不尽如人意的。因此,教师必须从教学目标、教学内容、学生的实际情况和教师自身的特点等诸多方面来考虑,灵活地进行选择与组合自主学习教学模式,这样才能达到最佳的教学效果。

2.1.6.2 教师应研究教学对象及教学内容,提升教学素养

进入高中,面对来自不同学校、成绩参差不齐的学生,要使他们在短时间里适应新的学习方式,特别是对于那些长期依赖于老师的学生确实存在困难。[①] 学生只有认清了自主学习的重要性和必要性,才能使自主学习成为学生自我实现的需要,也才能转化为积极学习的内驱力。事实上,学生缺少的并不是学习的时间,主要还是学习的主动性及计划性,归根到底,缺少的还是发自内心的需求。[②]

自主学习教学模式需要教师具备深厚的专业知识和丰富的教学经验。首先,提炼自主学习提纲指导学生自主学习,要求教师对教学内容的重点、难点以及各知识点之间的联系有透彻的把握,对学生知识层面的状况有清楚的了解。只有这样才能找准学生的最近发展区,才能引导学生应用原有的知识去同化新知识,实现对新知识的意义建构。其次,课堂讨论还要求教师有较高的分析能力、组织协调能力、评价和把握全局的能力。

2.1.6.3 强化问题意识,提高服务质量

现代心理学认为,一切思维都是从问题开始的。教学要促进学生自主学习就应当培

[①] 陈林生:《导学式教学模式的研究与实践》,载《福建教育学院学报》2003年第12期,第15-17页。

[②] 邱伟:《关于学生自主学习状况的调查及思考》,载《宁波大学学报(教育科学版)》2004年第3期,第96-98页。

养学生的问题意识。在组织课堂教学时，教师要把所教的内容、学生与自己恰到好处地融合在一起[①]，热情鼓励和引导学生积极主动地质疑，并且要特别关注中等偏下学生，鼓励中等生，让所有学生都有"我要质疑"的欲望。当然，自主学习的问题意识，关键在于学生能有"问"的自由，有"问"的生存空间，并能得到老师、同学、家长及社会的呵护。作为教师要有服务意识，并要不断地提升服务质量。

2.2　化学课堂"互动生成"教学模式实践研究

2.2.1　教学模式

2.2.1.1　课堂教学结构

将化学课时教学内容设计为若干个问题情境，把问题情境中能够突出课时教学重点和突破教学难点的关键性问题定义为"核心问题"。教师在化学课堂上利用"小白板"平台，通过学生对"核心问题"的解答书写、交流与展示，引导学生在解决问题的过程中建构化学知识，从而实现把教材上的知识结构转化生成为学生的认知结构。（见图2-5）

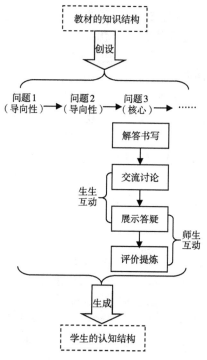

图2-5　"互动生成"教学结构模型

---

① Palmer P J. *The Courage to Teach：Exploring the Inner Landscape of a Teacher's Life*. San Francisco，California：Jossey-Bass，1998：11-12.

2.2.1.2 交流互动程式

以前后两排的四位学生为一个学习小组,每个小组的成员编号为1号、2号、3号和4号,每个小组使用一块"小白板"。(见图2-6)

……	……		……		……
	3号	4号	3号	4号	第四排
……	2号	1号	2号	1号	第三排
	3号	4号	3号	4号	第二排
……	2号	1号	2号	1号	第一排

图2-6 学习小组成员编号分布

根据对"核心问题"解答书写的顺序,分别由每个小组的1号、2号、3号和4号学生书写在"小白板"上,其他同学写在练习本上,然后以"小白板"为平台进行组内交流与讨论,之后由代表性的小组进行展示与答疑,最后由教师进行评价与提炼。

2.2.2 理论依据

2.2.2.1 最近发展区

苏联教育家维果茨基于20世纪30年代提出最近发展区理论,即儿童已经达到的发展水平与可能达到的发展水平之间的距离,就是"最近发展区"。[①] 找准学生的"最近发展区",能够提高教学的针对性。教师找准最近发展区有三条途径:

前测:把往届学生暴露的问题作为当前学生存在的问题,教学经验丰富的教师能够对学生进行较准确的前测,而年轻教师则需要借助备课组的集体智慧。

即时检测:通过课堂提问、学生板演、实物投影和"小白板"等形式进行现场反馈。

后测:把学生作业练习中反馈的问题作为习题讲评课和单元复习课的教学目标。

"小白板"具有反馈问题普遍和信息量大的特点,能弥补因不同届学生之间存在差异而导致前测的失准,能够最大限度地把前测和即时检测结合起来,能够极大地提高教学的针对性。学生的知识结构和认知方式比较接近,学习小组在"小白板"上的交流互动更容易触及彼此的最近发展区,更有利于学生认知的矫正与完善。

2.2.2.2 问题解决教学理论

苏联教学理论家马赫穆托夫于20世纪60年代创立了问题解决教学理论。在问题教学中,学生从事探究活动与其掌握现成的科学结论配合进行,这样,学生不仅掌握了科学结论,而且还掌握了得出这些结论的途径和过程。[②]

将化学课时教学内容创设为系列问题,学生在解决具体问题的过程中建构化学知识,能够获得比一般教学中更概括的知识,而且这样从实践中获得的知识更具有广泛的迁移性。

[①] [美]德里斯科尔:《学习心理学:一种面向教学的取向》,华东师范大学出版社2007年版,第212-213页。

[②] 李广洲、任红艳:《化学问题解决研究》,山东教育出版社2004年版,第124-128页。

2.2.3 操作要点

2.2.3.1 "核心问题"的创设

创设问题情境是"互动生成"教学模式的核心,而"核心问题"的创设质量直接关乎交流互动的质量,直接决定了学生建构知识的质量和效率。

(1) 关键性

化学课堂上的"核心问题",是课时教学内容的关键性、枢纽性和全局性问题,具有"牵一发而动全身"之效。解决了"核心问题",也就自然掌握了本课时的学习内容。

在提出"核心问题"之前,要进行适当的铺垫,以解决"核心问题"的外围障碍。否则,几个问题交织在一起,就会削弱解决"核心问题"的注意力和效率。

比如"盐类水解",盐类水解的本质是盐电离出来的弱离子与水电离出来的 H^+ 或 OH^- 结合成弱酸或弱碱,促进了水的电离。因此,本课时的系列问题围绕着"如何促进水的电离"来展开,而将"哪些离子与 H^+ 或 OH^- 结合成弱电解质""水电离程度的定量计算"以及"预测并分析 NH_4Cl 溶液的 pH"作为"核心问题"。而"影响水电离平衡的因素有哪些?"与"如何促进水的电离?"则属于铺垫导向性问题。

(2) 逻辑性

一节课的"核心问题"之间要有一定的内在逻辑联系,通过对系列问题的逐一解决,从而有序、有机地生成认知结构。

比如"电解原理的应用",首先让学生书写"用石墨棒做电极,电解 $CuCl_2$ 溶液的电极反应",以其作为铺垫性问题。接着推出系列"核心问题":①书写"用石墨棒做电极材料,电解 NaCl 溶液的电极反应式和总的反应式",以引出电解原理在氯碱工业中的应用;②书写"用惰性电极电解熔融 NaCl 的电极反应式和总的反应式",以引出电解原理在金属冶炼上的应用;③书写"用铜做阳极材料,铁做阴极材料,电解 $CuSO_4$ 溶液的电极反应",以引出"电镀原理";④书写"用锌、铜和银的合金材料做阳极,纯铜做阴极,电极 $CuSO_4$ 溶液的电极反应式",以引出"精炼铜"原理。四个"核心问题"通过变换电极材料和电解液,而不变的是"粒子放电顺序",让学生在分析、书写电极反应式的过程中自动生成对"电解原理的应用"的认知结构。

(3) 适宜性

"核心问题"的设定必须切中大部分学生的最近发展区,以适宜一部分学生通过努力能解答出来,而另一部分学生只能部分解答或无从下手,需要同学或老师的协助。这样,学生就有了交流互动的内驱力,这种情形下的交流互动才有意义。否则,学生"都会"或"都不会"的问题是没有交流互动价值的。

(4) 展示性

仅限于口头上的交流讨论,往往会比较笼统、模糊,难以进行定量分析。而解决化学问题通常都需要用化学用语来进行表征,在"小白板"上书写化学用语,然后进行交流互动,这样便于直观、具体和深入地思考与交流,也更能够彼此相互影响与启迪。因此，对"核心问题"的解答书写要具有可展示性，书写的内容既可以是名称概念、化学符号，也可以是分析过程和实验装置等。

2.2.3.2 交流互动的原则

(1) 先思考，后交流

要让学生先思考后交流，这样交流讨论才会有内容和深度，否则一开始就进行交流，组内的"强势学生"会主导组内其他学生的思路，其他学生的思维过程就会丧失或被削弱。而采用小组内成员轮流书写在"小白板"上并主持交流讨论的方式，能够最大限度地发挥每名学生的积极性和主动性，训练不同层次学生敢于将自己的观点与其他学生进行碰撞与融合，以培养其信心和思辨能力。

(2) 先展示，后答疑

选取有代表性的"小白板"进行展示，既可以单独展示，也可以两块或多块同步展示，引导学生对不同思路方法进行比较、审辨和内化，有利于学生在认知冲突中建构与完善化学认知结构。

让学生利用"小白板"到讲台展示并讲述思维过程，回答学生的各种疑问，让生生互动，这在客观上能培养学生规范使用化学用语和综合应用化学知识的能力。

(3) 先评价，后提炼

对于学生书写中出现的知识性错误和化学用语不规范等要及时进行矫正，而对于学生的创新解法则应给予肯定。

学生在解决"核心问题"时所生成的知识是具体的、孤立的，往往只具有类比价值。教师要对其进行加工、概括和提炼，以形成具有认识价值和迁移功能的观念性知识。同时，教师要从章节、模块的视角审视与整理问题知识，以协助学生建构知识网络。

2.2.4 实践研究

2.2.4.1 增强课堂教学的针对性和实效性

广州市玉岩中学高二化学备课组有两位教师，在2012学年度第一学期期中试之后，实施了以"小白板"为平台的"互动生成"教学模式；另外两位教师仍采用传统的教学手段。在第一学期期末对使用"小白板"的实验班级进行了"'小白板'使用情况问卷调查"，共发放312份，回收有效问卷306份。（见表2-11）

表2-11 "小白板"使用情况问卷调查分析

内　　容	学生认可程度(%)
"小白板"使用后，自己存在的问题被暴露的次数多了	42.86
"小白板"使用后，能积极、主动和深入地思考与交流问题	52.38
交流互动能协助自己纠正认知上的误区，能加速对知识的理解和掌握	73.33
"做典型练习，小组交流，学生展示，老师点评"的教学形式	62.86
"小白板"使用后，课后做化学作业比以前轻松了许多	40.95

"小白板"具有便捷、快速地反映问题并解决问题的优势。班级有1/4的学生使用"小白板",学生存在的问题一目了然,这为提高教师教学的针对性和实效性提供了保障。

2.2.4.2 提升教学成绩

选取期中试化学成绩比较接近的两个层次的班级进行配对。(见表2-12)

表2-12 班级配对情况

组别	班别	班级	科任教师
配对组1	实验组	高二(12)	甲
	对照组	高二(14)	乙
配对组2	实验组	高二(15)	丙
	对照组	高二(6)	丁

以期中考试成绩为前测数据,期末考试成绩为后测数据。为排除配对组中期中考试成绩存在一定差距的影响,将其作为协变量,采用单因素协方差分析。(见表2-13、表2-14)

表2-13 描述性统计量

组别	班别	人数	期中考试		期末考试	
			平均分	标准差	平均分	标准差
配对组1	高二(12)	52	65.6	10.8	74.8	12.2
	高二(14)	52	65.0	12.8	68.8	15.2
配对组2	高二(15)	52	62.1	13.5	73.5	10.8
	高二(6)	52	61.7	10.6	67.6	10.9

表2-14 主体间效应的检验

组别	成绩	均方	F	Sig
配对组1	期中成绩	260.78	1.383	0.242
	教学模式	910.47	4.829	0.030
配对组2	期中成绩	5.28	0.044	0.835
	教学模式	914.48	7.607	0.007

检验数据显示,配对组1和配对组2中期中成绩(协变量)的P(0.242和0.835)均大于0.05,表明期末成绩与期中成绩之间没有什么关联。而配对组1和配对组2中教学模式的P(0.030和0.007)均小于0.05,表明因教学方式不同而导致期末成绩的差异达到显著水平,从而说明"小白板"的使用能够促使学生化学成绩的提升。

2.2.4.3 促进师生角色功能的转化

"小白板"的使用突出了教师的主导作用,教师不仅是"问题"的策划者,也是学生解决问题的引导者,更是学生解决问题的协助者和仲裁者。面对班级 1/4 学生的解答书写内容,教师要迅速把学生暴露的问题进行归类,然后指定有代表性的小组进行展示。这样既可以展示思路方法上的不足,以便进行矫正;也可以让学生对照正确答案将思维过程讲述一遍;还可以让展示者现场回答其他学生的各种疑问……而教师的作用则是进行点评、加工、提炼和整理。

当课堂教学以学生解决问题为中心时,课堂就成了学生解决问题的思维训练场,学生真正成为课堂上的主人。"小白板"的使用,把学生解决问题的参与程度、积极性和主动性都充分地调动了起来,而学生的展示和答疑更激发了他们的热情和思辨才能,学生的主体地位得以真正地体现。

2.2.5 实践反思

2.2.5.1 交流互动需要收放自如的调控能力

交流互动环节对教师的课堂调控能力提出了挑战,如果交流讨论太多、太久,预设的教学内容则无法完成;而如果只是蜻蜓点水,则失去了交流讨论的初衷。调查显示,45.71%的学生认为使用"小白板"会耽误时间;另外有13.33%的学生感觉自己会分心。因此,为提高"互动生成"的质量和效率,教师首先要创设好"核心问题",一般以不超过4个为宜,这样小组的4位学生都有书写参与的机会;其次要强调学生的"一切行动听指挥",否则,"步调不一致"会导致课堂比较散乱;最后要调控好学生交流互动的"度",有价值的问题可以适度地"放一放",而无关紧要的问题则要"收一收",要做到收放自如。

2.2.5.2 教师的学科知识既要有广度更要有深度

在交流互动中,学生的思维彻底打开,在深度思考和交流碰撞中会产生一些质疑和想法。而这些问题又往往出乎教师之所料,对教师学科知识的广度和深度都产生了挑战。

比如,有学生提出"Zn 不与 $ZnSO_4$ 溶液反应,Cu 也不与 $CuSO_4$ 溶液反应,但当把锌片和铜片连接形成双液电池后为什么会产生电流?"的问题。在传统的课堂教学中,学生的关注点集中在"判断电极类型、书写电极反应式"上。而要回答这个问题,教师只能再去研读《物理化学》中"电动势产生的机理"内容,从"电势差"角度去进行解释。

因此,教师在授课之前,要对所教内容的重点、难点以及其所处的章节、模块知识了然于胸,这样才能够引导学生融会贯通。

2.3 问题架构式生成性课堂的教学实践与探索

在化学课堂教学中,"教"和"学"是一个统一的整体。"教"的目的和策略决定了"学"的内容和收效,而"学"的基础和能力又影响着"教"的方式和方法。问题架构式生成性课堂借助"问题"载体把"教"和"学"融为一体,在探究问题的过程中,把"预设"和"生成"融合统一,从而实现了知识的生成性建构和能力的发展提升。

2.3.1 问题架构式生成性课堂的含义

构成教学的各要素之间不是孤立的、静态的、封闭的,而是联系的、动态的、开放的,它们在本质上是互为依存、相互生成的。[①] 首先,依据教材内容、课程标准、学生学情和教学期待拟定教学目标;其次,依据教学目标的知识内容和能力要求精心创设核心问题;再次,根据问题涉及的知识类型和思维阶梯选择适宜的探究方式;最后,对学生课堂探究问题过程中生成的结论进行评价、凝练和升华。

整个教学过程体现了原生性、自发性和统一性。如果能够切中学生的最近发展区,则能够有效地提升教学的针对性和实效性。问题架构式生成性课堂的教学模型见图2-7。

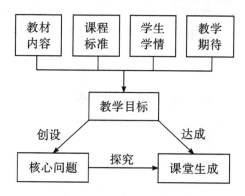

图 2-7 问题架构式生成性课堂的教学模型

2.3.2 问题架构式生成性课堂的教学意义

2.3.2.1 有助于教学目标的落地与推进

一般来说,教学目标相对比较笼统和抽象,但当将教学目标具体化为核心知识内容和核心能力要求,并根据核心知识和核心能力创设核心问题时,课堂上所要达成的教学目标就清晰、明朗和可操作了。生成性课堂由核心问题进行整体架构,再依托核心问题来创设辅助性问题,这样就把知识的建构和能力的培养分解至一个个具体的问题活动中,从而能够有效地达成教学目标。

2.3.2.2 有助于知识的建构和融合

学生在探究解决问题过程中,可以直接生成认知结论,比较直观、具体,避免了间接的抽象过程,因而建构知识的效率得到了提升。同时,学生在实践过程中得出的知识更具有实用性,也更容易掌握知识的适用范围和应用方法。

学生解决问题的过程,既是应用之前所学知识的过程,也是由"旧知识"生成"新知

---

① 倪佳琪、任雅才:《形势与政策生成性课堂的构建策略与实施路径》,载《内蒙古师范大学学报(教育科学版)》2016年第7期,第108-111页。

识"的过程,更是将新旧知识相互契合、联结和整合的过程。新旧知识之间互为铺垫、相互诠释,从而形成了有机的知识结构。

比如,应用平衡移动原理来分析和解决"盐类水解"问题,然后将生成建构的盐类水解知识纳入平衡知识结构之中,从而丰富和完善了可逆平衡知识体系。

2.3.2.3 有利于训练和提升学生的思维能力

相对于化学知识的建构,学生的思维能力则具有更广泛的应用迁移价值。问题的创设,是以学生的认知思维展开的,探究问题就是训练学生思维的体操。学生在教师的引导下探究解决问题的过程,既是其生成知识的过程,更是训练并提升其思维能力的过程。

比如,从平衡移动原理来分析和解决促进 H_2O 电离程度的方法,可以训练学生演绎推理能力;从盐类水解的具体案例得出盐类水解离子方程式的书写方法,可以训练学生抽象概括能力;设计实验探究影响盐类水解的外界因素,可以训练学生创新设计能力。学生在探究解决问题过程中,其思维的广阔性、整体性、深刻性、灵活性和创新性能够得到充分的锻炼和提升。

2.3.3 问题架构式生成性课堂的教学流程

问题架构式生成性课堂的教学流程见图 2-8。

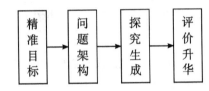

图 2-8 问题架构式生成性课堂的教学流程

2.3.3.1 精准目标

首先,分析课堂教学内容在章节、模块和学科中的定位,然后根据化学知识的系统性和逻辑性,确定课堂教学的核心知识内容,再分析建构核心知识的能力要求,从而确定核心能力要求。

相对来说,化学课堂教学的知识内容是确定的、有限的,而探究方式和思维能力是多元的、开放的。课程标准和教材是国家对学生阶段学习的总体要求,但可以根据学生基础和能力的实际状况,在知识的深度和广度上进行拓展,在方法和能力上进行拔高。当然,这取决于教师自身的认知水准、教学期待和驾驭能力。

2.3.3.2 问题架构

(1) 创设核心问题

根据课堂核心知识内容和核心能力要求创设核心问题。核心问题相当于课堂教学中的一条基准线、目标线,并以此为基准创设辅助性问题。[①] 架构课堂的核心问题之间要有

---

① 谢敏、赖玉娟:《探讨"核心问题"引领数学课堂教学的实践策略》,载《数学教学通讯》2020年第3期,第65-66页。

一定的逻辑关联，可以是递进式，也可以是并列式，还可以是复合式。

比如，化学选择性必修1（2020年人教版）中关于"盐类水解"的核心知识内容与核心问题见表2-15。

表2-15 "盐类水解"的核心知识内容与核心问题

核心知识内容		核心问题
盐类水解的本质		如何促进水的电离？应加什么物质？试分析原因
盐类水解离子方程式的书写		如何用离子方程式表示盐类水解？总结书写方法
影响盐类水解的主要因素	盐的性质	为什么同浓度NaClO溶液的碱性强于CH_3COONa溶液？
	温度	影响CH_3COONa溶液水解程度的外界因素有哪些？设计实验进行证明
	浓度	
盐类水解的应用		用$TiCl_4$制备TiO_2的原理是什么？

（2）创设辅助性问题

为了更好地对核心问题进行探究，需要对核心问题进行承接引入、辅助铺垫以及延伸拓展。核心问题与辅助性问题的关系见图2-9。

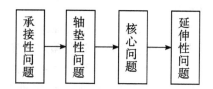

图2-9 核心问题与辅助性问题的关系

辅助性问题与核心问题构成了一个完整的探究问题链，是以知识的逻辑关联和思维的递进为纽带。

比如，核心问题"如何促进水的电离"的问题链为：

【承接性问题】

①影响水电离平衡的因素有哪些？

【铺垫性问题】

②如何抑制水的电离？

③0.01 mol/L HCl溶液中水电离出的$c(H^+)$和$c(OH^-)$是多少？

【核心问题】

④如何促进水的电离？应加什么物质？试分析原因。

【延伸性问题】

⑤如何设计实验方案，证明加入CH_3COONa固体后水的电离程度增大？

⑥加什么物质可以通过降低$c(OH^-)$来促使水的电离？试分析原因。

⑦如果测得CH_3COONa溶液的pH=11，则水电离出来的$c(H^+)$和$c(OH^-)$是多少？

2.3.3.3 探究生成

生成性课堂的终极表现形式为：显性知识结论是由学生自己得出的，是从学生嘴里说出来的。为了提升课堂问题的探究质量和效率，需要根据问题涉及的知识类型和思维阶梯选择自主或合作探究方式。对于学生在探究解决问题过程中生成的结论和问题，要及时捕捉、分析和评估。对于有价值的问题，要适时开发成为生成性教学资源。课堂探究的流程见图2-10。

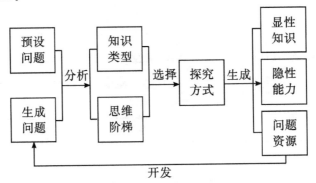

图2-10 课堂探究的流程

（1）根据知识类型选择探究方式

化学知识类型不同，探究方法和建构方式均不相同。陈述性知识是回答"是什么"，一般可借助于实验或素材自主建构；而程序性知识和策略性知识是回答"怎么做"，通常需要根据典型案例归纳、抽象得出结论，往往需要合作探究。

比如"盐类水解离子方程式的书写"是属于程序性知识，可以先让学生写出CH_3COONa、Na_2CO_3、NH_4Cl、$CuCl_2$等典型盐类的水解离子方程式，然后归纳总结，得出书写规律。

（2）根据思维阶梯选择探究方式

一般来说，简单的低阶思维问题采用自主探究，可根据事实或现象直接得出结论；而综合性或高阶思维问题则宜采用合作探究方式，在生生合作交流过程中，对探究方案进行论证优化，对探究结论进行补充完善。

设计实验通常涉及高阶思维，需要引导学生从分析实验对象的性质入手，找出实验对象的性质与实验目标的对应关系，并要论证实验方案的可行性和简易性。

比如，设计实验探究浓度对CH_3COONa水解程度的影响：向pH值为a的CH_3COONa溶液中加水稀释10倍，然后测量稀释后溶液的pH值，发现小于$a-1$，说明加水稀释后，CH_3COO^-的水解程度增大。

（3）及时捕捉和开发生成性教学资源

基于问题架构的化学课堂，问题的呈现和推进是预设性的，但课堂的本质属性却是生成性的，因为课堂的各要素是一个有机整体，而非根据预定模式进行机械安装或组合。[①] 学

---

① 倪佳琪、任雅才：《形势与政策生成性课堂的构建策略与实施路径》，载《内蒙古师范大学学报（教育科学版）》2016年第7期，第108-111页。

生在与问题文本、同伴和老师的互动过程中,教师要充分尊重学生的个人感受和独特见解,用心捕捉、放大教学过程中的精彩瞬间,敏锐地发现学生的奇思妙想,并要因势利导,适时调整、增添探究问题,及时开发有价值的教学资源。①

2.3.3.4 评价升华

学生通过课堂探究活动后,其生成的认知结论是否准确、全面,还需要教师进行评价、完善和升华。

（1）反馈展示

学生探究解决问题的过程,也是折射出其认知现状的过程。教师通过对学生回答、板演、操作以及探究结果的分析,可以发现学生认知中存在的问题。一般来说,学生的样品越多,反馈的信息就越准确,这为及时有针对性地评价和矫正提供了依据。

（2）评价完善

学生的学习与课堂教学是一个与文本对话的过程,也是一种理解与阐释的过程。由于学生的基础、能力和认知方式存在着差异性,因此,即便是同样的探究活动,所生成的认知结论也参差不齐,所以需要教师就典型反馈进行及时评价,并形成统一的正确认知。教师评价的过程也是矫正学生认知偏差的过程。

比如,如果测得 CH_3COONa 溶液的 pH＝11,则水电离出来的 $c(H^+)$ 和 $c(OH^-)$ 是多少？

针对学生的多种分析方法和结论,撷取典型的方法进行评价,并引导学生调整和完善,以生成简捷的分析思路和模型。

CH_3COONa 完全电离产生的部分 CH_3COO^- 与水电离出来的部分 H^+ 结合成 CH_3COOH,降低了 $c(H^+)$,使水的电离程度增大。再根据溶液的 pH＝11 和常温下水的离子积为 10^{-14},可以得出水电离出来的 $c(H^+)$ 和 $c(OH^-)$ 均为 10^{-3},只不过部分 H^+ 与 CH_3COO^- 结合成 CH_3COOH 而导致溶液中只剩余 10^{-11}。具体分析模型如下：

$$\begin{array}{c} (10^{-3}) \quad 10^{-3} \\ H_2O \rightleftharpoons H^+ + OH^- \\ CH_3COOH \rightleftharpoons CH_3COO^- + H^+ \quad H^+ \\ (10^{-11}) \end{array} \rightarrow K_w = 10^{-14}$$

（3）凝练升华

由于学生的视野和能力所限,其在探究活动中生成的一些认知结论,往往是表象的、零散的,而要形成结构化、系统化知识,还需要教师进行整合、凝练和拔高。

比如,在分析"同浓度 NaClO 溶液的碱性强于 CH_3COONa 溶液"的原因时,大部分学生只能说出"HClO 的酸性弱于 CH_3COOH"的规律性原因。此时,教师要引导学生进行深度分析：ClO^- 结合 H^+ 的能力强于 CH_3COO^-；然后再引导学生写出 CH_3COONa 水解常数 K_h 和 CH_3COOH 电离常数 K_a 的表达式,并分析 K_h 和 K_a 之间的关系；最后从

---

① 王玉华：《生成性教学的涵义与特征》,载《中国成人教育》2009年第22期,第125－126页。

$K_{\mathrm{h}} = \dfrac{K_{\mathrm{w}}}{K_{\mathrm{a}}}$ 的定量关系，解释和统摄此前"酸越弱，其盐水解的程度越大，水溶液的碱性就越强"的定性结论。

2.3.4 问题架构式生成性课堂的实施要点

2.3.4.1 创设的问题要直击学生的可能认知误区

无论是创设核心问题，还是辅助性问题，既要切中学生的最近发展区，更要直击学生可能的认知误区。每位教师的教学侧重点和教学风格相对稳定，所以所教学生对同一问题所产生的认知偏差也大致相同。因此，教师可以结合往届学生的易错点，设计有针对性的问题，以规避典型性错误的再次出现。

比如，二元弱酸盐的水解常数与其弱酸电离常数的对应关系：

$$K_{\mathrm{h}_1} = \dfrac{K_{\mathrm{w}}}{K_{\mathrm{a}_2}} \qquad K_{\mathrm{h}_2} = \dfrac{K_{\mathrm{w}}}{K_{\mathrm{a}_1}}$$

2.3.4.2 创设的问题情境尽可能适用于不同问题

如果探究问题的情境不断切换，学生要熟悉新情境就会分散一定的时间和精力，这样会降低课堂的探究效率。而将不同问题置于同一情境之下，则有利于探究的连续性、深刻性和全面性。因此，教师要尽可能创设相同或相似的问题情境，以提升探究问题的效率。

2.3.4.3 把控好"预设"与"生成"的统一

生成性课堂既要避免"预设"有余，又要规避"生成"过度。要将弹性预设与动态生成和谐统一，既要通过"预设"去促进"生成"，又要通过"生成"去丰富"预设"目标[①]，从而实现课堂效益的最大化。

问题架构式生成性课堂对教师的专业素养提出了更高要求。教师的专业素养越高，站位就会越高，生成性课堂就会越精彩。

教师在准备课堂教学设计时，要多钻研教材、多分析学情、多研究与每个学习内容相关的知识；要自觉降维，用学生的视角来解读知识内容，想象学生的思考过程，预设学生的生成情况，对关键环节要做多个预案。[②] 教师这样通过日积月累的潜心研修，才能够提升驾驭生成性课堂的能力，当面对复杂多变的课堂情境时，就能够从容处之。

---

① 王玉华：《生成性教学的涵义与特征》，载《中国成人教育》2009 年第 22 期，第 125－126 页。
② 刘孙荣：《精心预设：构建精彩的生成课堂》，载《福建基础教育研究》2018 年第 3 期，第 96－97 页。

主题3　模型匹配是认识化学并与之交流的思维模式

人们对所认知同类事物的特征进行概括提炼，从而得出抽象化和表征化的范式，就是模型。当人们再认识新事物时，就会与此前的模型进行自动匹配，通过同化和顺应的交互，获得对新事物的认知，同时完善原有的认知模型。

模型法就是对解决具体问题的方法策略进行概括与提炼，抽象出可以解决同类问题的通用模式，然后在解决实际问题时与模型进行匹配，从而解决问题。建构模型是为了便于认识、分析与解决问题，一个概念、一种反应类型、一条规律、一个总结都可以成为一个模型。

模型法是学生解决化学问题的主要思维方式。对于高中化学综合实验装置题、工艺流程图题、反应原理题以及有机合成推导题四种常见题型，模型法有助于学生解决问题模式化、程序化与规范化，能够提升学生解决问题的速率与准确度。

破阵子·题型

四匹战马威名，
肆意突防难擒。
妙识良驹谙秉性，
驾驭自如始安宁。
缰绳降恣情。

拨云见靶探明，
迂回巧思厘清。
纵然风云千变化，
一剂良策化烟尘。
模型定乾坤。

3.1 利用"模型法"突破化学实验探究题[①]

现行的"化学考试大纲说明"中明确要求,学生能够根据实验试题的要求做到:①设计、评价或改进实验方案;②了解控制实验条件的方法;③分析或处理实验数据,得出合理结论;④绘制和识别典型的实验仪器装置图。[②] 化学实验探究题体现了上述命题思想,能够考查学生的化学实验探究能力和科学表达能力,具有较高的区分度。

学生解决化学问题的关键是选择解题策略,而模型法是学生主要的解题策略。所谓模型法,就是学生通过有限的思维过程找到与当前问题相匹配的模型,进而进行类比迁移。在高三化学的复习备考中,引导学生建构实验探究装置、物质组成探究、实验条件控制以及物质含量测定的计算等问题的模型,并按照解决问题的程序进行匹配迁移,有助于学生模式化、程序化与规范化地解决问题,能够有效地突破化学实验探究题,并提升学生解决问题的速率与准确度。

3.1.1 实验探究装置

3.1.1.1 气体发生器的选择

气体发生器是利用气体进行实验探究的必要装置,气体发生器是按照如下实验条件进行设计与组装的见图3-1。

比如,实验室制取Cl_2,选择MnO_2固体与浓盐酸在加热条件下进行反应,设计的实验装置见图3-2。

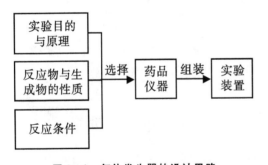

图3-1 气体发生器的设计思路

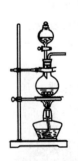

图3-2 实验室制取Cl_2装置

[①] 吴庆生:《利用"模型法"突破化学实验探究题》,载《中学化学教学参考》2015年第1-2期,第64-67页。

[②] 广东省教育考试院:《2014年普通高等学校招生全国统一考试(广东卷)语文、数学(理科)英语、理科综合考试大纲的说明》,广东高等教育出版社2014年版,第212页。

3.1.1.2 综合实验装置的设计与分析

以气体为纽带，将系列实验装置组合在一起，以完成某项实验任务的装置组合称为综合实验装置，其中肩负着主要实验任务的反应称为核心反应，其他实验装置均服务于该核心反应。综合实验装置通常按照"气体发生器→除杂装置→核心反应装置→防干扰装置→尾气处理装置"的顺序连接在一起。

设计与分析实验综合装置时，首先要明确实验的目的，即确定核心反应；接着根据核心反应选择气体发生器；然后分析导管中的气体成分，并以此选择（或分析）除杂方法与防干扰措施；最后进行尾气处理。具体设计与分析模型见图 3-3。

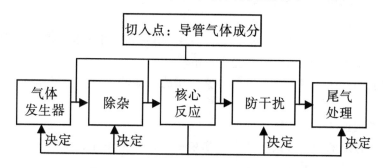

图 3-3 综合实验装置的设计与分析模型

案例 1：制备 $AlCl_3$ 实验装置的分析

依据综合实验装置的设计与分析模型，对"2012·山东，30"的实验装置分析见图 3-4。

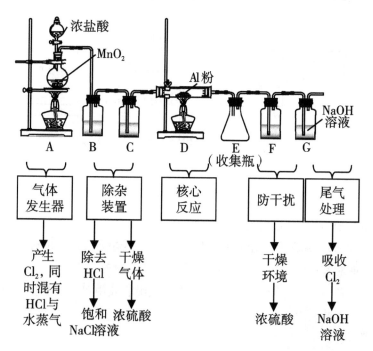

图 3-4 制备 $AlCl_3$ 实验装置的分析

该反应的核心反应为：$2Al+3Cl_2 \xrightarrow{\triangle} 2AlCl_3$，产生的无水 $AlCl_3$（183 ℃升华）遇潮湿空气即产生大量白雾，因此要将从气体发生器导出 Cl_2 中混有的 HCl 气体与水蒸气除去，同时还要保持干燥环境，以防止水蒸气对 $AlCl_3$ 产品的水解干扰，最后再对尾气 Cl_2 进行处理。

3.1.2 物质组成探究

3.1.2.1 物质组成的探究模式

（1）直接性检验

如果是对某一指定物质进行检验，或者是基于几种假设中的某一具体情况进行探究，可以直接根据物质的特征性质设计实验进行检验。

直接性检验的探究思路：分析所要检验物质的特征性质→实验操作→实验现象→实验结论。

（2）假设性验证

直接性检验针对的是一种具体情况，如果要验证的是多种假设情况，则需要根据各种物质的性质差异进行假设性验证。

比如，某种固体样品组成存在Ⅰ、Ⅱ、Ⅲ三种假设可能，首先要将固体样品处理为待检溶液；其次通过探究活动 1 确定其中一种假设情况，比如假设 1 成立；最后，再进行探究活动 2，以确定另外两种假设情况。具体探究模式见图 3-5。

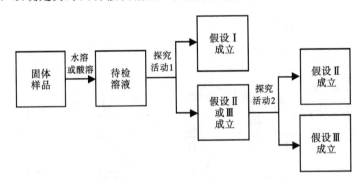

图 3-5　假设性验证探究模型

案例 2：吸收液中阴离子的探究

（2010·广东，33）某研究小组，用 MnO_2 和浓盐酸制备 Cl_2 时，利用刚吸收过少量 SO_2 的 NaOH 溶液对其尾气进行吸收处理。吸收尾气一段时间后，吸收液（强碱性）中肯定存在 Cl^-、OH^- 和 SO_4^{2-}。请设计实验，探究该吸收液中可能存在的其他阴离子（不考虑空气中 CO_2 的影响）。

①提出合理假设。

假设 1：只存在 SO_3^{2-}；

假设 2：既不存在 SO_3^{2-}，也不存在 ClO^-；

假设3：只存在 ClO⁻。

②设计实验方案，进行实验，写出实验步骤以及预期现象和结论。限选实验试剂：3 mol/L H₂SO₄、1 mol/L NaOH、0.01 mol/L KMnO₄、淀粉-KI 溶液、紫色石蕊试液。

在分析吸收液成分的可能情况后，匹配类比假设性验证探究模型，设计出如下实验探究方案。（见表 3-1）

表 3-1 吸收液中阴离子的探究方案

实验步骤	预期现象和结论
步骤1：取少量吸收液于试管中，滴加 3 moL/L H₂SO₄ 至溶液呈酸性，然后将所得溶液分置于 A、B 试管中	—
步骤2：向 A 试管滴加 1～2 滴 0.01 moL/L KMnO₄ 溶液	若溶液褪色，则假设1成立；若溶液不褪色，则假设2或3成立
步骤3：向 B 试管中滴加 1～2 滴淀粉-KI 溶液	若溶液变蓝色，则假设3成立；若溶液不变蓝色，则假设2成立

3.1.2.2 物质组成探究的设计思路

（1）分析待检物质所处的干扰环境

在无机反应中，常常存在着过量问题。比如，对于反应"A+B══C+D"，存在三种情况：A 过量、B 过量、A 与 B 恰好完全反应。于是，反应后的剩余物就有三种对应可能：①A+C+D；②B+C+D；③C+D。这样一来，就存在 A 或 B 中的离子可能会干扰 C 或 D 中离子的检验。比如，在"案例2"中，Cl₂+Na₂SO₃+2NaOH══2NaCl+Na₂SO₄+H₂O，反应后的吸收液（强碱性）中除了一定含有 OH⁻、Cl⁻ 和 SO₄²⁻ 等阴离子外，还可能含有 SO₃²⁻（Na₂SO₃ 过量）或 ClO⁻（过量的 Cl₂ 在强碱性条件下会生成 ClO⁻）。

由于有机反应普遍存在着反应时间长与伴有副反应，因此，在检验有机产物时一定要考虑未反应的有机物对产物检验的干扰。比如，化学选修 5（2007年人教版）第 51 页中用 KMnO₄ 酸性溶液检验 CH₃CH₂OH 发生消去反应的产物 CH₂══CH₂ 时，既要考虑挥发出来的反应物 CH₃CH₂OH 的干扰，还要考虑浓 H₂SO₄ 被还原为 SO₂ 的影响，所以要用 10%NaOH 溶液进行除杂。

（2）将待检物质进行情境转化

检验物质，就是对物质的特征性质进行验证，也就是检验组成物质的特征部分，因此，要将待检物质转化为熟悉的、常规的离子或官能团。无机试剂的检验通常转化为阴、阳离子的检验，而有机试剂则转化为检验其官能团。

案例3：SO₄²⁻ 的检验

（2014·天津，9）Na₂S₂O₃ 是重要的化工原料，易溶于水，在中性或碱性环境中稳定。制备 Na₂S₂O₃·5H₂O 的反应原理：Na₂SO₃(aq)+S(s) $\xrightarrow{\triangle}$ Na₂S₂O₃(aq)。称取 15 g Na₂SO₃ 加入圆底烧瓶中，再加入 80 mL 蒸馏水。另取 5 g 研细的硫粉，用 3 mL 乙醇润湿，加入上述溶液中。水浴加热，微沸 60 分钟。趁热过滤，将滤液水浴加热浓缩，冷却

析出 $Na_2S_2O_3 \cdot 5H_2O$，经过滤、洗涤、干燥，得到产品。产品中除了有未反应的 Na_2SO_3 外，最有可能存在的无机杂质是_____，检验是否存在该杂质的方法是_____。

由于 SO_3^{2-} 能够被 O_2 氧化为 SO_4^{2-}，因此产品中可能存在的无机杂质是 Na_2SO_4，而要检验 Na_2SO_4，实质上就是检验 SO_4^{2-}。

(3) 排除干扰物质的影响

检验物质的核心思维就是要考虑物质之间的干扰，这能够充分地考查学生思维的逻辑性与严密性。物质之间的干扰既有来自过量部分反应物的干扰，也有生成物中其他离子的干扰，还有可能是混合物中其他物质的干扰。因此，只有对干扰物质进行除杂后，才能检验待测物质。

"案例3"中，产品中未反应的 Na_2SO_3 中的 SO_3^{2-} 能够与 Ba^{2+} 结合成 $BaSO_3$ 沉淀，同时 $Na_2S_2O_3$ 中的 $S_2O_3^{2-}$ 在中性或碱性环境中也能够与 Ba^{2+} 结合成 BaS_2O_3 沉淀，因此，要对产品进行酸化处理以排除 SO_3^{2-} 与 $S_2O_3^{2-}$ 的干扰。具体的实验操作为：取少量产品溶于过量稀盐酸，过滤，向滤液中滴加 $BaCl_2$ 溶液，若有白色沉淀产生，则产品中含有 Na_2SO_4。

3.1.2.3 实验操作要点

(1) 样品的预处理

为了便于检验，要对待检物质进行预处理，常见的无机样品的预处理方案有：

①固体样品（能溶于水）→取样→加入蒸馏水溶解→滴加试剂→根据现象得出结论。

②固体样品（能溶于酸）→取样→加入非氧化性酸（比如盐酸或硫酸）溶解→滴加试剂→根据现象得出结论。

③试液→取样→滴加试剂→根据现象得出结论。

在预处理样品时，既不能引入待检离子，也不能使待检离子产生"异化"。比如，在"案例3"用盐酸处理样品，既保持了酸性环境，又排除了 SO_3^{2-} 的干扰。但如果用硫酸进行处理，会引入待检离子 SO_4^{2-}；用硝酸进行处理，会将 SO_3^{2-} 氧化为 SO_4^{2-} 而产生干扰。

(2) 试剂的量取

在对样品的组成进行探究时，既要遵循绿色化学理念，又要进行科学探究，即注重试剂的浓度与用量。取用试剂的常规要求为：

①少量（或少许）：只要能达到实验目的，试剂的取量遵循最少量原则。

②适量：蒸馏水的量以能够溶解固体样品即可。

③足量：用酸溶解固体样品时，酸要取足量，以确保固体样品的完全溶解。

④过量：为了将溶液中的杂质离子完全除去，沉淀剂要滴加过量。

⑤1~2滴：指示剂与 $KMnO_4$ 酸性溶液等一般都按滴取量。

事实上，对于试剂量的要求也是保证能够观察到实验现象的必要条件。比如，在"案例2"中"向A试管滴加1~2滴 0.01 mol/L $KMnO_4$ 溶液"，如果所滴加的 $KMnO_4$ 溶液过量，无论有无 SO_3^{2-}，溶液均显紫色而不会褪色。

3.1.3 实验条件控制

为探究某一因素的影响或比较两种物质性质上的差异时，均采用单因素控制实验条件的方法，即只改变一种影响因素，而保证其他影响因素是相同的。控制变量法是科学地探究化学问题的重要学科思想。

案例4：浓度对反应速率的影响

（2014·广东，33）某小组拟在同浓度 Fe^{3+} 的催化下，探究 H_2O_2 浓度对 H_2O_2 分解反应速率的影响。限选试剂与仪器：30% H_2O_2、0.1 mol/L $Fe_2(SO_4)_3$、蒸馏水、锥形瓶、双孔塞、水槽、胶管、玻璃导管、量筒、秒表、恒温水浴槽、注射器。

参照表3-2格式，拟定实验表格，完整体现实验方案（列出所选试剂体积、需记录的待测物理量和所拟定的数据，数据用字母表示）。

由于要探究 H_2O_2 浓度对 H_2O_2 分解速率的影响，因此，H_2O_2 的浓度就作为单一影响因素，实验1与实验2中所取用 H_2O_2 的体积不同，分别为 B 与 C。而要保证两组实验中 $c(Fe^{3+})$ 相同，就只能通过加入蒸馏水来调节溶液的总体积相同，故实验1与实验2中所加入水的体积分别为 C 与 B。而该实验是通过测定收集相同体积 O_2 所需的时间不同（也可以测相同时间内收集 O_2 的体积不同）而判断反应速率的快慢。因此，实验表格拟定见表3-2。

表3-2 H_2O_2 浓度对 H_2O_2 分解反应速率影响的设计方案

实验序号	物理量				
	$V[0.1\ mol/L\ Fe_2(SO_4)_3]/mL$	$V(30\%\ H_2O_2)/mL$	$V(H_2O)/mL$	$V(O_2)/mL$	时间/s
实验1	A	B	C	E	D
实验2	A	C	B	E	F

3.1.4 物质含量测定

物质含量的测定方法有沉淀法、测量气体体积法、测量气体质量法与滴定法等，其中滴定法是常用的测定方法。根据滴定次数，滴定法可以分为一次滴定和二次滴定，而二次滴定又分为两种情况：一种情况是第一种滴定试剂过量，然后用第二种滴定试剂滴定第一种滴定试剂的过量部分，突破口是第一种滴定试剂的总量守恒；另一种情况是第一次滴定后，再用第二种滴定试剂滴定第一次滴定后的生成物，突破口是关系式法。

化学计算主要是考查学生定量地分析问题与处理问题的能力，凸显的是化学思维过程而不是计算本身。化学实验探究题中有关二次滴定计算的数据信息较多，并且有点"杂乱"，如果从已知信息入手寻求解决方案，学生往往是顾此失彼、前后不能照应，并且经过多次"失败"打击后，有些学生索性就放弃了化学计算。而要理顺物质含量测定的数据信息，首先要从问题切入，根据所求的问题逆向梳理数据关系，这样解决问题的思路就会比较清晰，问题也就比较容易突破。这种从问题切入逆向找出所求量与已知量相互关系的方法称之为"倒推法"。

"倒推法"在计算二次滴定中物质含量的分析处理流程为：

①列出所求问题的比算式。

②根据方程式找出"中介物质"，通过"中介物质"确定已知量与所求量的量化关系。

③代入已知量与所求量的相关数据，做到"上下要一致，左右要对应"，代入既可以是物质的量，也可以是质量或者气体的体积，这样既减少了计算步骤，又提高了计算的准确度。

④运算结果。

案例4：葡萄酒中 SO_2 含量的计算

(2014·重庆，9)如图3-6，向B中加入300.00 mL葡萄酒和适量盐酸，加热使 SO_2 全部逸出并与C中 H_2O_2 完全反应。除去C中过量的 H_2O_2，然后用0.0900 mol/L NaOH标准溶液进行滴定，滴定至终点时，消耗NaOH溶液25.00 mL，该葡萄酒中 SO_2 含量为：_____g/L。

分析计算过程：

葡萄酒中 SO_2 的含量 $=\dfrac{m(SO_2)}{V(葡萄酒)}=\dfrac{m(SO_2)}{0.3\text{ L}}$

$SO_2+H_2O_2=\!=\!=H_2SO_4$

$H_2SO_4+2NaOH=\!=\!=Na_2SO_4+2H_2O$ $\Bigg\}\Rightarrow$

$SO_2 \sim 2NaOH$

64 g　　　　　2 mol

$m(SO_2)$　　0.0900 mol/L×25.00×10⁻³ L

$m(SO_2)=\dfrac{64\text{ g}\times 0.0900\text{ mol/L}\times 25.00\times 10^{-3}}{2\text{ mol}}=0.072$ g

葡萄酒中 SO_2 的含量 $=\dfrac{0.072\text{ g}}{0.3\text{ L}}=0.24$ g/L

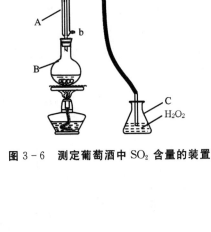

图3-6　测定葡萄酒中 SO_2 含量的装置

3.1.5 "模型法"的使用要点

3.1.5.1 在解决具体问题的过程中建构模型

建构化学模型是为了解决一类化学问题，对于化学实验探究题中的一些同类问题，就有必要建立化学模型。事实上，解决问题的过程就是一个建模过程，将解决问题的分析思路与策略方法进行抽象概括，就能够形成一个化学模型。

引导学生自己建构的模型才是属于学生自己的，才具有匹配迁移价值。否则，学生即便知道了模型流程，应用起来也不得要领。同时，学生在匹配应用化学模型的过程中要不断地进行回归与总结，以便进一步丰富与完善模型。

3.1.5.2 灵活地应用模型进行匹配迁移

分析问题与解决问题的模型是一种理想化的范式，只具有匹配类比价值。而实际问题情境复杂多样，因此，在将化学问题划归为模型并应用模型解决实际问题时，要分析问题的本质和侧重点，这样才能够灵活地应用模型而不会被模型所束缚。

比如，在利用综合实验装置模型分析"2014·山东，31"的实验装置时，该套实验装置在"气体发生器"与"核心反应装置"之间不是除杂装置，而是用于观察与平衡SO_2流速的装置，具体分析见图3-7。

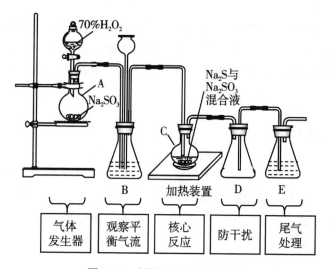

图3-7 制取$Na_2S_2O_3$的装置

3.1.5.3 领悟建构模型的理论基础

为解决化学实验探究中的同一类问题而建构的模型，是依据一定的理论基础而建立起来的理想化与简约化模式。模型的形式是外显的、表象的，而模型背后的原理理论则是内隐的、本质的。因此，在建构与应用模型时，要引导学生理解与领悟模型背后的化学原理与理论。学生也只有理解模型背后的化学原理与理论，才能够领悟模型的本质与精髓，才能够在应用时游刃有余。

比如，"图3-5假设性验证探究模型"就是科学探究方法"提出假设→科学探究：验证假设→结论：回归假设"在物质组成探究中的具体应用。当学生如果能够从科学探究方法的高度来审视"图3-5假设性验证探究模型"时，其探究物质组成的视角与能力就会有质的提升。

3.2 利用"模型法"突破工艺流程图题[①]

工艺流程图题是对化工生产过程（或化学实验研究过程）进行概括与抽象，将主要操作步骤或物质转化用框图与箭头连接起来，并以文字、表格或图像补充相关信息，然后针对流程中涉及的中学化学知识进行设问。[②] 工艺流程图题综合了元素化合物、反应原理以及实验操作等知识内容，能考查学生分析问题与解决问题的综合能力，已成为化学高考试题中常见的题型。

将分析与解决工艺流程图题中常见问题的策略方法进行提炼与概括，抽象出解决此类问题的通用模式，称为模型。类比迁移模型去解决工艺流程图题，可以使复杂的工艺流程问题变得简单而有规律，能够使解题过程模式化、程序化与规范化，从而有效地突破工艺流程图题。

3.2.1 建构模型

建立模型，就是把研究对象，即实例原型的一些次要细节及非本质内容舍去，对解决问题的分析思路与步骤方案进行提炼与概括，并用符号、线条与图形等形式，简化和理想化原型中的各种复杂结构、功能和联系。[③] 依据实例原型建构模型会比较直观、具体，学生应用起来也会比较自如。

案例1：建构工艺流程图的分析模型

（2013·江苏，16）以菱镁矿（主要成分为 $MgCO_3$，含少量 $FeCO_3$）为原料制备高纯氧化镁的实验流程见图3-8。

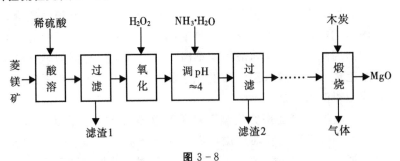

图 3-8

[①] 黄海云：《利用"模型法"突破工艺流程图题》，载《化学教学》2015年第1期，第84-86页。

[②] 王保强：《化学工艺流程图题的命题特点和应对策略》，载《化学教学》2013年第8期，第64-66页。

[③] 张君梅：《"建模思想"在化学解题中的应用》，载《江苏教师》2011年第8期，第46页。

该工艺是先将化工原料菱镁矿用稀硫酸进行预处理，然后除去不溶于稀硫酸的杂质——滤渣1；再将杂质 Fe^{2+} 经 H_2O_2 氧化为 Fe^{3+}，之后通过加入 $NH_3 \cdot H_2O$ 调高 pH 以除去 $Fe(OH)_3$——滤渣2；最后将 $MgSO_4$ 溶液蒸干得到 $MgSO_4$ 固体，再用木炭还原制备高纯度 MgO。在实验流程中，"用木炭还原 $MgSO_4$ 制备 MgO" 是该实验的主要目的，称为核心反应，其他实验操作都是为了铺垫或延续该核心反应。

再结合其他一些工艺流程图，可以概括抽象出工艺流程图的一般组成与流程顺序：预处理原料→除杂→核心反应→分离产品→提纯产品等。其中，制得的目标产品是工艺流程的宗旨，整个流程操作都是围绕着此宗旨而进行的。工艺流程图的分析模型见图3-9。

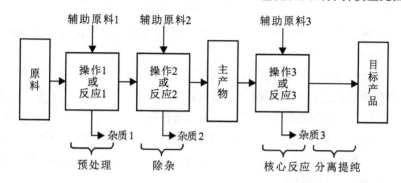

图3-9 工艺流程图的分析模型

流程图中箭头进入的是投料（即反应物）、出去的是生成物（包括主产物和副产物）。在工艺流程图中，将各个部分按照一定顺序连接在一起的纽带称之为主线，常见的主线有：以物质转化为主线、以物质转化的设备为主线、以物质转化的操作为主线以及混合型主线等。① 除主线之外，杂质及副产物为支线，可循环利用的物质则采用回头线。

3.2.2 模型的种类

根据模型的形态与应用功能，模型可分为归类式模型、分析式模型与程序式模型等。

3.2.2.1 分析式模型

分析表征问题是解决问题的前提和条件，分析式模型是以分析问题为主，凸显问题的整体结构与分析思路。比如，"案例1"中"建构工艺流程图的分析模型"。

3.2.2.2 归类式模型

将工艺流程中诸如原料的预处理、除杂、产品的分离与提纯等常见问题进行归类，以形成解决同类问题的不同方法的归类式模型。归类式模型有利于学生优化认知结构，能够提升学生表征问题的准确性，这也是高三化学复习中常用的建模方式。

案例2：工艺流程中的除杂方法

在进行核心反应之前，要将无关的杂质除去，以排除杂质对核心反应及提纯产品的

---

① 姜雪青：《探索化学工艺流程 尝试流程图命题》，载《中学化学教学参考》2011年第5期，第56-58页。

干扰。因此，什么是杂质以及如何除去杂质都要依据核心反应及目标产品来确定。工艺流程中常见的除杂方法有：

①沉淀法。既可以通过加入沉淀剂直接沉淀杂质离子，也可以通过沉淀转化间接除去。比如，（2014·四川，11）加入 MnS，通过转化为溶解度更小的沉淀物，以除去 $MnSO_4$ 溶液中含有的 Cu^{2+} 与 Ni^{2+} 杂质。

②调 pH 法。当原料用酸浸进行预处理后，溶液呈现强酸性，加入物质消耗部分 H^+ 会使溶液的 pH 升高，通过控制溶液 pH 值的方法可以将杂质离子沉淀除去。比如，加入 CuO、$Cu(OH)_2$、$CuCO_3$ 或 $Cu_2(OH)_2CO_3$ 等将溶液的 pH 调高至 3.7～5.2，可以除去 $CuSO_4$ 溶液中混有的 Fe^{3+} 杂质。

③气体法。将影响目标产物的阴离子，如 CO_3^{2-}、SO_3^{2-} 等转化为气体而除去。

3.2.2.3 程序式模型

对问题进行分析表征后，就进入了解决问题的操作环节。将解决问题的关键环节或步骤以简明扼要的形式进行罗列，凸显其条理性与可操作性，便形成了程序式模型。

案例 3：氧化还原反应类型离子方程式的书写程序

方程式的书写是分析工艺流程图题的工具，并据此来分析流程图中各部分的成分。方程式的书写除了根据框图信息确定反应物、生成物外，对于氧化还原类型离子方程式的书写则需要依据一定的程序步骤。

比如，（2013·安徽，27）H_2O_2 将 CeO_2 还原为 Ce^{3+}，具体的书写程序为：

①根据框图信息及元素化合价升降原理写出氧化剂、还原剂、氧化产物与还原产物等。

$$CeO_2 + H_2O_2 \longrightarrow Ce^{3+} + O_2 \uparrow$$

②利用电子转移相等配平氧化剂、还原剂、氧化产物与还原产物。

$$2CeO_2 + H_2O_2 \longrightarrow 2Ce^{3+} + O_2 \uparrow$$

③根据电荷守恒在方程式两边补充相应数目的 H^+ 或 OH^-。

$$2CeO_2 + H_2O_2 + 6H^+ \longrightarrow 2Ce^{3+} + O_2 \uparrow$$

④根据原子守恒配平方程式，如补充相应数目的 H_2O 等。

$$2CeO_2 + H_2O_2 + 6H^+ = 2Ce^{3+} + O_2 \uparrow + 4H_2O$$

3.2.3 模型法的应用策略

工艺流程图题是由题头、流程图、问题三部分组成。题头一般是简单介绍工艺生产的原料或工业生产的目的；流程图主要用框图的形式将操作或物质转换或原料到产品的主要工艺流程表示出来；问题部分主要是根据生产过程中涉及的化学知识设计成系列问题。

在解决工艺流程图题时，首先要以流程图为分析平台，通过提取题头、问题信息分析流程图，同时借助于"工艺流程图分析模型"进行类比解读；然后将待解决的具体问题转化为容易解决的模型问题；最后将解决模型问题中的分析方法或程序步骤迁移至待解决的问题中，从而形成解决实际问题的策略方案。

应用"模型法"解决工艺流程图题的思路见图 3-10。

主题 3　模型匹配是认识化学并与之交流的思维模式

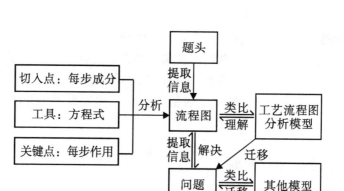

图 3-10　"模型法"解决工艺流程图题的思路

其中,解决工艺流程图题的关键是分析与理解工艺流程图,分析与理解流程图的程度直接决定了解题的准确度。

案例 4：工艺流程图的分析方法

(2014·江苏,16)实验室用粉煤灰(主要含 Al_2O_3、SiO_2 等)制备碱式硫酸铝 $[Al_2(SO_4)_x(OH)_{6-2x}]$ 溶液,并用于烟气脱硫研究。

应用"模型法"分析解决此题时,首先要从粉煤灰的成分切入,利用各步反应的方程式,分析各步操作后混合液的主要成分,再根据实验目的并结合"工艺流程图分析模型"厘清各步操作的作用。

酸浸是为了将 Al_2O_3 处理转化为 Al^{3+},之后的过滤 Ⅰ 操作是为了除去 SiO_2 杂质；接着加入 $CaCO_3$ 粉末消耗 H^+,以调高混合液的 pH 值,使 Al^{3+} 水解为碱式硫酸铝；之后进行过滤 Ⅱ 操作除去 $CaSO_4$ 杂质；最后,再用碱式硫酸铝溶液吸收烟气 SO_2 并进行研究。具体分析见图 3-11。

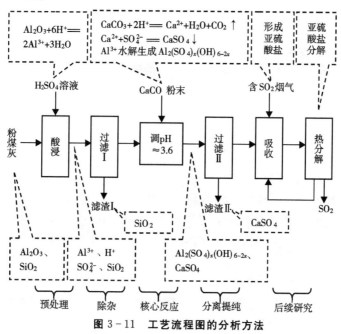

图 3-11　工艺流程图的分析方法

化学模型是一种理想化的范式，而实际问题情境又复杂多样，因此，在应用模型类比迁移解决具体问题时，要审辨问题的本质和侧重点，这样才能够做到灵活地应用模型而不被模型所束缚。比如，上述流程图中，在"核心反应"之后，不仅有"分离提纯"以制备碱式硫酸铝，还增加了"碱式硫酸铝溶液继续作为吸收 SO_2 烟气脱硫研究"的"后续研究"内容。

3.2.4 模型法的教学策略

3.2.4.1 引导学生绘制工艺流程图

解决工艺流程题的关键是学会分析流程图，引导学生绘制流程图，以直观、简洁的图式展示实验全貌，既能够消除学生对流程图的神秘感和畏惧感，还能够加深学生对实验中关键操作和核心物质的理解，并能够提升学生分析实验和概括实验的能力。因此，要积极开发课本中的实验素材价值，分模块、按章节逐步引导学生绘制并使用流程图。

案例4：绘制流程图

化学必修2（2007年人教版）"实验4-2"，引导学生根据"检验海带中存在碘元素"的实验步骤绘制实验流程图。（见图3-12）

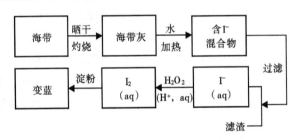

图3-12 检验海带中的碘元素

课本中可引导学生画出流程图的实验还有：

①化学选修5（2007年人教版）第42页"科学探究"，引导学生设计"溴乙烷中溴元素检验"的实验流程图；

②化学选修5（2007年人教版）第82页"科学探究"，引导学生设计"蔗糖水解溶液的还原性实验"的流程图。

············

3.2.4.2 丰富与完善模型

通过实例原型建构起来的模型，内容相对比较单一，但随着应用内容与范围的不断拓展，模型的内涵与外延也在不断地丰富与完善。当累积到一定阶段，就有必要对模型进行重整与升级，以协助学生建构更加完善的知识结构，并提升学生解决问题的准确性与创新性。

案例5：晶体的制备方法与提纯

通过创设"从 $NaCl$ 与 KNO_3 混合液中分别提纯制得 $NaCl$ 晶体与 KNO_3 晶体"问题情境，将蒸发结晶法与降温结晶法整合在一起，具体整理见图3-13：

主题 3　模型匹配是认识化学并与之交流的思维模式

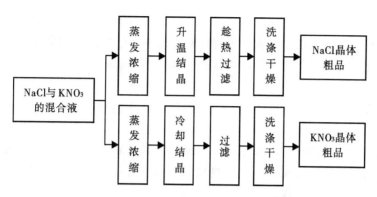

图 3-13　NaCl 与 KNO_3 晶体的制备过程

当然,也可以把 NaCl 与 KNO_3 混合液趁热过滤得到 NaCl 晶体后,直接将母液冷却结晶,即可析出 KNO_3 晶体。

如果要对晶体粗品进行提纯,则要按照如下操作流程:将晶体粗品配成热的饱和溶液→升温结晶(或冷却结晶)→趁热过滤(或过滤)→洗涤→将晶体继续配成热的饱和溶液→……将晶体粗品经过多次提纯后,便能得到一定纯度的晶体。上述多次结晶的操作称为重结晶。

3.3　利用"模型法"突破反应原理常见问题

模型法就是通过提炼与概括解决具体事例的方法策略,抽象出解决同类问题的通用模式,然后将实际问题与模型进行类比,从而获得解决实际问题的思路方案。

模型法的应用过程见图 3-14。

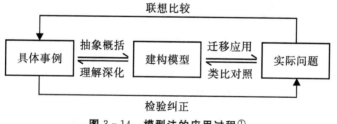

图 3-14　模型法的应用过程[1]

应用模型法的关键是建构模型。模型建构的质量与水平直接决定学生解决问题的效益。模型的建构要从具体案例出发,必须遵循由个体到一般、由典型到普遍、由易到难、由简单到综合的螺旋式上升原则。[2]

---

[1]　李成刚:《建模法在化学反应原理教学中的应用》,载《化学教与学》2012 年第 10 期,第 60-61 页。
[2]　李成刚:《建模法在化学反应原理教学中的应用》,载《化学教与学》2012 年第 10 期,第 60-61 页。

模型法是解决化学反应原理问题的有效方法，建构解决反应原理常见问题的策略模型，既有助于优化学生的认知结构，梳理、深化与拓宽学生的知识体系；又能够使反应原理常见问题化繁为简、化难为易，从而提升学生解决问题的能力。

3.3.1 反应热的计算——目标方程式的四则运算模型

由盖斯定律可知，当一个总反应由几个反应分步完成时，总反应的反应热就等于分步反应反应热的代数和。因此，由已知热化学方程式计算目标方程式的 ΔH，可采用目标方程式的四则运算法，具体运算模型如下：

参照所要计算的目标方程式，将已知的热化学方程式（一般2~3个）进行合理"变形"，如将热化学方程式颠倒或乘以、除以某一个数等，然后将它们相加或相减，最后得出目标热化学方程式的 ΔH。

其中，当热化学方程式乘以或除以某一个数时，ΔH 也要相应地乘以或除以某一个数；方程式进行加减运算时，ΔH 也要同样进行加减运算，并且要带"＋"或"－"符号；将一个热化学方程式颠倒书写时，ΔH 的符号也随之改变，但数值不变。

案例1：(2014·广东，31) 反应①为主反应，反应②和③为副反应。

① $1/4CaSO_4(s) + CO(g) \rightleftharpoons 1/4CaS(s) + CO_2(g)$　　$\Delta H_1 = -47.3 \text{ kJ/mol}$

② $CaSO_4(s) + CO(g) \rightleftharpoons CaO(s) + CO_2(g) + SO_2(g)$　　$\Delta H_2 = +210.5 \text{ kJ/mol}$

③ $CO(g) \rightleftharpoons 1/2C(s) + 1/2CO_2(g)$　　$\Delta H_3 = -86.2 \text{ kJ/mol}$

则反应 $2CaSO_4(s) + 7CO(g) \rightleftharpoons CaS(s) + CaO(s) + C(s) + 6CO_2(g) + SO_2(g)$ 的 $\Delta H = $ _____ （用 ΔH_1、ΔH_2、ΔH_3 表示）。

根据目标方程式的四则运算模型，将已知的热化学方程式经过如下变形运算：①×4＋②＋③×2，即可以得出目标方程式的 $\Delta H = 4\Delta H_1 + \Delta H_2 + 2\Delta H_3$。

3.3.2 速率与平衡图像——曲线叠加模型

反应速率与平衡图像能够简明、直观与形象地表现反应的变化过程。当外界条件改变时，反应速率、浓度(含量、转化率等)可能发生变化，反映在图像上，相关的曲线也就会出现相应的变化。[①] 因此，只有将图像中曲线的变化与外界的影响因素结合起来，才能够作出准确判断。

无论是分析图像，还是绘制图像，都要厘清反应速率与平衡图像的核心构成要素——"两轴两点两线"的含义：

两轴：认清两坐标轴所表示的含义。

起点：表示反应起始时的状态或性质。

趋势线：曲线的走向代表反应进行的方向，而曲线变化的快慢则表示外界条件影响

---

① 开远太：《"三招"破解化学平衡图像题》，载《时代教育》2012年第7期，第79页。

的程度。

拐点：外界条件或反应性质发生变化的标志。

终点线：表示反应终止时的状态或性质。

反应速率与平衡图像可以看成是由多条曲线叠加而成，根据坐标轴的类别与图像的分析方法，反应速率与平衡图像可以概括为如下三种类型：

3.3.2.1 速率—时间图

既可以将影响可逆反应进行方向的 $v_正$ 与 $v_逆$ 速度—时间曲线叠加在一起进行对比分析，也可以将其合成为 $v(总)$ 的速度—时间曲线。（见图 3-15）

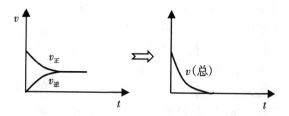

图 3-15 由正逆反应速率曲线合成为总速率曲线

还可以将影响反应的多种因素叠加在一起，比如，Zn 与足量盐酸的反应，总的速率图像可以看作由盐酸浓度的影响速率曲线与反应温度影响速率曲线叠加复合而成。具体分析见图 3-16。

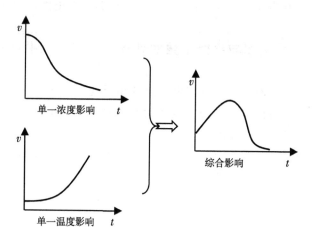

图 3-16 由单一因素影响曲线合成为综合影响曲线

3.3.2.2 浓度（含量、转化率等）—时间图

只有控制变量，才能探究外界条件对可逆反应浓度（含量、转化率等）的影响规律。将同一影响因素的不同程度曲线叠加在一起便能够得出浓度（含量、转化率等）—时间图。分析或绘制此类图像时，先出现拐点的趋势线意味着反应先达到了平衡，可推测是该反应的温度高、浓度大、压强大或使用了催化剂等，即"先拐先平数量大"。

案例2：（2014·重庆，7）在恒容密闭容器中通入 X 并发生反应：$2X(g) \rightleftharpoons Y(g)$，温度 T_1、T_2 下 X 的物质的量浓度 $c(X)$ 随时间 t 变化的曲线如图 3-17 所示。

由图 3-17 可知，温度为 T_1 时趋势线比温度为 T_2 时的趋势线先拐，即先达到了平衡状态，则温度 $T_1 > T_2$；达到平衡状态时，T_1 终点线的 $c(X)$ 高于 T_2，说明升高温度平衡向逆反应方向移动，故该反应的正反应方向为放热反应。

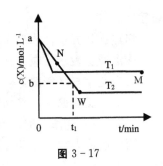

图 3-17

3.3.2.2.3 浓度（含量、转化率等）—压强（温度）图

此类图像通常是由两条（或多条）等压线（或等温线）叠加在一起。由于存在温度与压强两个影响因素，而要比较压强（或温度）与浓度（含量、转化率等）之间的关系，就要控制其中一个影响因素不变，再讨论另外两个量的关系，这种方法称之为"定一议二法"。

案例3：（2014·北京，26）$2NO(g) + O_2 \rightleftharpoons 2NO_2(g)$，在其他条件相同时，分别测得 NO 的平衡转化率在不同压强（P_1、P_2）下温度变化的曲线如图 3-18，比较 P_1、P_2 的大小关系。

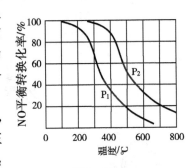

图 3-18

具体分析如下：先选定温度不变，比如在 400 ℃ 时，P_2 条件下 NO 的转化率高于 P_1，而增大压强，该反应向正反应方向移动，NO 的转化率增大，据此可得 $P_2 > P_1$。

3.3.3 速率、转化率与平衡常数的计算——三段式平台模型

速率、转化率以及平衡常数能够定量地反映出反应的快慢与进行的程度，利用"三段式"平台计算速率、转化率与平衡常数，会比较直观、明了，有助于梳理数据与准确计算。

比如，在一定温度下，将 0.40 mol N_2 和 0.60 mol H_2 充入 1 L 恒容密闭容器中发生反应生成 NH_3，10 min 后 N_2 的浓度为 0.35 mol 且保持恒定，则：

	N_2	+	$3H_2$	$\rightleftharpoons$	$2NH_3$
c(始)(mol/L)	0.40		0.60		0
c(转)(mol/L)	0.05		0.15		0.10
c(平)(mol/L)	0.35		0.45		0.10

$$v(N_2) = \frac{c(\text{转})}{\Delta t} = \frac{0.05}{10} = 0.005 \text{ mol/(L·min)}$$

N_2 的转化率 $= \dfrac{c(\text{转})}{c(\text{始})} = \dfrac{0.05}{0.40} = 12.5\%$

$$K = \frac{c^2(NH_3)}{c(N_2) \cdot c^3(H_2)} = \frac{0.10^2}{0.35 \times 0.45^3} = 0.314 \text{ L}^2/\text{mol}^2$$

利用"三段式"计算时,代入的数据一定是转化的量,因为只有转化的量才与方程式中对应的系数成比例。另外,无论题目数据信息是以表格的形式出现,还是隐含在图像中,都要将这些数据信息处理为"三段式",因为利用"三段式"平台更容易理顺各种数据之间的相互关系。

3.3.4 粒子浓度关系——电离水解程度与守恒模型

电解质溶液中粒子浓度关系通常决定于下列几种因素:弱电解质的电离程度、盐类的水解程度以及物料、电荷与质子守恒等。具体分析程序为:

看组成:分析溶质(有反应先考虑反应)。
定平衡:分析所有的电离、水解平衡。
比大小:抓住"两小"(弱电解质的电离程度小和盐类的水解程度小),同时考虑溶液的酸碱性和水的电离。
找守恒:三个守恒。[①]

3.3.4.1 粒子浓度大小关系

常见电解质溶液中粒子浓度的大小比较,都可以直接或间接地转化为以下四种类型:
(1) 一元弱酸、一元弱碱与一元弱酸强碱盐、一元弱碱强酸盐

无论是一元弱酸、一元弱碱,还是一元弱酸强碱盐、一元弱碱强酸盐,电离与水解的都是少量,而未电离与水解的则占大量。

比如,CH_3COONa 溶液中,作为强电解质,其完全电离,即:$CH_3COONa = CH_3COO^- + Na^+$,而 CH_3COO^- 除少量水解外,其余大量都存在于溶液中,即:

$$[CH_3COO^-] \begin{cases} CH_3COO^-(大量) \\ [CH_3COO^- + H_2O \rightleftharpoons] CH_3COOH + OH^-(少量) \end{cases}$$

再考虑 H_2O 的电离,于是得出:$c(Na^+) > c(CH_3COO^-) > c(OH^-) > c(CH_3COOH) > c(H^+)$。

(2) 多元弱酸与多元弱酸强碱盐

无论是多元弱酸的分步电离,还是多元弱酸强碱盐的分步水解,前面的电离或水解对后续的电离或水解均起到了抑制作用,因此,电离或水解的级数越高,则程度越小。

比如,在 Na_2CO_3 溶液中,作为强电解质,其完全电离,即:$Na_2CO_3 = 2Na^+ + CO_3^{2-}$,$CO_3^{2-}$ 在溶液中存在三种形式,具体分析如下:

$$[CO_3^{2-}] \begin{cases} CO_3^{2-}(大量) \\ [CO_3^{2-} + H_2O \rightleftharpoons] OH^- + [HCO_3^-] \begin{cases} HCO_3^-(少量) \\ [HCO_3^- + H_2O \rightleftharpoons] OH^- + H_2CO_3(更少量) \end{cases} \end{cases}$$

[①] 宋冬冬:《溶液中离子浓度大小比较的复习策略》,载《中学教学参考》2011 年第 9 期,第 119–120 页。

再考虑 H_2O 的电离，可以得出各种粒子浓度的大小关系：$c(Na^+) > c(CO_3^{2-}) > c(OH^-) > c(HCO_3^-) > c(H_2CO_3) > c(H^+)$。

(3) 弱酸的酸式强碱盐

对于弱酸的酸式强碱盐，由于弱酸的酸式酸根既能够发生电离，又能够发生水解，而电离与水解程度的相对大小会表现在溶液的酸碱性上。比如，$NaHCO_3$ 溶液中 HCO_3^- 有三种存在形式：

$$[HCO_3^-]\begin{cases} HCO_3^- \text{（大量）} \\ [HCO_3^- \rightleftharpoons] H^+ + CO_3^{2-} \text{（更少量）} \\ [HCO_3^- + H_2O \rightleftharpoons] H_2CO_3 + OH^- \text{（少量）} \end{cases}$$

由于 $NaHCO_3$ 溶液显碱性，说明 HCO_3^- 的水解程度大于电离程度，于是可以得出粒子浓度大小关系：$c(Na^+) > c(HCO_3^-) > c(H_2CO_3) > c(CO_3^{2-})$。

(4) 弱酸与弱酸盐（或弱碱与弱碱盐）混合液

当弱酸与弱酸盐（或弱碱与弱碱盐）混合时，弱酸电离与弱酸盐水解（或弱碱的电离与弱碱盐水解）的相对程度大小决定了混合溶液的酸碱性。比如，将 0.2 mol/L CH_3COOH 溶液和 0.1 mol/L $NaOH$ 溶液等体积混合，则得到：

$$\begin{cases} CH_3COOH & 0.05 \text{ mol/L} \\ CH_3COONa & 0.05 \text{ mol/L} \end{cases}$$

由于混合液显酸性，说明 CH_3COOH 的电离程度强于 CH_3COO^- 的水解，此时可以将分析模型简化为：CH_3COO^- 不水解，CH_3COOH 只发生电离。这样就可以直接得出：$c(CH_3COO^-) > c(Na^+) > c(CH_3COOH) > c(H^+) > c(OH^-)$。简化处理的依据是：$CH_3COOH$ 的电离部分相当于 CH_3COOH 的电离抵消了 CH_3COO^- 水解后仍多出的部分。

3.3.4.2 粒子浓度守恒关系

(1) 物料守恒

无论是弱酸的电离，还是弱酸根的水解，其核心原子是守恒的，比如，在 $NaHCO_3$ 溶液中，$NaHCO_3 == Na^+ + HCO_3^-$，假设 HCO_3^- 既未水解又未电离，此时，$c(Na^+) = c(HCO_3^-)$。但事实上 HCO_3^- 在溶液中既发生了部分水解，又发生了部分电离，但其核心原子（即 C 原子）是守恒的，于是便可以得出：$c(Na^+) = c(HCO_3^-) + c(H_2CO_3) + c(CO_3^{2-})$。

而对于等浓度的 CH_3COOH 与 CH_3COONa 混合后，假设 CH_3COOH 既没有发生电离，CH_3COO^- 又没有发生水解，此时 $c(CH_3COOH) + c(CH_3COO^-) = 2c(Na^+)$。但事实上，$CH_3COOH$ 既发生了电离，CH_3COO^- 也发生了水解，但由于 CH_3COOH 与 CH_3COO^- 之间的转化是 1∶1 的对应关系，所以上述守恒关系仍然成立。

(2) 电荷守恒

任何溶液都是不带电的，说明溶液中阴阳离子的电荷总量是相等的，于是便得出在 $NaHCO_3$ 溶液中，存在着如下电荷守恒关系：$c(Na^+) + c(H^+) = c(HCO_3^-) + 2c(CO_3^{2-}) + c(OH^-)$。

（3）质子守恒

可以直接利用得失质子（H^+）守恒写出等式，比如在 $NaHCO_3$ 溶液中，利用质子守恒分析见图 3-19。

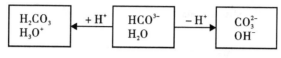

图 3-19 质子守恒分析

可以直接得出：$c(H_2CO_3)+c(H^+)=c(CO_3^{2-})+c(OH^-)$。

案例 4：（2014·广东，12）常温下，0.2 mol·L^{-1} 一元酸 HA 与等浓度的 NaOH 溶液等体积混合后，所得溶液中部分微粒组分及浓度如图 3-20 所示，下列说法正确的是（　　）。

A. HA 是强酸
B. 该混合液 pH=7
C. 图中 X 表示 HA，Y 表示 OH^-，Z 表示 H^+
D. 该混合溶液中：$c(A^-)+c(Y^-)=c(Na^+)$

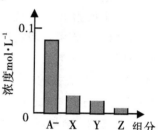

图 3-20 溶液中部分微粒组分与浓度关系

等浓度等体积的 HA 与 NaOH 完全反应生成 0.1 mol·L^{-1} NaA，NaA 为强电解质，完全电离，即：$NaA \Longrightarrow Na^+ + A^-$。由图 3-20 可知，$A^-$ 为弱酸根离子，发生了水解。

$$[A^-]\begin{cases} A^-（大量） \\ A^- + H_2O \Longrightarrow HA + OH^-（少量） \end{cases}$$

再考虑水的电离：$H_2O \Longrightarrow H^+ + OH^-$，这样就可以得出：$c(Na^+) > c(A^-) > c(OH^-) > c(HA) > c(H^+)$。

再根据核心原子（A 原子）守恒，可以得出：$c(Na^+) = c(A^-) + c(HA)$。

3.3.5 电化学问题——电子流向与得失模型

人教版教科书中原电池选取铜锌原电池作为分析案例，而电解池则选取了电解 $CuCl_2$ 溶液。由于学生容易混淆原电池与电解池，经常会张冠李戴，因此有必要把原电池与电解池进行整合，建构解决电化学问题的通用模型。

电化学问题的实质是电子问题，即电子的流向、粒子的得失电子难易（放电顺序）以及电子得失多少等。

3.3.5.1 电化学装置分析模型

电化学装置的分析模型如下：

①在分析原电池时，负极失去电子，电子沿导线流入正极，此时溶液中的阳离子会在正极上获得电子。而在分析电解池时，电子是从电池的负极出来到达阴极，阴极上的电子需要被溶液中的阳离子获得。

②写出原电池或电解池溶液中离子的种类（考虑 H_2O 电离出的 H^+ 与 OH^-），粒子的放电顺序均遵循优先放电原则，即失电子能力强的粒子优先失去电子，得电子能力强

的粒子优先得到电子。当然，如果金属（Pt和Au除外）作阳极材料，则优先于所有的阴离子放电。

案例5：（2014·广东，11）某同学组装了如图3-21所示的电化学装置，电极Ⅰ为Al，其他电极均为Cu，则（　　）。

A. 电流方向：电极Ⅳ→Ⓐ→电极Ⅰ
B. 电极Ⅰ发生还原反应
C. 电极Ⅱ逐渐溶解
D. 电极Ⅲ的电极反应：$Cu^{2+}+2e^-=\!=\!=Cu$

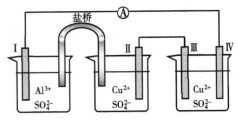

图3-21　电化学装置

很明显，该综合装置是用Al-Cu双液原电池电解$CuSO_4$溶液，Al是活泼金属作负极，电子通过电流计A聚集在电极Ⅳ上供阳离子（Cu^{2+}优先于H^+）获取，而溶液中的OH^-在电极Ⅲ失去的电子聚集在电极Ⅱ上供阳离子（Cu^{2+}优先于H^+）获取，而整个电路中电流的方向与电子的流向相反。

3.3.5.2　电极反应式的书写

根据电极材料或阴阳离子得失电子多少写出电极反应式时，要让"=\!=\!="两边的电荷守恒。特别要注意"e^-"是带负电荷的，而"$-e^-$"则相当于带正电荷，比如，$4OH^--4e^-=\!=\!=2H_2O+O_2\uparrow$。

案例6：（2014·四川，11）用惰性电极电解$MnSO_4$溶液可制得MnO_2，其阳极的电极反应式是_____。

电极反应式的书写步骤为：

①首先写出得失电子的粒子及其产物。

$Mn^{2+}-2e^-=\!=\!=MnO_2$

②根据电荷守恒在等式两边添加"H^+"或"OH^-"以平衡电荷。

$Mn^{2+}-2e^-=\!=\!=MnO_2+4H^+$

③最后，在等式两边添加"H_2O"以平衡原子。

$Mn^{2+}-2e^-+2H_2O=\!=\!=MnO_2+4H^+$

3.4　利用有机规则模型突破有机合成推导题

有机合成推导题是化学高考试题中常见的题型，通常是由分子式与结构简式的推导、反应类型的判断、结构简式与方程式的书写以及同分异构体的书写等部分组成。有机合成推导题既能够考查学生对有机物的结构、性质、合成方法与反应条件等的掌握程度和应用水平，又能够考查学生综合分析问题与解决问题的逻辑思维能力[①]，同时还能够考查

---

① 吴平：《高中生有机推断问题解决的信息加工研究》，华东师范大学2009年硕士学位论文。

学生学习与迁移新信息的能力，具有较高的甄别功能。

无论是有机物的结构，还是反应变化特征，都要遵循一定的要求和规律，即有机规则，比如碳原子的价键总数为 4 等。基于有机规则所建构的解决同类问题的策略方法，称之为"有机规则模型"。利用有机规则模型去分析与解决有机合成推导题，能够使解题过程模式化、程序化与规范化，能够提升解决问题的实效性。

3.4.1 有机规则的种类

3.4.1.1 结构规则

有机物的结构决定了其性质特征，而官能团的结构更是核心决定要素。有机物的结构具体表现在其构成原子的成键特点和分子的空间构型上。

比如，有机物中碳原子的成键规则：①碳原子含有 4 个价电子，易跟多种原子形成共价键；②易形成单键、双键、三键、碳链、碳环等多种结构单元；③碳原子价键总数为 4。

正是由于有机物的构成存在这些结构规则，决定了有机物的同分异构现象，也决定了有机物的性质是由其构成基团的性能叠加复合而成，并且相互影响。

3.4.1.2 有机反应规则

（1）原型规则

教材中烃及其衍生物的特征性质，是通过选取典型物质为代表而呈现出来的。这些典型物质的特征反应就是有机反应规律的载体，也是进行类比迁移的实例原型。这种典型物质的反应规律称为原型规则。学生只有从反应机理（表观为反应类型）的视角掌握了典型物质的原型规则，才能够灵活地应用原型规则类比迁移至其他同类物质。而掌握典型物质官能团之间的转化规则，更是分析与解决有机合成推导题的先决条件。

比如，醇类的典型物质是乙醇，乙醇的催化氧化是乙醇的特征反应，乙醇催化氧化的反应机理是脱去—OH 中的"—H"与"α-H"。利用乙醇催化氧化的原型规则，就能够引导学生写出具有不同数目 α-H 的醇的催化氧化产物。

（2）信息规则

在有机合成推导题中，往往会给出新的反应信息。在这些新的反应信息中承载的反应规律称为信息规则。信息规则往往是解决有机合成推导题的关键环节，而要准确地迁移信息规则，首先要解析信息规则中官能团之间的转化本质。解析的标志是判断该信息规则的反应类型，因为反应类型是有机反应机理的外观表现。

比如新的反应信息：

①（2013·四川，10）

$$—CHO + \underset{H}{—\overset{|}{C}—CHO} \longrightarrow —CH—\underset{|}{\overset{|}{C}}—CHO$$
$$\underset{OH}{}$$

②(2014·山东,34)

$$HCHO + CH_3CHO \xrightarrow{OH^-, \triangle} CH_2=CHCHO + H_2O$$

信息①的反应规则是一种醛的"β-C""β-H"与另一种醛的"$-\overset{\overset{\displaystyle O}{\|}}{C}-$"发生加成反应。而信息②的反应规则则是经过"先加成后消去"的反应历程。

如果能够用常规的有机反应类型去界定新的信息规则,无疑有利于信息规则的迁移应用。当然,对于一些无法用常规反应类型去界定的信息,则只需要直接进行表观类比迁移即可。

3.4.2 有机规则模型的建构与应用

3.4.2.1 有机规则模型的建构

针对有机合成推导题中的高频考点与学生普遍存在的难点问题,依据有机规则,从实例原型出发,将解决有机问题的策略方法进行提炼与抽象,以得出解决此类问题的有机规则模型。根据模型的形态与应用功能,有机规则模型可分为归类式模型、分析式模型与程序式模型等。

比如,依据乙醇催化氧化为乙醛的实例原型,通过分析该反应规则的机理,就可以引导学生建构具有不同数目α-H的醇的催化氧化模型。(见表3-3)

表3-3 不同数目α-H的醇的催化氧化产物

α-H 情况	实例	催化氧化产物	产物类别
3个α-H	CH_3OH	$HCHO$	醛
2个α-H	CH_3CH_2OH	CH_3CHO	醛
1个α-H	$CH_3CH(OH)CH_3$	CH_3COCH_3	酮
无α-H	$(CH_3)_3COH$	不能被氧化	—

建构上述归类式有机规则模型,一方面,可以提升学生应用原型规则的准确性;另一方面,也有助于学生辨析原型规则的适用条件。

3.4.2.2 有机规则模型的应用

在应用有机规则模型解决具体问题时,首先要提取问题情境中的信息并对问题进行表征,接着将待解决的问题转化为容易解决的模型问题,然后把有机规则模型中的分析方法或程序步骤迁移至待解决的问题中,从而形成解决实际问题的策略方案。应用有机规则模型的本质就是类比迁移。

3.4.3 利用有机规则模型解决有机合成推导题中的常见问题

3.4.3.1 推断有机物结构

要推断出有机合成路线图中物质的结构,首先要忽略反应前后物质结构上的相同部分，而对结构上的差异之处进行辨析，并以反应试剂、官能团的特性、反应条件以及特征产物等作为突破口，采用正向、逆向以及综合分析法等，从而推断出未知物的结构。

(1) 正向分析法

采用正向思维方法，从已知原料入手，找出合成所需要的直接或间接的中间体，逐步推向待合成的有机物，其思维程序为：原料→中间体→产品。

正向推导时，可以直接利用典型物质的原型规则或信息规则进行类比迁移。

(2) 逆向分析法

如果从产品的组成、结构、性质入手，找出合成所需要的直接或间接的中间体，逐步推向已知原料，则为逆向分析法，其思维程序为：产品→中间体→原料。

逆向推断时，采用键的切割法，逆向倒推得出反应物。

(3) 综合分析法

将正向分析与逆向分析综合起来，从原料与产品向中间夹击，从而得出中间体，其思维程序是：原料→中间体←产品。

案例1：(2013·四川理综，10)有机化合物 G 是合成维生素类药物的中间体，其结构简式为：

G 的合成线路如下：

其中，A～F 分别代表一种有机化合物，合成路线中的部分产物及反应条件已略去。

已知：

分别将 $CH_3\overset{CH_3}{\underset{|}{C}}=CH_2$ 和 $CH_3\overset{CH_3}{\underset{|}{CH}}-CHO$ 作为反应原料和目标产品，利用典型物质的原型规则采用正向分析法推断出 A 和 B；再将 D 和 G 分别作为原料和目标产品，利用典型物质的原型规则采用逆向分析法推断出 F、E 和 D；最后，利用信息规则对反应④进行综合分析，从而推断出 C。

具体的分析式模式见图3-22。

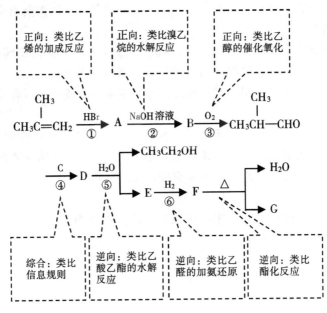

图3-22 推断有机物的分析式模式

3.4.3.2 书写有机反应方程式

书写有机反应方程式,既是有机合成推导题中考查的重点,也是难点。书写有机反应方程式可直接类比典型物质的原型规则或新的信息规则。而对于酯与碱的反应、卤代烃的水解反应、卤代烃的消去反应以及银镜反应等方程式的书写,若类比原型规则一步直接书写出来,经常会漏洞百出。如果采用三步法书写此类方程式,则能够明显地提升方程式书写的准确性。

(1) 酯与碱的反应

$$\left.\begin{array}{l}CH_3COOCH_3 + H_2O \longrightarrow CH_3COOH + CH_3OH \\ CH_3COOH + NaOH \longrightarrow CH_3COONa + H_2O\end{array}\right\} \Rightarrow$$

$$CH_3COOCH_3 + NaOH \longrightarrow CH_3COONa + CH_3OH$$

(2) 卤代烃的水解

$$\left.\begin{array}{l}CH_3CH_2Br + H_2O \longrightarrow CH_3CH_2OH + HBr \\ HBr + NaOH \longrightarrow NaBr + H_2O\end{array}\right\} \Rightarrow$$

$$CH_3CH_2Br + NaOH \longrightarrow CH_3CH_2OH + NaBr$$

(3) 卤代烃的消去反应

$$\left.\begin{array}{l}CH_3CH_2Br \longrightarrow CH_2=CH_2\uparrow + HBr \\ HBr + NaOH \longrightarrow NaBr + H_2O\end{array}\right\} \Rightarrow$$

$$CH_3CH_2Br + NaOH \longrightarrow CH_2=CH_2\uparrow + NaBr + H_2O$$

(4) 银镜反应

$$\left.\begin{array}{l}CH_3CHO + 2Ag(NH_3)_2OH \longrightarrow CH_3COOH + 2Ag\downarrow + 4NH_3 + H_2O \\ CH_3COOH + NH_3 \longrightarrow CH_3COONH_4\end{array}\right\} \Rightarrow$$

$$CH_3CHO + 2Ag(NH_3)_2OH \longrightarrow CH_3COONH_4 + 2Ag\downarrow + 3NH_3\uparrow + H_2O$$

上述方程式的书写，引导学生按照"先水解后中和"或"先氧化后中和"的程序进行三步书写，既能让学生对有机反应的本质有更深入的认识，又能够协助学生准确地写出方程式而不至于缺漏生成物或配错系数。

案例 2：(2014·山东，34)

H₃C—⌬—O—C(=O)—CH=CHCH₃ 是 E 的一种同分异构体，该物质与足量 NaOH 溶液共热的化学方程式为_____。

该方程式的书写程序为：

H₃C—⌬—O—C(=O)—CH=CHCH₃ + H₂O ⟶
  H₃C—⌬—OH + HOOCCH=CHCH₃

H₃C—⌬—OH + NaOH ⟶
  H₃C—⌬—ONa + H₂O

HOOCCH=CHCH₃ + NaOH ⟶
  NaOOCCH=CHCH₃ + H₂O

H₃C—⌬—O—C(=O)—CH=CHCH₃ + 2NaOH $\xrightarrow{\triangle}$
  H₃C—⌬—ONa + NaOOCCH=CHCH₃ + H₂O

3.4.3.3 书写同分异构体

(1) 根据分子式写出同分异构体

书写符合某分子式的同分异构体。常规的教学方法是让学生先熟记各类同分异构体，比如分子式相同的烯烃与环烷烃、醇与醚、醛与酮、羧酸与酯等互为同分异构体，然后指导学生套用这些模型进行书写。显然，学生应用这种书写方法会比较被动，因为这种方法既限制了学生的思维，又容易写漏。而按照如下两个原则书写同分异构体，则相对比较便捷。

①键的相互转变与平移。

有机物的同分异构体分为三种形式：碳链异构、位置异构与官能团异构。碳链异构与位置异构相对比较简单，只要防止写漏即可。而官能团异构则可以化巧为键的转变与平移，具体表现为："＞C=C＜"与"—C—C—"之间的转变需要通过成环或断环来实现；"＞C=C＜"与"＞C=O"之间的转变只需要平移双键即可；而其他诸如—OH、—X等单键的相互转变也只需要平移单键即可。

比如，$CH_2=CHCH_2CH_3$ 通过成环形成同分异构体环丁烷；$CH_3CH_2CH_2CHO$ 通过平移双键形成 $CH_2=CH_2CH_2OH$ 和 $CH_3COCH_2CH_3$ 等同分异构体。

②先定母体再移取代基法。

有机分子通常是由母体烃基和官能团取代基构成，由于母体烃基有异构，而官能团取代基也有异构，如果母体和取代基同时发生变化，则很容易写重复或写漏该有机物的同分异构体。此时，如果将母体烃基的几种异构情况先固定下来，而异构的取代基则在母体异构的基础上进行移动，这样就能便捷、准确地书写出同分异构体了，这种方法称为"先定母体再移取代基法"。一般来讲，母体上的"等效氢"有几种，即该有机物的一元取代物就会有几种。

案例3：某化合物的分子式为 $C_5H_{11}Cl$，则其同分异构体有 _____ 种（不考虑对映异构体）。

$C_5H_{11}Cl$ 的母体是 C_5H_{12}，C_5H_{12} 有正戊烷、异戊烷和新戊烷三种异构体。

$CH_3CH_2CH_2CH_2CH_3$　　3种等效氢　　3种一氯取代物

$\begin{matrix}CH_3CH_2CHCH_3\\|\\CH_3\end{matrix}$　　4种等效氢　　4种一氯取代物

$\begin{matrix}CH_3\\|\\CH_3CCH_3\\|\\CH_3\end{matrix}$　　1种等效氢　　1种一氯取代物

因此，$C_5H_{11}Cl$ 的同分异构体共有8种。

（2）根据信息条件写出某物质的同分异构体

根据信息条件写出某物质同分异构体的程序模型为：

①确定有机物的母体烃基。

②写出符合该有机物官能团信息的最简取代基，再根据分子式将剩余部分按照信息条件写出常见基团，以形成符合所有条件的最简结构式。

③将母体烃基与取代基按照"键的相互转变与平移"的原则进行异构，然后再根据"先定母体再移取代基法"写出符合信息条件的结构简式。

案例4：（2014·江苏，17）

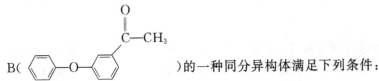的一种同分异构体满足下列条件：

A. 能发生银镜反应，其水解产物之一能与 $FeCl_3$ 溶液发生显色反应。

B. 分子中有6种不同化学环境的氢，且分子中含有2个苯环。

写出该同分异构体的结构简式：_____。

根据信息可得该物质的母体是两个苯环，因为含有醛基、酯基，而该物质只有2个氧原子，因此含有甲酸酚酯基，再结合6种等效氢可以写出该物质的结构简式为：

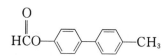

3.4.4 应用有机规则模型的教学策略

3.4.4.1 回归并拓展课本中的实例原型

有机规则模型是从实例原型中提炼抽象出来的,课本中的典型实例是应用有机规则模型进行类比迁移的原型。将解决情境问题中的核心知识和关键环节回归课本,找出课本中的实例原型,能为解决具体问题提供蓝本依据。当多次建构实例原型与问题情境之间联系时,学生既能够加深对课本知识的理解和掌握,又能够丰富课本素材的内涵和外延。

案例 5:(2013·上海,9)Diels—Alder 反应为共轭双烯与含有烯键或炔键的化合物相互作用生成六元环状化合物的反应,最简单的反应是

Diels - Alder 反应属于_____反应(填反应类型)。

该反应为典型的加成反应,解读共轭双烯发生 Diels—Alder 反应,可以回归到化学选修 5(2007 年人教版)第 30 页中 1,3-丁二烯的 1,4-加成,或者说是 1,3-丁二烯的 1,4-加成的变式。

拓展 1:(2014·北京,25) A 的相对分子质量为 108,反应 Ⅱ 的化学方程式是_____;

根据题目信息可得,在加热条件下发生双烯合成:

$2CH_2=CH—CH=CH_2 \longrightarrow$ [环己烯结构]

拓展 2:1,3 丁二烯在催化条件下发生加聚反应:

$nCH_2=CH—CH=CH_2 \longrightarrow \text{—}[CH_2—CH=CH—CH_2]_n\text{—}$

拓展 3:(2011·上海,15) β-月桂烯的结构如图所示,一分子该物质与两分子溴发生加成反应的产物(只考虑位置异构)理论上最多有( )。

A. 2 种   B. 3 种
C. 4 种   D. 6 种

一分子 β-月桂烯与两分子溴发生加成反应可分为①②、①③、②③三种碳碳双键独立加成组合,以及共轭二烯的 1,4-加成与③的组合。

3.4.4.2 在同一问题情境下进行变式训练

由于有机合成与推断题的信息容量较大,学生阅读信息需要较多时间,如果对整道题目进行变式,则思维容量有限,一节课只能是泛泛而谈、难以有深度,于是就会产生信息容量与思维容量之间的矛盾。而平衡信息容量与思维容量的最佳途径,则是在同一问题情境背景下进行变式训练,这样既有助于对规则模型的深度理解,又能够丰富规则

模型的内涵，同时还能够训练学生思维的整体性与严密性。

比如，"案例 4"中书写 B 同分异构体的结构简式可变式为：

变式 1：写出符合下列条件 B 的一种同分异构体 F：

①能够发生银镜反应。

②水解产物均能与金属 Na 发生反应。

③分子中有 5 种不同化学环境的氢，且分子中含有两个苯环。

(HCO—CH₂—C₆H₅ 结构，含醛基与苄基苯环)

变式 2：写出符合下列条件 B 的一种同分异构体 G：

①能与 Na_2CO_3 溶液反应产生 CO_2。

②分子中有 7 种不同化学环境的氢，且分子中含有两个苯环。

(联苯—CH_2—COOH)

变式 3：写出符合下列条件 B 的一种同分异构体 H：

①能与 $FeCl_3$ 溶液发生显色反应。

②在一定条件下能发生加聚反应。

③分子中有 4 种不同化学环境的氢，且分子中含有两个苯环。

(HO—C₆H₄—CH=CH—C₆H₄—OH)

……

3.5 利用化学模型提升学生解决问题的能力[①]

在认识化学问题与解决化学问题的过程中，人们往往会通过抽象、概括与归纳等科学方法，利用研究对象的关键因素与本质特征建构各种化学模型，比如原子结构示意图、球棍模型、反应类型以及公式定律等。化学模型有助于学生理解和掌握化学知识，也推动了化学学科的发展。

现行"化学考试大纲说明"中要求学生应具备"能够将分析问题的过程和成果，用正确的化学术语及文字、图表、模型、图形等表达并作出解释的能力"[②]。其实，这种考

[①] 吴庆生：《利用化学模型提升学生解决问题的能力》，载《化学教学》2014 年第 12 期，第 42-44 页。

[②] 广东省教育考试院：《2014 年普通高等学校招生全国统一考试（广东卷）语文、数学（理科）英语、理科综合考试大纲的说明》，广东高等教育出版社 2014 年版，第 204 页。

查就是要求学生具备建构模型与应用模型的能力。在高三化学复习中,针对高考高频考点与学生普遍存在的难点问题建构解决问题的化学模型,能够使解题过程模式化、程序化与规范化,从而提升学生解决问题的能力。

3.5.1 解决化学问题的心理机制

学生解决化学问题的关键是策略方法的选择,而模型匹配法是学生主要的解题策略。所谓的模型匹配法,就是学生通过有限的思维过程找到与当前问题相匹配的模型而进行类比迁移。(见图3-23)

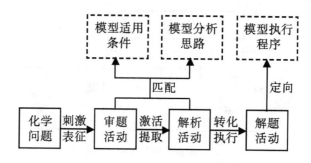

图 3-23 模型匹配法的心理机制

在高三化学复习中,引导学生建构模型并应用模型解决问题,能够让学生辨析问题的本质,有利于梳理化学知识和规律,使化学知识模型化、规律化,提升化学复习的实效性。

3.5.2 化学模型的种类

建构模型是为了便于认识、分析与解决问题,一个概念、一种反应类型、一条规律、一个总结都可以成为一个模型。根据模型的形态与应用功能,化学模型可分为归类式模型、分析式模型与程序式模型。

3.5.2.1 归类式模型

将物质的性质、反应类型、化学概念、原理规律等进行整理归类,形成完善的知识结构与知识体系,以便于学生优化认知结构,提升学生表征化学问题的准确度。这也是高三化学复习中常用的建模方式。

案例1:不同数目α-H的醇的催化氧化产物

当醇所具有α-H的数目不同时,其催化氧化产物也不尽相同。具有不同数目α-H的醇的催化氧化产物见表3-3。

3.5.2.2 分析式模型

分析表征问题是解决问题的前提和条件。分析式模型以分析化学问题为主,凸显分析问题的切入点与分析思路。

案例2：综合实验装置的分析模型

以气体为纽带，将系列实验装置组合在一起，以完成某项实验任务的装置组合称之为综合实验装置，其中肩负着主要实验任务的反应称为核心反应，其他实验装置均服务于该核心反应。综合实验装置通常是按照"气体发生器→除杂装置→核心反应装置→防干扰装置→尾气处理装置"的顺序连接在一起。

分析实验综合装置时，首先要明确该实验目的，即确定核心反应；接着根据核心反应选择气体发生器；然后分析导管中的气体成分，并以此作为切入点选择除杂方法与防干扰措施；最后进行尾气处理。

具体分析模型见图3-24。

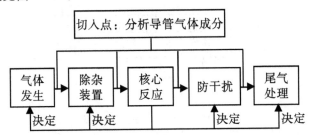

图3-24 综合实验装置的分析模型

3.5.2.3 程序式模型

对化学问题进行分析表征后，就进入了解决问题的操作环节。将解决问题的关键环节或步骤以简明扼要的形式进行罗列，凸显其条理性与可操作性，便形成了程序式模型。

案例3：氧化还原型离子方程式的书写

离子方程式通常是分析化学问题与解决化学问题的工具，在化工流程图题与实验探究题中会频频出现，而正确地书写离子方程式则成了解决问题的关键。

(2014·天津，9)$Na_2S_2O_3$还原性较强，在溶液中易被Cl_2氧化成SO_4^{2-}，常用作脱氧剂，该反应的离子方程式为_____。

该离子方程式的书写程序为：

①利用信息写出氧化剂、还原剂、氧化产物与还原产物。

$$S_2O_3^{2-} + Cl_2 \longrightarrow SO_4^{2-} + Cl^-$$

②利用电子转移相等配平氧化剂、还原剂、氧化产物与还原产物。

$$S_2O_3^{2-} + 4Cl_2 \longrightarrow 2SO_4^{2-} + 8Cl^-$$

③根据电荷守恒在方程式两边补充相应数目的H^+或OH^-。

$$S_2O_3^{2-} + 4Cl_2 \longrightarrow 2SO_4^{2-} + 8Cl^- + 10H^+$$

④根据原子守恒配平方程式，如补充相应数目的H_2O等。

$$S_2O_3^{2-} + 4Cl_2 + 5H_2O \Longrightarrow 2SO_4^{2-} + 8Cl^- + 10H^+$$

3.5.3 建构化学模型的教学原则

事实上，解决化学问题的过程，就是一个建构化学模型的过程，将解决问题的分析思路与策略方法进行抽象概括,就能够形成一个化学模型。根据建构化学模型的需要,首先要精选实例原型,通过创设问题情境,引导学生建构化学模型。

3.5.3.1 精选化学模型的实例原型

由于化学模型是理想化范式,是将各种实例中共同的、本质的要素进行抽象、概括与集中。显然,实例中不一定有这样的原型,但还是要尽可能选择贴近模型的原型,因为,从这样的实例原型中抽象出模型才比较直观、具体,学生使用起来也才会应用自如。

比如,要建构"案例2"中综合实验装置的分析模型,就可以选择"2012·山东,30"作为实例原型,对该题实验装置的分析、抽象见图3-25。

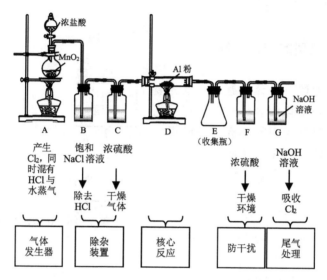

图 3-25 实验装置分析的抽象过程

该装置的核心反应为:$2Al+3Cl_2 \xrightarrow{\triangle} 2AlCl_3$,产生的无水 $AlCl_3$(183 ℃升华)遇潮湿空气即产生大量白雾。根据核心反应需要将从气体发生器中导出的 Cl_2 中混有的 HCl 气体与水蒸气除去,同时还要防止水蒸气对收集瓶中产品 $AlCl_3$ 的水解干扰,最后要对尾气 Cl_2 进行处理。从上述实例原型中,就可以水到渠成地建构起"综合实验装置的分析模型"(见图3-24)。

为了让所建构的模型具有广泛的实用性,应尽可能地精选3个实例,其中第1、2个实例作为建构模型的原型。通过比较、归纳与抽象第1、2个实例原型中的共同要素建构化学模型,而第3个实例则作为应用与检验模型之用。

3.5.3.2 引导学生学会建构化学模型

对于综合性化学问题,通常需要将问题进行分解,然后借助一个个化学模型进行匹配迁移。因此,学生所建构的化学模型的质量与数量,往往会决定解决化学问题的质量与速度。在高三化学课堂上,老师引导学生所建构的模型通常是针对大多数学生普遍存在的主要问题,而具体到每一位学生,需要建构的模型也不尽相同。因此,在课堂上引导学生建构模型的过程中,要注重培养学生提炼、抽象与概括等建构模型的技能,以便为学生建构适合自己的模型创造条件。建立模型的过程比模型结果本身更加重要。在高三化学复习中,要指导学生善于发现问题、提出问题,学会研究、分析问题,能够把问题总结、归类,建立解决问题的模型,然后,运用形象思维把高度抽象的理论具体化为模型。①

3.5.3.3 解析模型的适用条件

虽然化学模型在解决同类问题时具有适用价值,但每一种模型都有其适用范围,不存在"放四海皆准"的模型。因此,辨析模型的适用条件便成了使用模型的前提,否则,就会陷入教条主义的泥潭。

随着模型的应用范围不断拓展,模型的内涵与外延也在不断地丰富,学生应用模型的灵活性与准确性也会不断地提升。

3.5.4 化学模型的应用策略

在应用化学模型解决具体问题时,首先要将待解决的化学问题转化为容易解决的模型问题,然后把解决模型问题中的分析方法或程序步骤迁移至待解决的问题中,从而形成解决实际问题的策略方案。应用模型的本质就是转化,其应用流程②见图3-26。

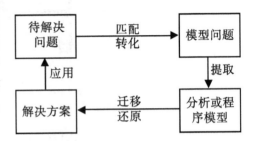

图3-26 化学模型的应用流程

案例4:检验$FeSO_4$是否变质

利用显色反应检验Fe^{3+}与Fe^{2+}有四种情况模型:

①Fe^{3+}的检验:KSCN溶液。

②Fe^{2+}的检验:KSCN溶液和氯水。

③Fe^{2+}存在下Fe^{3+}的检验:KSCN溶液。

④Fe^{3+}存在下Fe^{2+}的检验:酸性$KMnO_4$溶液。

当学生遇到了"检验$FeSO_4$是否变质"新的问题情境时,就可以直接将问题转为"Fe^{2+}存在下Fe^{3+}的检验"而加以解决。

模型是一种理想化的范式,而实际的问题情境存在着多样性。因此,在应用化学模型解决实际问题时,要分析问题的本质和侧重点,这样才能够做到灵活地应用模型而不被模型所束缚。

比如,在利用"综合实验装置模型"分析"2014·山东,31"的实验装置时,该套实验装置在"气体发生器"与"核心反应装置"之间不是除杂装置,而是便于观察与平衡SO_2流速的装置,具体分析见图3-27。

---

① 袁野:《高中生化学问题解决中建模能力的研究》,扬州大学2009年硕士学位论文。

② 李慧平:《数学思想方法在中学建模教学中的应用》,内蒙古师范大学2005年硕士学位论文。

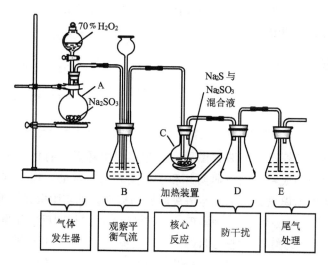

图 3-27　制取 $Na_2S_2O_3$ 装置分析

3.5.5　化学模型的整合与升华

把同类模型进行整合，以形成解决问题的模型系统，这样既能够巩固完善学生的知识结构，又能够提升学生解决问题的灵活性与准确度。不仅同类模型可以进行整合，不同类的模型也可以跨界进行整合，这样能够形成更加丰富、灵活的知识体系。

比如，将具有不同数目 α-H 的醇的催化氧化与消去反应以及卤代烃的消去反应进行系统整合，得出表 3-4。

表 3-4　醇的催化氧化、消去反应产物与卤代烃的消去反应产物

α-H 情况	实例	催化氧化产物	消去产物	实例	消去产物
3 个 α-H	CH_3OH	HCHO	不能发生消去	CH_3Br	不能发生消去
2 个 α-H	CH_3CH_2OH	CH_3CHO	$CH_2=CH_2$	CH_3CH_2Br	$CH_2=CH_2$
1 个 α-H	$CH_3CH(OH)CH_3$	CH_3COCH_3	$CH_3CH=CH_2$	$CH_3CHBrCH_3$	$CH_3CH=CH_2$
无 α-H	$(CH_3)_3COH$	不能发生催化氧化	$(CH_3)_2C=CH_2$	$(CH_3)_3CBr$	$(CH_3)_2C=CH_2$

当引导学生将化学模型进行整合后，学生就能逐渐地领悟与掌握模型的思想精髓，就能够凌驾和游刃于模型之上，而不再受模型形式上的"束缚"，使其分析问题与解决问题的方式能更加灵活和具有创新性。比如，当将醇的催化氧化与消去反应以及卤代烃的消去反应进行系统整合后，就会发现，醇的催化氧化的实质是"脱去羟基上的－H 与 α-H"，而醇与卤代烃发生消去反应的实质则是"脱去羟基（或-X）与 β-H"。

但如果在"案例1"中，一开始就告知醇的催化氧化实质，学生就会觉得比较抽象，在遇到具有不同数目 α-H 醇的催化氧化时，由于情况不尽相同，学生往往会比较迷茫，也不得要领。但当根据实例建构起 4 种不同数目 α-H 的醇的催化氧化产物后，学生就能

够类比模型迁移应用了。而最后将醇的催化氧化与消去反应以及卤代烃的消去反应进行系统整合后，学生便能彻悟了。

3.6 利用"核心目的"逆向突破化学综合性问题

化学高考题型中的综合实验装置图题、工艺流程图题以及有机合成推导题，是以实验探究、工艺流程与合成路线的科研实际和生产实践为蓝本的，通过创设问题情境，借以考查学生综合运用知识去分析问题与解决问题的能力。把实验探究、工艺流程与有机合成中的最终目的称为"核心目的"，为实现"核心目的"而进行的反应称为"核心反应"。由于问题情境是一个统一的整体，"核心目的"在问题情境中具有全局性和统领性地位，其他步骤与操作都应服从和服务于该"核心目的"。因此，以"核心目的"为导向，采用逆向分析方法分解"核心目的"，然后逐一突破，能够训练学生思维的整体性与敏捷性，有助于发展学生分析问题与解决问题的关键能力，从而能够有效地突破化学综合性问题。

3.6.1 逆向分析问题，正向解决问题

解决问题的前提是要对问题进行分析，分析问题的方式与水准直接决定了解决问题的效率与质量。分析问题的思维顺序通常有两种：一种是从条件出发导向问题的正向分析；另一种是从目标倒推条件的逆向分析。分析问题时，正向分析与逆向分析的比较见表3-5。

表3-5 正向分析与逆向分析的比较

内容	类别	
	正向分析	逆向分析
含义	按照事物发展的方向进行，从已知条件到待解决问题	根据结论追本溯源，从问题出发倒推找出解决问题的条件
优点	容易理解，可以按照步骤循序推进	指向性强，效率高
不足	思路台阶高，对经验要求较高，易受定势思维的影响	要求具备完善的知识结构和系统解决问题的方法，对逻辑推导能力要求较高
适用	单一、线性问题	综合、网状问题

以能力立意的化学综合性问题，具有综合性强与区分度明显的特点，采用逆向分析化学综合性问题则具有明显优势。因此，突破化学综合性问题，整体上以逆向分析为主，而对于一些子问题，则应辅以正向分析。正逆结合，相辅相成，才能够相得益彰。

根据化学综合性问题的"核心目的"进行逆向分析，倒推找出解决问题的思路，然

后再从已知条件入手,正向解决问题。利用"核心目的"逆向突破化学综合性问题,能够有效地发展学生的辨析、分析、论证与探究等关键能力。

3.6.2 常见综合性问题的分析思路

3.6.2.1 综合实验装置图题

(2018·全国卷Ⅰ,26) 醋酸亚铬 $[(CH_3COO)_2Cr·H_2O]$ 为砖红色晶体,难溶于冷水,易溶于酸,在气体分析中用作氧气吸收剂。一般制备方法是先在封闭体系中利用金属锌作还原剂,将三价铬还原为二价铬;二价铬再与醋酸钠溶液作用即可制得醋酸亚铬。实验装置见图3-28。

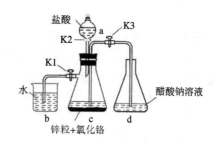

图3-28 制备醋酸亚铬的实验装置

该实验的"核心目的"是制备醋酸亚铬,"核心反应"为:$Cr^{2+} + 2CH_3COO^- + H_2O \Longrightarrow CH_3COO)_2Cr·H_2O$。问题情境中给出的是 $CrCl_3$,所以要用 Zn 还原为 Cr^{2+}。但此时 Cr^{2+} 与 CH_3COO^- 分置于不同容器中,一般情况下采用"液压法"将两种溶液进行混合反应,于是就自然想到利用 Zn 与 HCl 反应产生的 H_2,将 Cr^{2+}(aq) 压入放置 CH_3COO^-(aq) 的锥形器中。同时,因为"$(CH_3COO)_2Cr·H_2O$ 用作氧气吸收剂",所以无论是溶液还是环境都要求无氧,因此,实验中所用的蒸馏水要进行煮沸除氧处理,Zn 与 HCl 反应产生的 H_2 的另一个作用就是排除原装置中空气(O_2)的干扰。

3.6.2.2 工艺流程图题

(2018·全国卷Ⅱ,26) 我国是世界上最早制得和使用金属锌的国家,一种以闪锌矿(ZnS,含有 SiO_2 和少量 FeS、CdS、PbS 杂质)为原料制备金属锌的流程见图3-29。

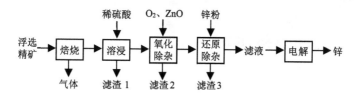

图3-29 制备金属锌的流程

相关金属离子 $[c_0(M^{n+})=0.1 \text{ mol/L}]$ 形成氢氧化物沉淀的 pH 范围见表3-6。

表3-6 金属离子形成氢氧化物沉淀的pH范围

金属离子	Fe^{3+}	Fe^{2+}	Zn^{2+}	Cd^{2+}
开始沉淀的pH	1.5	6.3	6.2	7.4
沉淀完全的pH	2.8	8.3	8.2	9.4

该工艺流程的"核心目的"是制备金属锌,"核心反应"为:$Zn^{2+} + 2e^- \Longrightarrow Zn$。为了从闪锌矿中得到 $ZnSO_4$ 溶液,首先需要将闪锌矿进行焙烧,以便提高闪锌矿在 H_2SO_4

溶液中的浸出率。在焙烧过程中的主要反应是：$2ZnS+3O_2 \xrightarrow{\text{焙烧}} 2ZnO+2SO_2$，同时还会发生 FeS、CdS、PbS 与 O_2 的副反应。在酸浸中产生 $PbSO_4$ 沉淀滤渣，溶液还含有 Zn^{2+}、Fe^{3+}、Fe^{2+}、Cd^{2+} 等金属离子。而要排除 Fe^{3+}、Fe^{2+}、Cd^{2+} 对 $ZnSO_4$ 电解液的干扰，则需要进行除杂。Fe^{2+} 沉淀完全的 pH 高于 Zn^{2+}，需要用 O_2 将其氧化为 Fe^{3+}，再用 ZnO 把溶液的 pH 调至：$2.8 \leqslant pH < 6.2$，以便让 Fe^{3+} 沉淀完全。最后再用 Zn 把 Cd^{2+} 置换除杂。在整个除杂过程中，为了不引入新的杂质，所以要采用 ZnO 调高 pH 以及用 Zn 置换出 Cd^{2+}。

3.6.2.3 有机合成推导题

(2019·江苏卷，17)化合物 F 是合成一种天然芪类化合物的重要中间体，其合成路线如下：

已知：

(R 表示烃基，R′和 R″表示烃基或氢)

写出以 ![structure] 和 $CH_3CH_2CH_2OH$ 为原料制备 ![structure] 的合成路线流程图。

该题合成路线的"核心目的"是制备 ![structure] ，"核心反应"为：

主题3 模型匹配是认识化学并与之交流的思维模式

$$\text{o-CH}_3\text{-C}_6\text{H}_4\text{-CH}_2\text{MgCl} \xrightarrow[\text{②}H_3O^+]{\text{①}CH_3CH_2CHO} \text{o-CH}_3\text{-C}_6\text{H}_4\text{-CH}_2\text{CH(OH)CH}_2\text{CH}_3$$

由 $CH_3CH_2CH_2OH$ 制取 CH_3CH_2CHO，只需要进行催化氧化即可，即

$$2CH_3CH_2CH_2OH + O_2 \xrightarrow[\triangle]{Ag/Cu} 2CH_3CH_2CHO + 2H_2O$$。而由 o-CH₃-C₆H₄-CH₂MgCl 倒推

o-CH₃-C₆H₄-COOCH₃ 的逆向分析过程为：

o-CH₃-C₆H₄-COOCH₃ ← o-CH₃-C₆H₄-CH₂OH ← o-CH₃-C₆H₄-CH₂Cl ← o-CH₃-C₆H₄-CH₂MgCl

这样就可以利用"已知"信息与"化合物 F 合成路线"信息顺畅地完成制备

o-CH₃-C₆H₄-CH₂CH(OH)CH₂CH₃ 的合成路线了。

3.6.3 教学策略

3.6.3.1 建构完善的化学必备知识体系

建构完整的化学用语与概念、物质结构与性质、反应变化与规律、物质转化与应用、实验原理与方法等化学必备知识体系，是分析问题与解决问题的基础与前提条件。解决问题的实质是方案的选择，只有方案多样并且系统，才能够灵活地匹配问题情境。

比如，如何保护物质不被空气中 O_2 氧化的方案：

①采用油膜把物质与 O_2 隔绝。比如在探究铁生锈的条件时，采用植物油把放入水中的铁钉与 O_2 隔绝。

②充入保护气。比如向装置中通入 N_2，以排净装置中的空气，或者利用自身产生的 H_2 进行保护。

③加入强还原剂。比如肉类食品包装袋中放入铁粉进行保护，易被氧化的溶液中加入维生素 C 或焦性没食子酸进行保护。

④利用反应间接进行保护。比如 $FeSO_4$ 溶液加入铁粉进行保护，$2Fe^{3+} + Fe = 3Fe^{2+}$。

……

3.6.3.2 理解与辨析问题的本质

解决化学综合性问题，往往会涉及一些关键性问题。关键性问题是解决综合性问题的抓手与突破口，而突破关键性问题的前提条件是要理解与辨析问题的本质。

比如，$RMgCl \xrightarrow[2)H_3O^+]{1)R'-\underset{\underset{}{\|}}{\overset{O}{C}}-R''} R-\underset{\underset{R'}{|}}{\overset{\overset{OH}{|}}{C}}-R''$，该反应的历程为：

$RMgCl + R'-\underset{\|}{\overset{O}{C}}-R'' \longrightarrow R-\underset{\underset{R'}{|}}{\overset{\overset{OMgCl}{|}}{C}}-R'' \xrightarrow{HOH} R-\underset{\underset{R'}{|}}{\overset{\overset{OH}{|}}{C}}-R'' + HOMgCl$ 。[①]

再比如，调高 pH 的本质是反应掉 H^+，降低 $c(H^+)$，同时不能引入杂质，所以调高 $ZnSO_4$ 溶液的 pH 可以采用加入 Zn、ZnO、$Zn(OH)_2$ 或 $ZnCO_3$ 等方法。

3.6.3.3 引导学生设计探究方案

培养学生逆向倒推解决问题的能力，并不能仅仅通过简单的综合性练习，而是需要经过系统的训练才得以提升。因此，在平时的化学教学中，要采用问题导向式去建构知识与训练思维，这样有助于培养学生的探究能力与创新思维，有利于发展学生分析问题与解决问题的关键能力。

化学综合性问题是由若干个子问题集结在一起，子问题的解决水平直接决定综合性问题的解决质量。引导学生设计方案解决问题的过程，实质上就是整合知识和方法的过程。在逐一并多次对知识与方法进行重组后，就能够建立起问题与方法之间的快速对应联系；在建立起若干个子问题的解决方案后，就为综合性问题的逆向突破创造良好的条件。

3.6.3.4 引导学生论证与评价方案

解决问题的方案通常会有多种，但就某一个特定的情境来说，方案又往往是有前提条件的，这就需要通过分析问题情境来对方案进行论证、评估与选择。因此，论证与评价能力是分析问题与解决问题的一个重要因素，也反映出对问题的整体理解水平。

比如，设计简单的实验方案证明 CH_3COOH 是弱酸。判断 CH_3COOH 是弱酸的思考角度通常有三个方面。

（1）弱酸的本质，即不能完全电离。

①测定一定浓度的 CH_3COOH 溶液的 pH。

②与同浓度的盐酸相比较，导电性弱。

③与同浓度的盐酸相比较，和锌反应慢。

（2）弱酸存在电离平衡，条件改变，平衡移动

①一定 pH 的 CH_3COOH 溶液每稀释 10 倍，pH 增加不足 1 个单位。

---

① 东北师范大学、华南师范大学等合编：《有机化学（第二版）》上册，高等教育出版社 1986 年版，第 340－341 页。

②等 pH 等体积的 CH_3COOH 溶液、盐酸分别与过量的锌反应，CH_3COOH 生成 H_2 的量多。

(3) 弱酸对应的盐能够水解

用酚酞试液或 pH 试纸测 CH_3COONa 溶液，溶液显碱性。[①]

分析比较各种实验方案，从实验操作的便捷度来看，实验方案"(1)①""(3)"明显比较简单。

---

① 王朝银：《步步高　高考总复习　化学》，黑龙江教育出版社 2019 年版，第 173 页。

主题4　习题是师生的着力点和交流平台

题目既是教师"教"和学生"学"的落脚点和交互点,也是检测"教"与"学"质量的工具。化学试题的研究能力是化学教师专业技能的重要内容,反映了教师对教材、课标的理解和驾驭能力,也影响教学效果的针对性和实效性。试题研究能力的提升可以具体落脚在题目的命制、题组的选编以及试卷的编制等方面。

选编题组和命制试题是化学教师日常教学工作的内容,掌握编制题组和试卷的方法和技巧,能够提升训练和测试的针对性。选编题组和命制试题是化学教师的一项专业技能,题组和试题的质量直接反映了教师的知识水准、专业功底、价值取向以及评价素养等。

卜算子·题目

吾思巧设局,
君思破解谜。
日日操练盼君悟,
心系同一处。

解惑几时休?
释疑何时已?
愿君静思通吾术,
慧眼识迷雾。

主题 4　习题是师生的着力点和交流平台

4.1　利用题组训练提升化学关键性技能

一些学生在解决化学问题时总会在一些关键地方"卡壳"或"短路"，因为这些关键环节而导致无法解决问题或解决问题出现偏差。而要突破关键环节，除了要理解解决问题的基本方法，题组训练是提升解决关键环节问题能力的有效途径。化学题组的针对性练习不仅能够提升化学关键性技能，而且还能够提高解决问题的效率，从而提升解决问题的综合能力。

4.1.1　关键性技能的含义与提升方法

技能即执行任务与解决问题的能力。在分析和解决化学问题时，除了必备的基础知识和基本技能之外，还存在解决问题的关键步骤、方法和技巧，这些技能称为关键性技能。关键性技能是解决问题的关键，往往也是解决问题的突破口。

技能的提升，单靠理解是不够的，还需要系统训练，关键性技能亦是如此。当然，在理解的基础上再进行训练，能够事半功倍。

4.1.2　题组的功能特点

练习是教师"教"和学生"学"的落脚点和交互点。学生层次不同，教师对教材的理解和处理方式也存在着差异，如果一味地采用相同的练习资料，训练的针对性就会打上折扣。而选编符合学生和教师自身特点的题组，能够有效地提升训练的实效性。

题组训练就是指围绕某一知识点或训练目标，精选一组有针对性的题目，将知识、方法和技能融入其中，让学生在练习的过程中感受到题组的规律性，发现和总结解题的方法和技巧，从而提升解决此类问题的技能。①

4.1.2.1　系统性

题组可以通过变换问题中的条件或结论、转换问题的内容或形式，可以从不同角度和不同方法思考并解决同一类问题。拉网式的题组训练，可以扫清某一类问题的知识盲区和矫正认知误区，有助于建构的知识从点到线乃至面上的延伸。

4.1.2.2　递变性

对于化学重点和难点知识，仅靠讲解或单一设问，不足以引导学生深入思考。而通过创设多层次、多角度的问题题组，由浅入深，形成阶梯式"问题组"，有助于启迪学生深度思考。学生解决一个个问题的过程，也是理解、内化和巩固知识的过程，更是建构

---

①　周鑫荣：《化学教学中题组训练和思维发展的整合》，载《化学教育》2009 年第 4 期，第 32 - 34 页。

逻辑知识结构的过程。

以双基题目为固着点，通过不断地提高题目的深度和难度，引导学生沿着台阶向上攀爬，利用不断摘到的"果子"同化更高层级的问题，从而循序渐进地提升技能。①

案例1：有关"氧化还原反应"的题组：
①是否为氧化还原反应的判断。
②氧化剂、还原剂、氧化产物、还原产物的判断。
③氧化还原反应方程式的配平。
④根据化合价的升降规律推断产物。
⑤缺项型氧化性还原反应方程式的书写。
⑥离子型氧化还原反应方程式的书写。
⑦氧化还原反应中电子转移的计算。
....

4.1.2.3 针对性

针对重点、难点和高频错点，利用题组进行"轮番上阵"的练习，通过从不同角度、思路和方法分析和解决问题，能够有效地矫治认知偏差，提升解决问题的技能。

相对于选择题来说，非选择题的信度更高，更有利于检测并矫治学生的认知偏差。

4.1.3 题组的选编来源与编制方式

题组的选编往往依据教师的经验阅历、当前学生的学情和阶段性教学要求等，根据主干知识、高频错点、预期目标等精选题目，按照训练关键性技能的类别进行整理、组合，再遵循一定的逻辑关系编制为题组。

4.1.3.1 题组的选编来源

（1）学生的最近发展区

根据教学内容的预期目标，分析学生的难点在哪、产生问题的根源是什么、理解重难点知识的关键点在哪、需要搭建哪些思维阶梯，然后根据这些问题精选题目编制成题组。因为找准了学生的最近发展区，这样编制的题组就具有了针对性，能够有效地突破重难点和矫治认知偏差。

（2）作业练习中的高频错题

把班级学生作业练习中暴露的高频错点进行归类，也可以参考往届学生的高频错点，分析典型错误的根源在哪，梳理与之紧密相关的知识要点和方法技巧，编制与之对应的变式题组，以便进行检测、矫治和强化。

（3）综合性题目的分拆

分析解决综合性问题的关键点是什么、需要何种关键性技能，并将与此关键性技能有关的同类问题进行收集、整合，以编制成题组。

---

① 刘海涛：《初中数学教学递进式变式题组应用的实证研究》，载《教育导刊》2015年第8期，第74-77页。

案例 2："电极反应式的书写"题组：

①[2020·全国卷Ⅱ，28(3)]CH_4 和 CO_2 都是比较稳定的分子，科学家利用电化学装置实现两种分子的耦合转化，其原理见图 4-1。

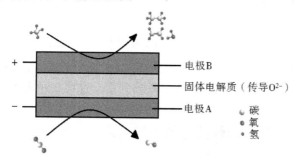

图 4-1　CH_4 和 CO_2 的耦合转化装置

阴极上的反应式为_____。

②[2019·江苏卷，20(2)]电解法转化 CO_2 可实现 CO_2 资源化利用。电解 CO_2 制 HCOOH 的原理示意图见图 4-2。

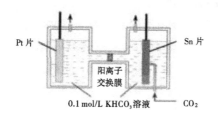

图 4-2　电解 CO_2 制备 HCOOH 装置

写出阴极 CO_2 还原为 $HCOO^-$ 的电极反应式_____。

③[2018·全国卷Ⅰ，27(3)]制备 $Na_2S_2O_5$ 也可采用三室膜电解技术，装置见图 4-3。

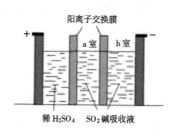

图 4-3　制备 $Na_2S_2O_5$ 装置

其中 SO_2 碱吸收液中含有 $NaHSO_3$ 和 Na_2SO_3。阳极的电极反应式为_____。

④[2018·江苏卷，20(2)]用稀硝酸吸收 NO_x，得到 HNO_3 和 HNO_2 的混合溶液，电解该混合溶液可获得较浓的硝酸。写出电解时阳极的电极反应式_____。

⑤[2018·全国卷Ⅱ，26(4)]电解硫酸锌溶液制备单质锌时，阴极的电极反应式为_____。

4.1.3.2 题组的编制方式

根据题组内题目之间的相互关系,题组的编制有三种常见方式:

①并列式:题组内题目之间是平行并列的,也是拼盘式的,这是题组编制的主要方式,如"案例 2"。

②递进式:题组内题目之间是递进的,既可以是知识内容之间的逻辑递进,也可以是难度之间的递进,如"案例 1"。

③复合式:题组内题目之间既存在平行并列关系,也存在一定的逻辑递进关联。

4.1.4 常见的化学关键性技能及突破要点

根据知识内容的类别和掌握方法的差异,可将化学关键性技能分为八种常见类型。

4.1.4.1 概念理解技能

化学概念尤其是核心概念,是中学化学的基石。学生对化学概念的准确理解直接决定化学知识结构和知识体系的有机建构。

理解概念要从概念的外延(即适用范围)和内涵(即关键特征)进行辨析。比如,弱电解质的外延是电解质,内涵是部分电离。按照概念的外延和内涵选编题组,对"形似神不似"或"形不似而神似"的表述进行辨析理解,就能够使学生厘清概念的准确含义,从而掌握理解概念的关键性技能。

4.1.4.2 操作分析技能

实验既是学习化学的内容,也是探究化学的工具。在实验探究的过程中,必然要涉及实验的操作与分析,掌握化学实验操作的分析技能,能够提升学生解决化学实验问题的能力。

无论是化学实验操作,还是实验结果的分析,都要依据一定的实验原理。只有结合同一实验原理,通过变换不同内容和形式进行训练,学生才能够掌握实验操作与结果分析的关键性技能。

比如,滴定终点的判断方法,描述的是通过滴定管滴加溶液后,锥形瓶内溶液的前后变化情况,标准的叙述为"滴加最后一滴,溶液由某色变成某色,且半分钟内不褪色(或不恢复)"。所以,当向草酸溶液中滴加酸性 $KMnO_4$ 溶液时的终点描述为:滴加最后一滴 $KMnO_4$ 溶液,锥形瓶中无色溶液变成紫色,且半分钟内不褪色;而当向酸性 $KMnO_4$ 溶液滴加草酸溶液时的终点描述为:滴加最后一滴草酸溶液,锥形瓶内溶液紫色褪去,且半分钟内不恢复。

再如,俯视或仰视对实验结果的分析,首先要明确俯视或仰视的观察点是容器的刻度线;其次,俯视或仰视的视线与凹液面相切,这样就可以根据容器刻度线的特点(容量瓶只有一条刻度线、滴定管刻度上小下大、量筒与烧杯下小上大)判断液体体积的多或少;最后根据实验目的和计算公式直接得出结论。

4.1.4.3 规则书写技能

方程式、电极反应式、电子式、结构简式、同分异构体等化学用语,是分析和解决化学问题的工具,掌握这些常见化学用语的书写技能,能够提高解决问题的效率和质量。

书写化学用语,要理解书写规则和掌握书写步骤。比如,方程式的书写,首先要理解"方程即等式"的含义,即要求原子相等、电子转移守恒或电荷守恒等;然后按照书写步骤逐项进行。

案例3:电极反应式的书写

以 CH_4 燃料电池在碱性环境中的负极电极反应式书写为例:

①根据信息及电极种类写出得失电子的情况与产物。

$CH_4 - e^- \longrightarrow CO_3^{2-}$

②利用化合价升降与得失电子数目相等标出得失电子数目。

$CH_4 - 8e^- \longrightarrow CO_3^{2-}$

③根据电荷守恒与环境条件,在方程式两边补充相应数目。

$CH_4 - 8e^- + 10OH^- \longrightarrow CO_3^{2-}$

④根据原子守恒配平方程式,如补充相应数目的 H_2O 等。

$CH_4 - 8e^- + 10OH^- = CO_3^{2-} + 7H_2O$

4.1.4.4 原理应用技能

利用化学原理解决具体问题时,要引导学生理解解决方法的原理依据。只有深度理解了原理依据,才能够达到以点带面、触类旁通之效。

比如,利用方程式的有关计算,就是利用物质之间存在着的定量关系,从而得出物质之间的质量、物质的量、体积、粒子数等成正比例关系。因此,利用已知量就可以求出未知量,通过列出对应物质的质量、物质的量、体积或粒子数等的比例式,遵循"先下后上,上下一致"的原则即可得出计算结果。

4.1.4.5 模型分析技能

利用模型分析实验综合装置、工艺流程图以及有机合成路线图等化学综合性问题,有助于解读和整合题目信息,厘清流程环节的作用,找准解决问题的突破口。

比如,核心元素价态变化的工艺流程图的分析模型:①以核心元素的组成变化为明线,分析所加物质的作用;②以核心元素的价态变化为暗线,判断所加物质的氧化(还原)性。这样通过明线和暗线交织分析,就能够厘清工艺流程图中每一个步骤、环节的作用。

4.1.4.6 信息获取技能

信息获取技能涵盖信息搜索和信息整合能力。利用题目给出的新信息去解决情境问题,需要将新信息与问题情境进行匹配。信息匹配有正向匹配和逆向匹配两种方式。由于正向匹配所需的时间和经验成本较高,而逆向匹配比较直观、简捷;因此,信息的获取以逆向匹配为宜。

根据解决问题的具体方案，逆向分析解决情境问题所需的条件、数据等信息，然后在题目中进行有目的的搜索，并与已知信息进行整合，最后再与解决问题的方案进行匹配，从而快速地解决问题。利用倒推法逆向获取信息，很容易理顺所需信息之间的关系，特别是对于数据比较"庞杂"的综合性计算尤显简捷。

4.1.4.7 情境转化技能

情境转化就是将新的问题情境进行处理，转化为已知的认知模式，利用已有的知识结构去同化并顺应新的问题情境，这样就能够提升解读和处理新情境问题的能力。

案例4：[2021·全国卷Ⅱ，6] 已知相同温度下，$K_{sp}(BaSO_4) < K_{sp}(BaCO_3)$。某温度下，饱和溶液中$-\lg[c(SO_4^{2-})]$、$-\lg[c(CO_3^{2-})]$、与$-\lg[c(Ba^{2+})]$的关系见图4-4。

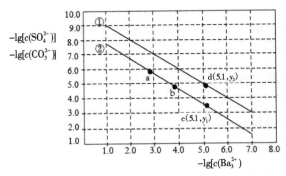

图4-4 $-\lg[c(Ba^{2+})]$与$-\lg[c(SO_4^{2-})]$、$-\lg[c(CO_3^{2-})]$的关系

下列说法正确的是：

A. 曲线①代表$BaCO_3$的沉淀溶解曲线

B. 该温度下$BaSO_4$的$K_{sp}(BaSO_4)$值为1.0×10^{-10}

C. 加适量$BaCl_2$固体可使溶液由a点变到b点

D. 当$c(Ba^{2+}) = 10^{-5.1}$时两溶液中$\dfrac{c(SO_4^{2-})}{c(CO_3^{2-})} = 10^{y_2 - y_1}$

以$BaSO_4$为例进行分析，$BaSO_4$为难溶电解质，存在溶解平衡，在其饱和溶液中：
$c(Ba^{2+}) \times c(SO_4^{2-}) = K_{sp}(BaSO_4)$

$c(Ba^{2+})$与$c(SO_4^{2-})$为反比例函数，图像为在平面坐标内第一象限的曲线（双曲线的一部分）。

将$c(Ba^{2+}) \times c(SO_4^{2-}) = K_{sp}(BaSO_4)$两边取对数，得出：
$\lg[c(Ba^{2+})] + \lg[c(SO_4^{2-})] = \lg[K_{sp}(BaSO_4)]$
$\{-\lg[c(Ba^{2+})]\} + \{-\lg[c(SO_4^{2-})]\} = -\lg[K_{sp}(BaSO_4)]$

这样就相当于：$x + y = k$，图像为一次函数直线，即如题中所示图像。

在把陌生的情境信息转化为已知的化学认知后，学生就很容易解决问题。

4.1.4.8 逻辑推理技能

逻辑推理能力是分析问题和解决问题的必备技能，也是化学思维品质的集中体现。

两个事件之间存在一定的相关性，如果能够推断出它们之间存在着因果关系，那么，

"相关性"就变成了"因果关系"。[①] 在分析和解决化学综合性问题时,要进行由因至果或由果溯因的分析和排查,找出前后之间的因果关联,从"相关性"确定为"因果关系"。

相关案例见主题1"1.3.5 概念的应用"。

4.1.5 题组训练的实施方法

学生化学关键性技能的提升是一个循序渐进的过程,通过建立不同类别、不同难度和不同题型的题组库,把课内与课外、分散与集中相结合进行练习,并指导学生学会练习题组化,以实现题组训练对化学关键性技能的有效提升。

4.1.5.1 **课内与课外合理搭配**

根据学生的基础和阶段性教学要求,选择适宜的题组进行针对性训练,既不能过于基础,否则难以达到训练目的;也不宜盲目拔高,否则学生会产生畏难情绪。

一般来说,基础性题组可以在课堂上直接使用,便于及时矫正学生的认知偏差;而对于应用型题组,则宜放在课后,因为学生需要理解、消化和思索的时间,有了时间保障,才能够更好地完成。

4.1.5.2 **分散与集中相结合**

对于能力型题目,学生的出错率通常会比较高。教师要细心统计能力型题目中的高频错点,然后归类、分析错误原因,并精选同类问题编制成题组,以便进行专项突破。

对于平时作业中的能力型题目,学生要多琢磨、勤消化,只有平时分散解决了难点,然后再集中训练才会有效果。因此,教师不要寄希望于学生通过一次题组集训就能够对能力型题目全面掌握。

4.1.5.3 **建立题组库**

学生的基础能力和认知水平大致相同,出错的地方也大多一致,高频错题也常常具有一定的稳定性。因此,建立高频错题题库,通过不断的调整与更新,可以提高选编题组的质量。

在使用题组后,教师要对题组的答对率进行统计,对于题组中过易或过难的题目进行删减、更换或者改编,以提升题组训练的针对性和实效性。

编制系列、高质量的题组是一项系统工程,需要备课组教师通力合作,通过不断进行增减和完善,才能够建立一整套实用可行的题组库。

4.1.5.4 **指导学生学会练习题组化**

每名学生的认知水平和理解能力不同,解决问题的方式也存在一定的差异,教师不可能把每位学生的所有问题都编制为题组加以训练。教师编制的题组是针对班级同学的普遍性问题。而对于学生的个性化需求,则要引导学生学会归纳、反思、总结自己的知识盲区和认知缺陷,指导学生学会自行选择同一知识点的题目或同一类型的题目进行练习,通过练习题组化,实现关键性技能和综合能力的提升。

---

① 周忆堂:《生物高考试题中的因果推理及分析》,载《理科考试研究》2019年第1期,第61-63页。

4.2 潜修化学专业素养 提升试题命制质量

试题是由若干题目编制在一起用于检测与评价学业成绩的工具，通常既指单个题目，也指整份试卷。命制试题包含命制题目和编制试卷两个方面。试题命制的质量直接决定着检测与评价的信度和效度。

命制一份高质量的单元、期中、期末或中、高考模拟试题，是化学教师的一项专业技能。命制的试题能够反映命题者的知识水准、专业功底、价值取向和评价素养等。因此，化学教师要潜修专业素养，掌握命制题目和编制试卷的方法和技巧，借以提升化学试题的质量和水平。

4.2.1 命制试题对教师专业发展的影响

专业功底是命制试题的前提与基础，命制试题对专业成长具有促进作用，两者相互依存，互为发展。

4.2.1.1 有助于提升评价能力

评价能力是教师专业功底的表现，能够反映教师的专业素养。化学教师根据考试性质命制试题，无论是题目的改编与原创，还是试卷的编制，都要依据一定的专业标准进行筛选、比对与重组，都要根据价值取向和评判水准进行取舍与架构。

命制试题会让教师变得比较"挑剔"。化学题目浩如烟海，但符合测试要求的题目并非俯拾皆是，尤其是"心仪"的题目更是凤毛麟角。教师在题目的比对和组合过程中，要不断以高专业标准进行审视、斟酌和取舍，这样在客观上才能提升专业评判能力。教师专业评价能力的提升，又能够回馈教学实践。由于审美能力和价值标准的提升，对于教学设计、课件制作和作业题目的设计等都会有更高的要求。

4.2.1.2 有利于吃透"两头"

试题连接着教学内容和学生，是"教"与"学"的交汇点。无论是命制题目还是编制试卷，教师都要深入研究教学内容、课程标准和学生学情，站在教学的终端来审视教材内容和教学对象，从而吃透"两头"（即教材和学生）。

命制化学试题，教师要全面系统地掌握化学教学内容，正确地理解课程标准，通晓测试对学生知识和能力的具体要求。教师命制题目和编制试卷的过程，既是研究教材和学生的过程，也是契合教学内容和学生学情的过程。

4.2.1.3 有利于精准教学

随着教师命制试题的开展和深入，教师对知识点的理解会更加深刻，对知识结构和知识体系的把握更加全面，对考查形式也更加熟悉，这样在教学实践中就更能够切中学生的最近发展区，引导学生有目的地学，从而实施精准教学。

命制试题还包括试题的修订环节,即根据测试中学生的得分情况和答题情况进行修改试题。命题教师可以根据反馈信息,发现学生存在的问题,反思回归平时教学,针对问题及时调整和矫治,以提升课堂教学的实效性。

4.2.2 命制题目的途径与要点

题目是编制试卷的结构单位,题目的质量直接决定了试卷的优劣。无论是改编题目还是原创题目,都要契合课程标准和考试说明。虽然改编的题目吻合原有的评价要求,但测试性质不同,课程标准的要求也在发展变化,因此,改编和原创的题目都要对照课程标准和考试说明重新审定。

4.2.2.1 改编题目

对原有题目进行改编,通过创新题目增加提升考查的针对性。改编题目的方法,既可以保留原有题干素材,改编设问内容;也可以引入新的素材情境,微调设问内容;还可以将不同题目的设问内容置于同一题干之下。根据考查要求,可以灵活重组题干信息和设问内容。当然,还可以将主观题和客观题进行转换,或者对综合性题目进行删减等。

对于学生作业中出错率较高的典型题目,可以通过改编后作为单元或学段测试使用,这样一方面可以检查学生是否真正理解掌握,同时,也能督促学生重视平时作业,引导学生注重错题回顾。

案例1:【原题】[化学必修第二册(2019年人教版)第18页T6(3)] 使用浓硝酸进行实验:反应剧烈进行,铜丝逐渐变细,溶液变绿,试管上方出现红棕色。②某同学推测反应后溶液呈绿色的原因是 NO_2 在溶液中达到饱和,NO_2 的饱和溶液呈黄色,硝酸铜溶液呈蓝色,两者混合后呈绿色。他取少量该绿色溶液,向其中加入适量水后溶液变为蓝色,可能的原因是_____(用化学方程式表示)。

【改编题目】铜丝和浓硝酸反应剧烈,铜丝逐渐变细,溶液变绿。同学甲推测反应后溶液呈绿色的原因是 NO_2 在溶液中达到饱和,NO_2 的饱和溶液呈黄色,硝酸铜溶液呈蓝色,两者混合后呈绿色。于是同学甲分别设计了两组实验:_____;_____以验证推测正确。

(参考答案:①向 NO_2 的饱和溶液中滴加硝酸铜溶液,溶液变为蓝色;②向硝酸铜溶液中通入足量 NO_2 气体,溶液变为蓝色;③取少量该绿色溶液,向其中加入适量水后溶液变为蓝色;④取少量该绿色溶液,通入足量 O_2,溶液变为蓝色。)

4.2.2.2 原创题目

原创题目一般包括确定测量目标、寻找素材、创设刺激情境、设置问题、拟定参考答案、初定评分标准等六个环节。[①] 原创题目各要素的相互关系见图4-5。

---

① 徐宏武:《例谈初中科学原创试题的编制过程与修改策略》,载《中学物理教学参考》2019年第10期,第40-44页。

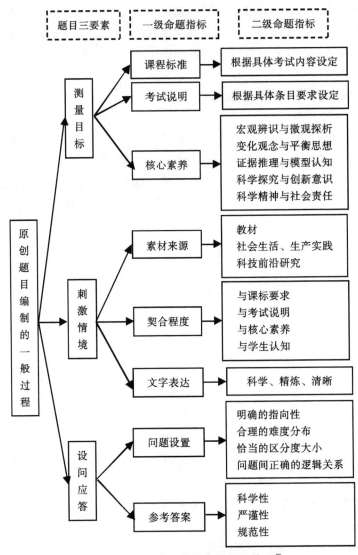

图 4-5　原创题目各要素的相互关系①

(1) 情境素材的真实性

素材中信息的真实性是选择素材的必要条件。素材的真实性可以拉近学习内容与实践活动的距离，降低解读和获取信息的难度，有利于考查学生的应用迁移能力。②

情境素材的选择优先从教材中挖掘，可以从重点文本的素材入手，在难点处探究，疑点处设问；还可以从社会生活、生产实践以及科技前沿等选择素材，找到与中学教材

---

① 徐宏武：《例谈初中科学原创试题的编制过程与修改策略》，载《中学物理教学参考》2019 年第 10 期，第 40-44 页。

② 陈延俊：《命制化学实验探究原创试题的实践与思考》，载《化学教学》2015 年第 1 期，第 77-79 页。

内容的关联点进行编制,这样命制的题目既具有新颖性和时代感,又容易增加学生的新奇感。

(2) 考查内容的专业性

化学题目承载着检测、评价和导向功能,因此,命制题目要凸显学科思想和专业素养。化学题目在设置问题时,不能仅简单地考查学生解答问题的技能,还要融入对学科素养和思维品质的考查,设问内容要与化学核心素养的 5 个维度(宏观辨识与微观探析、变化观念与平衡思想、证据推理与模型认识、科学探究与创新意识、科学精神与社会责任)进行个别或部分匹配。比如,化学计算就不能设置为考查学生的纯数学计算技能,而要考查化学含义和化学分析过程,彰显出"化学"的学科属性。

(3) 设置问题的层次性

原创题目在设计问题时要兼顾学生层次的差异性,设置问题的难度要有所区别,呈现出一定的梯度。好的题目是学生与化学的一次对话和交流,具有层次感的题目,能够让大多数学生"进门"。只有"进门",学生才能够有机会在解决问题时获得成就感,也才能够增强学习化学的信心。[①]

基于题目的素材情境,要对主干和核心知识进行设问,避免过偏、过难和过细的考查。在设计问题时,要考虑题目的逻辑自恰程度,既不能相互提示,也不能互为矛盾。同时,问题的设置还要规避连锁反应,不能因为一个问题不会而导致其他问题无法解答。另外,选择题的题干与选项之间要和谐统一,选项与选项之间既要相关又要独立。[②]

(4) 参考答案的严谨性

站在学科知识体系和学生的角度去拟定题目的答案,以保障参考答案的科学性、严谨性和规范性。如果是开放性题目,要列出参考答案的多种可能,如"案例 1"。

主观性题目的分值设定要合理,既要与问题的难易程度相匹配,也要与试卷的内容权重布局相吻合。

4.2.3 编制试卷的流程

编制试卷的流程为:明确考试性质—建立评价标准—制定双向细目表—精选题目—组卷—做题修改。其中,考试性质是编制试卷的起点,评价标准是编制试卷的依据,双向细目表是组卷的直接参照,精选题目和组卷是编制试卷的主体,做题修改则是对试卷的进一步完善。

4.2.3.1 明确考试性质

考试的类别与水平不同,测试的功能不同,题目的考查点和难易程度也不同。即使是同一教学内容,在单元、期中和期末等不同教学阶段,测试的要求也不尽相同。

---

① 陈延俊:《命制化学实验探究原创试题的实践与思考》,载《化学教学》2015 年第 1 期,第 77 - 79 页。

② 申燕:《高考化学模拟试题选择题的命制》,载《中学化学教学参考》2019 年第 12 期,第 55 - 58 页。

比如，单元测试主要是检测学生"学"的情况，试题要基础，且要体现一定的导向功能。期中、期末考试既要考查基础知识，又要检测能力水平，以检测和评价学段、学期"学"和"教"的质量。而中、高考则是选拔性考试，命制中、高考试题及其模拟卷，以强调试题的区分度为主。

4.2.3.2 建立评价标准

化学课程标准是国家对学生提出的应该具备的化学素质的基本要求，面向全体学生，是命制各级、各类化学试题的基本标准，也是针对"一标多本"制定考试说明的依据。

根据课程标准所刻画的学业质量水平，对化学核心素养的四个水平进行具体化，建立明确、具体和可测的评价内容，力求检测学生能够达到相应的水平等级。评价标准既是学生具体的学业成就目标，也是学生学习"好"的程度，与具体的"内容要求"相匹配。①

4.2.3.3 制定双向细目表

仅凭经验和感觉进行选题和组卷，往往会顾此失彼，难以全面、客观。双向细目表是考查内容、题型、分值占比和预期难度等要素之间的关联表，是联系测试题目和评价目标的桥梁，也是规范编制试卷的基础和保证。②

案例2：化学必修第二册（2019年人教版）期中考试试题（75分钟）双向细目表（见表4-1）

表4-1 化学必修第二册期中考试试题（75分钟）双向细目

章节	内容要求	学业质量水平	预期占比	题号	题型	分值	预期难度	单元占比
5.1	通过分析硫的原子结构，推断硫元素可能的化学性质并进行证实，理解物质的微观结构与宏观性质之间的关系	1—1 1—2		T5	单选题	3	0.67	58%
	了解二氧化硫的物理性质和化学性质，能说出二氧化硫的主要用途	1—1	20%	T1、T3	单选题	4.5	0.65	
	能通过二氧化硫与水、与氧气反应的学习，初步建立可逆反应的概念	2—1		T4	单选题	3	0.75	

---

① 沈南山、杨豫晖、宋乃庆：《数学学业成就评价测查试题编制研究》，载《教育研究》2009年第9期，第57-63页。
② 陈益：《新课程背景下高中化学试题命制原则初探》，载《化学教育》2008年第4期，第6-8页。

续表 4-1

章节	内容要求	学业质量水平	预期占比	题号	题型	分值	预期难度	单元占比
5.1	了解硫酸的酸性和浓硫酸的特性，能设计实验检验硫酸根离子	1-3	20%	T17(1)(2)	填空题	5	0.71	58%
	知道含不同价态硫元素的物质可以相互转化，并能设计实验进行探究或验证，增强对氧化还原反应的认识	3-3 1-1		T11	单选题	3	0.85	
	能说出含硫物质进入大气的主要途径，知道二氧化硫进入大气能形成酸雨危害环境，增强环保意识，培养社会责任感	1-4		T3	单选题	1.5	0.88	
5.2	通过分析氮的原子结构，推断含氮物质可能的化学特性，理解结构与性质的关系	1-1	20%	T10	单选题	3	0.69	58%
	了解一氧化氮与氧气反应、二氧化氮与水反应等性质	1-2		T20(1)	填空题	4	0.83	
	了解氨与水、酸或氧气的反应，知道氨的催化氧化反应是工业上制取硝酸的基础，知道铵盐是重要的氮肥	1-1 2-4		T20(2)	填空题	4	0.71	
	了解氨的实验室制法，知道铵盐的检验方法	1-3		T7	单选题	3	0.67	
	了解硝酸的主要性质——不稳定性和强氧化性，知道硝酸是重要的化工原料	1-2		T20(3)(4)	计算题	8	0.46	
	了解酸雨的概念，知道酸雨形成的主要原因是二氧化硫和二氧化氮进入大气，知道酸雨会严重危害环境，树立环保意识和社会责任感	1-4 2-4		—				

续表 4-1

章节	内容要求	学业质量水平	预期占比	题号	题型	分值	预期难度	单元占比
5.3	了解陶瓷、玻璃、水泥等传统硅酸盐材料的生产原料、性能和主要用途,知道普通玻璃的主要成分,感受传统硅酸盐材料在城乡建设中发挥的重要作用	2—4 3—4	6.7%	T2	单选题	1.5	0.91	58%
	了解晶体硅、二氧化硅、新型陶瓷、碳纳米材料的性能和用途,感受新型无机非金属材料的奇特性能及其在高科技领域所发挥的重要作用	1—2 2—4		T2、T6	单选题	4.5	0.93	
5.4	掌握溶解、沉淀、过滤、蒸发、结晶等实验操作方法,学会除去可溶性固体中杂质的方法	1—3	6.7%	T16	单选题	3	0.84	58%
5.5	掌握不同价态含硫物质的转化	1—2	6.7%	T17(3)(4)	实验题	7	0.59	
6.1	了解化学反应中的能量变化,知道常见的吸热反应和放热反应,树立物质变化中伴随能量变化的观念	2—2	13%	T14	单选题	3	0.84	42%
	能从反应物与生成物所具有的能量、化学键的断裂与形成两个角度理解化学变化的主要原因,提升证据推理能力	2—2		T12	单选题	3	0.83	
	了解人类对化学反应中能量的利用情况,了解节能的意义和方法,感受化学学科的社会价值,培养科学态度与社会责任	3—4		—	—	—	—	
	知道原电池装置和原理,体会化学能到电能的直接转化,提高模型认知能力,学习科学探究方法	3—2		T13、T19(3)(4)	单选题和实验题	9	0.61	

续表 4-1

章节	内容要求	学业质量水平	预期占比	题号	题型	分值	预期难度	单元占比
6.2	知道化学反应速率的概念及其影响因素，学会"变量控制"的科学方法，增强证据推理的意识	3—2 4—2	13%	T8、T18(1)	单选题和填空题	6	0.58	42%
	体会可逆反应的存在限度，理解化学平衡状态的特征，发展"变化观念与平衡思想"的学科核心素养	3—2		T9	单选题	3	0.71	
	能从化学反应限度和快慢的角度解释生产、生活中简单的化学现象。体会从限度和快慢两个方面去认识和调控化学反应的重要性，认识控制反应条件在生产和科学研究中的作用	3—3 3—4		T18(3)	填空题	3	0.66	
	能从微观角度理解浓度和压强对速率的影响，发展宏观辨识与微观探析的化学学科核心素养	2—2		T18(4)	填空题	3	0.60	
实验活动6	体验化学能直接转化成电能的过程，认识形成原电池的条件	3—2	6.7%	T19(1)(2)	填空题	6	0.77	
实验活动7	体验反应物的浓度、温度和催化剂对化学反应速率的影响，理解改变反应条件可以调控化学反应的速率	3—3	6.7%	T15、T18(2)	单选题和填空题	6	0.72	

注：学业质量水平代码含义详见《普通高中化学课程标准》(2017年版、2020年修订)第64—67页。

(1) 确定考查内容的占比

化学内容的知识点较多，一份化学试卷不可能也没有必要面面俱到，选择哪个知识点进行考查、该考查内容的分值占比是多少，这些是制定双向细目表首先要解决的问题。一般根据测试性质、主干知识和内容权重来审定。对于单元、学段和学期测试来说，根据章节内容的教学课时来决定分值占比,是一种行之有效的方法,因为教学课时的多少大致反映了该知识内容的权重。

表4-2　化学必修第二册期中考试的教学内容课时及比例

章节内容		课时	比例	单元占比
第五章　化工生产中的重要非金属元素	§5-1　硫及其化合物	3	20%	60.1%
	§5-2　氮及其化合物	3	20%	
	§5-3　无机非金属材料	1	6.7%	
	实验活动4	1	6.7%	
	实验活动5	1	6.7%	
第六章　化学反应与能量	§6-1　化学反应与能量变化	2	13%	39.4%
	§6-2　化学反应的速率与限度	2	13%	
	实验活动6	1	6.7%	
	实验活动7	1	6.7%	

(2) 合理规划题型与题量

一般情况下,根据考试性质和测试时间来确定试题的题型和题量,试卷的长度以60%的学生能够在规定时间内完成为宜。如果是学业水平测试,选择题的比例较大,以中等及偏易题目为主;而如果是模块质量检测,则以中等及偏难题目为宜。

(3) 控制好信度、效度与区分度

为了增加化学试卷的信度和效度,首先,要合理地采用选择题、填空题、推断题以及实验题等不同题型;其次,选择题和非选择题的比例要合理;最后,还要控制试卷的总体难度,易、中、难题目的比例要恰当。

区分度与试题的难度直接相关,题目过难或过易都会导致区分度降低,见表4-3。

表4-3　区分度与难度的对应关系①

区分度	0.00	0.20	0.60	1.00	0.60	0.20	0.00
难度	1.00	0.90	0.70	0.50	0.30	0.10	0.00

试题难度适中,才具有良好的区分度,过难或过易的试题均无法区分学生学业成绩的优劣,测试的信度也就无从谈起,也无法达到测试的预期目的,当然也降低了测试的效度。②

4.2.3.4　精选题目

根据双向细目表选题,既可以直接"拿来"他人的题目,也可以使用自己改编或原

---

① 吴礼昌:《对提高学业评价试题编制质量的思考》,载《教育学术月刊》2009年第6期,第61-63页。
② 吴礼昌:《对提高学业评价试题编制质量的思考》,载《教育学术月刊》2009年第6期,第61-63页。

创的题目。利用双向细目表选题,教师能在客观上保障了题目的全面与客观,减少了人为主观因素的偏差。

题型不同,精选的标准和尺度也不同。以选择题为例,对于在同一个主题背景下的拼盘式题目,教师要选择覆盖考点和学生易错点的题目,以期达到全方位、多角度对不同层次学生的甄别功能。

教师对照双向细目表选题时,不一定每个"内容要求"都要覆盖,只要大致吻合"预期占比"即可。

4.2.3.5 组卷

把精选的题目组成试卷,犹如军事战争中的摆兵布阵。组卷时题目要排布有序,题目之间要存在一定的逻辑联系,以体现"摆兵布阵"的艺术性。教师对试题的知识点、能力分布以及难易程度要做到心中有数,避免出现知识点重复、能力考查集中、试卷过难或过易等现象。[①]

组卷时,还要考虑题目的难易梯度,把基础性题目编在前面,能力型题目置后,让不同层次的学生答题时均有一定的成就感。当然,也可以把个别较难的题目放置在前面,以考验学生的心理素质和应变能力。

4.2.3.6 做题修改

在试卷编制初步完成后,命题教师应安排其他教师限时做题。教师以学生身份限时答题,才能够发现试题是否符合学生的学情、是否符合课程标准的要求、是否遵循由易到难的梯度、题量是否合理、[②] 参考答案是否严谨等。最后,命题教师根据暴露的问题进行删改修订,以确保试卷的零出错率和质量。

如果是大型考试,还需要对试题进行抽样实验,以确保试卷的可靠性和有效性。

4.2.4 试题的测试、反馈与修订

试卷只有经过测试检验后,才能证明其测量功能的高下优劣。试卷的难度系数有多大、区分度是多少、是否有效检测了学生的实际学习情况、学生的答题情况暴露了哪些问题、试题讲评时要注意哪些重点环节,这些都是教师修订完善试卷需要考虑的问题。[③]

针对使用后暴露的问题,教师要对试卷再次精雕细琢,让修订后的试题表述简练、情境描述与设问契合、各题之间的逻辑关系清楚、能力立意明显、参考答案精准、评分标准合理、试题的信度和效度进一步增强。

[①] 吴礼昌:《对提高学业评价试题编制质量的思考》,载《教育学术月刊》2009年第6期,第61-63页。

[②] 赵群筠:《教师试题研究和编制素养的提升:问题、要点与策略》,载《当代教育科学》2013年第12期,第54-57页。

[③] 陈月艳:《编制综合性试题提高复习有效性》,载《生物学通报》2014年第6期,第37-43页。

4.3 化学习题讲评课的教学策略[①]

教师的"教"和学生的"学"都离不开习题。习题既是检测"教"与"学"的工具，也是师生交流的平台。化学章节和单元习题讲评课是教师对学生所做练习进行解析和评价的一种课型。

4.3.1 习题讲评课的功能

4.3.1.1 促使教师优化知识结构和调整教学策略

习题完成的质量既检测了学生"学得如何"，也折射出教师"教得怎样"。教师对课本知识的理解深度往往决定了教学的高度。一般来讲，教师的知识结构和教学策略通常会决定学生的认知结构。由于不同教师对同一知识点的理解和处理方式不同，课堂教学的侧重点也会不同，这样学生在不同教师的引导下所建构的认知结构就会存在一定的差异，表现在同班学生在练习中暴露的问题相同成分较多，而不同班级之间则存在着一定的差异。因此，通过习题检测班级学生所暴露的共同问题，教师本人要及时回归分析到课堂教学、修补和完善自身的知识结构和教学策略、通过习题讲评课及时弥补和改进课堂教学的不足。

4.3.1.2 重组和完善学生的认知结构

习题讲评课是以学生暴露的问题为教学切入点，教师结合学生存在的问题，通过巩固基础知识、弥补知识缺陷和点拨解题思路，以实现知识的重组和优化。

新授课往往以知识的逻辑建构为线索，注重知识的有序生成。而习题讲评课则是以解决问题为中心，通过内引外联，将解决问题的相关知识进行整合，以重组和优化学生的认知结构。这样通过纵向和横向的双重建构，既协助学生完善了认知结构，又提升了学生应用知识的能力。

4.3.1.3 协助学生建构解决问题的程式

新授课通常注重陈述性知识的建构，而往往忽视了能力方法的培养。如果在讲评习题时仅仅针对问题中的概念、原理进行反复强调和讲解，并不能有效地发展学生的解题能力。另外，习题讲评课也不能简单强化一些典型题目的具体解法，因为典型题目只具有类比价值，当题目情境变化时，学生往往会望题兴叹。因此，习题讲评课的核心任务是培养学生解决问题的技能和策略，以典型题目为载体，通过概括提炼典型题目的解题思路来建构程序性知识，以协助学生形成分析、判断和推理的系统解题能力。

[①] 吴庆生：《化学习题讲评课的教学策略》，载《中学化学教学参考》2013年第11期，第25 - 27页。

4.3.2 讲评课前的准备

4.3.2.1 教师做题

学生使用的练习资料，一般都配备了参考答案，一些老师就产生了依赖，忽视了独立做题的环节。事实上，教师只有做了题，才能深度领会习题的知识要点、命题意图、难度水平和能力要求，才会站在学生的角度换位思考，预测学生可能出现的问题和错误。教师在讲解习题时结合学生事实暴露的问题和错误，有针对性地进行解析，才能切中学生的最近发展区。

4.3.2.2 统计并分析学生的答题情况

教师在批阅习题作业时，要统计各个小题的大致错误率（可通过抽样进行统计），以确定要讲评的题目。一般来讲，错误率在30%～70%之间的题目要重点讲评，因为这类题目属于阶梯性题目，具有知识建构价值和能力提升功能。对于错误率低于30%的题目只需要点明"题眼"即可；而对于错误率高于70%的"难题"，则要在课后针对班级少数学生进行拔高辅导。[①]

为防止学生答题时以追求标准答案为唯一目标，养成收敛式思维的习惯，教师在一些开放题目中，记录学生的不同解答情况，在讲评时给予肯定表扬，以激励学生的发散性思维和创新能力。

4.3.2.3 把同类问题进行归类

由于章节和单元知识内容相对较少，在习题中通常会出现一些同类的题目。教师把学生在习题中暴露的问题进行归类，以形成问题题组，归类时既可按知识点归类，也可按错误类型归类，亦可按思路方法归类。教师把同类问题整合在一起，按照问题类别的逻辑顺序进行讲评。问题题组策略既有利于学生在不同情境中审辨出问题的实质，为建构解决同类问题的程式做铺垫；也有利于完善并巩固学生的认知结构。

案例1：甲烷型分子的空间构型

①关于 CCl_2F_2（商品名为氟利昂-12）的叙述正确的是（　　）。

　A. 有两种同分异构体　　　　B. 是平面型分子

　C. 只有一种结构　　　　　　D. 是空间四面体分子

②有一种 AB_2C_2 型分子，该分子以 A 为中心原子，下列有关它的分子构型和同分异构体的各种说法中正确的是（　　）。

　A. 假如为平面四边形，则有两种同分异构体

　B. 假如为平面四边形，则无同分异构体

　C. 假如为四面体，则有两种同分异构体

　D. 假如为四面体，则无同分异构体

上述两个题目可归为一类，其实质是考查以 CH_4 为原型的分子空间构型。

---

① 王换荣、陈德坤、李新宇等：《"改-议-评-验"分段式化学试卷讲评课教学结构初探》，载《中小学教学研究》2012年第10期，第63-65页。

4.3.2.4 让学生自主矫正认知误区

由于课堂讲评习题的时间有限和学生的消化能力存在差异，让学生在习题讲评前对照参考答案进行自我矫正，是引导学生自主学习和培养元认知能力的有效途径。

学生自我矫正的过程，也是深入研读课本并加深对知识理解的过程。学生对照参考答案矫正错题时，会引发"观念冲突"和"自我否定"，原有的、错误的"认知平衡"会被打破，新的、正确的"认知平衡"会逐渐生成。① 同时，这种自主矫正方式也能让慢智型学生得到充分的思考时间和空间，更有利于课前自我矫正和课堂讲评互补优化。

习题讲评课不能因为面面俱到而蜻蜓点水，而要重点解决学生自主矫正不能解决的问题，如纠正知识和技能上的通病和典型错误、建构解题的程式与典型思路以及问题的变式练习等。

4.3.3 课堂讲评习题

教师讲评习题时不能就错论错、就题论题，而应站在更高的视角来审视习题，把题目中涉及的基础知识和基本技能向广度和深度延伸、拓展，尽可能地构建知识间的广泛联系，从"点"出发，把"面"呈现给学生，达到"做一题、学一法、会一类、通一片"的效果。

4.3.3.1 以课本实例为原点进行类比拓展

一般来说，习题"源于课本，又高于课本"，题目的根在于课本，课本通常是学生思维的依据。在知识建构的初期，以课本的实例为原点，采用类比的方法去解决同类问题是学生通用的思维模式。因此，教师在讲评习题时，首先要引导学生回归课本，找出相关知识点在课本中的出处；通过回忆、联想将相关知识进行系统梳理，形成知识网络，达到"做一题、温一章"的目的。学生在多次依据典型实例进行类比迁移后，在客观上能深化对课本知识的理解深度和提升应用知识的熟练程度。

比如，教师在讲评"案例1"的习题时，首先引导学生回顾 CH_4 的空间构型，并借助球棍模型，展示当甲烷的两个 $-H$ 被 $-Cl$ 取代后，形成 $C_2H_2Cl_2$ 时，分子的立体构型不变。但从不同视角观察其 H 原子和 Cl 原子的空间分布，则有两种平面投射图：

$$\begin{array}{c} Cl \\ | \\ H-C-Cl \\ | \\ H \end{array} \qquad \begin{array}{c} Cl \\ | \\ H-C-H \\ | \\ Cl \end{array}$$

对于 AB_2C_2 型分子，如果是四面体结构，则无同分异构体；如果是平面结构，则有两种同分异构体。

再比如，依据 Cu－Zn 原电池类比解决原电池问题；依据电解 $CuCl_2$ 溶液类比解决电解池问题等。

---

① 杨晓丽、宗汉：《对高三化学试卷讲评课有效性的反思与实践》，载《化学教学》2012年第5期，第58-61页。

4.3.3.2 搭建思维路径

教师在处理有思维跨度的问题时,不能采用跳跃式思维,让学生一步到位,而要遵循学生的认知规律,通过搭建思维路径,让学生借助一个个阶梯来逐步解决问题。

案例2:甲烷碱性燃料电池负极电极反应式的书写

该燃料电池负极电极反应式的书写需要搭建两个阶梯:①甲烷的燃烧产物CO_2会继续与OH^-反应;②先写总反应式和正极反应式,然后利用"总反应式=正极反应式+负极反应式"得出负极反应式。

4.3.3.3 建构解决问题的程式

习题讲评课旨在通过解决一个具体问题,达到解决一类问题的目的。当协助学生解决了具体问题后,教师应适时引导学生总结概括该类问题的特征和解题步骤,从而提炼出解决此类问题的程式。建构程序性知识是习题讲评课的首要教学任务,也是目前习题讲评课的盲区。

由"案例2"可概括提炼出燃料电池电极反应式的书写程式:先写出燃料电池总反应式,接着书写正反应物O_2在不同介质中的电极反应式,最后利用"总反应式-正反应式"得出负极反应式。

学生的情况不同,建构程序性知识的策略也不尽相同。为使学生能够自主建构解决问题的程序性知识,教师还要引导学生掌握概括提炼程序性知识的方法,指导学生在平时练习中,自我主动分析、概括解题过程,以建构适合自身特点的技能和策略。

4.3.3.4 跟进变式练习

当教师引导学生建构了解决问题的程式后,要适时跟进变式练习,这样学生既能在应用中理解和巩固程式,又便于掌握程式的适用情境。

变式练习就是保持问题的本质特征不变,而适当改变非本质特征,以排除无关特征的干扰。变式练习的初期,问题的情境要尽量与原先学习情境相类似,随着知识的掌握逐渐稳固,适时变换问题情境,使程序性知识往纵向迁移。①

"案例1"变式练习:

研究发现 $H_2N{-}\underset{\underset{NH_2}{|}}{\overset{\overset{Cl}{|}}{Pt}}{-}Cl$ 具有抗癌作用,而 $H_2N{-}\underset{\underset{Cl}{|}}{\overset{\overset{Cl}{|}}{Pt}}{-}NH_2$ 没有抗癌作用。下列有关叙述正确的是( )。

A. 两者互为同分异构体,都是以Pt原子为中心的四面体结构
B. 两者互为同分异构体,都是以Pt原子为中心的平面结构
C. 两者为同一物质,都是以Pt原子为中心的四面体结构
D. 两者为同一物质,都是以Pt原子为中心的平面结构

"案例2"变式练习:

①书写CH_3CH_2OH碱性燃料电池的电极反应式。

---

① 杨心德:《变式练习与程序性知识的学习》,载《上海教育科研》2004年第9期,第44-45页。

②书写 CH_4 酸性燃料电池的电极反应式。

③一种燃料电池,一极通入空气,另一极通入 C_4H_{10},电解质是掺杂 Y_2O_3 的 ZrO_2 晶体,在熔融状态下能传导 O^{2-}。书写其电极反应式。

④负极通入 CO 气体,正极通入空气与 CO_2 的混合气,在 650 ℃ 时 Li_2CO_3 和 Na_2CO_3 的熔融混合物作为电解质溶液。书写其电极反应式。

4.3.4 学生整理要点,教师渗透强化

习题讲评课针对的是班级学生存在的普遍性问题,其引导学生建构的是普适性的技能和策略。而具体到每名学生来说,则要在课后根据自己的实际情况整理课堂笔记,提炼整理适用于自己的方法和要点,这样既为了及时总结讲评课的学习成果,也为了以后复习巩固之用。

习题讲评课只是及时弥补和矫正了学生的认知结构,而学生对知识的消化和内化还需要一段时间。因此,教师要带着学生的这些问题,在后续的教学中适时地进行渗透和强化。

主题5　反思与创新是驱动教学能力提升的引擎

在教学实践过程中，总会有一些不足或未尽如人意之处，教师可以通过查阅文献或结合个人的感悟，对原有的知识处理方式或教学组织形式进行改进创新。改进创新是为了实现教学策略的最优化，而能否达到此目的，还需要教学实践进行检验。

教师基于原创设计方案和实践感受，通过自我反思，便能发现并记录教学中的不足之处或存在的缺憾。当接触到新观点或新方法时，教师就会敏锐地捕捉到其亮点与价值，然后通过吸收、内化和移植，让原有的设计和实践变得完善和精致。

在经过一轮教学循环之后，教师对专业知识的理解会更加系统和深入，自身的教学理念和实操经验也会得到丰富与提升。当开展新一轮循环教学时，教师要对上一轮的设计方案和处理方法进行改进和创新，这样才能够实现专业技能的一次次迭代升级，从而促进专业素养的提升。

长相思·修炼

晨曦修，
假日修。
修到灯寒人影瘦，
期寄消解愁。

行悠悠，
新悠悠。
丹桂幽香志复囚，
孤影何时休？

5.1 化学微观表征的方法与教学策略[①]

化学三重表征，是指从宏观、微观和符号三种表征水平认识与理解化学知识，并建立三者间的相互联系。[②] 化学三重表征是认识化学物质和分析化学问题的思维方式，是化学学科的学科特征。学生的化学三重表征水平，既体现了学生的化学学科思维能力，也反映了其化学学科素养。

在建构化学知识时，师生往往会重视可观察到的宏观现象以及化学式、方程式等符号表征，而分子、原子、电子等微观粒子的变化规律却没有受到应有的重视。加上学生知识经验所限和空间想象能力的缺乏，其对微观世界的理解存在着大量的相异构想，致使他们理解问题表面化、片面化，表征问题不准确，三重表征相互脱离而不能自由转化。要解决因微观表征偏误而导致的相异构想问题，则要设计优化微观表征的教学方案和实施有效的建构策略。

5.1.1 微观表征的意义与方法

5.1.1.1 微观表征的意义

物质的性质体现在宏观变化上，微观理论是理解宏观性质与变化本质的依据，而化学符号则是从微观层次抽象、简明地表达了宏观物质及其变化规律。可见，微观表征既有助于分析与理解宏观现象，更有利于符号表征的提炼与符号含义的理解。因此，微观表征是联系宏观表征与符号表征的桥梁与纽带，是建构化学三重表征的关键。(见图5-1)

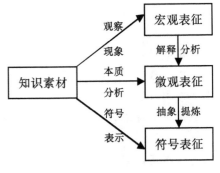

图5-1 微观表征的作用

只有按照"宏观表征→微观表征→符号表征"的认知顺序引导学生建构化学知识，才能够实现化学三重表征的有机建构。

5.1.1.2 微观表征的方法

（1）文本描述法

现行化学教科书中多是用文字来描述宏观现象的微观本质。比如，化学必修第一册（2019年人教版）第52页对"气体摩尔体积"的微观分析如下：

"对于气体来说，粒子之间的距离（一般指平均距离）远远大于粒子本身的直径，所以，当粒子数相同时，气体的体积主要决定于气体粒子之间的距离。而在相同的温度

[①] 吴庆生：《化学微观表征的方法与教学策略》，载《化学教育》2015年第15期，第41-44页。
[②] 邹正：《新课程高中教师手册·化学》，南京大学出版社2012年版，第410页。

和压强下,任何气体粒子之间的距离可以看成是相等的,因此,粒子数相同的任何气体都可以具有相同的体积。"

(2) 活动演绎法

用活动的方式将微观本质进行演绎,使抽象的化学问题形象化、直观化,能协助学生克服因想象能力不足而造成的理解偏差,并让学生在活动过程中体验到化学学习的乐趣。比如,用"交换舞伴"演绎复分解反应,用"手拉手"演绎加聚反应等。

案例1:用"聚散活动"演绎气体摩尔体积

①活动目的。

学生在理解气体摩尔体积中的关键因素(在一定温度和压强下,相同数量的气体分子占据相同的体积)时存在着理解障碍,因为学生容易将宏观现象中的"单个物体越大,物体堆积在一起所占据的体积也就越大"移植到微观分析中。所以,要化解学生的想象难点,就要让学生体验到"气体的体积与气体分子大小无关"的事实。

②活动步骤。

聚散活动见表5-1。

表5-1 聚散活动

步骤	学生活动	化学含义
1	四名偏小学生为一组,四名高大学生为一组	偏小学生代表小分子,高大学生代表大分子
2	两组学生分别同时聚集在四块相邻地板砖的中心,偏小一组占据的面积较小,而高大一组占据的面积较大	当固体或液态物质所含有的分子数相同时,由于分子之间的距离非常小,固体或液态物质的体积主要决定于分子的大小
3	两组学生同时由中心位置散开站在由四块地板砖构成正方形的四个顶点处,偏小一组和高大一组所占据的面积相当	对于气体来说,由于分子之间的距离远大于分子本身的直径,当分子数相同时,气体的体积也相同

③活动图示。

聚散活动见图5-2。

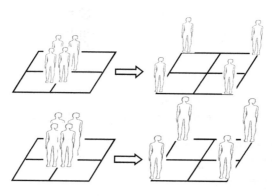

图5-2 聚散活动

(3) 微观表征图法

微观表征图是将宏观现象的局部进行可视化放大处理,用微观粒子的瞬间理想状态图片来剖析宏观现象的本质。

案例2:气体摩尔体积的微观表征图

首先展示在标准状况下,6.02×10^{23}个H_2分子和6.02×10^{23}个CO_2分子聚集在一起形成正方体的体积都是22.4 L的宏观事实。然后将正方体的局部进行放大,选取8个H_2分子和8个CO_2分子进行所占空间的对比分析,由于气体分子之间的距离远大于分子本身的直径,当8个H_2分子或8个CO_2分子在三维空间上构成正方体时,它们所占据的体积相同。(见图5-3)

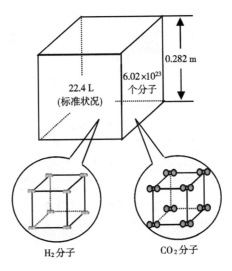

图5-3 气体摩尔体积的微观表征

由上述微观表征图可以抽象提炼出:在0 ℃和101 kPa的条件下,气体摩尔体积约为22.4 L/mol。

(4) 模型法

借助于原子模型、分子模型以及有机分子的球棍模型、空间填充模型等分析宏观现象的微观本质,从而建构微观粒子的结构特点与变化过程。

比如,为了分析乙烯使溴水褪色的原因,用乙烯与溴分子的球棍模型模拟加成反应,并抽象得出该反应的符号表征:

$$CH_2\!=\!CH_2 + Br_2 \longrightarrow CH_2BrCH_2Br。$$

(5) 动画演示法

用动画的形式演示微观粒子的变化过程,比如,演示氧化还原反应中电子转移(得失或偏移)、原电池和电解池中的电子得失情况以及电子流动方向等。

5.1.1.3 微观表征方法的比较

表5-2为微观表征方法的比较。

表 5-2 微观表征方法的比较

表征方法	优势	不足
文本描述法	描述准确、严谨	理解程度囿于经验与想象能力
游戏演绎法	学生印象深刻	演绎内容过于表象，演绎范围有限
微观表征图法	将宏观现象、符号表征统一在微观分析图上，发挥其桥梁作用	不能表现微观粒子的动态变化过程
模型法	形象、直观	模型的使用受实物条件和时间限制
动画法	凸显微观粒子的变化过程	不利于学生形成认知定格

通过比较发现，微观表征图使用便捷，不受时空所限，有利于将微观认知进行定格，更有利于三重表征的融合。当然，为了弥补微观表征图的静态缺陷，可以借用模型法、动画法等进行辅助完善，以实现最佳的微观表征效果。

5.1.2 微观表征图的设计原则

微观表征图为学生提供了可以观看微观世界的"眼睛"，使微观过程直观化、形象化。为了彰显微观表征图的教学功效，在设计微观表征图时，要服务于化学三重表征的教学目的，突出微观表征图的本质性、关键性与抽象性。

5.1.2.1 突出宏观现象的微观本质

微观表征图是为了从微观视角解释分析宏观现象，无论是为了协助学生建构化学概念，还是理解化学原理与理论，首先要选取典型物质作为分析载体，忽略影响宏观现象的次要因素，而将决定因素进行放大分析。

案例 3：离子反应

在引导学生建构"离子反应"概念时，应选取实验现象明显、分析直观的典型反应，这样才能够引导学生从具体案例直接提炼出抽象概念。比如，选取 $AgNO_3$ 溶液与 Na_2CrO_4 溶液反应作为建构"离子反应"的载体，$AgNO_3$ 溶液是无色的，Na_2CrO_4 溶液是黄色的，生成的 Ag_2CrO_4 是红色沉淀，现象明显。在分析时，忽略溶液浓度与溶液体积等次要因素，抓住该反应的本质是 Ag^+ 与 CrO_4^{2-} 结合为 Ag_2CrO_4 而发生了离子反应。

5.1.2.2 微观本质的关键点可视化

在引导学生对宏观现象进行微观分析时，将微观本质的关键点（通常也会是学生的想象难点）进行可视化，以协助学生建构微观认知。

比如"案例 3"中，虽然学生发现实验中出现了红色沉淀，但部分学生对于电离还没有完全理解，因此会对 Na^+ 与 NO_3^- 是否也结合成 $NaNO_3$ 心存疑虑。此时，要借助微观表征图可以轻松地化解学生的疑惑（见图 5-4）。

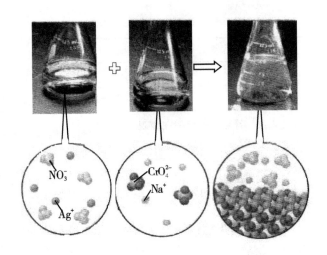

图 5-4　离子反应的微观表征

从图 5-4 中可以直观得出，溶液中的 Na^+ 与 NO_3^- 自始至终都游弋于溶液中，而 Ag^+ 与 CrO_4^{2-} 则发生了离子反应，生成了 Ag_2CrO_4 红色沉淀。

5.1.2.3 有利于符号表征的抽象提炼

微观表征图不仅有助于解释、分析宏观现象，同时，还肩负着抽象提炼符号表征的功能。在微观表征图中将微观粒子用符号进行标注，既方便对微观粒子的识别，也为符号表征做好铺垫。

比如，由图 5-4 可以抽象得出：

化学方程式：$2AgNO_3(aq) + Na_2CrO_4(aq) = Ag_2CrO_4(s) + 2NaNO_3(aq)$

离子方程式：$2Ag^+ + CrO_4^{2-} = Ag_2CrO_4\downarrow$

5.1.3　微观表征图在三重表征中的应用策略

宏观现象是认识微观表征的基础。教师首先要利用实验或事实引起学生的兴趣，在学生产生"为什么"时，引导学生进行微观想象分析，然后借助微观表征图协助学生建构微观本质，最后将微观分析抽象提炼为符号表征。

5.1.3.1　根据宏观现象进行微观分析

教师要运用实验启迪学生的思维，首先分析物质的微观构成，然后根据宏观现象分析微观粒子的变化规律。

案例 4：CH_3COOH 的电离

【设问】将 CH_3COOH 溶于水中得到 0.10 mol/L CH_3COOH 溶液，①溶液中将会有哪些微粒？②如果 CH_3COOH 完全电离，溶液中 $c(H^+)$ 是多少？溶液的 pH 该为多少？

【思考】学生思考、想象与交流。

【实验】25 ℃时，用 pH 计测 0.10 mol/L CH_3COOH 溶液的 pH 为 2.87。

【设问】pH 为 2.87 的 CH_3COOH 溶液中，$c(H^+)$ 是多少？说明了 CH_3COOH 电离

了多少？

【计算】0.10 mol/L CH₃COOH 溶液中 $c(H^+) \approx 1.34 \times 10^{-3}$，电离程度仅为 1.34%。

【设问】CH₃COOH 溶液中有哪些微粒？微粒之间相对量如何？微粒之间存在着怎样的关系？如何用化学符号表征这个过程？

【想象与交流】学生展开想象并进行交流。

5.1.3.2 利用微观表征图建构微观认知

（1）想象与交流

无论图像如何完美，都不能代表真实的情境，更不能凭借图像去扼杀、低估学生的想象力。想象是学习与探究化学的一个重要工具，也是丰富学生理解的重要途径。因此，教师在展示微观表征图之前要让学生进行充分的想象与交流，也可以让学生把自己的理解想象图画出来，再根据学生的理解进行点评。

（2）解读微观表征图

当学生的想象理解经过充分的展示与交流后，教师才能够适时地展示出"标准"的微观表征图，并引导学生解读微观表征图的含义。（见图 5-5）

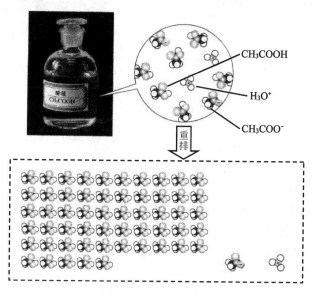

图 5-5 CH₃COOH 电离的微观表征

25 ℃时，在 0.10 mol/L CH₃COOH 溶液中，每 76 个 CH₃COOH 分子大约只有 1 个 CH₃COOH 分子电离形成 1 个 H₃O⁺ 和 1 个 CH₃COO⁻，还有 75 个 CH₃COOH 分子未电离。

（3）将微观表征图动态化与三维化

微观表征图是静态的、二维的，而微观粒子的真实情况是动态的、三维的，因此，可以依靠学生的想象力、教学模型或者动画方式让微观表征图"动"起来，这样建构的微观认知才能够客观、准确。

5.1.3.3 从微观表征图中抽象提炼符号表征

化学符号不仅是化学知识的组成部分，也是化学思维与交流的工具，是知识性与工具性的高度统一。[1] 从宏观表征与微观表征中抽象出符号的过程，也是对宏观现象和微观本质进行简明、形象的描述和反映的过程。[2]

比如，由图 5-5 可以抽象得出：

$$[CH_3COOH]\begin{cases} CH_3COOH(未电离) \\ \parallel \\ [CH_3COOH(aq)+H_2O(l) \Longrightarrow]CH_3COO^-(aq)+H_3O^+(aq) \\ (已电离) \end{cases}$$

说明 CH_3COOH 是弱电解质，仅发生了部分电离，在溶液中存在着电离平衡，即：$CH_3COOH(aq)+H_2O(l) \Longrightarrow CH_3COO^-(aq)+H_3O^+(aq)$。

电离方程式为：

$CH_3COOH \Longrightarrow CH_3COO^- + H^+$。

当然，学生只有真正地理解了符号表征的宏观意义和微观含义时，才能够自觉主动地内化与应用符号表征。比如，在书写有关 CH_3COOH 的离子方程式时，将 CH_3COOH 写成"代表着大多数"的分子形式，而不是写成只有极少数的 CH_3COO^- 与 H^+。

5.2 利用支架协助学生建构化学程序性知识[3]

5.2.1 支架的含义与功效

5.2.1.1 支架的提出

支架，原本指建筑行业中使用的"脚手架"。教学中的支架是指教师为学生的学习提供暂时性支持，以协助学生完成自己原本无法独立完成的任务。

化学程序性知识是指将化学概念和化学原理作为应用对象，是解决化学问题的操作步骤和过程，是用来解决"做什么"和"怎么做"的。[4] 如酯与碱反应方程式的书写、利用盖斯定律书写热化学方程式、平衡常数的计算以及有机合成推断题等。化学程序性知识涉及解决问题的规则和技能，对能力要求较高，是化学教学的重点和难点。而突破化

---

[1] 张丙香、毕华林：《化学三重表征的含义及其教学策略》，载《中国教育学刊》2013 年第 2 期，第 73-76 页。

[2] 黄婕：《化学学习中三重表征思维方式的培养策略》，载《山东教育》2006 年第 14 期，第 35-36 页。

[3] 吴庆生：《利用支架协助学生建构化学程序性知识》，载《化学教学》2014 年第 2 期，第 17-19 页；吴庆生：《利用支架协助学生建构化学程序性知识》，载《中学化学教与学》2014 年第 6 期，第 12-14 页。

[4] 杨玉平：《程序性知识的教学策略》，载《天津市教科院学报》2008 年第 4 期，第 93-94 页。

学程序性知识的学习难点，则是降低知识难度，通过搭建一个个支架，利用支架协助学生逐步获得解决问题的程式和策略。

5.2.1.2 支架式教学的原理

支架式教学法是以伍德提出的"支架理论"为基础，而"支架理论"则源自维果茨基的社会建构主义理论和他的最近发展区理论。① 化学教学是在学生已有的知识结构和能力水平的基础上进行逻辑建构的。学生的"当前发展区"和"潜在发展区"之间，需要教师协助才能够完成任务的区域称之为最近发展区。② 当学生凭借"已有的相关知识和技能"无法独立达到"教学目标"时，也就是存在学习困难时，需要教师提供支架，借助支架的梯子功能以突破学习难点。支架式教学的基本原理见图5-6。③

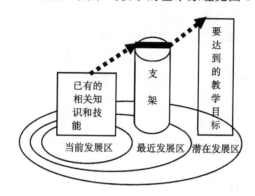

图5-6 支架式教学的原理

当然，"最近发展区"不是固定不变的，而是随着"当前发展区"和"潜在发展区"的相对推移呈螺旋式上升。④ 教师通过创设问题情境，使学生的活动始终维持在各自不同的"最近发展区"内，通过搭建一个个支架，协助学生建构知识，并促使学生的认知发展。

5.2.1.3 支架的应用效果

化学程序性知识是应用化学概念和原理来解决问题，而解决问题会涉及具体的步骤和过程。在解决问题的关键环节搭建支架，利用支架降低思维难度，从而建构以支架为框架的解决问题程式。

利用支架协助学生建构化学程序性知识，首先，可以降低知识难度，突破学习难点，从而便捷、高效地建构解决问题的策略；其次，利用支架，可以打通静态知识和动态问题之间的通道，促进学生对化学概念和化学原理的理解和应用，丰富化学知识的内涵与

---

① 吴和贵：《支架式教学：有效教学的生长点》，中山大学出版社2013年版，第10-19页。

② 孙卫国、韩晓红：《由"支架"理论审视教师角色的转变》，载《中学政治教学参考》2005年第2期，第18-19页。

③ 张炳林、宁攀：《支架式教学法及其在高中化学教学中的运用研究》，载《教育技术导刊》2007年第2期，第12-14页。

④ 孙卫国、韩晓红：《由"支架"理论审视教师角色的转变》，载《中学政治教学参考》2005年第2期，第18-19页。

外延；最后，利用支架能够把解决问题的相关知识整合在一起，有利于学生认知结构的优化和解决问题能力的提升。

5.2.2 支架式教学的一般思路

一般认为，支架式教学是由搭建"脚手架"、创设情境、协作学习、独立探索和效果评价五个基本要素组成的。[①] 笔者在化学程序性知识的教学实践过程中，根据化学程序性知识的建构特点，探索出四环节支架式教学思路。

5.2.2.1 找准最近发展区

通过班级课前测试、问卷调查、作业信息反馈、访谈、学生提出的问题等，了解学生的基础知识、基本技能、学习能力和解决问题的能力等，从而测知学生的"当前发展区"；再根据教学目标和知识技能的特点与内在联系，并结合学生的"当前发展区"，预测学生在学习环境优良、教学服务优质和努力程度最大化的条件下所能达到的最佳发展水平，即为学生在某方面的"潜在发展区"。学生的"当前发展区"和"潜在发展区"之间的最小差距所围成的区域，就是学生的最近发展区。学生的最近发展区通常表现为在解决某个问题时所暴露的思维障碍和诸多问题等。而教学支架则要搭建在绝大多数学生的"最近发展区"内。

案例1：酯与碱反应方程式的书写

学生在此前已经学习了酯化反应和羧酸的化学性质，能够识别出酯基和书写羧酸的中和反应。但要直接写出酯与碱的化学反应，跨度太大，会出现很多问题。以CH_3COOCH_3与NaOH反应为例，由于学生判断酯基断键的位置不同，会有CH_3COONa、CH_3OH和$HCOONa$、CH_3CH_2OH两种产物的情况出现。同时，学生往往会根据水解反应，在反应物中既加"H_2O"又加"NaOH"，致使方程式书写混乱。特别是当遇到有机分子中含有两个酯基或水解后有酚羟基时（如 ），学生往往会顾此失彼、漏洞百出。

5.2.2.2 精选支点搭建支架

通过分析教学目标，将目标进行分解，然后倒推分析学生已有的知识结构和能力水平，将支架的"支点"放在绝大多数学生都已掌握的基础知识和基本技能之上。然后通过精心挑选一个或多个支架，通过创设问题情境，把新、旧知识"联动"起来。

【"案例1"搭建支架】要让学生掌握酯与碱反应的特点，首先要利用学生已有的"酸脱羟基醇脱氢"形成酯的概念，引导学生准确地判断酯基的断键位置；然后指出酯的水解是酯化反应的逆反应，即"酸上羟基醇上氢"；最后水解后的羧酸继续与碱反应。即：

$$CH_3COOCH_3 + H_2O \rightleftharpoons CH_3COOH + CH_3OH$$
$$CH_3COOH + NaOH \longrightarrow CH_3COONa + CH_3OH$$
$$\Longrightarrow CH_3COOCH_3 + NaOH \longrightarrow CH_3COONa + CH_3OH$$

---

① 吴和贵：《支架式教学：有效教学的生长点》，中山大学出版社2013年版，第10-19页。

为此,酯与碱的反应可分解为三步,需要搭建三个支架:

支架 1:断键的位置

支点:"酸脱羟基醇脱氢"形成酯基。

所以,酯基($-\overset{\overset{\displaystyle O}{\|}}{C}-O-$)中的 C—O 键是断键的部位;

学生活动:

①写出生成 CH_3COOCH_3 的酯化反应。

②判断酯水解时的断键位置。

③拓展:判断 $HCOOCH_3$ 和 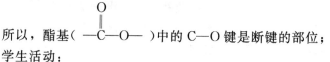 酯基的断键位置。

支架 2:水解断键后的产物

支点:酯的水解和酯化反应是可逆反应,所以酯的水解是"酸上羟基醇上氢"。

学生活动:

①写出 CH_3COOCH_3 与 H_2O 反应的方程式。

②CH_3COOCH_3 的水解反应有何特点?

(酸上羟基醇上氢)

③拓展:写出 $HCOOCH_3$ 和 ⌬—OOCCH₃ 的水解反应。

支架 3:水解产物继续与碱反应

支点:酯水解后生成的羧酸继续与碱发生中和反应,而醇则不与碱反应,但酚能与碱反应。

学生活动:

①写出 CH_3COOCH_3 的水解产物与 NaOH 反应的方程式。

②把 CH_3COOCH_3 的水解反应及水解后产物与 NaOH 的反应合并为总反应式。

③拓展:写出 $HCOOCH_3$ 和 ⌬—OOCCH₃ 的水解产物与 NaOH 反应的方程式;并与水解反应合并得出总反应式。

5.2.2.3 变式巩固

搭建好支架后,要通过变式练习,以审辨和巩固解决问题的程式。变式练习是建构程序性知识的关键环节。结合具体实例的变式练习,要具有"由例及类"的典型性,同时,变式呈现的易难顺序要与学生的认知顺序产生"共振"。

【"案例 1"的变式练习】

① $CH_3COOCH_2CH_3$ ② 苯—$COOCH_3$

③ 苯(—COOCH₃ / —OOCCH₃)   ④ $\begin{array}{l} COOCH_3 \\ | \\ COOCH_3 \end{array}$

通过练习,把不同类型的酯按照从易到难的顺序进行变式,能协助学生掌握酯类与碱反应的实质和规律。

在某一教学时段，只有经过一定量的变式练习并达到巩固、内化后，才能搭建更高的支架以建构更新的知识体系。否则，一味地进行拔高，建构的知识就会不稳固。

5.2.2.4 拆除支架

支架式教学减少了学生学习中的不确定性因素，使新、旧知识建立了联系，形成了解决问题的程式。但从教学的初衷来说，设置教学支架是为了最终撤去支架。当学生能够独立思考并能顺利解决问题时，教师就应及时撤出支架，否则就显得碍手碍脚、画蛇添足了。① 比如，当学生掌握了酯与碱反应的实质后，就不必要再借助于三个支架，直接写出酯与碱的总反应式即可。但此时学生心中仍要有支架，仍然要按照"先水解后中和"的思维模式，只不过此时的支架以简略、内隐的形式存在。

当然，随着学生知识和技能的不断丰富和拓展，必然会产生新问题、新疑惑，这时就需要搭建更新、更高的教学支架加以适应。因此，使用教学支架要与时俱进，运用支架的过程也是拆旧建新、不断提高的过程。②

5.2.3 支架式教学的实施要点

5.2.3.1 多途径找准最近发展区

学生的"当前发展区"比较容易测知，而"潜在发展区"由于受诸多因素的影响而难以预测；同时，学生的最近发展区又是动态的、隐性的。因此，找准最近发展区存在着一定难度。但通过最近发展区的问题具体化，将往届学生在建构某程序性知识的过程中所暴露的问题进行汇总、诊断，并结合当前学生的实际情况进行分析，能较准确地找出协助学生突破问题的关键。

首先，化学教师要将自己"降格"为学生层次，从学生的视角去思考和解决问题，这样比较容易找出学生可能存在的问题；其次，由于不同届的教学要求和学生基础具有一定的连续性和稳定性，往届学生存在的问题可以作为分析当前学生学情的参考和依据，因此可以利用科组教师的经验和智慧，实现资源共享；最后，由于每位教师的知识结构和教学风格存在差异，表现在所教班级学生暴露的问题往往具有一定的共性，因此教师个人要将本班学生在课堂互动、课后作业以及检测时暴露的问题进行收集与分类，以建立个性化的问题库，以便找准本班学生存在的问题。

5.2.3.2 灵活地搭建适宜的支架

支架式教学的核心是选准支架，适宜的支架能够让学生建构知识事半功倍。将目标任务分解为一个个学生能够胜任的小问题，在解决问题的关键环节，利用学生已有的知识和技能搭建支架，通过支架建立新旧知识之间的逻辑联系，这是建构化学程序性知识的常用方法。

当然，也可以将化学问题与日常生活常识进行类比，从已知的约定俗成的生活实践经验中获得类比支架，借以突破学生建构程序性知识的难点。

---

① 董军：《浅谈支架理论在生物教学上的应用》，载《学科教育》2012年第1期，第190页。
② 董军：《浅谈支架理论在生物教学上的应用》，载《学科教育》2012年第1期，第190页。

案例2：用沉淀法测定 NaCl 中 Na_2SO_4 的含量的实验步骤

实验步骤与洗衣服的流程进行类比见表5-3。

表5-3 沉淀法与洗衣服的流程类比

类比支架：洗衣服	测定 NaCl 中 Na_2SO_4 含量
把衣服放入水盆中	样品用蒸馏水在烧杯中溶解
添加洗衣粉	滴加沉淀剂 $BaCl_2$ 溶液
揉搓	用玻璃棒搅拌
把水倒掉	过滤
洗过的衣服再过2～3次水	洗涤沉淀2～3次
晾干	烘干
折叠、放置	称重、计算

5.2.3.3 引导学生回归，自行搭建支架

教学支架的选择既有其教学艺术性，更有其知识结构的基础性和关联性。化学支架本身既是化学学科知识的组成部分，也是知识相互联系的纽带，更是解决问题的桥梁。拆除教学支架一段时间后，学生在解决问题时通常又会出现这样或那样的问题，此时，要适时引导学生回顾、回归解决问题的建构过程，从素材支点出发自行搭建支架，以巩固和深化学生解决问题的方法和策略。

比如，原电池和电解池电极反应的判断依据：粒子的放电顺序⇔粒子得失电子的能力强弱⇔粒子的结构。学生经常回归"粒子的结构和得失电子的能力强弱"，能深入理解电化学的基础和实质。

5.3 在核心问题的探究中建构电化学知识

粒子的放电顺序、单液电池负极产生气泡以及双液电池的工作原理等属于电化学的核心内容，关乎电化学知识的理解和掌握，是电化学的核心问题。对这些核心问题的解决，既有助于有序、高效地建构电化学知识，也有助于提升学生综合分析问题的能力，更有利于培养学生的核心素养。

5.3.1 哪种粒子优先放电

电化学的理论基础是氧化还原反应，无论是原电池正负极的界定，还是原电池和电解池的电极产物，都会涉及金属单质或溶液中粒子的放电顺序，而放电顺序的判断就是粒子得失电子能力大小的比较。

"升失氧化还原剂、降得还原氧化剂",当两种或多种还原剂都具有失电子能力时,失电子能力强的还原剂优先失去电子;而当两种或多种氧化剂都具有得电子能力时,得电子能力强的氧化剂优先获得电子。

金属单质及阳离子的放电顺序可根据"金属活动性顺序表",引导学生直接推出,而阴离子的放电顺序,则需要借助实验进行探究。

案例1:哪种粒子优先放电

【设问】金属单质锌和铜具有何种得失电子能力?其相对强弱如何?

【回答】金属单质容易失电子,锌比铜更容易失去电子。

【设问】Zn^{2+}、H^+和Cu^{2+}具有何种得失电子能力?其相对强弱如何?

【分析】当金属单质失去电子形成金属阳离子后,就具备了得电子能力。或者根据"阳离子化合价具有降低倾向"的外观特征,判断阳离子具有得电子能力。得电子能力:$Cu^{2+} > H^+ > Zn^{2+}$。

【实验】把锌片和铜片插入盛有1.0 mol/L H_2SO_4溶液的烧杯中,用导线将两个电极连接起来形成单液电池,观察现象。

铜片和锌片都有气泡产生,锌片逐渐溶解。

【设问】锌片做何种电极,为什么?为什么铜片上会有气泡产生,是何种气体?

【分析】锌比铜失电子能力强,锌片比铜片优先失去电子做负极。一定数量的电子沿导线流向铜片。而溶液中H^+、Zn^{2+}、SO_4^{2-}和OH^-四种离子中只有H^+和Zn^{2+}具有得电子能力,其中H^+的得电子能力强于Zn^{2+},所以H^+优先获得电子产生H_2。

【设问】当用石墨电极电解$CuCl_2$溶液时,阴极产物是什么?为什么?

【分析】电源负极流出的电子通过导线流向阴极,而阳极将要有电子流向电源正极。$CuCl_2$溶液中有Cu^{2+}、Cl^-、H^+和OH^-四种离子,Cu^{2+}和H^+都具有得电子能力,由于Cu^{2+}得电子能力强而优先获得电子并在阴极上析出铜。

【设问】阳极的产物可能是什么?该如何进行检测?

【分析】Cl^-和OH^-都具有在阳极上失去电子的能力:

$2Cl^- - 2e^- =\!=\!= Cl_2 \uparrow$

用湿润的KI淀粉试纸检验Cl_2;

$4OH^- - 4e^- =\!=\!= 2H_2O + O_2 \uparrow$

检测阳极附近溶液的pH。

【实验】在U形管中注入$CuCl_2$溶液,插入两根石墨棒作电极,接通直流电源,将湿润的KI淀粉试纸放在阳极附近。

通电不久,阴极石墨棒上逐渐覆盖一层红色的铜,在阳极石墨棒上有气泡产生,气体能使湿润的KI淀粉试纸变成蓝色。

【结论】该实验说明了Cl^-的失电子能力强于OH^-。

【设问】如何设计实验比较OH^-与SO_4^{2-}的失电子能力?并说明检验方法。

【设计】电解$CuSO_4$溶液

阴极:$Cu^{2+} + 2e^- =\!=\!= Cu$

阳极:如果是OH^-失去电子,$4OH^- - 4e^- =\!=\!= 2H_2O + O_2 \uparrow$,阳极附近溶液的pH

会降低；如果 pH 没有变化，则是 SO_4^{2-} 失去电子。

溶液 pH 的变化可以用 pH 试纸进行检测。

【实验】在 U 形管中注入 1.0 mol/L $CuSO_4$ 溶液，插入两根石墨棒作电极，用 pH 试纸测阳极附近溶液的 pH，接通直流电源，2 min 后，再测阳极附近溶液的 pH。

阴极石墨棒上逐渐覆盖一层红色的铜，在阳极石墨棒上有气泡产生，阳极附近溶液的 pH 降低。

【结论】该实验说明了 OH^- 的失电子能力强于 SO_4^{2-}。

【小结】阴离子的放电顺序：$Cl^- > OH^- > SO_4^{2-}$。

5.3.2 铜锌单液电池中锌片端不产生气泡吗

化学必修 2（2007 年人教版）第 41 页对"实验 2-4"的分析为"锌容易失去电子，被氧化成 Zn^{2+} 进入溶液，电子由锌片通过导线流向铜片，溶液中 H^+ 从铜片获得电子被还原成氢原子，氢原子再结合成氢分子从铜片上逸出"。

这种分析，很容易诱导学生得出铜锌单液电池中"铜片产生气泡，而锌片没有气泡"的结论。化学选修 4（2007 年人教版）直接引入用盐桥相联的双液电池，仅在注释中说明"那种原电池效率不高，电流在较短时间内会衰减"。而事实上，铜锌单液电池中锌片上的气泡问题是改进单液电池为双液电池的关键问题，也是把必修模块中的"化学能与电能"与选修中的"电化学基础"融合在一起的桥梁。

案例 2：铜锌单液电池中锌片端不产生气泡吗？

【实验】把锌片和铜片直接插入盛有 1.0 mol/L H_2SO_4 溶液的烧杯中，观察现象。然后用导线把锌片和铜片连接起来，再观察现象。

导线连接前，锌片上产生气泡并逐渐溶解，铜片没有现象；连接后，铜片产生气泡，锌片上仍有气泡，锌片逐渐溶解。

【设问】铜片上为什么会产生 H_2 呢？

【分析】锌失去电子变成 Zn^{2+} 进入溶液，一定数量的电子沿导线由锌片流向铜片，H^+ 在铜片上获得电子而产生 H_2。

【追问】锌片上为什么仍会有 H_2 呢？

【解析】一方面，实验室使用的锌片通常是不纯的，锌、锌片中所含的铁、碳等杂质与 H_2SO_4 溶液构成了很多微型原电池。在反应过程中失去的电子根本不需要全部经过导线转移，而是直接被锌片周围的 H^+ 获得而产生 H_2。实验发现，锌片的纯度越低，锌片上的气泡就越多。①

另一方面，即使锌片很纯而没有形成微型原电池，锌片上也只是一部分电子通过导线流向铜片，锌片上仍有一定数量的电子。事实上，H^+ 的移动速率很快，在铜片和锌片上均能获得电子产生 H_2，只不过在锌片附近的 Zn^{2+} 浓度较高，对 H^+ 具有一定的排斥作

---

① 张少坤：《浅析影响铜锌原电池实验的因素》，载《人文与科学》2010 年第 5 期，第 134 页。

用，但 H^+ 仍然能够穿越 Zn^{2+} 层而在锌片上获得电子，虽然比不上在铜片上获得电子容易。这种理由是客观存在的，因为在用导线连接锌片和铜片之前，锌片附近虽然存在大量的 Zn^{2+}，但 H^+ 会毫无选择地穿越 Zn^{2+} 层而在锌片上获得电子产生 H_2。

【设问】试预测这种电池所产生电流的稳定性如何？

【分析】由于 H^+ 在铜片和锌片上都能获得电子产生 H_2，并且产生的气泡不均匀，所以产生的电流应该不稳定，并且内耗较大。

【实验】用导线把锌片和铜片连接起来插入盛有 1.0 mol/L H_2SO_4 溶液的烧杯中，用电流传感器采集该电池的电流，测得 25 min 时间内电流—时间图像。（见图 5-7）

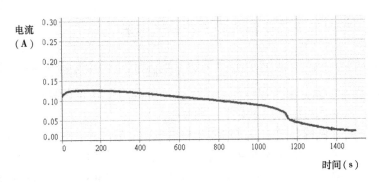

图 5-7　单液电池电流—时间图像

【结论】由图像可得，单液电池效率不高，电流不稳定并且在较短时间内会衰减。

【设问】如何设计实验获得稳定的电流呢？即如何防止 H^+ 在锌片上获得电子产生 H_2 呢？

【设计】分两个池，铜片放入 H_2SO_4 溶液中，锌片放进 $ZnSO_4$ 溶液中，但这样电路处于断路状态，用导线无法解决两个池子的通路问题，用什么材料能够将两个池子连通起来呢？

【介绍】盐桥：U 形管中装有饱和的 KCl 溶液和琼脂制成的胶冻，用来传递阴阳离子，使两个烧杯中的溶液连成一个通路，能够平衡电荷，保持溶液电中性。

【实验】把锌片和铜片分别插入盛有 1.0 mol/L $ZnSO_4$ 溶液和 1.0 mol/L H_2SO_4 溶液的两只烧杯中，然后用导线将锌片和铜片连接起来，最后插入盐桥。

用电流传感器采集该电池的电流，测得 25 min 时间内电流—时间图像。（见图 5-8）

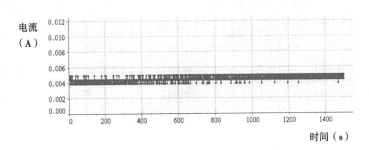

图 5-8　用盐桥相连的双液电池电流—时间图像

【结论】由图像可得，双池电池的电流很稳定。但由于受盐桥中离子移动速率的影响，电流相对较小。

【拓展】为增大双液电池的电流，可将用盐桥相连的双液电池改为用膜或素瓷烧杯分隔的双液电池。（见图 5-9）

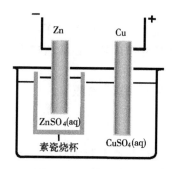

图 5-9　用膜或素瓷烧杯分隔的双液电池

5.3.3　铜锌双液电池为什么会产生电流

锌不与 $ZnSO_4$ 溶液反应，Cu 也不与 $CuSO_4$ 溶液反应，但当把锌片和铜片连接形成双液电池后就能产生电流，其原理是什么？

把金属浸入水或含有该金属离子的盐溶液时，由于水分子的极性很大，金属中的金属离子与水分子相互吸引而发生水合作用，使得一部分金属离子可以离开金属而进入金属表面的水层中。金属因失去部分金属离子而带负电荷，又吸引了溶液中的金属离子聚集在金属表面的水层中。当金属溶解与离子沉积的速率相等时，便达到了一种动态平衡。此时在金属与溶液之间便产生了一定的电势差。[①]

当把锌片和铜片分别插入 $ZnSO_4$ 溶液和 $CuSO_4$ 溶液时，锌比铜更容易析出离子，锌和铜在平衡状态时的电势是不相等的，存在着一定的电势差。此时，如果用导线和盐桥连成通路，电势差驱使一定数量的电子从锌片通过导线流向铜片。锌片上电荷的减少和铜片上电荷的增多，破坏了锌片、铜片与溶液之间原有的电势差平衡。因此，锌片上会重新析出 Zn^{2+} 到溶液中去，同时又有一些 Cu^{2+} 在铜片上得到电子析出铜。这样就使电子再次由锌片流到铜片，并使锌片的溶解和 Cu^{2+} 的析出继续进行，于是便产生了电流。[②]

[①]　傅献彩、沈文霞、姚天扬等：《物理化学》，高等教育出版社 2006 年版，第 72-76 页。
[②]　傅献彩、沈文霞、姚天扬等：《物理化学》，高等教育出版社 2006 年版，第 72-76 页。

5.4 运用形体活动化解教学难点

引导学生用形体活动去演绎化学,能够使抽象的化学问题形象化、直观化,容易突破教学难点,提升教学效果,并且能够让学生在活动过程中体验到学习化学的乐趣。

5.4.1 用聚散活动演绎气体摩尔体积

5.4.1.1 气体摩尔体积原理
物质体积的大小取决于构成这种物质的粒子数目、粒子的大小和粒子之间的距离。

对于气体来说,粒子之间的距离远远大于粒子本身的直径,所以,当粒子数相同时,气体的体积主要决定于粒子之间的距离。而在相同的温度和压强下,任何气体粒子之间的距离可以看成是相等的。所以,在 0 ℃和 101 kPa(标准状况)的条件下,1 mol 任何气体的体积约为 22.4 L,即气体的摩尔体积约为 22.4 L/mol。

5.4.1.2 活动人数
四名偏小学生和四名高大学生。

5.4.1.3 活动步骤
聚散活动见表 5-1。

5.4.1.4 活动图示
聚散活动见图 5-2。

5.4.2 用交换舞伴演绎复分解反应

5.4.2.1 复分解反应原理
两种化合物相互交换成分,生成另外两种新的化合物的反应称之为复分解反应,表达式为:$AB+CD \Longrightarrow AD+CB$。

5.4.2.2 活动人数
两名男学生和两名女学生。

5.4.2.3 活动步骤
表 5-4 为交换舞伴活动。

表 5-4 交换舞伴活动

步骤	学生活动	化学含义
1	两组男女学生在跳交谊舞	两种化合物
2	两组学生交换舞伴	两种化合物交换成分,即阳离子与阳离子交换或阴离子与阴离子交换
3	新的两组男女学生继续跳交谊舞	形成两种新的化合物

5.4.2.4 活动图示

图 5-10 为交换舞伴活动。

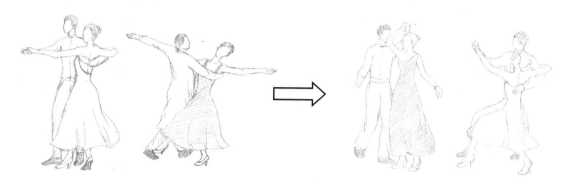

图 5-10　交换舞伴活动

5.4.3　用手拉手演绎加聚反应

5.4.3.1　加聚反应原理

含有碳碳双键(或碳碳三键)的相对分子质量小的化合物分子，在一定条件下，互相结合成相对分子质量大的高分子，这样的反应叫作加成聚合反应，简称为加聚反应。

$$CH_2{=}CH_2 + CH_2{=}CH_2 + CH_2{=}CH_2 + \cdots \longrightarrow$$
$$\cdots{-}CH_2{-}CH_2{-}CH_2{-}CH_2{-}CH_2{-}CH_2{-}\cdots$$

即 $nCH_2{=}CH_2 \longrightarrow {\color{black}\text{―}}\!\!\!{[}CH_2{-}CH_2{]}\!\!\!{\color{black}\text{―}}_n$

5.4.3.2　活动人数

4～5 人。

5.4.3.3　活动步骤

表 5-5 为手拉手活动。

表 5-5　手拉手活动

步骤	学生活动	化学含义
1	双臂张开向上弯曲，双手紧握放置在头顶上，形成"碳碳双键"	每只手相当于一个电子，两只手紧握在一起，就相当于两个电子形成一个共价键，即一个单键
2	双手松开，双臂斜向下至水平位置	单键断开，各分得一个电子
3	相邻的学生之间手拉着手，形成一排	相邻的两个电子形成一个新的共价键，即一个碳碳单键，单体通过碳碳单键相互连接在一起形成加聚产物

5.4.3.4　活动图示

图 5-11 为手拉手活动。

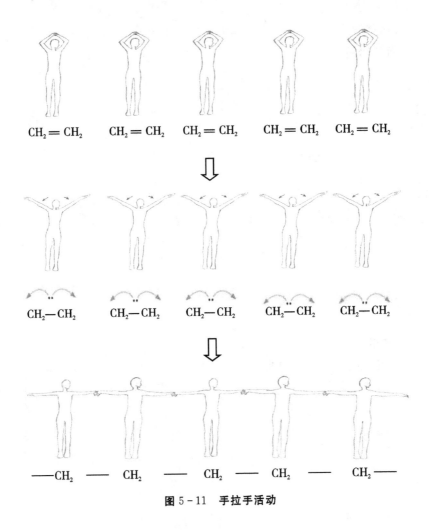

图 5-11 手拉手活动

5.4.4 用双手掌互推演绎化学平衡移动

5.4.4.1 化学平衡移动原理

正、逆反应速率的相对大小是化学平衡发生移动的内在动力。通过改变影响化学平衡的因素，即浓度、压强或温度，当正反应速率大于逆反应速率时，平衡向正反应方向移动；当逆反应速率大于正反应速率时，平衡向逆反应方向移动。

比如，在密闭容器中，在一定条件下，进行下列反应：$N_2(g) + 3H_2(g) \rightleftharpoons 2NH_3(g) \Delta H < 0$，达到平衡后增加 H_2 浓度，正反应速率大于逆反应速率，平衡向正反应方向移动。（见图 5-12）

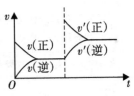

图 5-12 速率—时间图像

5.4.4.2 活动人数
学生个体。

5.4.4.3 活动步骤

表 5-6 为双手掌互推活动。

表 5-6 双手掌互推活动

步骤	学生活动	化学含义
1	双手掌紧贴，相互之间有一定的作用力，静止于胸前的正前方	左手代表正反应速率，右手代表逆反应速率，正、逆反应速率相等时，化学反应达到平衡状态
2	左手推力突然增大，后逐渐减小，而右手推力逐渐加大，使双手掌向右移动	H_2 浓度增加，正反应速率突然增大，后随着 H_2 浓度逐渐降低，正反应速率逐渐减小。同时，NH_3 浓度逐渐增加，逆反应速率逐渐增大。但在整个变化过程中，正反应速率始终大于逆反应速率，平衡向正反应方向移动
3	双手掌移动至胸前右侧处于静止状态，双手掌之间的作用力大于移动前	正反应速率等于逆反应速率，化学反应达到一个新的平衡状态。新的平衡状态时的正、逆反应速率均大于原平衡状态时的速率

5.4.4.4 活动图示

图 5-13 为双手掌互推活动。

新的平衡状态　　　　　　原平衡状态

图 5-13 双手掌互推活动

5.5 通过活动建构化学平衡的生命属性——"化学平衡复习"教学设计

5.5.1 教学目标

通过活动，学生能够体验和理解化学平衡的建立过程与移动规律、建构可逆反应具有自动调节的生命属性、树立对立统一的认知规律、培养对化学的情感和兴趣。

5.5.2 设计理念

5.5.2.1 建构主义理论

建构主义认为,学习是在原有知识和经验基础上的主动生成过程。抽象的理论只有通过具体、直观的感性素材做支撑,形象思维才能转化为抽象的逻辑思维。学生在具体生动的学习情境中去直接体验,感性认知才能上升到理性认识。

化学平衡通过移动来减缓外界条件的影响,通过模拟测量肺活量活动,让学生类比感受到可逆反应具有自动调节的生命属性。学生通过双手掌活动来模拟化学平衡的建立和移动,能够把抽象的正、逆反应速率的相对大小决定化学平衡的移动方向演绎得淋漓尽致。

5.5.2.2 类比思想

类比是一种逻辑推理方法,是指从两个或两类事物之间的相似关系出发,根据对其中一方的特征和规律的认识去推及另一方的特征和规律。采用类比方法,可以把抽象的化学平衡演绎得形象直观,同时还能够训练学生的联想能力和创新思维。(见表5-7)

表5-7 类比内容

内容	化学平衡的移动规律		化学平衡的建立和移动过程	
类比对象	深呼吸	可逆反应	双手掌移动	化学平衡的建立和移动
相似性	测量肺活量,呼吸加速,以维持供氧量的平衡	改变浓度、压强和温度时,化学平衡通过移动来减缓外界的影响	左、右手作用力的相对大小是双手掌移动的内驱力	正、逆反应速率的相对大小是化学平衡建立以及移动的内在动力
内在逻辑	能自动调节,具有生命属性		遵循对立统一规律	

5.5.3 教学过程

【学生活动1】模拟测量肺活量,深吸一口气,然后尽力呼出。

学生呼吸会加速。

【设疑】为什么呼吸会加速?

呼吸加速,提高氧气摄入量,以满足体内供氧量的平衡。

自我调节是生命体的一个本质属性。当外界环境改变时,生命体通过自动调节来达到新的平衡。比如:前一天晚上睡眠严重不足,第二天上课会自动打瞌睡。

【类比】一个可逆反应,也具有生命属性,它能够通过平衡移动来自动调节外界环境的影响。

【应用】在密闭容器中,在一定条件下,进行下列反应:$N_2(g)+3H_2(g) \rightleftharpoons 2NH_3(g)$ $\Delta H=-92.2$ kJ/mol,达到平衡后改变下列条件,化学平衡该如何移动:①增加 H_2 浓度;②减少压强;③升高温度;④使用催化剂。

可逆反应具有自动调节功能,通过移动来减缓外界条件对反应的影响,即"增谁减谁，降谁补谁"。

【变式】对于可逆反应 $H_2(g)+I_2(g) \rightleftharpoons 2HI(g)$ $\Delta H<0$，当外界条件变化时，平衡又该如何移动呢？对比填写表 5-8。

表 5-8 平衡移动对比

$N_2(g)+3H_2(g) \rightleftharpoons 2NH_3(g)$ $\Delta H<0$		$H_2(g)+I_2(g) \rightleftharpoons 2HI(g)$ $\Delta H<0$	
改变条件	化学平衡移动方向	改变条件	化学平衡移动方向
①增加 H_2 浓度		①增加 I_2 浓度	
②减少压强		②减少压强	
③升高温度		③升高温度	
④使用催化剂		④使用催化剂	

对比两种不同类型的可逆反应，对于反应前后气体的物质的量（或气体体积）不变，即 $\Delta n=0$，减少（或增大）压强，可逆反应体系无法通过平衡移动来减缓来自外界压强的影响，所以，化学平衡不移动。

【设疑】化学平衡发生移动的内驱力是什么，或者说导致化学平衡发生移动的"幕后推手"是什么？

【案例】化学平衡的建立过程

在一定温度时，把 0.40 mol N_2 和 0.60 mol H_2 充入 1 L 恒容密闭容器中，反应过程见图 5-14。

$$N_2(g)+3H_2(g) \rightleftharpoons 2NH_3(g)$$

起始浓度(mol/L)	0.40	0.60	0
5 min 时(mol/L)	0.37	0.51	0.06
10 min 时(mol/L)	0.35	0.45	0.10
15 min 时(mol/L)	0.35	0.45	0.10

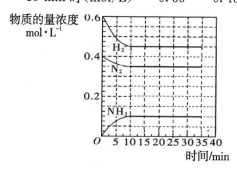
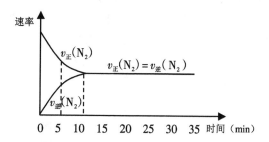
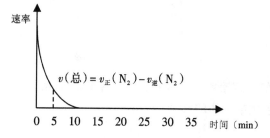

图 5-14 物质的量浓度（速率）—时间图像

一个可逆反应表现出来的速率是正、逆反应速率的合速率（即正、逆反应速率的差值）。

对于可逆反应来说，从反应一开始，逆反应就伴随着正反应同时进行，由于反应物浓度大于生成物浓度，正反应速率就大于逆反应速率，化学反应总体向正反应方向进行。但随着反应的进行，生成物浓度增加，逆反应速率增大，直至与正反应速率相等，最终达到化学平衡状态。

正逆反应速率相等（微观实质）是可逆反应达到平衡状态即各组分浓度或含量恒定（宏观特征）的内在动力。

【学生活动2】模拟化学平衡的建立见图5-15。

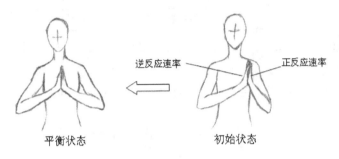

图5-15 双手手掌从左侧（初始状态）移动至正前方达到静止（平衡状态）

操作要点：
①左右手掌紧贴，放置于胸前的左侧。
②左手推力突然增大，后逐渐减小，而右手推力逐渐加大，使双手手掌向右移动至胸前正前方位置。
③当在正前方处于静止状态时，双手手掌之间仍保持着一定的作用力。

让学生体验正反应速率逐渐减小（左手作用力）、逆反应速率逐渐增大（右手作用力）是可逆反应达到平衡状态（双手手掌静止）的决定因素。

【设疑】对于上述反应达到平衡后，向容器内充入一定量的H_2，其正、逆反应速率该如何变化？试画出其速率—时间图像。

增加H_2浓度，正反应速率和逆反应速率都增加，只是正反应速率比逆反应速率大，所以平衡向正反应方向移动，最终又达到一个新的平衡状态。（见图5-16）

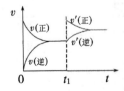

图5-16 速率—时间图像

【设疑】如何用我们的双手手掌来模拟上述的平衡移动呢？
【学生活动3】模拟化学平衡的移动
操作要点：
①左右手手掌紧贴，相互之间有一定的作用力，放置于胸前的正前方。

②左手推力突然增大,后逐渐减小,而右手推力逐渐加大,使双手手掌向右移动至胸前右侧。

③当在右侧处于静止状态时,双手手掌之间的作用力大于移动前。

让学生体验正、逆反应速率(左右手的作用力)的相对大小是化学平衡(双手手掌的位置)发生移动的决定因素。

【类比】力大的一方会推动双手手掌向力小的一方移动,力量大小决定了双手手掌的移动方向,这与正、逆反应速率的相对大小决定化学平衡的移动方向是一致的。

【画图】

①试画出可逆反应 $N_2(g)+3H_2(g) \rightleftharpoons 2NH_3(g)$ $\Delta H<0$,达到平衡后分别减少压强、升高温度和使用催化剂的速率—时间图像。

②试画出可逆反应 $H_2(g)+I_2(g) \rightleftharpoons 2HI(g)$ $\Delta H<0$,达到平衡后减少压强的速率—时间图像。

【过渡】既然可逆反应具有生命属性,那么就应该有一些参数能够表示可逆反应的限度。

【展示】在457.6 ℃时,反应体系中 $H_2(g)+I_2(g) \rightleftharpoons 2HI(g)$ 各物质浓度的有关数据见表5-9。

表5-9 $H_2(g)+I_2(g) \rightleftharpoons 2HI(g)$ 各物质的浓度

组别	起始时各物质的浓度/(mol/L)			平衡时各物质的浓度/(mol/L)		
	H_2	I_2	HI	H_2	I_2	HI
(1)	1.197×10^{-2}	6.944×10^{-3}	0	5.617×10^{-3}	5.936×10^{-4}	1.270×10^{-2}
(2)	1.228×10^{-2}	9.964×10^{-3}	0	3.841×10^{-3}	1.524×10^{-4}	1.687×10^{-2}
(3)	1.201×10^{-2}	8.403×10^{-3}	0	4.580×10^{-3}	9.733×10^{-4}	1.486×10^{-2}
(4)	0	0	1.520×10^{-2}	1.696×10^{-3}	1.696×10^{-3}	1.181×10^{-2}
(5)	0	0	1.287×10^{-2}	1.433×10^{-3}	1.433×10^{-3}	1.000×10^{-2}
(6)	0	0	3.777×10^{-2}	4.213×10^{-3}	4.231×10^{-4}	2.934×10^{-2}

通过向密闭容器内分别加入不同浓度的反应物或生成物得到6组数据,6组数据表明平衡体系中各物质的浓度均不相同,但当把生成物浓度的系数次方乘积除以反应物的浓度系数次方乘积[即 $\dfrac{c^2(HI)}{c(H_2) \cdot c(I_2)}$]时,发现6组数据竟然都约等于48.70。

我们就把这个比值作为可逆反应的性能参数,称之为平衡常数。

【设疑】根据表5-9,平衡常数与起始浓度有关吗?与压强呢?

【类比】平衡常数像物质的溶解度一样,是可逆反应的固有属性,是可逆反应进行程度的性能指标,只与温度有关,与浓度、压强无关。(见表5-10)

表5-10 $N_2(g)+3H_2(g) \rightleftharpoons 2NH_3(g) \Delta H<0$ 的平衡常数与温度的关系

T/K	373	473	573	673	773
K	3.35×10^9	1.00×10^7	2.45×10^5	1.88×10^4	2.99×10^3

对于同一个可逆反应，平衡常数越大，表明正反应方向进行的程度越大。

【练习】（略）

5.5.4　设计亮点

①本节课把学生在新授课学习过程中暴露的问题设定为"最近发展区"，以 $N_2(g) + 3H_2(g) \rightleftharpoons 2NH_3(g)$ 为素材情境，把浓度、压强、温度和催化剂对反应速率与平衡的影响用"速率—时间图像"统一起来，便于学生建构完整的化学平衡知识结构。

②通过该活动，学生能体验化学平衡的建立和移动过程、培养化学学科素养、激发对化学的情感和兴趣。

5.6　"点石成金"法之实验改进二则

5.6.1　浓度改变对平衡移动的影响

化学选修 4（2007 年人教版）第二章第三节讲的是关于 Fe^{3+} 浓度改变对平衡移动的影响（实验 2—6），该实验以 $Fe^{3+} + 3SCN^- \rightleftharpoons Fe(SCN)_3$ 为实验载体，先向盛有 5 mL 0.005 mol/L $FeCl_3$ 溶液的试管中加入 5 mL 10.01 mol/L KSCN 溶液，然后将混合液均分置于两支试管中。

①分别滴加 4 滴饱和 $FeCl_3$ 溶液和 4 滴 1 mol/L KSCN 溶液，探究增加反应物浓度对平衡移动方向的影响。

②之后再分别滴入 3～5 滴 0.01 mol/L NaOH 溶液，探究减少反应物浓度对平衡移动方向的影响。

5.6.1.1　实验偏差

在进行实验第②步时，大多数学生的试管中出现了红褐色沉淀，$Fe(SCN)_3$ 红色前后变化不明显。

5.6.1.2　缺陷分析

$$Fe^{3+} + 3SCN^- \rightleftharpoons Fe(SCN)_3$$
$$2.5\times10^{-5}\,\text{mol} \quad 5\times10^{-5}\,\text{mol}$$

混合后溶液中 $c(Fe^{3+}) \approx \dfrac{2.5\times10^{-5} - \dfrac{5}{3}\times10^{-5}}{10\times10^3} \approx 8.333\times10^{-4}$ mol/L

根据 $c(Fe^{3+}) \times c^3(OH^-) = K_{sp}$

$c^3(OH^-) = \dfrac{K_{sp}}{c(Fe^{3+})} = \dfrac{4.0\times10^{-38}}{8.33\times10^4} \approx 4.8\times10^{-35}$

pH ≈ 2.56

由此可见,如果向原混合溶液直接滴加 NaOH 溶液,当溶液的 pH 升高到 2.56 时,Fe^{3+} 就开始出现沉淀,而红褐色的 $Fe(OH)_3$ 沉淀就会对 $Fe(SCN)_3$ 的红色变化产生干扰。更何况实验第①步滴加了 4 滴饱和的 $FeCl_3$ 溶液,此时 Fe^{3+} 开始出现沉淀时的 pH 会更小。

同时,即便开始加入的 Fe^{3+} 与 SCN^- 恰好完全反应,但学生在量取 5 mL $FeCl_3$ 溶液和 5 mL KSCN 溶液时,也存在着操作误差,这样就会为 Fe^{3+} 过量而生成红褐色沉淀对 $Fe(SCN)_3$ 的红色变化埋下干扰的种子。

5.6.1.3 改进方案

0.01 mol/L NaOH 溶液改为一小药匙铁粉,$Fe + 2Fe^{3+} = 3Fe^{2+}$,降低溶液中原有的 Fe^{3+} 浓度,使平衡向逆反应方向移动。具体操作是加入铁粉后振荡溶液,溶液逐渐褪为无色。

5.6.2 强弱电解质电离程度比较

化学选修 4(2007 年人教版)第三章第一节讲述关于同浓度盐酸与醋酸的电离程度的比较(实验 3-1),通过对比 1 mol/L HCl 和 1 mol/L CH_3COOH 与镁条反应的剧烈程度及 pH 差别,证明相同体积、相同浓度的盐酸和醋酸中 $c(H^+)$ 却不相同,说明了 HCl 和 CH_3COOH 的电离程度不同。

5.6.2.1 实验偏差

当学生用 pH 试纸测定 1 mol/L HCl 溶液的 pH 时,试纸显示的颜色比 pH=1 的颜色还要红,此时 pH 该为多少呢?如果用 pH 计来测量 1 mol/L HCl 溶液,发现 pH=0,而 pH=0 溶液的酸性是强还是弱呢?

5.6.2.2 缺陷分析

如果用 pH 试纸检测溶液的 pH 大小,1 mol/L HCl 溶液的 pH=0,而标准比色卡上没有 pH 为 0 的对应颜色;如果采用 pH 计来测定 1 mol/L HCl 溶液的 pH,测定溶液的 pH=0,这对于 pH 只在 1~14 范围内的学生来说,肯定会一时困惑不解。

5.6.2.3 改进方案

盐酸和醋酸的浓度都取 0.1 mol/L,0.1 mol/L HCl 溶液的 pH=1,pH=1 在 1~14 范围之内,在标准比色卡上有对应的颜色。

用 pH 计测量 0.1 mol/L CH_3COOH 溶液 pH,通过数据分析能够增加学生对醋酸部分电离的感性认知。

25 ℃时,0.1 mol/L CH_3COOH 溶液的 pH=2.87,则 $c(H^+) \approx 1.34 \times 10^{-3}$

	CH_3COOH ⇌ H^+	+	CH_3COO^-
起始浓度(mol/L)	0.1	0	0
转化浓度(mol/L)	1.34×10^{-3}	1.34×10^{-3}	1.34×10^{-3}
平衡浓度(mol/L)	0.0986	1.34×10^{-3}	1.34×10^{-3}

电离程度 = $\dfrac{\text{已电离的醋酸浓度}}{\text{醋酸的初始浓度}} \times 100\% = \dfrac{1.34 \times 10^{-3}}{0.1} \times 100\% = 1.34\%$

在 25 ℃时,0.1 mol/L CH_3COOH 溶液中,醋酸的电离程度是 1.34%,即大约每

76 个醋酸分子中有 1 个醋酸分子电离成 H^+ 和 CH_3COO^-。这能够更直观地向学生揭示"弱电解质部分电离的属性"。

说明：

①本篇论文成稿于 2009 年 8 月。

②化学选择性必修 1（2020 年人教版）分别对化学选修 4（2007 年人教版）中"实验 2—6"和"实验 3—1"进行了改进，具体见表 5—11。

表 5—11 实验方案改进前后对照

2007 年人教版		2020 年人教版		改进内容
教材	实验名称	教材	实验名称	
选修 4《化学反应原理》	实验 2—6	选择性必修 1《化学反应原理》	实验 2—1	将原实验"步骤(1)"和"步骤(2)"直接合并为"将上述溶液平均分装在 a、b、c 三支试管中，向试管 b 中加入少量铁粉，向试管 c 中滴加 4 滴 1 mol/L KSCN 溶液，观察试管 b、c 中溶液颜色变化，并均与试管 a 对比"
	实验 3—1		实验 3—1	①将盐酸和醋酸的浓度改为 0.1 mol/L；②增加"试验其导电能力"内容

5.7 基于发展学生化学关键能力的复习教学策略①

现行高考的化学考试大纲说明中对学生能力的要求为"化学科考试为选拔具有学习潜能和创新精神的考生，以能力测试为主导，将在测试考生必备知识、关键能力和思维方法的基础上，全面检测考生的化学科学素养"②。在化学复习教学中，发展学生分析问题与解决问题的关键能力，是以归纳整合化学必备知识为基础，以提升思维能力为核心，以培养核心素养为目的。把整合必备知识、发展关键能力与培养核心素养有机地融合在一起，形成具有内在逻辑联系的统一整体，以充分发展学生理解与辨析、分析与推测、归纳与论证、探究与创新等化学关键能力。

5.7.1 归纳整合知识与方法

教师在复习整合化学必备知识时，不仅要横向贯通同一层面的知识与方法，也要纵向贯通不同层面之间的知识与方法。

---

① 吴庆生：《基于发展学生化学关键能力的复习教学策略》，载《中学化学教学参考》2021 年第 2 期，第 79—81 页。

② 教育部考试中心：《2019 年普通高等学校招生全国统一考试的说明　理科》，高等教育出版社 2018 年版，第 361—362 页。

5.7.1.1 建构完善的知识结构

教师通过引导学生建构完善的化学知识结构，既为其思维提供素材与供选方案，也为其思维的发散性与创新性提供土壤。把同一问题的各种情况建构完整，学生遇到此类问题时才能够进行比对选择。

案例1：判断平衡移动方向的方法

外部因素：

改变浓度、温度和压强，平衡的移动遵循勒夏特列原理，通过平衡移动来减弱外界因素的影响。

内部驱动：

正、逆反应速率的相对大小，是平衡发生移动的内在动力：

$v(正)>v(逆)$，平衡正向移动；

$v(正)=v(逆)$，平衡不移动；

$v(正)<v(逆)$，平衡逆向移动。

定量判断：

某一时刻，比较体系的浓度商与平衡常数的相对大小：

$Q<K$，反应正向移动；

$Q=K$，反应处于平衡状态；

$Q>K$，反应逆向移动。

案例2：多重可逆反应（两个或多个可逆反应共用同一种物质）的类型

连续型：

连续型多重可逆反应是指一个可逆反应的生成物是另一个可逆反应的反应物。如：

$NH_4I(s) \rightleftharpoons NH_3(g)+HI(g)$

$2HI(g) \rightleftharpoons H_2(g)+I_2(g)$。

并列型：

并列型多重可逆反应是指两个或多个可逆反应共用同一反应物。如：

$CH_4(g)+H_2O(g) \rightleftharpoons CO(g)+3H_2(g)$

$CH_4(g)+2H_2O(g) \rightleftharpoons CO_2(g)+4H_2(g)$

5.7.1.2 整合统一的系统方法

把同类问题的不同方法进行整合，使之系统化，有助于学生分清问题的种类，有利于针对不同问题采用不同的方案，便于灵活、快捷地解决问题。

案例3：链状有机物（含有官能团）同分异构体的书写方法

一个官能团：

①卤代烃、醇、醛、羧酸同分异构体的书写方法。

a．先摘除官能团。

b．然后将剩余的碳链采用降碳对称法书写所有的同分异构体。

c．利用等效氢法判断同分异构体上氢原子的种类，氢原子有几种，该种物质一元取代的同分异构体就有几种。

②烯烃、炔烃、醚、酮同分异构体的书写方法。

a. 先摘除官能团。
b. 然后将剩余的碳链采用降碳对称法书写所有的同分异构体。
c. 利用对称法判断同分异构体中碳碳单键的种类，碳碳单键有几种类型，该种物质的同分异构体就有几种。

两个官能团：

链状有机物上含有两个官能团同分异构体的书写方法。

a. 摘除官能团后采用降碳对称法书写所有的同分异构体。
b. 根据氢原子种类或碳碳单键的种类，先叠加一个官能团（若含有碳碳双键、碳碳三键、醚键或羰基则优先叠加），然后再根据叠加后碳链上氢原子的种类，来判断再叠加另外一个官能团后同分异构体的数目。

若两个官能团种类相同，则要甄别减去重复的情况。

比如，写出含有碳碳双键与—Cl 的 $C_5H_{10}Cl$ 的同分异构：

①摘除碳碳双键与—Cl 后的碳链异构（碳骨架式，下同）：

C—C—C—C—C   C—C—C—C   C—C—C
                   | |
                   C   C
                                  |
                                  C

   a.   b.   c.

②先根据碳碳单键的种类叠加碳碳双键；再根据叠加碳碳双键后的氢原子种类叠加—Cl：

a.

2 种碳碳单键

叠加双键 → C=C—C—C—C 5 种氢原子 叠加—Cl → 5 种一氯代物
         → C—C=C—C—C 5 种氢原子 叠加—Cl → 5 种一氯代物

b.

3 种碳碳单键

叠加双键 → C=C—C—C   4 种氢原子 叠加—Cl → 4 种一氯代物
                |
                C
         → C—C=C—C   3 种氢原子 叠加—Cl → 3 种一氯代物
                |
                C
         → C—C—C=C   4 种氢原子 叠加—Cl → 4 种一氯代物
                |
                C

c.

1 种碳碳单键

C—C—C   不能叠加双键 → 无一氯代物
   |
   C
   |
   C

5.7.2 理解辨析问题的本质

教师在引导学生整合重组化学知识结构与系统方法时,要对问题的本质进行深度辨析,引导学生抽象概括问题的本质,当学生遇到此类问题时,其就能够从本质上抓住主要矛盾而忽略次要因素,从而提高解决问题的效率。当然,抽象概括的层级越高,理解应用也更便捷,但同时对学生的能力要求也会越高。因此,教师应该根据学生的能力层次与复习阶段要求,抽象概括与之相适宜的本质要求。

比如,判断可逆反应达到平衡状态的方法,从"等"或"定"两个方面进行判断,其中"定"可以衍生出物质的量分数恒定、体积分数恒定、密度恒定、颜色恒定、平均摩尔质量恒定等,由于涉及的内容比较多,判断方法也比较多,使用起来往往容易错乱,但如果将多种方法进行概括统一,得出一种方法,则应用起来就会比较容易。比如可以进行如下概括统一:假定可逆反应发生正向或逆向移动,判断某一物理量是否发生变化,如果该物理量发生变化,则该物理量就可以作为达到平衡状态的标志,否则不能作为达到平衡状态的标志。

再比如,针对多重可逆反应平衡常数的计算,由于常数是指体系平衡时生成物浓度幂的乘积与反应物浓度幂乘积的比值,因此多重可逆反应达到平衡时,共用物质的平衡浓度就是多重可逆反应的反应物或生成物的共同浓度。

5.7.3 建构问题的分析模型与分析方法

5.7.3.1 建构分析问题与解决问题的程序模型

建构模型,有利于把问题情境与模型进行匹配,有助于快速解决问题。模型的建构应该遵循实用、简洁的原则,这样应用起来才会得心应手。

比如,"案例2"中连续型多重可逆反应的分析模型为:

将固体NH_4I置于密闭容器中,在一定温度下发生下列反应:①$NH_4I(s) \rightleftharpoons NH_3(g) + HI(g)$,②$2HI(g) \rightleftharpoons H_2(g) + I_2(g)$。达到平衡时:$c(H_2) = 0.5$ mol/L,$c(HI) = 4$ mol/L,则此温度下反应①的平衡常数为_____。

$$NH_4I(s) \rightleftharpoons NH_3I(g) + [HI(g)] \begin{cases} HI(g) \\ 4 \\ [2HI(g) \rightleftharpoons] H_2(g) + I_2(g) \\ 1 \qquad\qquad 0.5 \end{cases}$$
$$55$$

所以,反应①的平衡常数为:
$K = c(NH_3) \times c(HI) = 5 \text{ mol/L} \times 4 \text{ mol/L} = 20 \text{ mol}^2/L$

再比如,并列型多重可逆反应的分析模型为:

$$\begin{cases} CH_4(g) \qquad H_2O(g) \\ [CH_4(g) + H_2O(g) =] CO(g) + 3H_2(g) \\ [CH_4(g) + 2H_2O(g) =] CO_2(g) + 4H_2(g) \end{cases}$$

5.7.3.2 根据核心目的进行逆向分析

在分析与解决化学综合性问题时,要瞄准问题的核心目的,根据核心目的进行逆向分析,倒推找出解决问题的已知条件。这种以逆向分析为主、正逆结合的分析思路,能够提纲挈领地抓住问题的核心,便于通观问题全局,有助于理解部分与整体之间的相互关系。

比如,以气体为纽带,将系列实验装置组合在一起,以完成某项实验任务的装置组合称之为综合实验装置。综合实验装置的最终目的称为"核心目的"。核心目的发生的反应称之为核心反应,其他实验装置均服从和服务于该核心反应。综合实验装置通常是按照"气体发生器→除杂装置→核心反应装置→防干扰装置→尾气处理装置"的模型连接在一起的。

案例4:某课外活动小组为了粗略测定过氧化钠的纯度,他们称取 a g 样品,并设计了用图 5-17 的装置来测定过氧化钠的质量分数。

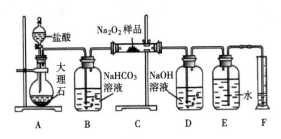

图 5-17　过氧化钠质量分数的测定

B 装置出来的气体是否需要干燥呢?根据综合实验装置的分析模型,如果只考虑利用 CO_2 与 Na_2O_2 反应产生的 O_2 体积来计算样品的含量,当然要把 $H_2O(g)$ 除掉。但如果瞄准实验的核心目的是利用 Na_2O_2 反应产生 O_2 的体积来测样品的含量,就不需要进行干燥了,原因是水蒸气也能与 Na_2O_2 反应产生等量的 O_2。因此,设计与分析实验综合装置时,首先要明确实验的核心目的,即先确定核心反应;接着根据核心反应选择气体发生器;然后分析导管中的气体成分,并以此来选择除杂方法与防干扰措施;最后进行尾气处理。

5.7.4　设计探究方案并进行论证评价

5.7.4.1　设计方案并论证评价

在多种供选方案中,首先要分析问题情境,然后对方案进行论证评估,最后选择与情境相匹配的方案。对供选方案进行论证评价,有利于学生客观地分析问题情境,使其摒弃定势思维的干扰,有助于其能严谨而灵活地解决问题。

案例5:设计简单的实验方案证明氯元素的非金属性强于硫元素。

氯元素的非金属性强于硫元素的论证方案有:
①最高价氧化物水化物的酸性,$HClO_4 > H_2SO_4$。
②氢化物的稳定性,$HCl > H_2S$。

③ 单质的氧化性，$Cl_2 > S$。

由于 $HClO_4$ 与 H_2SO_4 都是强酸，难以区分伯仲；而比较 HCl 与 H_2S 稳定性的实验又难以操作，因此最佳的实验方案应该选择③，即向 Na_2S（或 H_2S）溶液中通入 Cl_2 或滴加氯水会出现黄色浑浊。

5.7.4.2 认识评价程序模型的局限性

分析问题与解决问题的模型能够提升解决问题的效率，但模型是一种理想化的范式，只具有匹配类比价值。而实际问题情境复杂多样，当问题中出现了新的变量，而异于模型时，学生往往会不知所措，且会受思维定势的影响，会反复用模型进行匹配，导致解决问题的效率降低。因此，学生要充分认识模型的局限性，在从化学案例抽象建构模型时，要理解辨析模型的含义与适用条件，这样才能够灵活地应用模型而不被模型所束缚。比如，在"案例 4"中，就不能仅仅根据综合实验装置的分析模型而采用干燥除杂，而要根据问题情境的核心目的进行分析判断。

5.8 建构整体性知识 提升系统性思维[①]

化学知识彼此联系又相互作用，并按照一定的秩序构成知识结构。系统性思维又称为整体性思维，其以系统的知识结构为载体。只有建构整体性的知识结构，才能提升思维的系统性、逻辑性和严密性[②]，才能为问题解决方案的选择提供可能。而方案的选择与优化正是解决问题的前提基础。

5.8.1 搭建同一物质（或元素）的多维属性

化学物质都具有多重属性，整合、重组物质的性质，有利于对物质性质的全面认识和系统把握。

案例 1：SO_2 的二维属性

从物质的组成来看，SO_2 具有酸性氧化物的通性；而从 SO_2 的核心元素 S 元素的化合价"+4"价分析，处于"-2、0、+4、+6"之间，即既具有氧化性，又具有还原性。

分析 SO_2 化学性质的一般方法：

$$\begin{cases} 物质的组成 \rightarrow 类别通性 \\ 核心元素的价态 \rightarrow 氧化（还原）性 \end{cases}$$

整合 SO_2 的上述化学性质，可用 SO_2 的二维图（见图 5-18）来表示。

[①] 吴庆生：《建构整体性知识 提升系统性思维》，载《化学教学》2013 年第 5 期，第 20-29 页；吴庆生：《建构整体性知识 提升系统性思维》，载《中学化学教与学》2013 年第 8 期，第 60-62 页。

[②] 潘俊英：《简论科学思维方式》，载《广西社会科学》2001 年第 4 期，第 30-31 页。

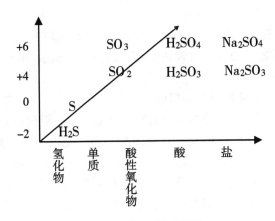

图 5-18　SO₂ 的二维图

案例 2：Na 元素的多维属性

以 Na 元素为中心，建构 Na 元素的原子结构、元素位置和元素性质的三维属性；再以金属 Na 为中心，建构金属 Na 的物质组成、物质性质和物质用途的三维属性；最后搭建 Na 元素与金属 Na 的多维关系。（见图 5-19）

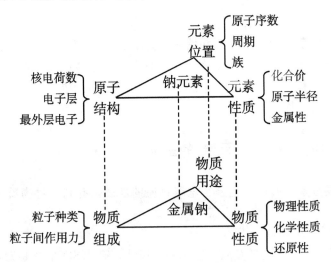

图 5-19　钠元素与金属钠的多维关系

5.8.2　拓展同一原理的多级理解层次

对于同一化学原理，视角不同，认识也不同；高度不同，理解的深度也不同。根据学生的知识基础和认知规律，教师应在不同教学阶段引导学生建构相适应的理解层次，并最终实现学生对该原理的系统掌握。

案例3：化学平衡

(1) 平衡状态的特征

当可逆反应的正、逆反应速率相等，此时各组分的浓度不再发生变化，该反应就达到了平衡状态。因此，"等"（正、逆反应速率相等）和"定"（各组分的浓度保持恒定）是判断可逆反应是否达到平衡状态的原始依据，由此展开，可以推出多级判断方法。

以"$H_2(g)+I_2(g) \rightleftharpoons 2HI(g)$ $\Delta H<0$"为例，判断该反应达到平衡状态的方法：

"等"的原始判据：同一组分，如 $v_{正}(H_2)=v_{逆}(H_2)$。

"等"的一级推论：不同组分，如 $2v_{正}(H_2)=v_{逆}(HI)$。

"等"的二级推论：化学键角度，如一个 H—H 键断裂的同时有两个 H—I 键断裂。

"定"的原始判据：各组分的物质的量浓度恒定。

"定"的一级推论：

①各组分的物质的量浓度分数恒定。

②各组分的物质的量或物质的量分数恒定。

③各组分的质量或质量分数恒定。

"定"的二级推论：

①混合气体的颜色不再变化。

②H_2 或 I_2 的转化率恒定。

③体系温度恒定。

对于不同类型的可逆反应，若某一物理量在平衡建立的过程中发生变化，则该物理量可以作为可逆反应已达到平衡状态的标志，否则，不可以作为判断依据。

(2) 平衡建立的过程

①浓度：反应物浓度逐渐减少，生成物的浓度逐渐增大，最后反应物和生成物的浓度均保持不变。

②碰撞：反应物单位时间内发生有效碰撞的次数逐渐减少，而生成物单位时间内发生有效碰撞的次数逐渐增大，最后反应物和生成物单位时间内发生有效碰撞的次数保持不变。

③速率：正反应速率逐渐减少，逆反应速率逐渐增大，最后正、逆反应速率达到相等。

(3) 化学平衡的性能

平衡常数越大，表明可逆反应正向进行的程度也越大。

(4) 化学平衡的移动

①规律：遵循勒夏特里原理，即"增谁减谁、降谁补谁"。

②驱动力：$v_{正}>v_{逆}$，平衡向正反应方向移动；$v_{正}<v_{逆}$，平衡向逆反应方向移动。

③定量判断：$Q_c<K$，平衡向正反应方向移动；$Q_c=K$，平衡不移动；$Q_c>K$，平衡向逆反应方向移动。

④本质：可逆反应具有自动调节的平衡机制，能够通过平衡的移动来减缓外界因素的影响。

(5) 应用范围

适用于可逆反应、弱电解质的电离、盐类的水解以及溶解平衡。

5.8.3 整理同一概念的应用范围

化学概念尤其是核心概念既是中学化学知识体系的组成部分和基石,也是化学知识体系的枢纽。用核心概念将分散的知识串联起来,既有利于对核心概念的理解,也有利于对化学知识的系统整合。

案例4:离子反应

离子反应是指溶液中有离子参加的反应。根据离子浓度的变化情况,可分为三种:

第一种情况:离子浓度降低

(1) 复分解反应

如 $Ba(OH)_2$ 与 H_2SO_4 的反应:$Ba^{2+}+2OH^-+2H^++SO_4^{2-} =\!\!=\!\!= BaSO_4\downarrow+2H_2O$

复分解反应都属于离子反应,通过离子之间结合生成弱电解质、气体或沉淀来降低溶液中离子的浓度。

(2) 溶液中的平衡移动

①反应平衡。

将 0.01 mol/L $FeCl_3$ 溶液与 0.03 mol/L KSCN 溶液等体积混合,溶液呈现血红色,$Fe^{3+}+3SCN^- \rightleftharpoons Fe(SCN)_3$。当向混合溶液中滴加 1 mol/L $FeCl_3$ 溶液或 1 mol/L KSCN 溶液时,溶液的血红色加深,说明平衡向正反应方向移动,溶液离子浓度降低。

②沉淀的转换。

向少量 $AgNO_3$ 溶液加入足量 NaCl 溶液,出现 AgCl 白色沉淀,当向悬浊液中滴加 KI 溶液时,白色沉淀变为黄色。因为 AgI 的溶解度比 AgCl 小,AgCl 转化为 AgI 能使得溶液中离子浓度降低。

(3) 饱和溶液析出沉淀

向饱和 Na_2CO_3 溶液中通入 CO_2 会析出 $NaHCO_3$ 沉淀,因为 $NaHCO_3$ 的溶解度比 Na_2CO_3 小,溶液中离子浓度降低。

第二种情况:离子浓度不变

如 Fe 与 $CuSO_4$ 溶液反应:$Fe+Cu^{2+} =\!\!=\!\!= Fe^{2+}+Cu$

第三种情况:离子浓度增加

如锌与醋酸溶液反应:$Zn+2CH_3COOH =\!\!=\!\!= 2CH_3COO^-+Zn^{2+}+H_2\uparrow$

以上三种情况,反应体系均满足 $\Delta G=\Delta H-T\Delta S O<0$。

5.8.4 分析不同规律的同一实质

引导学生分析不同现象、不同规律的内在联系,归纳、抽象出同一实质,有利于学生站在一定高度对知识的深入理解和融会贯通,也有利于学生系统性思维和综合应用能力的提升。

案例5：水的电离平衡和难溶物的溶解平衡

H_2O 的电离平衡和 $BaCO_3$ 的溶解平衡的相同之处：

(1) 移动规律和实质相同

水的电离平衡：$H_2O \rightleftharpoons H^+ + OH^-$，加入酸（如 HCl、$CH_3COOH$）和碱（如 NaOH、$NH_3 \cdot H_2O$），抑制水的电离；而加入含有弱离子的盐（如 CH_3COONa、NH_4Cl），则能促进水的电离。

$BaCO_3$ 的溶解平衡：$BaCO_3(s) \rightleftharpoons Ba^{2+}(aq) + CO_3^{2-}(aq)$，在 $BaCO_3$ 未全部溶解的饱和溶液中，加入 Na_2CO_3 固体，能抑制 $BaCO_3$ 的溶解；而滴加盐酸，则能促进 $BaCO_3$ 的溶解。

H_2O 和 $BaCO_3$ 的平衡体系均遵循"增谁减谁、降谁补谁"的移动规律，因为平衡体系都具有自动调节机制，能够通过平衡的移动来减缓外界因素的影响。

(2) 平衡常数的形式相同

在 25 ℃时：

$H_2O \rightleftharpoons H^+ + OH^-$

$K = \dfrac{c(H^+) \cdot c(OH^-)}{c(H_2O)}$

$c(H^+) \cdot c(OH^-) = K_w = 10^{-14}$

$BaCO_3(s) \rightleftharpoons Ba^{2+}(aq) + CO_3^{2-}(aq)$

$K = \dfrac{c(Ba^{2+}) \cdot c(CO_3^{2-})}{c(BaCO_3)}$

$c(Ba^{2+}) \cdot c(CO_3^{2-}) = K_{sp} = 5.1 \times 10^{-9}$

(3) 定量判断移动方向的方法相同

在 H_2O 中，$Q_c = c(H^+) \cdot c(OH^-)$，当外界条件改变，溶液中 $c(H^+)$ 或 $c(OH^-)$ 发生变化：

当 $Q_c > K_w$ 时，抑制水的电离，如滴加盐酸；

当 $Q_c = K_w$ 时，不影响水的电离，如滴加 NaCl 溶液；

当 $Q_c < K_w$ 时，促进水的电离，如滴加 CH_3COONa 溶液。

在 $BaCO_3$ 溶液中，$Q_c = c(Ba^{2+}) \cdot c(CO_3^{2-})$，当外界条件改变时，溶液中 $c(Ba^{2+})$ 或 $c(CO_3^{2-})$ 发生变化：

当 $Q_c > K_{sp}$ 时，抑制 $BaCO_3$ 的溶解，如加入 Na_2CO_3 固体；

当 $Q_c = K_{sp}$ 时，不影响 $BaCO_3$ 的溶解，如加入 $BaCO_3$ 固体；

当 $Q_c < K_{sp}$ 时，促进 $BaCO_3$ 的溶解，如滴加 HCl。

(4) 平衡移动图像走势相同

在 25 ℃时：

$K_w = c(H^+) \cdot c(OH^-) = 10^{-14}$

$K_{sp} = c(Ba^{2+}) \cdot c(CO_3^{2-}) = 5.1 \times 10^{-9}$

两者的平衡移动图像都可以用第一象限内的双曲线来表示。（见图 5-20）

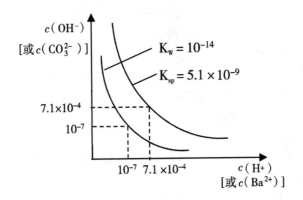

图 5-20 水和 $BaCO_3$ 的平衡图像

在水中,当 $c(H^+)$ 增大时,$c(OH^-)$ 减少;当 $c(OH^-)$ 增大时,$c(H^+)$ 减少。

在 $BaCO_3$ 饱和溶液中,当 $c(Ba^{2+})$ 增大时,$c(CO_3^{2-})$ 减少;当 $c(CO_3^{2-})$ 增大时,$c(Ba^{2+})$ 减少。

主题6　境界成就专业发展的广度和高度

当教师掌握了不同化学课型的教学技能之后，就具备了教学骨干的素质；而要实现专业素养的进一步发展，就要提升认识深度和境界高度，不能仅仅盯住分数和成绩，而要关注教育教学的终极目标——学生发展。只有真正认识到这一点，教师才会自觉地拓展教育教学的视野和思路，才能够站在更高的视角去思考和尝试教育教学策略的迭代升级。

学生的认识能力、思维能力、大概念观点和学科思想等，是学生未来发展的必备素养，具有广泛的应用迁移价值。化学教师要站在培养学生综合素养和关键能力的高度，以化学知识的建构为载体，通过升级建构策略和教学期待，促进学生的认识发展、思维品质、大概念和学科思想等素养的提升，培养学生适应未来发展的综合素养，让学生终生受益。

渔家傲·远见

术业精深志趣远，
心念一处藏奇观。
孜孜以求情意浓，
悠然间，
霞光一现别洞天。

赏景方位锁眼帘，
探幽曲径通深浅。
寻得佳境历险阻，
悄然间，
阅尽繁华品万千。

6.1 化学思维品质的培养策略[①]

对物质的组成、结构、性质及其相互转化规律的研究是化学区别于其他学科的重要内涵与功能特色。化学教师要站在化学学科特征与学生认识能力发展的高度,关注学生化学思维品质的培养。教师在化学知识的建构与原理理论的迁移应用中培养学生规范地运用化学概念与化学用语,依据化学思维模式进行探究问题、表征问题与分析问题,并尊重化学实验的客观事实,以提升学生的思维品质和促进认识能力的发展。

6.1.1 准确规范使用化学概念与化学用语

化学概念与化学用语是化学学科知识体系的基石,也是学生学习化学和应用化学的思维工具。化学概念由于其自身特定的内涵和外延,因而具有特定的含义和适用范围。而化学用语则突出符号意义与规范要求。如果学生对化学概念和化学用语理解不清,就容易陷入思维混乱,产生错误,理解化学问题也就会出现偏差,更无从谈起严谨性。因此,化学概念的准确性与化学用语的规范性是培养学生化学思维品质的基础。

案例1:元素与其单质、离子的性质关系

由于 Na、Mg、Cu 等金属元素的元素符号与其单质的符号相同,P、S 等非金属元素的元素符号与其单质的符号也相同,就容易导致学生将元素的性质与单质的性质混为一谈。同时,一些学生也容易将离子的性质等同于该元素的单质性质。这样就极易造成元素与其单质、离子的性质表述与符号书写混乱。

(1) 元素与其单质、离子的性质表述区别

元素的性质用金属性或非金属性来表述,而单质与离子的性质则通常用还原性或氧化性来表述。

(2) 元素与其单质、离子的联系

① 一般来说,金属元素的金属性越强,其所对应单质的还原性也就越强,而所形成阳离子的氧化性则越弱;非金属元素的非金属性越强,其所对应单质的氧化性也就越强,而所形成阴离子的还原性则越弱。

$$\begin{cases} \text{元素的金属性强弱:Na} > \text{Mg} > \text{Cu} \\ \text{金属单质的还原性:Na} > \text{Mg} > \text{Cu} \\ \text{金属阳离子的氧化性:Na}^+ < \text{Mg}^{2+} < \text{Cu}^{2+} \end{cases}$$

$$\begin{cases} \text{元素的非金属性强弱:P} < \text{S} < \text{Cl} \\ \text{非金属单质的氧化性:P} < \text{S} < \text{Cl}_2 \\ \text{非金属阴离子的还原性:P}^{3-} > \text{S}^{2-} > \text{Cl}^- \end{cases}$$

[①] 吴庆生:《化学思维品质的培养策略》,载《化学教育》2015年第13期,第47-50页。

②金属元素的金属性、金属单质的还原性以及非金属阴离子的还原性是指失电子能力的强弱；而非金属元素的非金属性、非金属单质的氧化性以及金属阳离子的氧化性则是指得电子能力的强弱。

6.1.2 科学探究化学问题并进行逻辑推导

思维的严密性影响着人们对外界事物的看法和行为决策，而化学思维的严密性是化学思维品质的重要体现。比如，通过控制实验条件得出实验结论，首先，要选取典型的反应作为实验载体；其次，要控制变量，以探究单一因素对实验结果的影响；最后，还要进行定性定量分析，以使实验推导更具有逻辑性和说服力。

案例2：怎样排除实验干扰

化学选修4（2007年人教版）第27页【实验2-6】，先向盛有5 mL 0.005 mol/L $FeCl_3$溶液的试管中加入5 mL 10.01 mol/L KSCN溶液，然后将混合液均分置于两支试管中：①向其中一支试管中滴加4滴饱和$FeCl_3$溶液；再向另一支试管中滴加4滴1 mol/L KSCN溶液，观察现象；②向上述两支试管中各滴入3～5滴0.01 mol/L NaOH溶液，观察现象。

该实验采用控制变量法，"实验①"通过定量地增加$c(Fe^{3+})$，探究增加反应物浓度对平衡移动的影响；而"实验②"则通过减少$c(Fe^{3+})$，探究减少反应物浓度对平衡移动的影响。

其中，"实验②"滴加NaOH溶液，降低了$c(Fe^{3+})$，使平衡$Fe^{3+} + nSCN^- \rightleftharpoons [Fe(SCN)_n]^{3-n}$($n=1, 2, \cdots, 6$)，向逆反应方向移动，血红色本应变浅。

但学生在进行"实验②"时，大多数学生的两支试管中均出现了红褐色沉淀，$[Fe(SCN)_n]^{3-n}$血红色变浅无从察觉。原因可能是在配制溶液时浓度存在偏差，或者是学生滴加的NaOH溶液过量，两种情况都会导致生成$Fe(OH)_3$红褐色沉淀，进而会对$[Fe(SCN)_n]^{3-n}$的血红色的变化产生干扰。

鉴于此，"实验②"中滴加"0.01 mol/L NaOH溶液"改为"加入铁粉（或锌粉），振荡"，$Fe + 2Fe^{3+} = 3Fe^{2+}$，降低了溶液中原有的$c(Fe^{3+})$，使平衡向逆反应方向移动，同时对$[Fe(SCN)_n]^{3-n}$的血红色变化没有颜色干扰。这样，整个实验的设计与推导就更加严谨了。

6.1.3 全面表征化学问题

宏观现象、微观分析与符号表达等三重表征是化学学科的重要特征，它既能够统领化学知识的学习，又便于学生全面理解化学知识的内涵，更有利于学生化学思维模式的养成。但学生在理解、分析化学问题时，往往缺乏"宏观—微观—符号"三重表征的有机结合,不能有效自如地在三重表征之间进行切换。[1]

案例3:NaHCO₃溶液水解的三重表征

在表征NaHCO₃溶液水解时,往往会根据需要,将三重表征割裂分离,比如,在比较离子浓度大小时只关注其符号表征。这种各自独立的表征方式,既不利于对盐类水解的全面认知,也不利于水解原理的综合应用。

①宏观表征:用pH试纸(或pH计)检测NaHCO₃溶液,pH>7,溶液显碱性。

②微观表征:NaHCO₃在水溶液中完全电离,电离后HCO_3^-有一小部分发生水解,还有一小部分发生电离,其中水解部分多于电离部分,因而溶液显碱性。

$$NaHCO_3 = Na^+ + HCO_3^-$$

$$\begin{cases} HCO_3^- & \text{(绝大部分)} \\ [HCO_3^- + H_2O \rightleftharpoons] H_2CO_3 + OH^- & \text{(小部分)} \\ [HCO_3^- \rightleftharpoons] CO_3^{2-} + H^+ & \text{(更小部分)} \end{cases}$$

③符号表征:

显碱性:$HCO_3^- + H_2O \rightleftharpoons H_2CO_3 + OH^-$

原子守恒:

$c(Na^+) = c(HCO_3^-) + c(H_2CO_3) + c(CO_3^{2-})$

电荷守恒:

$c(Na^+) + c(H^+) = c(HCO_3^-) + 2c(CO_3^{2-}) + c(OH^-)$

6.1.4 深度分析问题的本质

只有分析到问题的实质,才能让学生认识到问题的本真,学生的思维才能达到一定的深度,这样,学生在分析问题和解决问题时思维才会更加严密。否则,仅就表观现象进行解说,思维方式过于感性和直觉,就会缺少理性和逻辑,就会远离问题的真相,同时也容易进入"为解释而解释"的怪圈,学生思维品质的培养也就无从谈起。

案例4:锌片上为什么会产生气泡

化学必修2(2007年人教版)第41页对【实验2-4】的分析为"锌容易失去电子,被氧化成Zn^{2+}进入溶液,电子由锌片通过导线流向铜片,溶液中H^+从铜片上获得电子被还原成氢原子,氢原子再结合成氢分子从铜片上逸出"。这种分析,很容易诱导学生得出铜锌单液电池中"铜片产生气泡,而锌片没有气泡"的结论。化学选修4(2007年人教版)则直接引入用盐桥相连的双液电池,至于将单液电池改为双液电池的原因,仅在注释中说明"那种原电池效率不高,电流在较短时间内会衰减"。至于为什么,并未提及。事实上,铜锌单液电池中锌片上的气泡问题是将单液电池改进为双液电池的本质性问题。

【实验】把锌片和铜片直接插入盛有1.0 mol/L H_2SO_4溶液的烧杯中,观察现象。然后用导线把锌片和铜片连接起来,再观察现象。

---

[1] 邹正:《新课程高中教师手册·化学》,南京大学出版社2012年版,第408-410页。

在导线连接前，锌片上产生气泡并逐渐溶解，铜片没有现象；连接后，铜片产生气泡，锌片上仍有气泡，锌片逐渐溶解。

【设问】铜片上为什么会产生 H_2 呢？

【分析】锌失去电子变成 Zn^{2+} 进入溶液，一定数量的电子沿导线由锌片流向铜片，H^+ 在铜片上获得电子而产生 H_2。

【追问】锌片上为什么仍会有 H_2 呢？

【解析】一方面，实验室使用的锌片通常是不纯的，锌、锌片中所含的铁、碳等杂质与 H_2SO_4 溶液构成了很多微型原电池。在反应过程中失去的电子根本不需要经过导线转移，而是直接被锌片周围的 H^+ 获得而产生 H_2。实验发现，锌片的纯度越低，锌片上的气泡就越多。

另一方面，即使锌片很纯而没有形成微型原电池，锌片上也只是一部分电子通过导线流向铜片，锌片上仍有一定数量的电子。事实上，H^+ 的移动速率很快，在铜片和锌片上均能获得电子产生 H_2，只不过在锌片附近 Zn^{2+} 浓度较高，对 H^+ 具有一定的排斥作用，但 H^+ 仍然能够穿越 Zn^{2+} 层而在锌片上获得电子，虽然比不上在铜片上获得电子容易。这种理由是客观存在的，因为在用导线连接锌片和铜片之前，锌片附近虽然存在大量的 Zn^{2+}，H^+ 会毫无选择地穿越 Zn^{2+} 层而在锌片上获得电子产生 H_2。

【设问】试预测这种电池所产生的电流的稳定性如何？

【分析】由于 H^+ 在铜片和锌片上都能获得电子产生 H_2，并且产生的气泡不均匀，因此产生的电流应该不稳定。

【实验】用导线把锌片和铜片连接起来插入盛有 1.0 mol/L H_2SO_4 溶液的烧杯中，用电流传感器采集该电池的电流，测得 25 min 时间内电流—时间图像。(见图5-7)

【结论】由图像可得，单液电池效率不高、内耗较大、电流不稳定并且在较短时间内会衰减。

【设问】如何设计实验获得稳定的电流呢？即如何防止 H^+ 在锌片上获得电子产生 H_2 呢？

【设计】分两个池，铜片放入 H_2SO_4 溶液中，锌片放进 $ZnSO_4$ 溶液中，但这样电路处于断路状态，用导线无法解决两个池子的通路问题，用什么材料能够将两个池子连通起来呢？

【介绍】盐桥：U形管中装有饱和的 KCl 溶液和琼脂制成的胶冻，用来传递阴阳离子，使两个烧杯中的溶液连成一个通路，能够平衡电荷，保持溶液电中性。

【实验】把锌片和铜片分别插入盛有 1.0 mol/L $ZnSO_4$ 溶液和 1.0 mol/L H_2SO_4 溶液的两只烧杯中，然后用导线将锌片和铜片连接起来，最后插入盐桥。

用电流传感器采集该电池的电流，测得 25 min 时间内电流—时间图像(见图5-8)。

【结论】由图像可得，双池电池的电流很稳定。但由于受盐桥中离子移动速率的影响，电流相对较小。

6.1.5 区分类比迁移的特殊性

类比思想是化学学科的重要思想，是建构知识与应用知识的常用方法。因为同类的物质或反应具有相同的属性，因而可进行类比迁移。但世上没有性质完全相同的两种物质或反应，因此，在进行类比迁移时，要考虑到类比对象的特殊性。

比如，Fe_3O_4 通常可写成 $Fe_2O_3 \cdot FeO$，而 Fe_3O_4 与盐酸的反应也通常类比 Fe_2O_3、FeO 与盐酸反应，据此得出：$Fe_3O_4 + 8HCl = 2FeCl_3 + FeCl_2 + 4H_2O$。而事实上，用盐酸溶解铁丝在 O_2 中燃烧后的黑色固体时，发现当固体中的铁完全反应后，剩余的 Fe_3O_4 固体不能再继续溶解。经 X 射线研究证明，Fe_3O_4 是一种反式尖晶石结构，可写成 $Fe^{Ⅲ}(Fe^{Ⅱ}Fe^{Ⅲ})O_4$，该物质并不与盐酸反应。

案例 5：SO_2 也能使澄清的石灰水变浑浊？

向澄清的石灰水中通入 SO_2，并没有像通入 CO_2 那样，先出现浑浊，后又溶解，而是一直都没有浑浊出现。当描述 SO_2 与澄清石灰水反应时，无论是老师还是学生，都屡屡将 SO_2 与 CO_2 进行类比，并将实验现象定格为"先出现浑浊后又变得澄清"。

常温下，SO_2 在水中的溶解度是 1:40，远大于 CO_2(1:1)，生成 $H_2SO_3[K_{a1}=1.54\times10^{-2}(25\ ℃)]$ 的酸性也远强于 $H_2CO_3[K_{a1}=4.30\times10^{-7}(25\ ℃)]$[①]，而饱和石灰水 $\{K_{sp}[Ca(OH)_2]=5.5\times10^{-6}(20\ ℃)\}$ 中 $c(Ca^{2+})$ 仅为 1.1×10^{-2} mol/L。当 SO_2 以一定流量通入澄清石灰水中时，SO_2 瞬间就会过量，过量的 SO_2（或 H_2SO_3）能够直接与石灰水反应生成可溶性 $Ca(HSO_3)_2$，不同于 CO_2 经历由浑浊（$CaCO_3$）到澄清 $[Ca(HCO_3)_2]$ 的过程。

6.1.6 分析原理演绎时的客观因素

物质性质与反应原理是在实验条件控制下得出的结论，具有一定的"理想色彩"，因此，在用物质性质与反应原理演绎分析具体问题时，要考虑到主次要等客观因素的影响，坚守"实验是最高的法庭"的原则，而不能"生硬"地套用原理理论，否则，很容易出现主观臆断，更容易形成教条化、绝对化的思想。

比如，稀硫酸没有腐蚀性，如果据此认为稀硫酸溅在衣物上没有必要进行及时清洗的话，衣物肯定会遭殃，因为随着衣物上稀硫酸中水分的蒸发，稀硫酸的浓度逐渐变大，最后会成为浓硫酸。

又如，可燃物烧热需要满足两个条件：与氧气接触和达到着火点。当将燃着的木条伸向盛有液氧瓶子的瓶口时，很多学生都会预期因为液氧[沸点：$-182.9\ ℃(101\ kPa)$]的温度很低而会熄灭，但事实上，木条燃烧异常迅速。原因是虽然温度很低，但液氧的 O_2 浓度非常高，足以克服温度低的不利因素。此时，O_2 的浓度就成了决定因素。

---

① 王祖浩：《化学反应原理》（第 2 版），江苏教育出版社 2006 年版，第 91-92 页。

案例6：溶解度更小怎么能够转化为溶解度小的呢？

为了得出沉淀之间的转化规律，化学选修4（2007年人教版）第64页列举了"实验3-4"和"实验3-5"进行探究：

$$AgCl \xrightarrow{I^-} AgI \xrightarrow{S^{2-}} Ag_2S$$

$$Mg(OH)_2 \xrightarrow{Fe^{3+}} Fe(OH)_3$$

这样学生很容易得出"溶解度小的能够转化为溶解度更小"的结论。但当学生遇到"用饱和 Na_2CO_3 溶液多次洗涤 $BaSO_4$ 沉淀后，可以得到 $BaCO_3$ 沉淀"时，就会感到很困惑，因为 $BaCO_3$ 的溶解度大于 $BaSO_4$，这是结论错误还是另有原因呢？

事实上，沉淀之间相互转化的方向取决于离子积与溶度积的相对大小，当溶液中离子积大于难溶物的溶度积时，溶解平衡就会向沉淀析出的方向移动，所以，"溶解度小的能够转化为溶解度更小的"。但当两种难溶物的溶度积相差不大时，比如 $BaSO_4$ 与 $BaCO_3$ [$K_{sp}(BaSO_4)=1.07\times10^{-10}$（25 ℃），$K_{sp}(BaCO_3)=2.58\times10^{-9}$（25 ℃）]，通过提高 $c(CO_3^{2-})$，增加 $Q(BaCO_3)$，当 $Q(BaCO_3)>K_{sp}(BaCO_3)$ 时，$BaSO_4 \xrightarrow{CO_3^{2-}} BaCO_3$，也可以实现"溶解度更小的能够转化为溶解度小的"。

6.2　矫治化学认知偏差　提升学科思辨能力

思维决定行为，行为养成习惯。思维可分为形象思维和抽象逻辑思维，而思辨能力就是运用抽象逻辑思维的能力。在认识和分析问题时，思辨能力不足会导致认识问题片面化和理想化，只注重表观的、细节的现象，而不善于逻辑推理，更看不清问题的本质。认知上的不足必然会对解决问题产生不利影响，错误的认知必然会导致错误的决策。

6.2.1　矫正认知的解释化

对于一些事物，人们通常习惯于去解释什么，而不善于从事物的本来面目去进行解读，更不太善于去质疑。思维方式过于感性和依赖直觉，就会缺少理性和逻辑，因而显得比较模糊，就会远离真相。由于受此思维模式氛围的影响，教师也容易陷入"为解释而解释"的误区。

案例1：离子方程式的书写

$CH_3COOH+NaOH \Longrightarrow CH_3COONa+H_2O$ 的离子方程式写成为：$CH_3COOH+OH^- \Longrightarrow CH_3COO^-+H_2O$。

为什么 CH_3COOH 要写成化学式的形式呀？因为它是弱电解质，像水一样的弱电解质都要写成化学式形式。

向学生这样解释，就等同于"因为它要写成化学式，所以要写成化学式"，是典型的机械记忆型的填鸭式教学。

事实上，在25 ℃时，0.100 mol/L CH_3COOH 溶液中，醋酸的电离度只有1.32%，

即大约每 76 个醋酸分子中有 1 个醋酸分子电离成 H^+ 和 CH_3COO^-。既然在醋酸溶液中,醋酸主要是以分子形式存在,在书写离子方程式时当然要写成化学式的形式了。至于像水、醋酸等弱电解质要写成化学式的分子形式,只不过是从客观事实中归纳出来的一个规律而已。

6.2.2 矫正认知的表面化

汉字的"意音"构型为形象思维提供了便利工具,但"望文生义"式的形象思维也左右着人们对事物的客观认知。化学现象和化学规律的特征要用词语来描述,所以就有了能反映其本质属性的化学用语。教师在讲授化学用语时,不能仅仅"望文生义",只注重表面上的规范和记忆,导致学生"人云亦云",成为一只只"鹦鹉",而要分析化学用语的本质含义,充分挖掘其内涵与外延。

案例 2:氧化还原反应

对于反应 $H_2+CuO \xrightarrow{\triangle} Cu+H_2O$,氢气得到氧发生氧化反应,氧化铜失去氧是还原反应,这样来定义氧化还原反应就有局限性。但对于初次接触到氧化还原反应的高一学生来说,这是最好的切入点。随着进入化学必修 1(2004 年人教版)模块的学习,发现氧化还原反应都伴随着化合价的变化,所以就用化合价升降来判断氧化还原反应,但这也只是氧化还原反应的表观特征。因为导致化合价升降的本质原因是电子发生转移(得失或偏移),所以电子转移才是氧化还原反应的本质特征。

案例 3:离子反应

复分解反应的发生条件是生成水、气体或沉淀,这只是表面现象。应该说复分解反应都是离子反应,一般是通过降低离子浓度而使离子反应发生,而生成水、气体或沉淀,只不过是降低离子浓度的途径而已。

比如,侯德榜制碱法($NH_3+CO_2+NaCl+H_2O \!=\!=\! NH_4Cl+NaHCO_3 \downarrow$)就是利用生成物中 $NaHCO_3$ 的溶解度小而析出沉淀,从而降低离子浓度。类似的还有莫尔盐的制备[$(NH_4)_2SO_4+FeSO_4+6H_2O \!=\!=\! (NH_4)_2Fe(SO_4)_2 \cdot 6H_2O \downarrow$],利用莫尔盐的溶解度小而析出。铝热反应中铝和氧化铁反应是利用氧化铝的熔点高而在熔融物中以固体形式析出。这些都可以看作降低体系中反应物的浓度,统属于更广泛意义上的离子反应。

6.2.3 矫正认知的二元化

二元思维方式,是思辨能力不足的另外一种表现。凡事非好即坏、非此即彼。事实上,好与坏、此与彼本身就是人为的界定,在好与坏、此与彼之间必然有一个过渡地带。这样分析问题和处理问题才会比较全面客观,也才比较符合事物的本来面目。

案例 4:分类的盲区

物质的分类,比如 Na_2O_2,既不属于碱性氧化物,也不属于酸性氧化物。

反应的分类,比如 $3CO+Fe_2O_3 \xrightarrow{\text{高温}} 2Fe+3CO_2$,就不属于四大基本反应(化合反应、分解反应、置换反应和复分解反应)中的任何一种。

案例5：NaHCO₃溶液显碱性

用 pH 试纸检测 NaHCO₃溶液，溶液显碱性，但不能就此认为 NaHCO₃只发生水解。

事实上，在 NaHCO₃溶液中，NaHCO₃是完全电离：$NaHCO_3 = Na^+ + HCO_3^-$，电离出来的 HCO_3^- 在水溶液中有三种存在形式：

$$\begin{cases} HCO_3^- & \text{（主要）} \\ [HCO_3^- =]CO_3^{2-} + H^+ & \text{（更少）} \\ [HCO_3^- + H_2O =]H_2CO_3 + OH^- & \text{（较少）} \end{cases}$$

首先要明确，HCO_3^- 在水溶液中主要是以 HCO_3^- 的形式存在，发生电离和水解的部分都是少数，但相对于 HCO_3^- 水解来说，HCO_3^- 电离的部分更少些，即水解大于电离，所以溶液显碱性。

6.2.4 矫正认知的理想化

案例6：物理性质的适用条件

有些材料描述含有 Fe^{2+} 的溶液显浅绿色，但如果用纯铁与一定浓度的盐酸反应，一段时间内很难观察到浅绿色。

0.1 mol/L FeCl₃溶液显示黄色，但将其溶液稀释 10 倍后，黄色看不见了。此时如果向稀释后的溶液中滴加 KSCN 溶液，则会出现血红色。

因此，一些离子显示的颜色，与离子的浓度有关，浓度不同，颜色也不尽相同。

案例7：化学反应的多样性

为说明浓硫酸的脱水性，选用蔗糖与浓硫酸反应。蔗糖脱水炭化后继续与浓硫酸反应，生成 CO_2 和 SO_2 等气体。其实，脱水反应和氧化反应是同时进行的。

甲烷与氯气发生取代反应，一元、二元、三元和四元取代同时进行，所得的产物中四种取代产物（一氯甲烷、二氯甲烷、三氯甲烷和四氯化碳）都有。

要检验乙醇消去反应的产物乙烯，但从乙醇与浓硫酸的反应装置中导出的气体有：SO_2、CO_2、乙醇、乙烯和水蒸气等，此时如果选择酸性 $KMnO_4$ 检测乙烯，则要用 NaOH 溶液除杂以排除 SO_2、乙醇等对乙烯检验的干扰。事实上，乙醇与浓硫酸的反应伴随着若干副反应，控制在 170 ℃时，发生消去反应只是其主要反应而已。

6.2.5 矫正认知的笼统化

根据已有的知识和经验去解决新问题，是适应环境和解决问题的一种常用思维方式。教师在教学中利用学生已有的知识结构和生活体验，通过类比建构新知识，这是一种认知新事物的捷径。但世上找不出完全相同的两片树叶，同类物质也不可能具备完全相同的物理性质或化学性质。

案例8：漂白剂的比较（见表6-1）

表 6-1 为漂白剂的比较。

表 6-1 漂白剂的比较

漂白剂类型	永久性漂白	暂时性漂白	吸附作用
试剂	HClO、O_3、Na_2O_2、H_2O_2	SO_2	活性炭
变化类型	化学变化		物理变化
可逆与否	不可逆	可逆	—

学生根据将氯水滴入石蕊试液（或 pH 试纸）中，先变红后褪色，往往会推导出 SO_2 溶液中滴入石蕊试液也会出现先变红后褪色的现象。而事实上是只变红并不褪色，原因是 SO_2 没有强氧化性。SO_2 的漂白原理是由于它能与某些有色物质生成不稳定的无色物质，SO_2 能使指示剂变色但不能漂白指示剂。

案例 9：铁与酸反应

由于酸的种类和铁的量不同，铁与酸反应的情况不尽相同。（见表 6-2）

表 6-2 铁与酸反应

反应物		化学方程式	说明
Fe	浓 HCl	$Fe+2HCl = FeCl_2+H_2\uparrow$	H^+ 的氧化性
	稀 HCl	$Fe+2HCl = FeCl_2+H_2\uparrow$	H^+ 的氧化性
	浓 H_2SO_4	钝化	浓 H_2SO_4 的强氧化性
	稀 H_2SO_4	$Fe+H_2SO_4 = FeSO_4+H_2\uparrow$	H^+ 的氧化性
	浓 HNO_3	钝化	浓 HNO_3 的强氧化性
	稀 HNO_3	$3Fe(过量)+8HNO_3(稀) = 3Fe(NO_3)_2+4H_2O+2NO\uparrow$ $Fe(少量)+4HNO_3(稀) = Fe(NO_3)_3+2H_2O+NO\uparrow$	NO_3^- 的氧化性

因此，不能简单地以一种反应情形推及其他，而应该具体问题具体分析。

6.3 在化学实验教学中发展学生的推理能力

化学实验既是学习化学的内容，也是探究化学的工具。无论是根据实验事实得出结论，还是利用实验进行探究，都要用到逻辑推理。推理能力是逻辑思维能力的重要内容，具有广泛的迁移价值。在化学实验教学中训练推理方法，发展学生的推理能力，能够有效地提升学生的逻辑思维品质，有利于发展学生的核心素养。

6.3.1 推理的作用、构成和分类

逻辑思维是人们运用概念和命题进行判断、推理，得出规律性结论的思维。[①] 逻辑思维能力是人的一种重要的认识能力，是人的基本理性能力或理论能力。[②] 常见的逻辑思维方法包括：分析与综合、比较与分类、抽象与概括、概念、判断、推理、猜测与论证等。逻辑思维方法的相互关系见图 6-1。

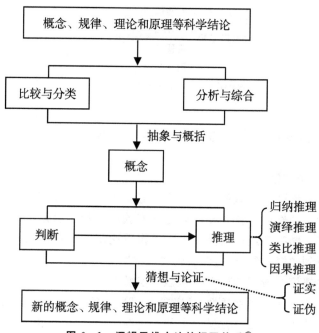

图 6-1　逻辑思维方法的相互关系[③]

判断是对事物断定的思维形式，由已知判断推导或引申出新判断的思维形式称之为推理。推理是认识问题、分析问题和解决问题的依据和关键。推理由前提和结论构成，前提是已知的判断，是推理的出发点；结论是推理所引出的新的判断，是推理的结果，可以是单个，也可能是多个。[④]

常见的推理方法有归纳推理、演绎推理、类比推理和因果推理等，具体细分见图 6-2。

[①] 《在职攻读教育硕士专业学位全国统一（联合）考试大纲及指南（教育学心理学）》，北京师范大学出版社 2003 年版，第 206-209 页。
[②] 杨武金：《逻辑思维能力与素养》，中国人民大学出版社 2013 年版，第 2-3 页。
[③] 陈梅珍：《"创设建构情境，发展学生逻辑思维能力"的化学教学实践》，浙江师范大学 2009 年硕士学位论文，第 31-60 页。
[④] 孙中原、工凤琴：《简明逻辑学》，中国展望出版社 1985 年版，第 21-55 页。

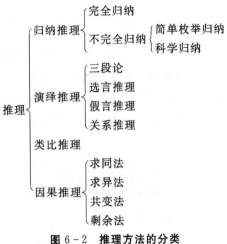

图 6-2 推理方法的分类

6.3.2 推理方法在不同类型实验教学中的应用

6.3.2.1 性质类实验

物质的性质一般借助于典型的化学实验，通过归纳、概括和抽象等思维加工而得。为了有效地建构物质的性质，首先要明确化学实验的目的，以便可以选取替代实验，也利于学生由此及彼、触类旁通；其次，要厘清物质性质的上位概念和下位概念的相互关系，这样既便于见到"树木"，也能够看到"森林"。

比如，化学必修第二册（2019年人教版）【实验5-1】二氧化硫溶于水，得出 SO_2 具有酸性氧化物的性质，属于类别通性；【实验5-2】二氧化硫的漂白品红溶液，这是暂时性漂白，属于 SO_2 的特性。结合教材给出的 SO_2 与 O_2 反应，得出 SO_2 具有还原性；SO_2 和 H_2S 反应，得出 SO_2 还具有氧化性。综合归纳得出 SO_2 的化学性质表现为类别通性、价态特性和非价态特性等。（见表 6-3）

表 6-3 SO_2 的化学性质

SO_2 和 H_2O 反应	→	酸性氧化物	→	类别通性	物质化学性质
SO_2 和 O_2 反应	→	还原性	→	价态特性	
SO_2 和 H_2S 反应	→	氧化性	→		
SO_2 漂白品红	→	漂白性	→	非价态特性	

当建构了物质的性质后，还可以采用类比推理或演绎推理，将物质的性质进行丰富和完善。

比如，还有哪些反应体现 SO_2 的还原性？通过选择常见的氧化剂，可以得出如下反应：

$$SO_2 + 2Fe^{3+} + 2H_2O = SO_4^{2-} + 2Fe^{2+} + 4H^+$$

$$5SO_2 + 2MnO_4^- + 2H_2O = 5SO_4^{2-} + 2Mn^{2+} + 4H^+$$

$$3SO_2 + 2NO_3^- + 2H_2O = 3SO_4^{2-} + 2NO\uparrow + 4H^+$$
$$SO_2 + Cl_2 + 2H_2O = SO_4^{2-} + 2Cl^- + 4H^+$$

再如，化学选择性必修 3（2020 年人教版）【实验 3—4】，通过向苯酚水溶液加入 NaOH 溶液，浑浊液变得澄清；再加入稀盐酸，澄清又变得浑浊。通过归纳可得苯酚具有酸性。

当引导学生建构物质的性质后，还可以由果溯因对物质的性质进行原因分析，比如，苯酚分子中苯环对—OH 的影响，使得酚羟基的—H 变得比较活泼，能够电离出 H^+ 而显酸性。

6.3.2.2 概念类实验

为了科学、直观地从实验案例中抽象出化学概念，实验案例要遵循科学归纳法的选取原则，不同类型的个案均要涉及，即明确概念外延的范围。然后，通过归纳个案的共同点，利用求同法因果推理，生成概念的内涵。

比如，化学选择性必修 1（2020 年人教版）【盐溶液的酸碱性】，测试 NaCl 溶液、Na_2CO_3 溶液、NH_4Cl 溶液、KNO_3 溶液、CH_3COONa 溶液和 $(NH_4)_2SO_4$ 溶液的酸碱性，得出"盐类水解"的概念。首先，选择强酸强碱盐、强酸弱碱盐、强碱弱酸盐等不同类型的盐，得出"盐类水解"的适用范围，即外延；然后，从"强酸弱碱盐和强碱弱酸盐"的水溶液显示酸碱性，采用求同法因果推理得出"溶液呈现酸性或碱性"的内涵；最后，通过由果溯因微观分析，将宏观识别、微观探析和符号表征三位一体，把"盐类水解"丰富起来、竖立起来。

以 NH_4Cl 为例：

微观探析：

$$NH_4Cl = NH_4^+ + Cl^-$$

$$[NH_4^+]\begin{cases} NH_4^+（未水解）\\ \| \\ [NH_4^+ + H_2O =]NH_3·H_2O + H^+（已水解）\end{cases}$$

符号表征：

$$NH_4^+ + H_2O \rightleftharpoons NH_3·H_2O + H^+$$

再如，化学必修第一册（2019 年人教版）【实验 1—2】电解质概念，【实验 1—3】离子反应等。

6.3.2.3 原理（规律）类实验

原理（规律）类实验通常借助于典型案例，通过归纳推理得出结论。

比如，化学选择性必修 1（2020 年人教版）【实验 2—1】浓度对化学平衡的影响 $[Fe^{3+} + 3SCN^- \rightleftharpoons Fe(SCN)_3]$；【实验 2—2】压强对化学平衡的影响 $(2NO_2 \rightleftharpoons N_2O_4)$；【实验 2—3】温度对化学平衡的影响 $(2NO_2 \rightleftharpoons N_2O_4 \quad \Delta H = -56.9 \text{ kJ/mol})$。通过上述三个实验中浓度、压强和温度对化学平衡移动的影响规律，可归纳推理得出化学平衡的移动原理，即勒夏特列原理。

再如，化学必修第一册（2019 年人教版）【碱金属化学性质的比较】、【实验 4—1】卤素单质的氧化性比较、【第三周期元素性质的递变】等，通过归纳概括，得出同主族、同周期元素性质的递变规律。

6.3.2.4 检验类实验

利用因果关联来检验物质时，因果推理既存在一因一果情况，如 Fe^{3+} 遇到 SCN^- 变红色，也存在多因一果情况，究竟是哪个"因"与哪个"果"对应，要进行排查或防干扰处理。

比如，化学选择性必修 3（2020 年人教版）【实验 3－2】乙醇的消去反应，因为还原性气体均能够使 $KMnO_4$ 酸性溶液紫色褪去，所以，在用 $KMnO_4$ 酸性溶液检验乙醇发生消去反应产生的 $CH_2=CH_2$ 时，就要用 10% NaOH 溶液排除 SO_2、CH_3CH_2OH 等的干扰。

再如，化学必修第二册（2019 年人教版）【实验 5－4】SO_4^{2-} 的检验，由于 SO_4^{2-}、CO_3^{2-}、SO_3^{2-}、Ag^+ 等能够与 Ba^{2+} 或 Cl^- 产生白色沉淀，因此检验 SO_4^{2-} 时，首先要向待检溶液中滴加过量盐酸，以排除 CO_3^{2-}、SO_3^{2-} 和 Ag^+ 等离子的干扰，然后静置后取上层清液于另一支试管中，再滴加 $BaCl_2$ 溶液，如果出现白色沉淀，则说明原溶液中含有 SO_4^{2-}。

6.3.2.5 设计类实验

设计类实验一般要依据物质的性质、反应原理或化学规律等，采用演绎或类比的推理方法。首先要整理达到实验目的的思路或方向，然后进行实验可行性论证，以选取兼顾外显性（有气体、沉淀产生或颜色变化等）、可操作性和安全性的实验方案。

比如，化学选择性必修 3（2020 年人教版）【羧酸的酸性】，"设计实验证明羧酸具有酸性"和"设计一个简单的一次性完成的实验装置，比较乙酸、碳酸和苯酚的酸性强弱"。有机酸的酸性强弱比较通常根据"强酸制弱酸"的原理。首先根据物质的性质大致判断酸性的强弱顺序：乙酸＞碳酸＞苯酚；然后选择强酸和常见的弱酸盐溶液反应，即乙酸和碳酸盐反应、CO_2（碳酸）和苯酚钠溶液反应，在具体实验操作时要考虑乙酸的挥发性，选用饱和 $NaHCO_3$ 溶液排除乙酸的干扰；最后根据实验现象得出结论。因为碳酸的浓度难以控制，所以不能采用比较同浓度乙酸、碳酸和苯酚 pH 值的方法。

如果是无机酸，同样可以利用"强酸制弱酸"的原理进行设计。如果是最高价含氧酸，还可以采用比较最高价元素所对应单质的氧化性、氢化物的稳定性以及简单离子的还原性等方法。

6.3.2.6 探究类实验

实验探究就是把化学实验作为探究工具，通过由因至果、由果溯因的分析和排查，借助实验进行验证，从而得出结论。实验探究综合应用了因果、演绎和归纳等多种推理方法。

（1）变量控制法

共变法是指被研究对象出现在不同场合，其他因素皆相同，只有一个因素发生变化，被研究对象也随之发生变化，故被研究对象与这个变化因素存在因果关系。① 当探究影响化学反应速率和化学平衡移动的因素时，就是采用单一变量控制法，依据共变法因果推

---

① 杨武金：《逻辑思维能力与素养》，中国人民大学出版社 2013 年版，第 155－156 页。

理得出结论。

化学选择性必修 1（2020 年人教版）【定性和定量研究影响化学反应速率的因素】，"选择实验用品，设计实验探究影响化学反应速率的因素"和"通过实验测定并比较下列化学反应的速率"，就是依据单一变量控制法进行设计，然后利用共变法因果推理得出结论。

（2）剩余法

剩余法是指可能由多种情况引起某一现象，当把其中一部分可能的因果联系排除后，剩余的就是产生此现象的原因。① 当不能直接证明某种物质的性质时，就可以采用剩余法因果推理。

化学必修第一册（2019 年人教版）【实验 2－8】，探究氯水中何种成分使有色布条褪色。当排除氯水中 HCl、H_2O 后，就只剩下 Cl_2 和 HClO 了。将干燥的有色布条放入盛有干燥 Cl_2 的集气瓶中，布条不褪色，说明 Cl_2 不具有漂白性。就此得出，氯水中能够漂白有色布条的成分就是剩余的 HClO 了。

（3）假设验证法

假设是建立在事实的基础上，并经过一定的逻辑推理，对未知对象、现象或规律做出有根据的猜测，② 然后利用实验或事实进行证实或证伪。根据假设推导出结论属于演绎推理，这个推理必须是严谨的、符合逻辑的，这样当得出的结论与事实相悖时，再由果溯因，从而得出假设是错误的。

化学必修第二册（2020 年苏教版）【化学反应的限度】，假设 $FeCl_3$ 与 KI 溶液完全反应，当 KI 过量时，反应后溶液中含有 KI、$FeCl_2$、I_2。用苯萃取反应后溶液后，预期有机层显紫色；向无机层溶液滴加 KSCN 溶液，预期不显红色。于是，通过如下实验步骤进行验证：

①取 5 mL 0.1 mol/L KI 溶液，向其中加入 1 mL 0.1 mol/L $FeCl_3$ 溶液，振荡，观察实验现象。

②继续向上述溶液中加入 2 mL 苯，充分振荡后静置，观察实验现象。

③分液后，将下层溶液分装在两支洁净的试管中，向其中一支试管滴加 5～6 滴 KSCN 溶液，观察并比较两支试管中溶液的颜色。

通过实验验证，步骤②中有机层出现了预期中的紫色，但步骤③中滴加 KSCN 溶液的试管变成了红色，出现了"异常"。该"异常"的实验事实说明原反应后溶液中含有 Fe^{3+}，从而得出"$FeCl_3$ 与 KI 溶液完全反应"的假设不成立，应该为不完全反应，也即该反应为可逆反应。

---

① 陈梅珍：《"创设建构情境，发展学生逻辑思维能力"的化学教学实践》，浙江师范大学 2009 年硕士学位论文，第 31－60 页。

② 彭漪涟：《逻辑学基础教程》（第三版），华东师范大学出版社 2017 年版，第 221 页。

6.3.3 发展推理能力的实验教学策略

6.3.3.1 掌握各种推理方法的应用要点

科学归纳法所采用的样本少而精，通过选取佐证结论的不同情形个案，分析个案的共同属性，从而归纳推理得出普适结论。归纳推理能引导学生体验其中蕴含的分类思想，借以提升学生的理解能力和概括能力。

类比推理是知识点对点的应用迁移。类比推理是通过新旧知识"类"的桥梁，借助旧知识而引发、建构新知识，因此，分类是进行类比推理的锚点。在进行类别推理时要甄别特例。

演绎推理是知识线或知识网对知识点的应用，凸显知识的应用迁移价值，是发展学生核心素养的有效路径。在进行演绎推理时要注重演绎的条件和适用范围。

因果推理有助于培养学生的理性思维和严谨态度，有利于学生判断、分析、综合等思维能力的提升。在分析问题时，无论是由因至果的正向分析，还是由果溯因的逆向分析，均要考虑一因多果、多因一果、多因多果等情况，并要排除干扰，找出因果关联之处。

6.3.3.2 融会贯通各种推理方法

各种推理方法之间并没有严格的界限，而是相互融合的。因此，只有对推理方法融会贯通，才能够应用自如、游刃有余。

比如，在具体探究浓度、压强和温度对化学平衡移动的具体影响时，采用的是共变法因果推理；而通过归纳浓度、压强和温度对化学平衡移动的规律，得出勒夏特列原理，则属于归纳推理。

再如，设计气体发生装置，既可以采取演绎法，也可以采用类比法。NH_3 的制备装置，如果采用 NH_4Cl 与 $Ca(OH)_2$ 反应，既可以采用"固固加热或固体受热分解装置"，也可以采用类比 "$KMnO_4$ 制备 O_2 的装置"；如果直接用浓氨水制备 NH_3，既可以采用"固液加热或液液加热装置"，也可以采用类比 "MnO_2 和浓盐酸反应制备 Cl_2 的装置"。

一般来说，化学知识的建构多采用归纳推理和因果推理相结合的方式，而通过实验去探究或解决具体问题时，多采用因果、演绎和类比等推理方法。

6.3.3.3 系列训练和系统培养推理能力

同一种推理方法，常常会出现在不同章节和不同模块，教师通过引导学生了解、理解和应用，从而对学生进行系列训练和系统培养。

比如，利用共变法因果推理，探究影响速率的因素。在化学必修第二册（2019年人教版）【影响化学反应速率的因素】中，根据探究催化剂、温度对 H_2O_2 分解速率的影响，归纳得出单一变量控制法的实验设计思路。然后，演绎该思路去探究浓度对盐酸与大理石反应速率的影响：①首先分析影响盐酸与大理石反应速率的因素：温度、盐酸的浓度和大理石的碎粒大小（即固体表面积）；②接着只改变盐酸浓度，即分别取 15 mL 0.1 mol/L 盐酸和 1 mol/L 盐酸，而要控制反应温度和大理石碎粒大小，即分别取 10 g 碎粒大小相同（或相近）的大理石在室温进行反应；③最后通过比对两支试管反应速率的快慢，就可以直接得出"增加浓度，反应速率加快"的结论。

在化学选择性必修1（2020年人教版）【实验2-1】浓度对化学平衡的影响、【实验2-2】压强对化学平衡的影响、【实验2-3】温度对化学平衡的影响中，当"探究影响化学平衡移动的因素"时，教师就可以引导学生利用单一变量控制法的实验设计思路，再结合共变法因果推理，从而得出影响化学平衡移动的因素。这种跨模块的整体教学设计，既训练了学生的归纳和演绎推理能力，也系统培养了学生使用共变法因果推理的能力。

6.3.3.4 把验证性实验设计为探究性实验

把验证性实验设计为探究性实验，更能激发学生的学习兴趣和探究热情。探究性实验涉及因果、演绎、类比等多种推理方法。学生探究实验的过程，既是对知识的深度理解过程，也是提高分析问题和解决问题能力的过程，更是发展学生逻辑推理能力的过程。

比如，将"SO_2的化学性质"设计为探究实验：

①SO_2属于何种物质类别？

②SO_2的酸性氧化物类别表现在哪些方面？如何设计实验进行证明？

③如何设计实验验证SO_2水溶液的酸性和亚硫酸的不稳定性？

④根据SO_2核心元素的价态，分析SO_2的价态特性。

⑤如何设计实验证明SO_2的氧化性？

⑥如何设计实验证明SO_2的暂时性漂白作用？

6.4 发展学生推理能力的教学策略

在化学教学过程中，教师既要注重化学知识的建构，更要注重对学生思维方法和思维能力的训练和培养，并且要将两者融为一体。相对于化学知识来讲，思维能力更具有广泛的迁移价值。

推理方法是逻辑思维方法的重要内容，推理能力是学生分析问题和解决问题的关键能力。教师在引导学生建构化学必备知识的过程中，系统地训练和培养学生的推理能力，能够有效提升学生的思维品质和核心素养。

6.4.1 推理的作用、构成与分类

6.4.1.1 推理的作用

逻辑思维是人们运用概念和命题进行判断、推理，得出规律性结论的思维。[1] 逻辑思维能力是人的一种重要的认识能力，是人的基本理性能力或理论能力。[2] 常见的逻辑思维方法包括：分析与综合、比较与分类、抽象与概括、概念、判断、推理、猜测与论证等。

---

[1] 《在职攻读教育硕士专业学位全国统一（联合）考试大纲及指南（教育学心理学）》，北京师范大学出版社2003年版，第206-209页。

[2] 杨武金：《逻辑思维能力与素养》，中国人民大学出版社2013年版，第2-3页。

逻辑思维方法的相互关系见图6-1。

判断是对事物断定的思维形式。由已知判断推导或引申出新判断的思维形式称之为推理。推理是认识问题、分析问题和解决问题的关键和依据。

6.4.1.2 推理的构成

推理由前提和结论构成，前提是已知的判断，是推理的出发点；结论是推理所引出的新的判断，是推理的结果，可以是单个，也可能是多个。[①]

比如，向NaOH溶液中通入一定量CO_2后，溶液中溶质的成分是什么？具体分析见表6-4。

表6-4 CO_2与NaOH溶液反应后溶质的成分

$n(CO_2)$与$n(NaOH)$	溶质的成分
$n(CO_2) < \frac{1}{2}n(NaOH)$ 时	NaOH、Na_2CO_3
$n(CO_2) = \frac{1}{2}n(NaOH)$ 时	Na_2CO_3
$\frac{1}{2}n(NaOH) < n(CO_2) < n(NaOH)$ 时	Na_2CO_3、$NaHCO_3$
$n(CO_2) \geqslant n(NaOH)$ 时	$NaHCO_3$

进行正确的推理，前提必须正确，比如"CO_2既能与NaOH反应，也能与Na_2CO_3反应"，不能漏掉其中一个，也不能将"CO_2先和NaOH反应，再和Na_2CO_3反应"的反应顺序颠倒，否则无法推得正确结论。

6.4.1.3 推理的分类

常见的推理方法有归纳推理、演绎推理、类比推理和因果推理等，具体细分见图6-2。

6.4.2 推理方法的教学意义和实操要点

6.4.2.1 归纳推理

归纳推理是以个别性或特殊性知识为前提，推导出一般性知识结论。[②] 归纳是为了得出普适性结论，是化学知识的概括和抽象，也是应用化学知识的前提和基础。

化学教学中采用归纳推理可以把零散的知识点连成知识线，进而建构知识网络。结构化知识是发展学生逻辑思维能力的支点。归纳推理能引导学生体验其中蕴含的分类思想，借以提升学生的理解能力和概括能力。

（1）采用科学归纳法得出普适性结论

根据化学必修第一册（2019年人教版）"表4-5 1～18号元素的原子核外电子排布、原子半径和主要化合价"，可以归纳得出"随着原子序数的递增，1～18号元素原子的核外电子排布、原子半径和化合价都呈现周期性的变化"。这是属于完全归纳推理。

---

① 孙中原、工凤琴：《简明逻辑学》，中国展望出版社1985年版，第21-55页。
② 孙中原、工凤琴：《简明逻辑学》，中国展望出版社1985年版，第21-55页。

相对于完全归纳推理采用全部样本，科学归纳法所采用的样本少而精，是根据事物中部分对象与其属性之间具有的因果联系，推出该类事物的全部对象都具有该种属性。[①] 通过选取佐证结论的不同情形个案，分析个案的共同属性，从而归纳推理得出普适性结论。

比如，根据不同单质发生不同类别反应产生 H_2：

$Fe + 2HCl = FeCl_2 + H_2 \uparrow$

$2Na + 2H_2O = 2NaOH + H_2 \uparrow$

$2Al + 2NaOH + 2H_2O = 2NaAlO_2 + 3H_2 \uparrow$

$Si + 2NaOH + H_2O = Na_2SiO_3 + 2H_2 \uparrow$

从而归纳得出单质（M）和置换出酸、水或碱产生 H_2 的关系为：$M \sim \frac{n}{2} H_2$（n 为 M 的化合价）。

（2）培养学生的归纳概括能力

对于化学规律性结论，不能简单告知学生，而要引导学生学会根据典型案例归纳概括获得，这样既能够理解问题的实质，也能够达到举一反三、触类旁通之效。

比如，以"酸性 $KMnO_4$ 氧化 H_2O_2"为例：

①$MnO_4^- + H_2O_2 \longrightarrow Mn^{2+} + O_2 \uparrow$

根据化合价升降原理推导出氧化产物与还原产物；

②$2MnO_4^- + 5H_2O_2 \longrightarrow 2Mn^{2+} + 5O_2 \uparrow$

电子转移守恒（即化合价升降相等）；

③$2MnO_4^- + 5H_2O_2 + 6H^+ \longrightarrow 2Mn^{2+} + 5O_2 \uparrow$

电荷守恒；

④$2MnO_4^- + 5H_2O_2 + 6H^+ = 2Mn^{2+} + 5O_2 \uparrow + 8H_2O$

原子守恒。

可以归纳得出"缺项型氧化还原反应离子方程式"的书写步骤——一推三恒。

（3）借助归纳推理突破难点

相对于抽象的化学结论，典型案例更具有形象性、直观性和持久性。选取典型案例，通过引导学生分析、归纳而得出结论，更能够有效地突破教学难点。

比如，将 8 g Fe_2O_3 投入 150 mL 某浓度的稀硫酸中，再投入 7 g 铁粉，充分反应后，收集到 1.68 L H_2（标准状况），同时，Fe 和 Fe_2O_3 均无剩余，为了中和过量的硫酸，且使溶液中铁元素完全沉淀，共消耗 4 mol/L 的 NaOH 溶液 150 mL。则原硫酸的物质的量浓度为_____。

此题如果分步逐项计算，繁杂而且容易出错；如果直接利用"$H_2SO_4 \sim 2NaOH$"，则比较抽象，学生也难以理解。而借助于其中的典型反应，通过归纳推理，就可以直接得出 H_2SO_4 与 NaOH 的相互关系：

---

① 杨武金：《逻辑思维能力与素养》，中国人民大学出版社 2013 年版，第 121 页。

$$\left.\begin{array}{r}\text{Fe}\sim 2\text{H}^+ \sim \text{Fe}^{2+} \sim 2\text{OH}^-\\ \text{Fe}_2\text{O}_3 \sim 6\text{H}^+ \sim 2\text{Fe}^{3+} \sim 6\text{OH}^-\\ 2\text{H}^+ \sim 2\text{OH}^-\end{array}\right\} \Rightarrow \text{H}_2\text{SO}_4 \sim 2\text{NaOH}$$

无论是 Fe_2O_3、铁粉，还是过量的 H_2SO_4，消耗的 H_2SO_4 和 NaOH 的物质的量比均为1∶2，所以归纳可得最终反应的 H_2SO_4 和 NaOH 的物质的量比也为1∶2。

6.4.2.2 演绎推理

演绎推理，就是从一般性的前提出发，通过推导即"演绎"，得出具体陈述或个别结论的过程。演绎推理是知识线或知识网对知识点的应用，凸显知识的应用迁移价值。

利用已知的化学知识解决实际问题，属于演绎推理的范畴，能够促进学生逻辑思维能力和解决问题能力的提升，是发展学生核心素养的有效路径。

演绎推理有三段论、选言推理、假言推理和关系推理等常见形式。

比如，芥子醇的结构简式为：

$$\begin{array}{c}CH_3-O\\ \quad\\ OH-\text{〔苯环〕}-CH=CH-CH_2OH\\ \quad\\ CH_3-O\end{array}$$

芥子醇含有酚羟基、醇羟基、碳碳双键和醚键等官能团，所以芥子醇能够发生氧化、取代和加成等反应，这是属于演绎推理的三段论。

又如，根据理想气体状态方程 $pV=nRT$，可以进行如表6-5的关系推理。

表6-5 理想气体状态方程的关系推理

相同条件	推论公式	语言叙述
T、p 相同	$\dfrac{V_1}{V_2}=\dfrac{n_1}{n_2}$	同温、同压下，气体的体积与其物质的量成正比
T、V 相同	$\dfrac{p_1}{p_2}=\dfrac{n_1}{n_2}$	温度、体积相同的气体，其压强与其物质的量成正比
T、p 相同	$\dfrac{\rho_1}{\rho_2}=\dfrac{M_1}{M_2}$	同温、同压下，气体的密度与其摩尔质量（或相对分子质量）成正比

(1) 分析规律性结论的本质

为了更好地演绎规律性结论，要分析和理解规律性结论的本质，这样应用起来才能够游刃有余。

比如，单质(M)和单质与酸、水或碱反应产生 H_2 的关系为：$M\sim\dfrac{n}{2}H_2$，为什么是 $\dfrac{n}{2}$ 呢？单质 M 失去 ne^- 个电子形成 M^{n+}，而酸、水或碱中的 H 元素皆为+1 价，生成 H_2，要得到 $2e^-$ 个电子，要使电子转移守恒，H_2 前面必须乘以 $\dfrac{n}{2}$。

(2) 界定演绎的适用条件和范围

化学规律性结论都有一定的适用条件和适用范围，因此，在演绎应用时，要分析适用条件，同时要甄别特例。

设计实验比较酸性强弱，一般根据"强酸制弱酸"的原则，采用强酸和弱酸盐反应。比如，向 Na_2SiO_3 溶液中通入 CO_2 气体，出现白色胶状沉淀 H_2SiO_3，就能够得出 H_2CO_3 的酸性强于 H_2SiO_3。但在 "$H_2S+CuSO_4 \!=\!\!=\! CuS\!\downarrow\!+H_2SO_4$" 反应中，$H_2S$ 是弱酸，却能够制得强酸 H_2SO_4，原因是 CuS 的溶度积非常小 $[K_{sp}=6.3\times10^{-36}(25\ ℃)]$。

6.4.2.3 类比推理

类比推理是根据两个或两类对象在某些属性上相同，进而推断它们在另一属性上也相同。[1] 类比不同于演绎，是知识点对点的应用迁移。

类比推理能够把复杂的化学知识简单化，把抽象的内容形象化，有助于学生由此及彼、触类旁通，不仅有利于理解和整合化学知识，而且还能够培养学生的发散思维。

(1) 熟悉类比对象

学生只有熟悉典型的案例，才能够类比案例进行应用迁移。

比如，向澄清的石灰水通入 CO_2，先出现白色沉淀；继续通入 CO_2，沉淀又变得澄清，因为开始生成的 $CaCO_3$ 沉淀又转化成可溶性的 $Ca(HCO_3)_2$ 了。依据这个案例可以类比迁移至 CO_2 与 NaOH、SO_2 与 $Ba(OH)_2$ 等反应。

(2) 找准新旧知识间"类"的桥梁

类比推理是通过新旧知识"类"的桥梁，借助于旧知识而引发、建构新知识，因此，分类是进行类比推理的锚点。

比如，根据反应 $SiO_2+Na_2CO_3 \xrightarrow{\text{高温}} Na_2SiO_3+CO_2\uparrow$，就可以类比得出 Al_2O_3 与 Na_2CO_3 的反应：$Al_2O_3+Na_2CO_3 \xrightarrow{\text{高温}} 2NaAlO_2+CO_2\uparrow$。$Al_2O_3$ 具有酸性氧化物的性质，是进行该类比迁移的锚点。

(3) 甄别类比时的特例

在进行类比推理时，既要抓住或分析类比对象本质的必然的相似，还要区别类比时的特例，防止"机械类比"的错误。

比如，Cu 和稀硝酸反应的方程式为：

$3Cu+8HNO_3(稀)\!=\!\!=\!3Cu(NO_3)_2+2NO\uparrow+4H_2O$

那么，Fe 与稀硝酸反应就不能简单类比为：

$3Fe+8HNO_3(稀)\!=\!\!=\!3Fe(NO_3)_2+2NO\uparrow+4H_2O$

该反应只适用于 Fe 过量（或硝酸不足）时的反应；当 Fe 少量（或硝酸过量）时，生成的则为 $Fe(NO_3)_3$。

再如，向 $BaCl_2$ 溶液中通入 SO_2 不能产生沉淀，因为弱酸不能制取强酸。但不能据此类比得出"向 $Ba(NO_3)_2$ 溶液中通入 SO_2 也没有沉淀"。事实上，在酸性条件下，NO_3^- 能够把 SO_2 氧化为 SO_4^{2-}，从而会出现 $BaSO_4$ 白色沉淀。

6.4.2.4 因果推理

因果推理是通过探求现象因果联系的一种推理。[2] 因果推理是理性思维的基础，是逻

---

[1] 彭漪涟：《逻辑学基础教程》（第三版），华东师范大学出版社 2017 年版，第 218 页。
[2] 陈梅珍：《"创设建构情境，发展学生逻辑思维能力"的化学教学实践》，浙江师范大学 2009 年硕士学位论文，第 31-60 页。

辑论证涉及最多的一种推理结构。

因果推理可以促进学生对化学知识的深入理解，有助于培养学生的理性思维和严谨态度，有利于提升学生分析和判断等思维能力。

因果推理通常有求同法、求异法、共变法和剩余法等。

①求同法是指根据在不同场合下出现相同现象，排除不同场合中的不同情况，选取相同情况作为出现相同现象的原因。[①]

比如，通过分析 HCl、H_2SO_4 和 HNO_3 等在水溶液中都能电离出 H^+，可以从电离的角度认识酸的本质，即电离时生成的阳离子全部是 H^+ 的化合物。

②求异法是指在多种情况下，排除相同部分，找出不同部分，判明不同部分是出现现象的原因。[②]

比如，定性分析乙醇与钠反应产生氢气的原因，根据"金属钠保存在煤油中"的事实，可以得出烷基上的氢原子不能被 Na 置换，从而得出只有—OH 上的氢原子才能被 Na 置换出来产生 H_2。

③共变法是指被研究对象出现在不同场合，其他因素皆相同，只有一个因素发生变化，被研究对象也随之发生变化，故被研究对象与这个变化因素存在因果关系。[③]

比如，探究影响反应速率和平衡移动的因素，就是采用单一变量控制法，依据共变法因果推理得出结论。

④剩余法是指可能有多种情况引起某一现象，当把其中一部分可能的因果联系排除后，剩余的就是产生此现象的原因。[④]

比如，酸性 $KMnO_4$ 溶液与 $H_2C_2O_4$ 溶液反应，刚开始反应速率较慢，溶液褪色不明显，但过一段时间溶液突然褪色，反应速率明显加快。当排除浓度（反应物浓度减少）、温度的影响后，能加快反应速率的因素只有催化剂 Mn^{2+} 了。

再如，探究氯水中何种成分使有色布条褪色？当排除氯水中 HCl、H_2O 后，只剩下 Cl_2 和 HClO 了。将干燥的有色布条置于氯气中，布条不褪色，说明 Cl_2 不具有漂白性。那么就可以推理得出，氯水中能够漂白有色布条的成分就是剩余的 HClO 了。

（1）由"相关性"推导出"因果关系"

因果关系存在一因多果、多因一果、多因多果等。因果推理的常见方式有由因至果和由果溯因等。

两个事件之间存在一定的相关性，如果能够推断出它们之间存在着因果关系，那么，

---

① 陈梅珍：《"创设建构情境，发展学生逻辑思维能力"的化学教学实践》，浙江师范大学 2009 年硕士学位论文，第 31-60 页。
② 陈梅珍：《"创设建构情境，发展学生逻辑思维能力"的化学教学实践》，浙江师范大学 2009 年硕士学位论文，第 31-60 页。
③ 杨武金：《逻辑思维能力与素养》，中国人民大学出版社 2013 年版，第 156 页。
④ 陈梅珍：《"创设建构情境，发展学生逻辑思维能力"的化学教学实践》，浙江师范大学 2009 年硕士学位论文，第 31-60 页。

"相关性"就变成了"因果关系"。[①]

比如，苯环上的—H 被—OH 取代形成酚，一方面，苯环对—OH 的影响，使得酚羟基上的—H 变得比较活泼，能够电离出 H^+ 而显酸性；另一方面，—OH 对苯环的影响，使得苯环的邻对位能够发生多元取代。这就是多因多果。

再如，有机合成路线的推导、工艺流程图的分析，就是通过由因至果和由果溯因的分析和排查，找出前后之间的因果关联，从"相关性"确定为"因果关系"。

(2) 因果推理要排除干扰因素

因果推理因为存在一因多果、多因一果和多因多果等可能，究竟是哪个"因"与哪个"果"是对应的，要进行排查或防干扰处理。

比如，因为 SO_4^{2-}、CO_3^{2-}、SO_3^{2-}、Ag^+ 等能够与 Ba^{2+} 或 Cl^- 产生白色沉淀，所以要检验 SO_4^{2-}，首先要向待检溶液中滴加过量盐酸，以排除 CO_3^{2-}、SO_3^{2-} 和 Ag^+ 等离子的干扰，接着在静置后取上层清液于另一支试管中，再滴加 $BaCl_2$ 溶液，如果出现白色沉淀，则说明原溶液中含有 SO_4^{2-}。

再如，在用 $KMnO_4$ 酸性溶液检验乙醇发生消去反应产生的 $CH_2=CH_2$ 时，就要先用 10% NaOH 溶液排除 SO_2、CH_3CH_2OH 的干扰。

(3) 因果推理要综合分析

由"相关性"到"因果关系"的因果推理中，要全面、综合地分析，以排除干扰因素，找出"因"和"果"的必然关联。

比如，见主题 1 中的"1.3.5 概念的应用"的案例。

6.4.3 发展推理能力的教学策略

6.4.3.1 系列训练和系统培养推理能力

同一种推理方法，常常会出现在不同章节和不同模块中，通过引导学生了解、理解和应用，进行系列训练和系统培养，以便学生应用掌握。

比如，利用共变法因果推理，探究影响速率的因素。在化学必修第二册（2019 年人教版）"影响化学反应速率的因素"中，根据探究催化剂、温度对 H_2O_2 分解速率的影响，归纳得出单一变量控制法的实验设计思路。然后，演绎该思路去探究浓度对盐酸与大理石反应速率的影响：①首先分析影响盐酸与大理石反应速率的因素：温度、盐酸的浓度和大理石的碎粒大小（即固体表面积）；②接着只改变盐酸浓度，即分别取 15 mL 0.1 mol/L 盐酸和 1 mol/L 盐酸，而要控制反应温度和大理石碎粒大小，即分别取 10 g 碎粒大小相同（或相近）的大理石在室温进行反应；③最后通过比对两支试管反应速率的快慢，就可以直接得出"增加浓度，反应速率加快"的结论。

在化学选择性必修 1（2020 年人教版）"探究影响化学平衡移动的因素"时，就可以引导学生利用单一变量控制法的实验设计思路，再结合共变法因果推理，从而得出影

[①] 周忆堂：《生物高考试题中的因果推理及分析》，载《理科考试研究》2019 年第 1 期，第 61-63 页。

化学平衡移动的因素。这种跨模块的整体教学设计，既训练了学生的归纳和演绎推理能力，也系统培养了学生使用共变法进行因果推理能力。

6.4.3.2 融会贯通各种推理方法

无论是化学知识的建构，还是应用化学知识解决问题，必然会运用到各种推理方法，因此，要对各种推理方法融会贯通，才能够应用娴熟。

比如，化学选择性必修 1（2020 年人教版）"盐溶液的酸碱性"实验中，通过测试 $NaCl$ 溶液、Na_2CO_3 溶液、NH_4Cl 溶液、KNO_3 溶液、CH_3COONa 溶液、$(NH_4)_2SO_4$ 溶液的酸碱性，通过选取强酸强碱盐、强酸弱碱盐、强碱弱酸盐等不同类型盐的典型案例，采用科学归纳法得出"盐类水解"。这其中也用到了因果推理的求同法。

再如，借助于漂白粉的制取原理：$2Cl_2 + 2Ca(OH)_2 = CaCl_2 + Ca(ClO)_2 + 2H_2O$，得出"非金属单质与碱溶液发生歧化反应"的规律，然后演绎至"$3S + 6NaOH = 2Na_2S + Na_2SO_3 + 3H_2O$"。当然，也可以将两者直接类比得出，两种方法异曲同工。

6.4.3.3 灵活适宜地应用推理方法

一般来说，化学知识的建构多采用归纳推理和因果推理相结合的方式，首先选取典型案例，通过对实验现象进行宏观识别，借助于归纳、概括和抽象等逻辑思维加工过程，得出规律性结论；然后再对宏观现象进行微观探析，借助于因果推理思维过程，找出实验现象和微观本质的因果关联。

在应用化学知识解决具体问题时，多采用因果、演绎和类比等推理方法。在分析问题时，无论是由因至果的正向分析，还是由果溯因的逆向分析，均要考虑一因多果、多因一果、多因多果等情况，并要排除干扰，找出因果关联之处。在具体解决问题时，要注意演绎推理或类比推理的适用条件和适用范围，并要甄别特例。

6.5 促进学生认识发展的教学策略[①]

对客观事物的认识，是通过思维活动来实现从现象到本质、从感性到理性的升级转化的。[②] 认识能力是指认识客观事物的方式和行为水平，涵盖认识方式、认识域、认识深度和认识角度等。[③] 在化学教学过程中，教师可以通过创设问题情境来引导学生分析和解释、预测和证明、设计和调控等，将知识"向前"推进一步或几步，充分发挥知识建构过程中的认识发展功能，为学生的终身发展奠定基础。

---

① 吴庆生：《促进学生认识发展的教学策略》，载《化学教学》2013 年第 6 期，第 30-32 页。

② 郭清海：《高等教育专业课教学中复杂性和系统性思维方法的培养》，载《现代企业教育》2006 年第 12 期，第 87-88 页。

③ 陈颖、李蕙珍、王磊等：《促进学生有机物性质认识能力发展的"醇类"教学研究》，载《化学教育》2010 年第 9 期，第 24-27 页。

6.5.1 搭建思维路径，建构认识方法

搭建思维路径，能为学生应用知识去认识并解决问题提供方法程序和思路模型。

案例1：利用氧化还原反应分析物质的化学性质

【设问】试从化合价的视角预测 H_2O_2 的化学性质。

【分析与预测】H_2O_2 的核心元素是 O 元素，O 元素是 -1 价，既能被还原为 -2 价，又能被氧化为 0 价，从而预测 H_2O_2 既具有氧化性，又具有还原性。

【设问】如何设计实验方案验证预测是否正确？

【设计并实验】检测试剂中氧化剂选择 $KMnO_4$ 酸性溶液，还原剂选择 KI 溶液：

①取 $1\sim2$ mL 0.01 mol/L $KMnO_4$ 酸性溶液于试管中，滴加适量的质量分数为 5% 的 H_2O_2 溶液。

②取 $1\sim2$ mL KI 溶液于试管中，滴加适量的质量分数为 5% 的 H_2O_2 溶液。

【结论】H_2O_2 能够使 $KMnO_4$ 酸性溶液褪色，并产生气泡，说明 H_2O_2 具有还原性；H_2O_2 又能使 KI 溶液变成棕黄色，说明 H_2O_2 具有氧化性。

【设问】试从氧化还原反应的视角归纳分析物质化学性质的思维路径。

【归纳】利用氧化还原反应分析物质化学性质的一般程序：物质的化学式→各元素的化合价→核心元素的化合价→分析化合价的升降可能→预测物质的化学性质→选择适宜的试剂与之反应→根据实验现象得出结论。

6.5.2 拓展知识深度，提高认识深广度

思维的深刻性反映了思维活动的抽象程度和逻辑水平，是思维品质诸多属性中最基础的要素，对其他品质特性具有统摄和联动作用。[1] 教师应引导学生对化学知识进行深入探究，抽象其本质和规律，促使学生的认识发展朝纵向深入。

案例2：弱电解质的判断方法

【实验】25 ℃时，用 pH 计分别测 0.10 mol/L HCl 溶液和 CH_3COOH 溶液的 pH：

pH(HCl)=1.01

pH(CH_3COOH)=2.87

【设问】根据实验数据分析 HCl 和 CH_3COOH 的电离情况。

【分析】$HCl = H^+ + Cl^-$

   0.10 10^{-1}

说明了 HCl 完全电离，是强电解质；

$[CH_3COOH]$ $\begin{cases} CH_3COOH(未电离) \\ \updownarrow \\ [CH_3COOH =] CH_3COO^- + H^+ \end{cases}$

0.10   （已电离） $\approx 1.34\times 10^{-3}$

---

[1] 刘世军：《通过习题教学培养学生思维的深刻性》，载《物理教学探讨》2009 年第 6 期，第 3-5 页。

说明了 CH_3COOH 发生了部分电离,是弱电解质,即 $CH_3COOH \rightleftharpoons CH_3COO^- + H^+$。

【设问】根据数据分析 CH_3COOH 的电离程度。

【分析】25 ℃时,0.10 mol/L CH_3COOH 溶液的电离程度:

$$\frac{\text{已电离的醋酸浓度}}{\text{醋酸的初始浓度}} \times 100\% = \frac{1.34 \times 10^{-3}}{0.10} \times 100\% = 1.34\%$$

25 ℃时,0.100 mol/L CH_3COOH 溶液的电离程度是 1.34%,即大约每 76 个醋酸分子中有 1 个醋酸分子电离成 H^+ 和 CH_3COO^-。

【设问】把 0.10 mol/L HCl 溶液和 CH_3COOH 溶液分别加水稀释 10 倍,预测其 pH 的变化。

【预测并实验】用 pH 计分别测稀释 10 倍后溶液的 pH:pH(HCl)=2.01
pH(CH_3COOH)=3.38

【分析】HCl 溶液稀释 10 倍后溶液的 pH 增大 1 个单位。而 CH_3COOH 溶液由于存在电离平衡,具有自动调节功能,加水稀释后 CH_3COOH 的电离程度增大,其 pH 变化没有 1 个单位。

【设问】同浓度、同体积的 HCl 溶液和 CH_3COOH 溶液同时与足量的镁条反应,产生 H_2 的速率和体积如何?

【实验】取两支试管分别加入 10 mL 1 mol/L HCl 溶液和 CH_3COOH 溶液,在两个气球中分别加入经砂纸打磨过的长度相同的 0.2 g 镁条,然后将气球套在试管口,同时将气球中的镁条送入试管中,观察气球膨胀的快慢和最后胀大的程度。

HCl 溶液反应的速率较快,但两个气球最终膨胀的程度相同,说明产生 H_2 的体积相同。

【提炼】相同浓度和相同体积的 HCl 溶液和 CH_3COOH 溶液最终提供的 H^+ 一样多,也即与活泼金属反应的能力相同。

【设问】同体积、同 pH 的 HCl 溶液和 CH_3COOH 溶液与足量的镁条反应,所产生 H_2 的速率和体积。

【分析】pH 相同时,$c(HCl)=c(H^+)$,而 $c(CH_3COOH)>c(H^+)$,所以 CH_3COOH 产生 H_2 的速率和体积都较大。

【归纳】根据上述事实,整理 CH_3COOH 是弱电解质的判断方法。(见表 6-6)

表 6-6 弱电解质的判断方法

实验内容	判断方法	要点
酸的浓度与 pH 的关系	$c(CH_3COOH)>c(H^+)$ 为弱酸	直接判断
溶液稀释倍数与 pH 前后变化关系	稀释 10 倍 pH 变化不及 1 个单位的为弱酸	
同浓度、同体积 HCl 溶液、CH_3COOH 溶液分别与活泼金属反应	速率慢的为弱酸	需要借助与强酸反应进行对比
同 pH、同体积 HCl 溶液、CH_3COOH 溶液分别与足量的活泼金属反应	速率快或 H_2 体积多的为弱酸	

【思考】直接测 CH_3COOH 溶液的导电性,能否说明其是弱电解质?

【分析】需要借助与强酸(如 HCl)反应进行对比。

6.5.3 提炼观念性知识,提升认识高度

事实性知识和过程方法性知识均属于具体性知识,具体性知识往往只具有类比价值。而在具体性知识基础上提炼出来的观念性知识,则具有丰富的认识价值和广泛的迁移功能。

观念性知识的自发形成往往依赖于大量的练习实践和归纳、抽象思维能力,而在教师学科视野引导下的归纳、抽象和提炼,则能提升观念性知识的建构效率。

案例 3:溶液导电的实质及其影响因素

【实验】通过导电性实验,来检测 NaCl 固体和 NaCl 溶液的导电性。
NaCl 固体不导电,而 NaCl 溶液能够导电。

【设问】为什么 NaCl 固体不导电,而 NaCl 溶液能够导电?

【分析】在 NaCl 固体中 Na^+ 与 Cl^- 之间存在静电作用,Na^+ 与 Cl^- 均不能自由移动;而当 NaCl 固体溶于水时,水分子减弱了 Na^+ 与 Cl^- 之间的作用,使得 Na^+ 与 Cl^- 均能自由移动。

【设问】结合金属导电,物质要导电的条件是什么?

【提炼】具有能够自由移动的带电的粒子(电子或离子)就能够导电。

【设问】溶液的导电能力与离子浓度有何关系?如何设计实验去证明?

【预测与实验】离子的浓度越大,溶液的导电能力可能越强。
通过对比灯泡发光的亮度来比较 0.1 mol/L NaCl 溶液和 0.01 mol/L NaCl 溶液的导电性强弱。

【结论】在相同条件下,对于同种溶质的溶液,离子浓度越大,溶液的导电能力就越强。

6.5.4 整合物质多重属性,丰富认识视角

化学物质通常都具有多重属性。整合、重组物质的化学性质,有利于对物质性质的全面认识。从不同视角分析物质的性质,有利于培养思维的发散性和严密性,能促进学生认识能力的提升。

案例 4:SO_2 的化学性质

【设问】试用化学方程式表示 SO_2 的化学性质。

【书写】学生书写,相互补充完善

$SO_2 + H_2O = H_2SO_3$

$SO_2 + 2NaOH = Na_2SO_3 + H_2O$

$SO_2 + CaO = CaSO_3$

$2SO_2 + O_2 \xrightarrow[\Delta]{\text{催化剂}} 2SO_3$

$SO_2 + Br_2 + 2H_2O = H_2SO_4 + 2HBr$

$SO_2 + 2H_2S = 3S + 2H_2O$

【设问】试根据 SO_2 的性质对上述反应进行分类。

【分类】

$$SO_2 + H_2O = H_2SO_3$$
$$SO_2 + NaOH = Na_2SO_3 + H_2O \left.\vphantom{\begin{matrix}1\\1\\1\end{matrix}}\right\} 酸性氧化物$$
$$SO_2 + CaO = CaSO_3$$

$$2SO_2 + O_2 \xrightleftharpoons[\triangle]{催化剂} 2SO_3$$
$$SO_2 + Br_2 + 2H_2O = H_2SO_4 + 2HBr \left.\vphantom{\begin{matrix}1\\1\end{matrix}}\right\} 还原性$$

$$SO_2 + 2H_2S = 3S + 2H_2O \quad 氧化性$$

【设问】以物质类别为横坐标，以化合价为纵坐标，绘制 H_2S、S、SO_2、SO_3、H_2SO_3、H_2SO_4、Na_2SO_3 和 Na_2SO_4 在平面坐标中的位置图。

【绘图】绘制以 SO_2 为中心的二维图（见图 5-18）

【设问】SO_2 的氧化性和还原性是由哪种元素表现出来的？

【回答】S 是 SO_2 的核心元素，S 元素的化合价（+4）既能升高到 +6 价，又能降低至 0 价，即既具有还原性，又具有氧化性。

【设问】试根据 SO_2 的二维图归纳分析物质化学性质的一般方法。

【归纳】分析物质化学性质的一般方法：

$$\begin{cases} 物质的组成 \rightarrow 类别通性 \\ 核心元素的价态 \rightarrow 氧化（还原）性 \end{cases}$$

6.6 发展学生化学认识能力的实践与探索

中学化学教学是在引导学生建构化学知识和解决化学问题的过程中，发展学生的化学认识能力，提升化学学科素养。学生认识化学对象的认识域、认识角度、认识方式类别等内部结构和外显行为[①]，决定了学生认识角度、思维路径和推理论证的层级和水准，表现出化学认识能力的差异。化学认识能力是化学学科素养的集中体现，是发展学生化学学科素养的载体和有效途径。

6.6.1 发展化学认识能力的意义

认识是认识主体在实践中和认识客体相互作用的产物。[②] 认识能力是指在认识活动中

---

① 王磊等：《促进学生有机物性质认识能力发展的"醇类"教学研究》，载《化学教育》2010 年第 9 期，第 24-29 页。

② 席文启：《提高主体的认识能力》，载《新视野》2004 年第 3 期，第 37-39 页。

所表现出来的能动地、创造性地反映客观事物的能力。[①] 化学认识能力是指从化学视角认识客观事物的方式和能力水平，[②] 具体表现在学习、理解和应用化学知识的思维模式或处理对策上，集中体现在化学认识角度、思维路径和推理论证等方面。相对于化学知识来讲，化学认识能力具有更广泛的应用迁移价值，学生化学认识能力的水平直接决定了解决化学问题的质量和迁移创新水准。

化学知识和活动经验是发展学生化学认识能力的必要条件，而要成为充要条件，则需要将化学知识经验转化为学生自觉主动地认识角度、思维路径和推理论证等。[③] 因此，化学教学要转变理念，将"传授知识"转变为"促进认识发展"，从注重"知识的解析"转化为"发展认识能力"。学生要以化学知识的建构和解决化学问题为载体，丰富认识角度，生成认识路径，提升推理论证能力，从而发展化学认识能力和提升化学学科素养。[④]

6.6.2 发展化学认识能力的内容与要点

根据学生的知识基础、能力水平、教学内容和阶段要求，首先要厘清教学内容的认识角度，即从哪些方面或哪个层次进行认识；其次要理顺思维路径，即认识的思维过程或方法步骤等；最后要对认识过程的可行性或认识结果的可信性进行推理验证，从而获得严谨、准确的化学认知。

6.6.2.1 **认识角度**

认识角度是认识化学的起点和方向，决定着认识内容和认识结构。

（1）统摄性

认识化学角度不同，建构的知识内容、知识结构和认识形式均不相同。不同的化学问题有不同的认识角度。对于同一个问题，也可以有不同的认识角度。一般来说，越是结构化的认识角度，越具有统摄性，越能够反映问题的本质。

比如，"物质化学性质"可分为类别通性、物质特性。类别通性包含金属单质（或非金属单质）、酸性氧化物（或碱性氧化物）、酸、碱以及盐的通性等。物质特性是指该物质具有不同于类别通性的化学性质，根据核心元素的价态是否变化，又分为价态特性和非价态特性，而价态特性又可以分为氧化性和还原性。从"物质化学性质"的认识角度可以统摄建构 Fe、Al、N、S 等元素及其化合物知识。

（2）立体性

无论是化学概念、化学规则，还是反应原理、化学规律，既可以从宏观、微观、符号和图像等方面进行表征，也可以从定性和定量的视角进行比较。当多维度地认识化学

[①] 龚振黔：《认识能力、认识、认识的本质》，载《贵州师范大学学报（社会科学版）》2005 年第 1 期，第 28—31 页。

[②] 王磊等：《促进学生有机物性质认识能力发展的"醇类"教学研究》，载《化学教育》2010 年第 9 期，第 24—29 页。

[③] 王磊：《学科能力构成及其表现研究》，载《教育研究》2016 年第 9 期，第 83—92 页。

[④] 王磊：《学科能力构成及其表现研究》，载《教育研究》2016 年第 9 期，第 83—92 页。

并将其融合时,就能够建构立体的认识结构单元。

宏观、微观和符号三重表征是化学学科的显著特征。相对于三重表征,图像表征更能够直观地反映化学问题,也更具有直观性和持久性。因此,四维一体的认识角度,更有利于建构立体的化学认识。比如,多维度认识 SO_2 和 O_2 反应的平衡状态,见表 6-7。

表 6-7 SO_2 与 O_2 反应的平衡状态

	宏观	微观	符号	图像
适用条件	可逆反应	结合与分解 SO_3 同时进行	$2SO_2 + O_2 \rightleftharpoons 2SO_3$	
动	动态平衡		—	SO_2 和 $O_2 \Rightarrow SO_2$、O_2 和 $SO_3 \Leftarrow SO_3$
定	各组分含量恒定	单位时间结合与分解 SO_3 的分子数相等	—	
等	正逆反应速率相等		$v(正) = v(逆)$	
变	c、T、P 改变,平衡发生移动	单位时间结合与分解 SO_3 的分子数不相等	$v(正) \neq v(逆)$	
衡量限度	正向反应进行的程度		$K = \dfrac{c^2(SO_3)}{c^2(SO_2) \cdot c(O_2)}$	

(3) 一致性

隶属于同一体系的知识内容,虽然分布在不同章节、不同模块,但认识角度要具有一致性,即前后认识的内容要能够互为铺垫、相互佐证,而不能前后矛盾、相互冲突。

比如,把"难溶电解质的溶解平衡"纳入已经建构的平衡知识体系,通过定量比较化学平衡移动的方向以及溶液离子是否产生沉淀,利用体系中某一时刻的生成物浓度幂的乘积与反应物浓度幂乘积(难溶电解质为1)的比值,即浓度商或离子积与常数进行比较,就可以得出从定量的视角判断平衡移动的方向。

6.6.2.2 思维路径

思维路径就是思考化学问题的方法和步骤,大多是以程序性知识或策略性知识呈现。思维路径集中体现了化学的认识层次和水平,决定了解决化学问题的质量和效率,是化学认识能力的核心内容。

(1) 通用性

一般来说,不同的化学问题有不同的解决方案,同一个化学问题也存在多种解决方案。如果能够将解决同类或相似问题的方案进行整合,得出具有实用性和兼容性的通用模型,这无论是对于模型的建构还是应用迁移,都具有事半功倍之效。

比如,含有一个官能团链状有机物同分异构体的书写方法:

卤代烃、醇、醛、羧酸同分异构体的书写:

a. 先摘除官能团。

b. 然后将剩余的碳链采用降碳对称法书写所有的同分异构体。

c. 利用等效氢法判断同分异构体上氢原子的种类,氢原子有几种,该种物质一元取代的同分异构体就有几种。

烯烃、炔烃、醚、酮同分异构体的书写:

a. 先摘除官能团。

b. 然后将剩余的碳链采用降碳对称法书写所有的同分异构体。

c. 利用对称法判断同分异构体中碳碳单键的种类,碳碳单键有几种类型,该种物质的同分异构体就有几种(要满足碳4价)。

这种书写方法不仅以烷烃同分异构体的书写作为基础,并按照官能团进行分类,还为含有多个官能团的链状有机物同分异构体的书写做好了铺垫,具有普适、通用的功能。

(2) 简捷性

思维路径越简捷,思维的能耗就越少,解决问题的精准度和效率也就越高。

比如,制备 $MgCl_2$ 的方法,由于 $MgCl_2$ 是由含有 Mg 元素的物质和含有 Cl 元素的物质反应而得,而含有 Mg 元素的常见物质有金属单质、氧化物、碱和盐,含有 Cl 元素的常见物质有非金属单质、酸和盐。能够反应生成 $MgCl_2$ 的如下:

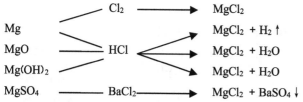

用这种方法制取物质,避开了学生的死记硬背,而是通过分析物质的类别和发生条件,找到了制备物质的路径。

(3) 灵活性

灵活性是思维品质的集中体现,是指能够灵活地根据不同问题采用不同方法,并且能够从多种方案中选取最佳方案。

比如，如何设计方案证明 Cl 元素的非金属性强于 S 元素？比较 Cl 元素的非金属性强于 S 元素，有以下几种方案：

①最高价氧化物水化物的酸性，$HClO_4 > H_2SO_4$。

②氢化物的稳定性，$HCl > H_2S$。

③单质的氧化性，$Cl_2 > S$。

④简单离子的还原性，$Cl^- < S^{2-}$。

由于 $HClO_4$ 与 H_2SO_4 都是强酸，难以区分伯仲；而比较 HCl 与 H_2S 稳定性的实验又难以操作，因此最佳实验方案应该选择③或④，即向 Na_2S 溶液中通入 Cl_2 或滴加氯水进行比较。

6.6.2.3 推理论证

认识角度和思维路径为认识化学提供了思路、方向和方法，而方向是否适用、正确，路径是否可行、合理，还需要进行推理或实验验证，因此，通过推理论证是获取有效化学认知的必要过程。

比如，$Mg(OH)_2$ 沉淀能够溶于 NH_4Cl 溶液的原因是什么？是 $Mg(OH)_2$ 电离出来的 OH^- 与 NH_4^+ 水解产生的 H^+ 反应，使平衡向溶解方向移动？还是 $Mg(OH)_2$ 电离出来的 OH^- 与 NH_4^+ 结合成 $NH_3·H_2O$？如何验证哪种认识角度正确？可采用向 $Mg(OH)_2$ 沉淀中加入中性 CH_3COONH_4 溶液（或显中性、碱性的 NH_4Cl 和 $NH_3·H_2O$ 的混合液）的方法，如果沉淀溶解了，则说明是 $Mg(OH)_2$ 电离出来的 OH^- 与 NH_4^+ 结合成了 $NH_3·H_2O$。

6.6.3 发展化学认识能力的实践与策略

根据学生的认识水平和阶段教学要求，通过创设问题情境，在具体的活动过程中发展学生的化学认识能力，提升化学学科素养。

6.6.3.1 内化并丰富认识角度

在学生建构了认识角度之后，教师就可以利用认识角度的统摄性，通过问题情境和活动线索，进行迁移应用，以内化和丰富学生的认识角度。

比如，教师可从"物质化学性质"的认识角度，引导学生建构"SO_2 的类别通性、还原性、氧化性和特性等化学性质"，实验探究问题如下：

①SO_2 属于何种物质类别？

②SO_2 的酸性氧化物类别表现在哪些方面？如何设计实验进行证明？

③如何设计实验验证 SO_2 水溶液的酸性和亚硫酸的不稳定性？

④如何根据 SO_2 核心元素的价态，分析 SO_2 的价态特性？

⑤如何设计实验证明 SO_2 的氧化性？

⑥如何设计实验证明 SO_2 的暂时性漂白作用？

6.6.3.2 拓展认识角度

学生对化学的认识在不断地发展和丰富，同时也在不断地校正、补充和完善。通过摄取新信息来拓展认识角度，也是提升认识能力的一种有效途径。教师可以在常规的习题教学中，从"输入认识角度"转变为"输出认识角度"，引导学生主动发现、形成认识角度和分析思路,并建立"信息—知识—认识"的关联能力,提高信息摄取和认识拓展的能力。[1]

比如,将固体NH_4I置于密闭容器中,在一定温度下发生下列反应:①$NH_4I(s) \rightleftharpoons NH_3(g)+HI(g)$,②$2HI(g) \rightleftharpoons H_2(g)+I_2(g)$。达到平衡时:$c(H_2)=0.5$ mol/L,$c(HI)=4$ mol/L,则此温度下反应①的平衡常数为:

$$NH_4I(s) \rightleftharpoons NH_3(g) + \begin{bmatrix} HI(g) \\ 4 \\ [2HI(g) \rightleftharpoons]H_2(g)+I_2(g) \\ 1 \qquad 0.5 \end{bmatrix}$$
$$5 \qquad 5$$

所以,反应①的平衡常数为:

$K = c(NH_3) \times c(HI)$
  $= 5$ mol/L $\times 4$ mol/L $= 20$ mol^2/L

引导学生可把类似①和②定义为多重可逆反应,即两个或多个可逆反应中存在共同的反应物或生成物。当一个可逆反应的生成物是另一个可逆反应的反应物时,称为连续型多重可逆反应;而把两个或多个可逆反应共用同一反应物称为并列型多重可逆反应,如并列型多重可逆反应的分析模型为:

$$\begin{cases} CH_4(g) \quad\; H_2O(g) \\ [CH_4(g) + H_2O(g)] \rightleftharpoons CO(g) + 3H_2(g) \\ [CH_4(g) + 2H_2O(g)] \rightleftharpoons CO_2(g) + 4H_2(g) \end{cases}$$

6.6.3.3 灵活转化问题情境

对于复杂陌生的问题情境,在没有认识角度的提示下,需要将问题情境转化为经验模型,这样便于快速找出解决问题的思维路径。

比如,某同学进行铁跟水蒸气反应的实验,该同学欲确定反应一段时间后硬质试管中固体物质的成分,设计了如下实验方案:

①待硬质试管冷却后,取少许其中的固体物质溶于稀硫酸,得到溶液 B。

②取少量溶液 B 滴加 KSCN 溶液,若溶液变红色,则说明硬质试管中固体物质的成分是什么?若溶液未变红色,则说明硬质试管中固体物质的成分是什么?

根据铁和水蒸气完全反应,即 $3Fe + 4H_2O(g) \xrightarrow{高温} Fe_3O_4 + 4H_2$,产物分为三种情况,见表6-8。

表6-8 铁与水蒸气反应的产物情况

过量物质	三种情况	剩余固体
Fe	Fe、Fe_3O_4、H_2	Fe、Fe_3O_4
H_2O	H_2O、Fe_3O_4、H_2	Fe_3O_4
恰好	Fe_3O_4、H_2	

---

[1] 王磊、支瑶:《化学学科能力及其表现研究》,载《教育学报》2016年第8期,第46-56页。

溶液 B 滴加 KSCN 溶液,若溶液变红色,说明溶液 B 中含有 Fe^{3+},而 Fe^{3+} 只能来自 Fe_3O_4,当剩余固体中 Fe 的含量相对较少,也会出现红色,从而说明可能有 Fe;若溶液未变红色,说明溶液中不含有 Fe^{3+},那么 Fe_3O_4 溶于稀硫酸产生的 Fe^{3+} 呢?只能被过量的、相对量较多的 Fe 还原了,所以剩余固体一定有 Fe_3O_4 和 Fe。

6.6.3.4 开展形式多样的化学活动

化学认识能力只有在具体的活动过程中才能够得到充分的发展,比如,引导学生画出 SO_2 与 O_2 反应体系中微观分子的种类、达到平衡过程中的 c-t 图像、v-t 图像等,这有利于学生深度理解可逆反应和平衡状态,同时建立四维一体的化学认识。

开展化学活动不能仅拘泥于课堂,还要开展丰富多彩的课外活动,如研究性学习、化学小制作、探究活动、化学小课题等,以拓展学生的化学视野和提升化学实践能力。在化学实践活动中,学生不仅深度理解和应用了化学知识,还发展了认识能力。

比如水果电池,理论上水果电池能够产生电流,但在实践过程中发现产生的电流很弱,产生电流的强弱与水果的种类、电极的面积、插入的深浅、电极的距离等都有关联,而如果要连接音乐贺卡,则需要串联若干水果电池。所以,通过实践活动,学生对化学原理和实践的差异、反应条件和工艺要求等都会有更深的理解和感悟。

6.6.3.5 循序渐进地提升认识能力

发展学生的认识能力,既要考虑学生的层次水平,也要考虑阶段性教学要求。学生层次不同,阶段教学要求不同,其认识角度、思维路径和推理论证的内容、形式和侧重点均会有所不同,这往往也取决于教师的专业学术功底和教学驾驭能力。一般来说,在知识建构的阶段,以形成认识角度和以实验为主导的推理论证为主;而当进入复习应用阶段,则以整合重组思维路径的系统性和灵活性为主。有规划的系统培养能循序渐进地发展学生的认识能力。

从定性判断到定量分析,是深入认识化学的必要内容,也是思维的高阶要求,从"量"的视角分析问题,往往更能反映问题的本质,也有助于对定性含义的理解。

比如,比较 CH_3COONa 与 Na_2CO_3、$NaHCO_3$ 的碱性强弱,一般都是定性地解释为 H_2CO_3 的酸性弱于 CH_3COOH,所以对应盐的水解程度比较大,碳酸盐的碱性强于醋酸盐。但这种分析比较笼统,对于某些盐还不一定成立,比如草酸盐(25 ℃时,$K_{a1}=5.4\times10^{-3}$,$K_{a2}=5.4\times10^{-5}$),因此,要进行定量分析,才能得出比较准确的结论。(见表 6-9)

表 6-9 醋酸、碳酸的电离常数及其对应盐的水解常数(25 ℃)比较

	CH_3COOH	H_2CO_3	
电离常数	$K_a=1.75\times10^{-5}$	$K_{a1}=4.4\times10^{-7}$	$K_{a2}=4.7\times10^{-11}$
水解常数	$K_h=K_w/K_a=5.71\times10^{-10}$	$K_{h2}=K_w/K_{a1}=2.27\times10^{-8}$	$K_{h1}=K_w/K_{a2}=2.13\times10^{-4}$

从水解常数的大小比较,就可以直接得出同浓度的 CH_3COONa 与 Na_2CO_3、$NaHCO_3$ 的碱性强弱关系:$Na_2CO_3>NaHCO_3>CH_3COONa$。

6.7 浅析化学大概念的凝练与建构[①]

《普通高中课程方案》(2017年版、2020年修订)指出,"进一步精选了学科内容,重视以学科大概念为核心,使课程内容结构化,以主题为引导,使课程内容情境化,促使学科核心素养的落实"。在化学教学过程中,教师应根据知识内容的内在本质关联,通过创设问题情境,凝练出能够统摄不同知识内容的大概念,以建构结构化的知识,借以发展学生认识问题和分析问题的深度、广度和高度,从而提升学生的核心素养。

6.7.1 大概念的教学意义

6.7.1.1 提升认识问题的深度和广度

教师通过对化学教学内容的抽象概括,凝练出大概念,其既要深度分析知识内容的本质含义,又要与相关的知识内容进行横向整合。化学大概念不仅能够促进学生认识和理解问题的本质,还有助于扩展知识之间的横向联结。由于同一大概念统摄不同的教学内容,其本质相同,因此不同教学内容之间可以相互铺垫和诠释,这样既能够降低问题的难度,又同时丰富了大概念的内涵。

比如,向 $FeBr_2$ 溶液中滴加几滴氯水,只发生 $Cl_2 + 2Fe^{2+} = 2Cl^- + 2Fe^{3+}$ 反应,为什么 Fe^{2+} 优先于 Br^- 反应呢?本质原因是 Fe^{2+} 比 Br^- 更容易失去电子。再结合原电池和电解池电极反应的放电顺序,可以凝练出"得失电子能力强的粒子优先反应"的大概念,并据此把这些教学内容整合重组在一起。

6.7.1.2 有助于知识结构的重组与完善

化学大概念将琐碎、零散的知识通过横向联结而形成知识网络。以深刻和简约为特征的大概念知识层级结构,有助于学生将知识结构化,而知识结构化是发展学生核心素养的锚点和关键。[②]

化学教材内容的编排顺序通常只能兼顾逻辑性和系统性,这样有助于学生循序渐进地建构化学知识。但教材的这种逻辑编排顺序,会导致前后知识内在关联的缺失,而化学大概念恰好能够弥补教材编排顺序的不足。化学大概念打破了模块、章节和课时的界限,以知识的内在关联为纽带,把化学知识进行重组,以形成有机的结构化知识。大概念支线作为教材逻辑顺序主线的补充和完善,两者相互交织,相互补充,相得益彰。

6.7.1.3 提升应用迁移能力

化学大概念具有极其广泛的迁移价值,不仅能够迁移至学科内情境和学科间情境,

[①] 吴庆生:《浅析化学大概念的凝练与建构》,载《化学教学》2021年第11期,第37-40页。
[②] 何彩霞:《化学学科核心素养导向的大概念单元教学探讨》,载《化学教学》2019年第11期,第44-48页。

以打通学科内和学科间的学习路径；而且还能够迁移至学校外新的情境，以打通学校教育与外部世界的路径。学生综合能力的提升有助于学生解决现实生活中的各种问题。

比如，"结构决定性质"大概念，不仅是化学学科常见的学科观点，而且还是跨学科、超学科的大概念，具有一定的哲学意义。学生领悟了"结构决定性质"的普适意义后，在面对现实生活中的具体问题时，就会从问题的微观结构进行分析和改进，从而去影响和改变宏观表象。

6.7.2 化学大概念的凝练方式

6.7.2.1 根据教学内容之间的定量关系

按照教学内容之间存在着的定量关系，采用与此皆有关系的表述作为大概念，以进行统摄。比如，用"物质的量"来统领阿伏伽德罗常数、摩尔质量、气体摩尔体积和物质的量浓度等。（见表6-10）

表6-10 "物质的量"大概念知识层级

物质的量				大概念
阿伏伽德罗常数	摩尔质量	气体摩尔体积	物质的量浓度	基本概念
$n=\dfrac{N}{N_A}=\dfrac{m}{M}=\dfrac{V}{V_m}=c \cdot V(aq)$				内在联系
N_A的含义及其计算	M的含义及其计算	V_m的含义及其计算	c的含义及其计算	具体知识

再比如，用"溶质不变"来统摄溶液稀释问题，即溶质的质量不变和溶质的物质的量不变，分别得出$m(浓) \cdot w(浓) = m(稀) \cdot w(稀)$和$c(浓) \cdot V(浓) = c(稀) \cdot V(稀)$。

6.7.2.2 根据教学内容的因果关系

根据教学内容存在的因果关系，采用能够反映相互关系的表述作为大概念。比如，采用"结构决定性质"大概念来统摄金刚石和石墨的物理性质、简单粒子的性质以及有机物的性质等。（见表6-11）

表6-11 "结构决定性质"大概念知识层级

结构决定性质			大概念
原子排列方式决定物理性质	最外层电子数决定粒子化学性质	官能团决定有机物性质	基本概念
微观结构不同导致宏观性质差异			内在联系
金刚石和石墨物理性质差异	金属元素原子、非金属元素原子、稀有气体元素原子、阳离子和阴离子得失电子差异	烯烃、炔烃、卤代烃、醇、醛、羧酸和酯性质差异	具体知识

再比如，用"物质的性质受反应对象影响"来统摄中间价态物质的氧化还原性，H_2O_2、SO_2 和 Fe^{2+} 遇到强氧化剂如 $KMnO_4$ 表现出还原性，而遇到还原剂则表现为氧化性。

6.7.2.3 根据教学内容的分类关系

根据教学内容与大概念之间的分类关系，采用树状分类来统摄教学内容。比如，用"物质化学性质"作为元素化合物的大概念。（见表6-12）"物质化学性质"大概念可分为类别通性、物质特性两个次级大概念，类别通性包含金属单质通性、非金属单质通性、金属氧化物通性、非金属氧化物通性、酸的通性、碱的通性，以及盐的通性等基本概念。物质特性是指该物质具有不同于类别通性的化学性质，根据核心元素的价态是否变化，又分为价态特性和非价态特性，比如金属单质、金属氧化物一般不与碱（如 NaOH）反应，而 Al、Al_2O_3 却能够与 NaOH 反应；前者 Al 元素的价态发生了变化，属于单质铝的价态特性；后者 Al 元素的价态没有发生变化，属于氧化铝的非价态特性。

表 6-12 "物质化学性质"大概念知识层级

物质化学性质			大概念
类别通性	物质特性		次级大概念
金属单质、非金属单质、金属氧化物、非金属氧化物、酸、碱和盐的通性	价态特性	非价态特性	基本概念
物质既具有类别通性又具有特性			内在联系
Na、Cl、Fe、Al、S、N、Si 等元素及其化合物			具体知识

再比如"气体实验室制法"大概念，"气体的实验室制法"又可分为反应原理、气体发生器、除杂装置、收集装置和尾气处理装置等，并以此来统摄 O_2、CO_2、Cl_2、$CH_2\!\!=\!\!CH_2$ 和 $CH\!\!\equiv\!\!CH$ 等气体的实验室制法。

6.7.2.4 根据教学内容的同源关系

当教学内容依托的原理本质同源时，可以用同源内容作为大概念。比如，用"得失电子能力强的粒子优先反应"大概念统领氧化剂与多种还原性离子反应、原电池和电解池等。（见表6-13）

表 6-13 "得失电子能力强的粒子优先反应"大概念知识层级

得失电子能力强的粒子优先反应			大概念
氧化剂与多种还原性离子反应	原电池	电解池	基本概念
单质的氧化性（或还原性）越强，其简单离子的还原性（或氧化性）越弱			内在联系
Cl_2 与 $FeBr_2$ 反应： ① Cl_2（少量）+ $2Fe^{2+}$ ══ $2Cl^-$ + $2Fe^{3+}$；②$2Cl_2$（足量）+$2Fe^{2+}$+$2Br^-$ ══$4Cl^-$+$2Fe^{3+}$+Br_2	①还原性强的金属单质做负极；②阳离子在正极放电顺序为：$Ag^+>Cu^{2+}>H^+$	①金属做阳极，优先于阴离子放电；②阳离子在阴极放电顺序为：$Ag^+>Cu^{2+}>H^+$；③阴离子在阳极放电顺序为：$Br^->Cl^->OH^-$	具体知识

再如，用"电子得失难易决定性质强弱"大概念统领物质的氧化性、物质的还原性、元素的性质、金属冶炼、原电池和电解池等。

6.7.2.5 根据教学内容的原理（或规则）关系

对于化学程序性知识，首先要厘清程序性知识所遵循的原理，然后再按照一定的步骤和规则进行推进。既可以用程序性知识所遵循的原理作为大概念，也可以采用关键环节作为大概念。比如用"方程式遵循守恒原理"来统领方程式的书写，而方程式守恒又分为原子守恒、电子转移守恒（即化合价升降相等）和电荷守恒等。（见表6-14）

表6-14 "方程式遵循守恒原理"大概念知识层级

大概念		方程式遵守守恒原理		
基本概念		原子守恒	电子转移守恒	电荷守恒
内在联系		原子守恒是方程式的基础		
具体知识	化学方程式	√	—	—
	氧化还原反应方程式	√	√	—
	离子方程式	√	—	√
	电极方程式	√	√	√

又如，用"碳链异构、位置异构和官能团异构"大概念来统领烃及其衍生物同分异构体的书写。

再如，用"先下后上、上下一致"大概念来统领方程式的计算、关系式的计算以及溶解度的计算等。

6.7.3 大概念的凝练原则

教师的知识结构和专业素养不同，对化学知识认识和理解的层级也不同，当然对大概念的抽象和凝练也会不同。虽然化学大概念的凝练和表述可以有多种形式，但都要遵循一定的原则。

6.7.3.1 统摄性

化学大概念不是基础概念，而是聚合概念。大概念就如同一个文件夹，提供了归档无限小概念的有序结构或合理框架。[①] 引入化学大概念，是为了将分散的化学知识进行整合重组，以形成结构化、精炼化和上位化的知识，所以，大概念应该具有一定的统摄性。如果是超学科、跨学科的大概念，还要具有一定的哲学意义。

6.7.3.2 适宜性

化学大概念的构建，依赖于教师对化学知识本质内涵的把握，以及据此形成的对学

---

① 李刚、吕立杰：《大概念课程设计：指向学科核心素养落实的课程架构》，载《教育发展研究》2018年第15期，第35-42页。

生知识理解、思维发展和能力培养的期待及系统考虑。[①] 教师只有根据个人对知识内涵的理解和横向关联来抽象出大概念，这样在教学实践中才能够神形兼备、得心应手。如果只是简单的"拿来主义"而不加以吸收内化，就会导致大概念和教学内容貌合神离、形似而神非。

抽象出来的大概念要适应学生的思维能力，不能过高也不能过低，过低则统领性不强，过高则会太过抽象。当然，如果采用抽象程度较高的大概念，可以借助于次级大概念来搭建台阶，以降低大概念的抽象程度。比如，采用"类别通性、物质特性"作为次级大概念，来分解"物质化学性质"大概念的抽象程度。

6.7.3.3 实用性

化学大概念是整合重组化学知识的工具，是黏合剂，是化学知识的凝练和精华，同时也是分析问题和解决问题的工具，所以，凝练出来的化学大概念应该体现其实用性。

比如，用"方程式遵循守恒原理"大概念书写缺项型氧化还原反应离子方程式，采用"一推三恒"的书写步骤，以"酸性 $KMnO_4$ 氧化 H_2O_2"为例：

①一推：根据化合价升降原理推导出氧化产物与还原产物

$$MnO_4^- + H_2O_2 \longrightarrow Mn^{2+} + O_2 \uparrow$$

②电子转移守恒（即化合价升降相等）：

$$2MnO_4^- + 5H_2O_2 \longrightarrow 2Mn^{2+} + 5O_2 \uparrow$$

③电荷守恒：

$$2MnO_4^- + 5H_2O_2 + 6H^+ \longrightarrow 2Mn^{2+} + 5O_2 \uparrow$$

④原子守恒：

$$2MnO_4^- + 5H_2O_2 + 6H^+ = 2Mn^{2+} + 5O_2 \uparrow + 8H_2O$$

6.7.4 大概念的建构策略

由于化学大概念统摄的教学内容分布在不同模块、不同章节和不同课时，因此根据知识内容出现的阶段不同，化学大概念建构的侧重点也有所不同。

6.7.4.1 抽象与凝练

对于初次涉及大概念的教学内容，通过创设问题情境，借助于对问题的本质的抽象概括，然后凝练出大概念，以建构对大概念的初步认知。

案例1：大概念的凝练

【实验】取 5 mL 0.1 mol/L $FeBr_2$ 溶液于试管，滴加氯水 5~6 滴，继续加入 2 mL CCl_4，充分振荡，静置后观察现象。然后取上层溶液于另一支试管中，滴加 KSCN 溶液，振荡，观察现象。

【实验现象】静置后溶液分层，下层为无色；上层溶液滴入 KSCN 溶液后变红。

[①] 何彩霞：《化学学科核心素养导向的大概念单元教学探讨》，载《化学教学》2019年第11期，第44-48页。

【设问】该实验说明了什么？

【回答】Fe^{2+} 被 Cl_2 氧化，而 Br^- 没有被 Cl_2 氧化。

【设问】Fe^{2+}、Br^- 都具有还原性，如何设计实验方案比较 Fe^{2+} 和 Br^- 的还原性强弱？

【设计实验】向盛有 5 mL $FeCl_2$ 溶液的试管中滴加几滴 KSCN 溶液，振荡，无现象；然后再滴加几滴溴水，振荡，溶液变红。

$$Br_2 + 2Fe^{2+} = 2Br^- + 2Fe^{3+}$$

根据还原剂的还原性强于还原产物的还原性，得出还原性：$Fe^{2+} > Br^-$

【追问】为什么 Fe^{2+} 比 Br^- 优先被 Cl_2 氧化？

【分析】氧化剂 Cl_2 要得到电子，而 Fe^{2+} 和 Br^- 都能够失电子，由于 Fe^{2+} 比 Br^- 更容易失电子（还原性更强），故优先反应。

【抽象】失电子能力强的还原性粒子优先被氧化剂氧化。

【凝练】结合得电子能力强的氧化性粒子优先被还原剂还原，可以概括凝练出大概念：得失电子能力强的粒子优先反应。

6.7.4.2 应用与演绎

当大概念涉及的教学内容再次出现时，可以应用已经建构的大概念进行演绎。

案例 2：大概念的演绎

【设问】金属 Zn 和 Fe 比较，哪种失电子能力强？

【回答】Zn 比 Fe 更容易失电子。

【设问】如果用导线把 Zn 片和 Fe 片连接在一起，置于稀 H_2SO_4 溶液中，何种金属优先反应？为什么？

【回答】Zn 片优先反应，因为"得失电子能力强的粒子优先反应"。

【追问】实验会出现何种现象？反应前后 Zn 片和 Fe 片的质量如何变化？

【实验预期】Zn 片会产生气泡，Fe 片无现象；反应前后 Zn 片质量减少，Fe 片质量不变。

【实验验证】首先分别称量 Zn 片和 Fe 片的质量，然后用导线依次把 Zn 片、电源、电流计和 Fe 片连接起来，最后把 Zn 片和 Fe 片置于稀 H_2SO_4 溶液中，观察现象。

电流计指针发生偏转，Fe 片产生气泡。

反应一段时间后，将 Zn 片和 Fe 片洗净、干燥、称量，发现 Zn 片质量减轻，而 Fe 片质量不变。

【追问】Zn 片质量减轻，而 Fe 片质量不变，说明了 Zn 比 Fe 优先反应。但既然 Fe 片没有参与反应，那么 Fe 片上面的 H_2 是怎样产生的呢？Zn 片反应失去的电子又去了哪里呢？

【分析】Zn 片失去的电子移动到 Fe 片上，溶液中的 H^+ 在 Fe 片上获得电子而产生 H_2。从电流计指针的偏转方向可以判断电子由 Zn 片流向 Fe 片。

【强化】金属 Zn 比 Fe 失电子能力强，Zn 片作为原电池的负极，而 Fe 片则作为原电池正极。

6.7.4.3 归纳与总结

当大概念统摄的知识内容多次出现后，就可以对这些知识内容进行归纳总结，既可以采用树状分类模式,也可以采用思维导图模式。通过打通不同知识内容之间的本质联结路径,以形成对大概念所统摄的知识内容的整体认知与内在联系。

比如,原电池和电解池的放电顺序,实质上是优先反应顺序,即得失电子能力强的粒子优先反应。具体内在联系总结如下:

金属单质的还原性强弱顺序:$Na>Al>Zn>Fe>(H)>Cu>Ag$;

金属阳离子的氧化性强弱顺序:$Na^+<Al^{3+}<Zn^{2+}<Fe^{2+}<(H^+)<Cu^{2+}<Ag^+$。

原电池:

①还原性强的金属单质做负极。

②阳离子在正极的放电顺序为:$Ag^+>Cu^{2+}>H^+>Fe^{2+}>Zn^{2+}$。

非金属单质的氧化性强弱顺序:$Cl_2>Br_2>I_2>S$;

非金属阴离子的还原性强弱顺序:$Cl^-<Br^-<I^-<S^{2-}$。

电解池:

①金属做阳极,优先于阴离子放电。

②阳离子在阴极的放电顺序为:$Ag^+>Cu^{2+}>H^+>Fe^{2+}>Zn^{2+}$;

③阴离子在阳极的放电顺序为:$S^{2-}>Br^->Cl^->OH^-$。

6.8　化学大概念单元教学的实践与研究[①]

在化学教学中,如果花费大量时间却只教授给学生不连贯的事实、化学用语以及公式等细节性内容,这些细节通常很快就会被遗忘,也难以转化为能力。把这些分散的、零碎的内容用大概念统领起来,不仅有利于形成知识结构和知识体系,还有助于提升学生的认识能力,进而促进学生核心素养的发展。

大概念不是基础概念,而是聚合概念。大概念就如同一个文件夹,提供了归档无限小概念的有序结构或合理框架。[②] 化学大概念集中体现了化学的学科结构和学科本质,是化学单元教学内容的灵魂,也是化学学科核心素养融入教学内容的锚点。

6.8.1　大概念单元教学的意义

大概念单元教学是指用大概念统摄主题教学内容,形成一个完整的有机教学单元,这种新颖的教学形式拓展了化学教学的思路和方向。

6.8.1.1　有利于建构新知识,形成知识结构

用大概念统领下的教学单元,具有本质的内在逻辑关联,所以教学内容是互为铺垫、

[①] 吴庆生:《化学大概念单元教学的实践与研究》,载《化学教学》2021年第8期,第38-42页。

[②] 李刚、吕立杰:《大概念课程设计:指向学科核心素养落实的课程架构》,载《教育发展研究》2018年第15-16期,第35-42页。

相互佐证的。

比如，采用"可逆体系存在平衡"大概念教学时，利用先期学习的反映可逆反应正向进行程度的平衡常数，类比迁移至电离平衡、水解平衡和难溶电解质溶解平衡，对于理解电离常数、水解常数和离子积常数就简单明了多了。

大概念教学打破了章节、模块的界限，以知识的内在本质联系为纽带，用大概念进行统摄和引导。比如，在化学必修第一册（2019年人教版）第一章第二节学习"离子方程式的书写"，水和难溶的物质不能拆成离子，为什么呢？大多数教师只讲书写规则，要求学生背记。而如果用"可逆体系存在平衡"大概念审视教学内容，通过提前定性地介绍弱电解质（如 H_2O）电离程度和难溶的物质（如 $BaSO_4$）溶解程度，从而得出书写规则背后的依据，就能够更好地理解书写规则。比如，水中存在 H^+ 和 OH^-，是由 H_2O 电离出来的，但含量极少；$BaSO_4$ 沉淀会有极少量溶解，能产生极少量的 Ba^{2+} 和 SO_4^{2-}。弱电解质电离出来的离子和难溶的物质所能溶解的部分电离出的离子都是极少部分，大部分仍以分子或沉淀形式存在。而离子方程式是用实际参加反应的离子来表示的，怎么能用只有极少数的离子来代表整个反应呢？故不能拆开。这样处理，不仅化解了学生的疑惑，还为后续学习弱电解质的电离平衡和难溶电解质的溶解平衡做了铺垫。

6.8.1.2 有利于知识融会贯通

采用大概念单元教学，把相关的知识内容进行整合统一，有利于形成知识体系，也有助于学生融会贯通。比如，物质的氧化性、物质的还原性、元素的性质、金属冶炼、原电池和电解池等知识内容分布在不同章节和不同模块，但都涉及电子得失及难易程度的本质内涵，属于氧化还原反应的范畴，都隶属于"电子得失难易决定性质强弱"的大概念。而"电子得失"的外观形式是"化合价升降"，因此，既可以根据"物质核心元素化合价的升降趋势"判断物质的氧化还原性，也可以根据"化合价升降多少"得出电子得失多少。深度理解了化合价升降（表观特征）和电子得失（本质特征）的相互关系，就能够将有关氧化还原反应的应用融为一体、融会贯通。

大概念单元教学把分散的、零碎的化学知识通过横向联结而形成知识网络，这种知识与知识之间的联结通路，使得知识就像是游走的积木，在遇到不同问题时相互重组，从而获得解决问题的方案。①

6.8.1.3 有利于发展认识能力

化学核心素养的培养不是靠知识的灌输与堆积，而是要进行不断的思维启迪与训练，最终使学生获得能够带得走的能力。以大概念为统领的单元教学，有利于学生构建简约而深刻的知识层级结构，有助于学生将结构化的化学知识转化为化学学科核心素养。

大概念既是联结零散的知识、主题、技能、策略与过程的纽带，也是新旧知识建立联结的锚点，能够极大地丰富学生的认识角度、认识路径和推理判据，从而促进学生认识能力的发展。

---

① 李刚、吕立杰：《大概念课程设计：指向学科核心素养落实的课程架构》，载《教育发展研究》2018年第15-16期，第35-42页。

比如，用"物质化学性质"大概念建构 SO_2 化学性质时，可从非金属氧化物的类别通性、价态特性（S元素的+4价为中间价态）的氧化还原性进行分析，而要验证 SO_2 被 Cl_2 氧化后的产物，则可用 $BaCl_2$ 溶液进行检验。

6.8.1.4 有助于提升应用迁移能力

有些化学大概念具有跨学科、超学科意义，具有一定的生活实用价值，不仅能够打通学科内和学科间的学习，而且还能够打通学校教育与现实世界的路径，有助于学生提升应用迁移能力而解决现实世界的各种问题。

比如，由"原子的最外层电子数决定元素的性质、官能团决定有机物化学性质"等抽象出来的"结构决定性质"大概念，不仅是化学学科常见的学科思想，而且还是跨学科、超学科的大概念，具有一定的哲学意义。学生领悟了"结构决定性质"的普适意义后，在面对现实生活中具体问题时，就会从问题的微观结构进行分析和改进，从而去影响和改变宏观表象。

学生建构的大概念具有持久性，当化学经验和事实消失之后仍会存留。大概念能够协助学生认识和解决生活中遇到的各种问题，能够终身受益。

6.8.2 单元教学中大概念的架构形态

以大概念为统领的单元教学有多种架构形态，从教学内容的分布来看，可以是连续的"小单元"，如章节大概念；也可以是非连续的"大单元"，如模块大概念、跨模块大概念。确定怎样的单元架构，取决于教师对学生知识学习、思维发展和能力提升的系统考虑和期待，也依赖于教师对课程与教学内容的理解和的整体把握。[①]

6.8.2.1 章节大概念

把同一章节的全部或部分内容用同一大概念进行统摄和引导，这样就形成了章节大概念。比如，化学必修第一册（2019年人教版）第二章第一节和第二节就可以用"物质化学性质"大概念来统领。"物质化学性质"大概念可分为类别通性、物质特性两个次级大概念。类别通性包含金属单质通性、非金属单质通性、金属氧化物通性、非金属氧化物通性、酸的通性、碱的通性以及盐的通性等基本概念。物质特性是指该物质具有不同于类别通性的化学性质，根据核心元素的价态是否变化，又分为价态特性和非价态特性，比如金属单质、金属氧化物一般不与碱（如NaOH）反应，而Al、Al_2O_3 却能够与NaOH反应，前者Al元素的价态发生了变化，属于单质铝特性的价态特性；后者Al元素的价态没有发生变化，属于氧化铝特性的非价态特性。用"物质化学性质"统领"钠及其化合物"与"氯及其化合物"单元教学的知识层级见表6-15。

---

① 何彩霞：《化学学科核心素养导向的大概念单元教学探讨》，载《化学教学》2019年第11期，第44-48页。

表 6-15 "物质化学性质"大概念知识层级

物质		物质化学性质			大概念
		类别通性	物质特性		次级大概念
		金属单质通性、非金属单质通性、金属氧化物通性、盐的通性	价态特性	非价态特性	基本概念
钠及其化合物	金属单质	Na 与非金属单质（O_2 等）反应	Na 与 H_2O 反应	—	具体知识
		Na 与酸（H_2SO_4 等）反应	Na 与盐溶液（$CuSO_4$ 等）反应	—	
	金属氧化物	Na_2O 与 H_2O 反应	Na_2O_2 与 H_2O 反应	—	
		—	Na_2O_2 与 CO_2 反应	—	
		Na_2O 与酸（H_2SO_4 等）反应	Na_2O_2 与酸（H_2SO_4 等）反应	—	
	盐	Na_2CO_3、$NaHCO_3$ 与酸（H_2SO_4 等）反应	—	$NaHCO_3$ 与碱 [$Ca(OH)_2$ 等] 反应	
氯及其化合物	非金属单质	Cl_2 与金属单质（Na、Cu、Fe 等）反应	Cl_2 与 H_2O 反应	—	具体知识
		Cl_2 与非金属单质（H_2 等）反应	Cl_2 与碱 [$Ca(OH)_2$ 等] 反应	—	
	酸	—	—	HClO 的漂白性、HClO 分解	
	盐	$Ca(ClO)_2$ 与 CO_2、H_2O 反应	—	—	

6.8.2.2 模块大概念

把同一模块、不同章节的内容用同一大概念进行统摄和引导，这样就形成了模块大概念。比如，用"可逆体系存在平衡"大概念统领"化学选择性必修 1（2020 年人教版）第二章"与"化学选择性必修 1（2020 年人教版）第三章"单元教学的知识层级见表6-16。

表 6-16 "可逆体系存在平衡"大概念知识层级

项目	可逆体系存在平衡				大概念
	化学反应平衡	弱电解质电离平衡	盐类水解平衡	难溶物溶解平衡	次级大概念
平衡的特征	动、等、定、变				具体知识内在联系
影响平衡移动的因素	浓度、温度、压强	浓度、温度	浓度、温度	浓度、温度	
定性判断平衡移动方向	增谁降谁,减谁补谁(即勒夏特列原理)				
可逆正向进行的程度	平衡常数	电离常数	水解常数	离子积常数	
定量判断平衡移动方向	$Q<K$,正向移动;$Q=K$,平衡;$Q>K$,逆向移动	—		$Q_c<K_{sp}$,无沉淀;$Q_c=K_{sp}$,平衡;$Q_c>K_{sp}$,析出沉淀	
分布章节	选择性必修 1 第二章	选择性必修 1 第三章			

6.8.2.3 跨模块大概念

把不同模块、不同章节的内容用同一大概念进行统摄和引导,这样就形成了跨模块大概念。比如,用"电子得失难易决定性质强弱"大概念统领物质的氧化性、物质的还原性、元素的性质、金属冶炼、原电池和电解池的知识层级见表 6-17。

表 6-17 "电子得失难易决定性质强弱"大概念知识层级

电子得失难易决定性质强弱						大概念
氧化性	还原性	元素性质	金属冶炼	原电池	电解池	次级大概念
物质具有得电子能力的性质,如 HClO、Fe^{3+}	物质具有失电子能力的性质,如 Na、Cl^-、I^-	元素的金属性是指失电子能力,元素的非金属性是指得电子能力	金属阳离子的得电子生成金属单质	①还原性强的金属单质做负极;②阳离子在正极的放电顺序为:Ag^+>Cu^{2+}>H^+	①金属做阳极,优先于阴离子放电;②阳离子在阴极的放电顺序为:Ag^+>Cu^{2+}>H^+;③阴离子在阳极的放电顺序为:Br^->Cl^->OH^-	具体知识

续表 6-17

电子得失难易决定性质强弱				大概念
化合价升降趋势是电子得失难易的表观形式：物质的核心元素处于高价态时，具有氧化性；处于低价态时，具有还原性；处于中间价态时，既具有氧化性又具有还原性				内在联系
金属元素的金属性强弱顺序：Na>Al>Zn>Fe>(H)>Cu>Ag 金属单质的还原性强弱顺序：Na>Al>Zn>Fe>(H)>Cu>Ag 金属阳离子的氧化性强弱顺序：$Na^+<Al^{3+}<Zn^{2+}<Fe^{2+}<(H^+)<Cu^{2+}<Ag^+$ 非金属元素的非金属性强弱顺序：Cl>Br>I>S 非金属单质的氧化性强弱顺序：$Cl_2>Br_2>I_2>S$ 非金属阴离子的还原性强弱顺序：$Cl^-<Br^-<I^-<S^{2-}$				
必修第一册第一章、第二章、第三章	必修第一册第四章	必修第二册第八章	选择性必修1第四章	分布模块章节

6.8.3 大概念单元教学的架构路径

教师根据学生的知识基础和能力水平，将高度抽象的大概念分解为抽象程度较低的次级大概念。通过围绕大概念创设学习活动，按照不同知识内容和学习阶段来逐渐拓展认识的范围、角度和深度。①

6.8.3.1 选择突出单元主题的大概念

化学教材的编写遵循知识建构的逻辑顺序和学生的认知发展规律，无论是同一章节内容，还是模块内容，彼此之间存在着一定的内在联系。教师通过分析教学内容之间的内在本质联系，找出能够统领教学内容的大概念，在教学中能够起到事半功倍之效。

6.8.3.2 确定次级大概念

由于大概念涵盖性强，含义抽象而且缺乏教学实用性，因此，要将大概念进行向下延伸出次级大概念。教师要站在一定高度，对主题教学内容进行自上而下的梳理和细化，将高度抽象的大概念分解为抽象程度较低、适用范围较小的次级大概念(或概念)。② 这样既降低了大概念的建构难度，同时，还丰富了大概念的内涵。

6.8.3.3 编写单元教学目标

站在学生学习行为的角度，以课程标准为依据，将大概念、次级大概念与课程标准进行融合，从而确定单元教学目标。

比如，"氯及其化合物"教学目标中涉及"物质化学性质"大概念的内容有：①能用

---

① 何彩霞：《化学学科核心素养导向的大概念单元教学探讨》，载《化学教学》2019 年第 11 期，第 44-48 页。

② 孙国辉、徐洁：《基于化学学科理解的学科大概念统领主题教学的探索》，载《吉林教育》2020 年第 7-8 期，第 13-17 页。

氧化还原反应、离子反应的观点预测并解释 Cl_2 的化学性质,并能用化学方程式正确表达;②以氯及其化合物知识的学习为线索,建立含氯元素的物质间的转化关系,进一步了解研究物质的思路和方法。

6.8.3.4 创设学习活动

教师通过创设与大概念、次级大概念相呼应、有一定挑战性的"学习任务"和"驱动性问题",组织学生进行实验探究、分析推理、关联概括和解释说明等学习活动,① 借以理解大概念的本质和丰富内涵。

比如,"氯及其化合物"学习活动中涉及"物质化学性质"大概念的驱动性问题:
问题1:①含有 Cl 元素的物质有哪些?
②根据 Cl_2 所属物质类别的通性,预期其化学性质。
③$FeCl_3$ 和 $CuCl_2$ 能用它们的金属与盐酸反应制取吗?
问题2:①观察氯水,判断氯水中含有哪些成分?
②试推测氯水中可能含有哪些粒子?
③如何检验上述粒子?
④氯水能够使有色布条或品红溶液褪色,推测是哪种粒子的作用?
⑤如何设计实验排除 Cl_2 使有色布条或品红溶液褪色的干扰?
问题3:①分析 HClO 为什么具有漂白性呢?
②石蕊试液滴入新制氯水,会出现什么现象?
③新制氯水和久置氯水的成分有何差异?
问题4:①根据氯气与水的反应原理,推测氯气与 NaOH 能否发生反应?若反应,其产物是什么?
②写出 Cl_2 与 $Ca(OH)_2$ 反应的方程式。
③分析推断 $Ca(ClO)_2$ 的性质。
④漂白粉相对于新制的氯水有哪些优点?
⑤漂白粉漂白的原理是什么?这属于盐的通性吗?

6.8.4 大概念单元教学的实施建议

6.8.4.1 剖析问题的本质

大概念单元教学的基础是问题的本质相同,所以,在实施大概念教学时,要引导学生分析问题的本质,只有厘清了问题的本质,才能够理解大概念的丰富内涵和应用价值。

比如,在分析氧化还原反应的本质时,借助于 NaCl 和 HCl 形成的典型案例,得出氧化还原反应的本质特征是电子转移(得失和偏移),进一步分析电子转移和化合价升降的关系,就可以直接得出化合价升降的数值等于电子转移的数目,而这就是配平氧化还原反应的理论依据。然后再通过延伸提炼,就可以得出:还原剂的还原性强弱即为失电

---

① 何彩霞:《化学学科核心素养导向的大概念单元教学探讨》,载《化学教学》2019 年第 11 期,第 44-48 页。

子难易,表现为化合价升高趋势;氧化剂的氧化性强弱即为得电子难易,表现为化合价降低趋势。

6.8.4.2 大概念的抽象与演绎

采用大概念进行单元教学时,因不同的教学内容存在着先后顺序,所以教师要对先期出现的教学内容进行问题本质分析,然后归纳抽象出大概念的含义,再用大概念的本质内涵去演绎后续的教学内容。这样既有利于大概念的建构与迁移,也有助于学生思维能力的提升。

无论是大概念的抽象概括,还是演绎应用,都要注重"具体—抽象—具体"思维的协同性,以提升大概念的本质性、普适性和实用性。大概念的抽象性必须以具体性为基础,还要以更广泛的具体性为归宿。大概念是从具体的事例出发,抽象出本质特征或内在联系,然后再运用到具体的同类事例中去。大概念的具体化过程,既是大概念内涵不断扩展、丰富和深入的过程,也是深度理解和掌握知识的过程。

比如,通过对"钠及其化合物"的具体学习,抽象概括出物质化学性质主要表现为类别通性和物质特性。教师在进行"氯及其化合物"教学时,可通过创设问题情境,引导学生利用类别通性和物质特性中的价态视角对 Cl_2、$HClO$、$Ca(ClO)_2$ 等的化学性质进行预期,并通过实验进行验证探究,从而建构氯及其化合物的性质。

6.8.4.3 提升对化学知识的认识层级

大概念单元教学的实施,依赖于教师对学科知识本质的把握,以及对学生知识理解、思维发展和能力培养的期待。[1] 大概念单元教学对化学教师的知识体系和认识高度都提出了挑战,而每位教师都是根据自身对大概念的理解来引导学生进行知识建构的,因此,教师要加强自身化学专业素养的建设、完善自身的知识结构和认识深度,这样才能够提升大概念单元教学的高度。

6.8.4.4 对问题进行铺垫和启发

大概念教学对学生的抽象思维能力和整合重组能力提出了较高要求,对于基础和能力较弱的学生来讲,难度比较大,尤其是要将不同章节、不同模块的内容进行整合统一。因此,教师在创设学习活动时要降低问题的坡度,通过对问题进行铺垫和启发,从而引导学生循序渐进地建构大概念。

学生的思维特点往往是点状的、不连续的,如果一味地用抽象的大概念进行迁移,就会在无形中增加学生的理解难度和接受障碍。因此,教师要根据知识内容的特点,对于具体的物质、反应和事实,采用类比的思维方式则更容易建构。

---

[1] 何彩霞:《化学学科核心素养导向的大概念单元教学探讨》,载《化学教学》2019 年第 11 期,第 44-48 页。

6.9 在化学教学中渗透化学学科思想的实践与探索

学科知识、学科能力和学科思想是学科体系的三大要素,其中,学科思想是一个学科的灵魂。中学化学学科思想不但是学习化学的需要,也是学生将来走向社会的需要。[①] 当学生走向社会,他们中的大多数人不会从事与化学有关的工作,这时,在中学学过的化学知识也就很快被淡忘了,但在学习化学知识过程中形成的一些思想方法却时时在用。因此,化学教师要高屋建瓴,在课堂教学中融入学科思想,提升基础学力,为学生实践能力和终身发展奠定基础。

化学学科思想的形成离不开化学知识的学习,中学化学基础知识不仅是公民必备的常识,而且还是培养能力和素养的载体。但在课堂教学中,教师往往会比较重视化学知识的建构,而对化学学科思想的渗透却没有得到足够的重视。学生仅具有化学知识而不具备学科素养,所学的知识通常是死的、没有生命力的。因此,化学教师要有意识、有目的地融入学科思想,引导学生在课堂教学中进行理解、领悟和内化。

6.9.1 分类思想

6.9.1.1 思想意义

化学物质种类繁多,化学反应更是数不胜数,面对如此众多的物质和反应,如果要逐一研究和学习,既不可能,也没有必要。

分类是学习和研究化学物质及其变化规律的一种常用的科学方法,把纷繁复杂的事物按照种类、结构、性质及变化特点等进行归类,这既反映了化学学科的发展规律,也符合学生的认知特点。运用分类法不仅能使知识系统化,还可以通过分门别类的研究,发现物质及其变化的规律,因为化学原理和理论都是从若干同类事物中总结得出的。

6.9.1.2 教学案例

课题:强电解质和弱电解质

【实验】在 6 只小烧杯中分别盛等体积的 0.1 mol/L 的下列溶液:HCl、CH_3COOH、NaOH、CH_3COONa、蔗糖和酒精等,然后用 6 支发光二极管测量六种溶液的导电性,并观察灯光的亮度。

【实验现象】根据学生的实验结果发现:①蔗糖和酒精溶液不导电,其他溶液都能导电;②CH_3COOH 溶液灯光较暗,而其他三种溶液灯光较明亮。

【设疑】试根据上述实验现象①,如何将六种物质进行分类?

---

① 刘永和:《中学化学的学科思想》,载《中学化学教学参考》2005 年第 7 期,第 19 - 20 页。

【复习】

化合物 $\xrightarrow{\text{在水溶液或熔融状态下}}$
- 能电离 → 电解质　　如 HCl、CH_3COONa 等
- 不能电离 → 非电解质　如蔗糖、酒精等

【设疑】根据实验现象②，说明四种溶液有何不同。

【讨论交流】

HCl、NaOH、CH_3COONa 溶液：

灯光明亮的溶液 ⟺ 溶液导电能力强 ⟺ 离子浓度大 ⟺ 电解质电离程度大

CH_3COOH 溶液：

灯光较暗的溶液 ⟺ 溶液导电能力弱 ⟺ 离子浓度小 ⟺ 电解质电离程度小

【设疑】以 HCl 和 CH_3COOH 溶液为例，如何定量比较两种溶液的电离程度呢？

【实验探究】用 pH 计测 0.1 mol/L 的 HCl 和 0.1 mol·L^{-1} 的 CH_3COOH 溶液的 pH 值。

	pH 值
0.1 mol/L 的 HCl 溶液	1.02
0.1 mol/L 的 CH_3COOH 溶液	2.87

【数据分析】HCl 溶液中的 HCl 100%电离；而 CH_3COOH 溶液中电离的 CH_3COOH 仅占1.34%。

【讲解】

电解质 $\xrightarrow{\text{在水溶液}}$
- 完全电离 → 强电解质　如 HCl、CH_3COONa 等
- 部分电离 → 弱电解质　如 CH_3COOH 等

【迁移】有以下 10 种物质：①铜；②稀硫酸；③氯化氢；④氨气；⑤氟化氢；⑥二氧化碳；⑦乙酸；⑧氯化钠；⑨硫酸钡；⑩氯气。结合下表中提示的信息，把符合左栏条件的物质的序号填入右栏相应的位置。

序号	符合的条件	物质的序号
(1)	电解质	
(2)	非电解质	
(3)	强电解质	
(4)	弱电解质	
(5)	既不是电解质也不是非电解质	

【归纳整理】强弱电解质与常见的化合物分类有何对应关系？

强电解质：强酸、强碱、大多数盐等

弱电解质：弱酸、弱碱、水等

6.9.1.3　适用内容

分类思想适用的教学内容见表 6-18。

表 6-18 分类思想适用的教学内容

模块章节	内容	说明
九年级上册、下册	纯净物、混合物、单质、化合物、酸、碱、盐	根据物质的组成及性质的差异进行分类
必修第一册§1-2 物质的分类及转化	分散系及其分类	
必修第一册§1-2 离子反应	电解质与非电解质	
选择性必修1§3-1 电离平衡	强电解质与弱电解质	
选择性必修3§2 烃	烷烃、烯烃、炔烃、芳香烃	依据官能团进行分类
选择性必修3§3 烃的衍生物	卤代烃、醇、酚、醛、羧酸、酯	
九年级上册、下册	四大反应类型	根据反应特点进行分类
必修第一册§1-2 离子反应	离子反应	
必修第一册§1-3 氧化还原反应	氧化还原反应	
必修第二册§7 有机化合物	取代反应、加成反应、加聚反应	
选择性必修3§2 烃 选择性必修3§3 烃的衍生物	消去反应、水解反应	
选择性必修3§5-1 合成高分子的基本方法	缩聚反应	
必修第二册§6-1 化学反应与能量变化	原电池	原电池	电化学
选择性必修1§4 化学反应与电能	燃料电池		
	析氢腐蚀与吸氧腐蚀		
	电解池	电解池	
	电镀		
选择性必修1§2-2 化学平衡	化学平衡	统属于平衡问题,都适用于勒夏特列原理
选择性必修1§3 水溶液中的离子反应与平衡	弱电解质的电离平衡	
	盐类水解平衡	
	难溶电解质的溶解平衡	

注:化学九年级上、下册为 2012 年人教版,化学必修第一、二册为 2019 年人教版,化学选择性必修 1、2、3 均为 2020 年人教版,下同。

6.9.1.4 实操要领

第一,切忌简单空洞地讲授概念,并试图通过反复练习达到教学目的,这种"粘贴式"教学方法培养的迁移能力非常有限,并且容易被淡忘。从实例入手,为解决同类问题而引入分类思想,能帮助学生认识分类的必要性及意义,能有效地协助学生建构分类组织结构图。

第二，要做适当的铺垫，并描述该分法在分类体系中的位置，因为任何一种新的分类方法都是在前一分类的基础上进行的细分或拓展。如果没有铺垫，学生对此分类体系缺乏认识，就不能"同化"和"顺应"新的知识，当然也就不能建构较为完整的知识结构。

6.9.1.5 实践价值

信息是决策的前提。现代社会是一个海量信息的社会，每个人每天都要处理大量信息，如何从众多信息中获取有用资讯而不被信息淹没，分类思想为我们提供了一种高效实用的处理方法。对事物进行分类，既能将纷繁复杂的事物理顺，又能把新事物的某些属性与已有认知结构中的事物进行归类，有利于寻找解决问题的办法。

分类也往往是解决问题的一种方式方法，在把待解决的问题进行归类后，也就找到了解决问题的方向和思路。

6.9.2 归纳与演绎思想

6.9.2.1 思想意义

俄国化学家门捷列夫当年发现的元素周期律，就是运用了归纳法，通过科学抽象而形成理论。门捷列夫又用它作演绎推导，修订了某些元素的原子量和预言了新元素。① 归纳与演绎能力是人们认识事物和改造事物的重要法宝。

美国教育家布鲁姆说："获得的知识，如果没有完整的结构把它们联系在一起，那是一种多半会被遗忘的知识。"归纳是一种高层次的总结，通过比较、删选，找出表面相似或不相似的对象在某些方面的共性，找出对象间的内在联系。② 在教学过程中，引导学生积极进行归纳总结，不仅能提高学习效率，而且会让学习变得学而不厌、记而不烦、用而不乱。

6.9.2.2 教学案例

课题：氧化还原反应

【投影】判断如下反应，哪些是氧化还原反应，哪些是非氧化还原反应？

① $H_2 + CuO \xrightarrow{\triangle} Cu + H_2O$

② $C + 2CuO \xrightarrow{高温} 2Cu + CO_2 \uparrow$

③ $CO + CuO \xrightarrow{\triangle} Cu + CO_2$

④ $CO_2 + H_2O == H_2CO_3$

⑤ $CaCO_3 \xrightarrow{高温} CaO + CO_2 \uparrow$

【讨论矫正】①、②、③属于氧化还原反应；④、⑤则属于非氧化还原反应。

【设疑】氧化还原反应有哪些共同特点？非氧化还原反应有哪些特点？

---

① 钱宝珍：《高中化学教学中学生思维能力的培养》，载《阜阳师范学院学报（自然科学版）》2000年第3期，第70-71页。

② 李红计：《浅谈高中化学概念教学的优化策略》，载《中小学电教》2010年第6期，第61页。

【归纳】氧化还原反应都具有化合价升降，而非氧化还原反应则没有化合价升降。

【设疑】以 $2Na+Cl_2 \xrightarrow{\triangle} 2NaCl$ 反应为例，分析导致 Na、Cl 元素化合价升降的根本原因是什么。

【分析】得失电子是导致 Na、Cl 元素化合价升降的根本原因。所以，化合价升降只是氧化还原反应的表观特征，而电子转移（得失或偏移）则是氧化还原反应的本质特征。

【书写】试按照四大基本反应类型各写出两条化学方程式。

【判断】判断哪些是氧化还原反应，哪些是非氧化还原反应。

【归纳】试归纳总结氧化还原反应与四大基本反应类型有何关系。

【总结】氧化还原反应与四大基本反应类型之间的关系：

6.9.2.3 适用内容

归纳与演绎思想适用的教学内容见表 6-19。

表 6-19 归纳与演绎思想适用的教学内容

模块章节	内容	说明
九年级上册 §5-1 质量守恒定律	质量守恒定律	根据白磷的燃烧及 $CuSO_4$ 与 $NaOH$ 溶液的典型反应归纳化学反应前后质量的变化规律
九年级下册 §10 酸和碱	复分解的反应特点及发生条件	根据复分解反应的六种类型归纳复分解反应的特征是交换成分，而发生条件则是生成物中有水、气体或沉淀
九年级下册 §11 盐　化肥		
必修第一册 §2 海水中的重要元素——钠和氯	钠（氯、铁、铝）及其化合物相互转化关系	铁三角、铝三角等
必修第一册 §3 金属材料		
必修第一册 §4-2 元素周期律	元素周期律	根据核外电子排布、原子半径与化合价的周期性变化归纳出元素周期律
必修第二册 §5-1 硫及其化合物　§5-2 氮及其化合物	硫（氮）及其化合物相互转化关系	"雷雨发庄稼"等

续表 6-19

模块章节	内容	说明
必修第二册 §5-1 化学反应与能量变化	原电池构成条件	原电池的发生条件是"两极一液一连线"
	放热反应的反应类型	所有的燃烧、中和反应及金属与酸的反应都是放热反应
必修第二册 §8-1 自然资源的开发利用	金属冶炼方法与金属活动性的关系	活泼金属采用电解法，比较活泼的金属采用还原法，而不活泼金属则采用热分解法
选择性必修 1 §4-1 原电池	燃料电池的书写规律	以氢气、甲烷等燃料电池在酸、碱性介质中的电极反应总结燃料电池正负极书写规律
选择性必修 3 §2-1 烷烃	烷烃物理性质的变化规律	以烷烃为例，总结同系物随着碳原子数的增多，熔沸点和密度都逐渐增大
选择性必修 3 §2 烃 选择性必修 3 §3 烃的衍生物	烃及其衍生物相互转化规律	以 CH_3CH_2Br 为纽带将烃及其衍生物相互连接起来

6.9.2.4 实操要领

①化学原理和理论的建立，都经历了一个不完全的归纳过程。在组织教学时，如果过早地把这些原理和理论和盘托出，就会省略了学生思想上的酝酿过程，也就失去了培养思维能力的机会。① 因此，引导学生自己去归纳概括、抽象总结和运用迁移，这样，学生既能掌握了知识，又能提升了思维能力。

②在课堂教学中，归纳和演绎要有机结合。没有归纳，演绎就缺乏基础，相反，没有演绎，归纳也就失去目的和意义。

在进行归纳概括之前要进行分类，因为只有同类的事物才有归纳概括的价值。而在演绎过程中，要注意适用条件，同类问题才能适用于该原理，并要注意一些特殊情况，比如金属与 HNO_3 反应，不产生 H_2，而生成 H_2O，因为 HNO_3 具有强氧化性。

③要根据教学进度及学生的需要（尤其是单元复习和总复习），指导和训练学生用文字、图示或表格形式将零散的化学知识、复杂的化学内容进行归纳和整理，使之形成"知识点""知识线"或"知识网"，如"雷雨发庄稼"、"铁三角"、烃及其衍生物的相互转化等，使化学知识条理化、网络化和系统化。

6.9.2.5. 实践价值

人们的认识过程是在实践的基础上由感性到理性，再由理性到感性的过程。从个别到一般的思维活动是归纳，从一般到个别的思维活动是演绎。归纳与演绎，是学以致用的重要表现。

---

① 曹洪昌：《培养学生思维能力初探》，载《课程·教材·教法》1994 年第 3 期，第 31-33 页。

6.9.3 类比思想

6.9.3.1 思想意义

类比就是按照一定的标准对事物在不同情况下的表现进行对比，通过类比能够清晰地辨别事物之间的区别与联系，从而认识事物的本质。由于同类物质的性质存在相似性，因此元素化合物都是按照类别进行学习的。在相似中找差别，在差别中找变化规律，是学习物质性质的基本方法。

对于一些相近的、易混淆的概念，可通过列表进行对比，如 HClO、SO_2 与活性炭的漂白原理，比较其相同点和不同点，分析其区别与联系。通过分析知识之间的关系，使新旧知识相互联系起来，从而完善了个人的知识结构。

6.9.3.2 教学案例

课题：氯气的性质

【实验】将干燥的有色布条和湿润的有色布条分别放入两瓶干燥的氯气中，观察实验现象。

【分析】湿润的有色布条褪色，说明氯气与水反应生成了一种具有漂白性的物质——次氯酸（HClO）。

$$Cl_2 + H_2O \rightleftharpoons HCl + HClO$$

【实验探究】展示一瓶新制的氯水和一瓶久置的氯水，分别取少许溶液滴加到两只盛有品红溶液的试管中，试观察现象。

【分析比较】滴加新制氯水的品红褪色，而滴加久置氯水的品红不褪色。

$$2HClO \xrightarrow{光照} 2HCl + O_2 \uparrow$$

新制氯水：H_2O、Cl_2、HCl、HClO

久置氯水：H_2O、HCl

【实验】把被新制氯水褪色后的品红溶液加热，观察现象。

【分析】HClO 具有强氧化性，能将有色物质氧化成稳定的无色物质。

【设疑】HClO 的漂白原理与活性炭、SO_2 的漂白原理相同吗？

【类比】

漂白物质	变化特点	漂白原理	漂白特点	备注
活性炭（木炭）	物理变化	吸附作用		
SO_2	化学变化	与某些有色物质生成不稳定的无色物质	暂时性漂白	可使酸碱指示剂变色，但不能使酸碱指示剂褪色
HClO（Na_2O_2、O_3、H_2O_2）		强氧化性	永久性漂白	可以漂白酸碱指示剂

【过渡】既然氯水(HClO)不稳定,那么如何进行改进呢?
【讲述】将 Cl_2 转化为漂白粉,即将 Cl_2 通入消石灰中。
【书写】尝试书写 Cl_2 与 $Ca(OH)_2$ 反应的化学方程式。
【类比】Cl_2 先和水反应生成 HCl 和 $HClO$,而 HCl 与 $HClO$ 都属于酸,都与碱反应,又都属于复分解反应。

$$2Cl_2 + 2Ca(OH)_2 = CaCl_2 + Ca(ClO)_2 + 2H_2O$$

【设疑】游泳池可用漂白粉消毒,那么漂白粉漂白的原理是什么?
【类比】$Ca(ClO)_2$ 与 CO_2、H_2O 反应属于:
①盐与酸反应;②强酸制弱酸;③复分解反应

$$Ca(ClO)_2 + CO_2 + H_2O = CaCO_3\downarrow + 2HClO$$

6.9.3.3 适用内容

类比思想适用的教学内容见表 6-20。

表 6-20 类比思想适用的教学内容

模块章节	内容	说明
九年级上册§2 实验活动 1	氧气的实验室制法	三种不同类型的气体发生器的比较
九年级上册§6 实验活动 2	二氧化碳的实验室制法	
必修第一册§2-2 氯及其化合物	氯气的实验室制法	
选择性必修 3 §2-2 烯烃 炔烃	乙炔的实验室制法	
选择性必修 3 §3-2 醇 酚	乙烯的实验室制法	
九年级下册§9-3 溶质的质量分数	溶质的质量分数	两种不同溶液组成的表示方法,两者之间存在对应转化关系
必修 1 从实验学化学	一定物质的量浓度	
九年级上册§4-2 水的净化	蒸馏装置	分馏为多次蒸馏,能得到多种馏分
必修第二册§8-1 自然资源的开发利用	原油的分馏	
九年级上册§6-1 金刚石、石墨和 C_{60}	活性炭使品红溶液褪色	比较三种不同类型的漂泊剂的漂泊原理
必修第二册§5-1 硫及其化合物	SO_2 使品红褪色	
必修第一册§2 海水中的重要元素——钠和氯	氯水、过氧化钠氧化色素	
必修第一册§4-1 原子结构元素周期表	金属性、非金属性	一般来说,金属具有金属性,金属性越强,其单质的还原性越强;非金属具有非金属性,非金属性越强,其单质的氧化性越强
	氧化性、还原性	

续表 6-20

模块章节	内容	说明
选择性必修 1 §2-1 化学反应速率和化学平衡	浓度、压强、温度、催化剂对反应速率的影响	增加浓度、增大压强、升高温度、使用催化剂既增加了正反应速率，也增加了逆反应速率，而化学平衡移动则是平衡体系通过自动调节来减少外加因素的影响
选择性必修 1 §2-2 化学平衡	浓度、压强、温度、催化剂对反应平衡的影响	
九年级下册 §10-2 酸和碱的中和反应	中和反应	互为逆反应
选择性必修 1 §3-3 盐类水解	盐类水解	
九年级下册 §10-1 常见的酸和碱	石蕊试剂、酚酞试剂	试剂通常是用来检验溶液的酸碱性，而试纸通常是用来检验气体的酸碱性
选择性必修 1 §3-2 水的电离和溶液的 pH	甲基橙试剂	
必修第二册 §5-2 氮及其化合物	红色石蕊试纸	
必修第二册 §6-1 化学反应与能量变化 选择性必修 1 §4-1 原电池	原电池	原电池将化学能转化为电能，电解池将电能转化为化学能
选择性必修 1 §4-2 电解池	电解池	
必修第二册 §7-3 乙醇与乙酸	乙醇的催化氧化	催化氧化：失去羟基氢及连有羟基碳上的氢，形成醛基或羰基；消去反应：脱去羟基及连有羟基碳相邻碳上的氢，形成不饱和键
选择性必修 3 §3-2 醇 酚	乙醇的消去反应	
必修第二册 §7-3 乙醇与乙酸	酯化反应	互为逆反应
选择性必修 3 §3-4 羧酸 羧酸衍生物	酯的水解反应	
必修第二册 §7-2 乙烯与有机高分子材料	加聚反应	均为聚合反应
选择性必修 3 §5-1 合成高分子的基本方法	缩聚反应	

6.9.3.4 实操要领

类比教学法有助于学生加深对知识的理解和掌握，有利于重组知识结构，而建构的知识网络又能提升学生运用知识的迁移能力。在类比教学时，一定要引导学生自己进行比较，同学之间相互补充完善，且不可将类比结果直接展示给学生，只让学生简单地去识记，这样学生就得不到类比思维的训练过程。

6.9.3.5 实践价值

类比思维能够把一些看似孤立的知识点组织协调起来，是研究学问和深度学习的一种常用方法，在进行对比分析的过程中能够不断地提升知识水平和认识深度。

人们在处理新问题时，通常会把新问题的某些属性与已有的经验进行类比，然后寻求解决方案。人类的一些发明创造，都是受同类事物的启发，从一事物的某些已知特征去推测另一事物的相应特征，异中求同，同中求异，从而产生新知，得出创造性成果。

6.9.4 结构思想

6.9.4.1 思想意义

物质的组成和结构是决定物质性质的最本质因素。微粒(原子、分子、离子)、微粒间的作用(化学键)和分子构型(三维化学)是中学化学结构理论的主要观点，同时也是深刻理解化学反应的基础。在化学教学中融入结构思想，理解"结构决定性质，性质是结构的客观反映"，能够提高分析问题和解决问题的能力。

6.9.4.2 教学案例

课题：苯

【讨论】根据苯的分子式 C_6H_6，试写出苯可能的结构简式。

【投影】选择部分学生书写的结构简式投影。

【设问】若苯分子为上述结构之一，则其应具有什么性质？怎样设计实验来证明？

【设计实验】①向试管中加入少量苯，再加入溴水，振荡；②向试管中加入少量苯，再加入酸性高锰酸钾溶液，振荡。

试观察上述实验现象。

【分析】溴水与高锰酸钾溶液均未褪色，说明苯分子中不存在碳碳双键。

【追问】苯分子到底具有怎样的结构呢？

【讲述】苯分子结构的发现史。

【展示】苯分子的比例模型。

【讲解】苯分子中 6 个碳原子之间的键完全相同，是一种介于单键和双键之间的特殊的键。

【设疑】从苯分子的组成和结构来分析，苯应该具有哪些化学性质？

【讲解】从分子结构上看，由于苯分子中的碳碳键是介于碳碳单键和碳碳双键之间的特殊的键，因此，苯既具有饱和烃的性质又具有不饱和烃的性质，所以苯既能发生取代反应又能发生加成反应。

【思考】苯与液溴是如何发生取代反应的？

【类比】根据甲烷与氯气的反应特点，尝试书写苯与液溴的取代反应。

【播放】苯与溴的反应动画。

【迁移】试书写苯与浓硝酸反应的化学方程式。

【过渡】苯分子中虽没有典型的碳碳双键，不能与溴发生加成反应，但在镍作催化剂的条件下，苯可与氢气发生加成反应。

【思考】1 mol 苯需要多少 mol 氢气发生加成反应?

【总结】苯的组成、结构与化学性质的关系:

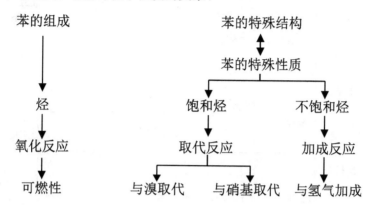

6.9.4.3 适用内容

结构思想适用的教学内容见表 6-21。

表 6-21 结构思想适用的教学内容

模块章节	内容	实例	说明
必修第一册 §1-3 氧化还原反应	元素化合价的高低决定了物质的氧化性及还原性	Fe^{3+} 只具有氧化性,而 Fe 则只具有还原性	化合价的升降只是表观特征,氧化还原性强弱的本质是电子转移(得失或偏移)的难易程度
必修第一册 §4-1 原子结构与元素周期表	原子的结构决定元素的性质	Cl 的原子最外层为 7 个电子,导致 Cl 元素的非金属性很强	原子得失电子的难易程度决定了元素性质的强弱
必修第一册 §2-2 氯及其化合物	物质的性质决定用途	漂白粉可用于游泳池消毒	—
必修第二册 §6-2 化学反应速率与限度 选择性必修 1 §2 化学反应速率与化学平衡	反应物的性质是影响化学反应速率和反应限度的本质因素	等物质的量且大小相同的 Mg 和 Fe 与同浓度、同体积的盐酸反应,产生 H_2 的速率 Mg 比 Fe 快	—
	浓度、压强、温度、催化剂影响了化学反应速率及反应限度	硫酸工业中通入过量的 O_2,提高 SO_2 的转化率	都遵循有效碰撞理论和勒夏特列原理
选择性必修 1 §3 水溶液中的离子反应与平衡	浓度、温度影响弱电质的电离和盐类的水解	升高温度,使纯碱的碱性增强	

续表 6-21

模块章节	内容	实例	说明
必修第二册 §6-1 化学反应与能量变化 选择性必修 1 §4 化学反应与能量	原电池中的正负极	还原性强的金属一般做负极	都发生氧化还原反应，原电池的负极和电解池的阳极发生氧化反应，而原电池的正极和电解池的阴极则发生还原反应
	电解池中的离子的放电顺序	氧化性强的阳离子优先放电，还原性强的阴离子优先放电	
必修第二册 §7 有机化合物 选择性必修 3 §2 烃 选择性必修 3 §3 烃的衍生物	官能团的结构特点决定了物质的性质	乙烯中的"$C{=}C$"既能被酸性 $KMnO_4$ 氧化，又能与 Br_2 加成	官能团变化的实质是共用电子对的变化

6.9.4.4 实操要领

①首先要引导学生分析粒子的结构特点，然后掌握一种典型物质结构和性质的对应关系，这样就能从典型物质"结构⇌性质"的相互关系中更好地迁移同类物质的性质，便于建构知识网络。

②结构决定性质都可以从原子结构（尤其是电子）入手，由于原子中电子转移的难易程度影响了元素的性质以及物质的氧化还原能力，而氧化还原反应又是解决电化学问题的理论基础。有机物之间的相互转化要从官能团中键的断裂与形成进行分析，而键的断裂与形成的实质是原子间共用电子对的"分"与"合"。

③在学习物质性质时，先引导学生通过分析物质的组成和结构来推测物质可能性质，然后通过实验来进行探究。

6.9.4.5 实践价值

建立结构思想，能够帮助人们透过现象去认清事物的本质，防止在纷繁复杂的现象面前无所适从、犹豫不决。而根据事物的内在因素进行判断和决策，这在瞬息万变的社会生活领域显得尤为重要。

微观结构理念可以引导人们从微观去解读宏观现象，从微观、细节方面去改造、影响宏观事物，从而形成精细化的思想和行为习性。

6.9.5 量化思想

6.9.5.1 思想意义

化学中的一些问题，既要定性认知也要定量分析。如果只有定性的描述，而没有必要的定量分析与计算，研究问题的科学性和深度就会降低，学生对问题的理解程度也会大打折扣。定性分析与定量计算在研究物质及其变化规律方面是相辅相成的，是质和量的辩证统一。

6.9.5.2 教学案例

课题：NaOH 与 AlCl₃ 溶液的定量反应

【分组实验】将一小块金属钠投放到一定量滴有酚酞的 AlCl₃ 溶液中，试描述其实验现象。

【实验现象】各实验小组描述本组实验现象，教师进行归类，发现共有两种不同的实验现象：①放出气体，溶液为无色，产生沉淀；②放出气体，溶液为红色，没有沉淀。

【设疑】为什么同一个实验会出现两种不同的实验现象呢？试分析可能的原因。

【讨论交流】Na 先与水反应生成 NaOH，接着 NaOH 与 AlCl₃ 反应。

【实验探究】试观察下列实验现象：

①向 AlCl₃ 溶液中逐滴滴加 NaOH 溶液；

②向 NaOH 溶液中逐滴滴加 AlCl₃ 溶液。

【反应过程】$AlCl_3 + 3NaOH == Al(OH)_3\downarrow + 3NaCl$

$Al(OH)_3 + NaOH == NaAlO_2 + 2H_2O$

【图像小结】

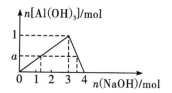

【释疑】Na 与 AlCl₃ 溶液反应时，各小组所取的 Na 与 AlCl₃ 溶液的量不尽相同，Na 多（或 AlCl₃ 少）时，NaOH 过量，溶液呈碱性，没有沉淀；而 Na 少（或 AlCl₃ 多）时，则会有沉淀。

6.9.5.3 适用内容

量化思想适用的教学内容见表 6-22。

表 6-22 量化思想适用的教学内容

模块章节	内容	说明
九年级上册§4-4 化学式与化合价	利用化学式的计算	量化物质的组成
九年级下册§9-2 溶解度	有关溶解度的计算	量化饱和溶液的组成
必修第一册§2-3 物质的量	有关物质的量的计算	化学量化的核心工具
九年级上册§5-1 质量守恒定律	根据质量守恒定律的计算	
必修第一册§3-2 金属材料	物质的量在化学方程式中的应用	都是利用化学方程式的定量关系进行量化计算
选择性必修1§1-2 反应热的计算	热化学方程式的计算	
选择性必修1§2-1 化学反应速率 选择性必修1§2-2 化学平衡	化学反应速率及化学平衡的计算	

续表 6-22

模块章节	内容	说明
选择性必修 1 § 3－2 水的电离和溶液的 pH	溶液 pH 值的计算	利用常数是定值进行量化计算
选择性必修 1 § 3－4 沉淀溶解平衡	K_{sp} 的计算	
必修第一册 § 2－1 钠及其化合物 § 3－2 金属材料	CO_2 与碱反应	化学反应中，因反应物的量不同，而导致反应方程式也不同
	Na_2CO_3 与 HCl 反应	
	$NaHCO_3$ 与 $Ca(OH)_2$ 溶液反应	
	NaOH 与 $Al(OH)_3$ 的反应	

6.9.5.4 实操要领

①从定性认知到定量分析，能够帮助学生深入地理解化学原理和理论。在进行计算时，一定要结合相关的原理和理论，且不可将化学问题的计算等同于纯数学计算。

②化学中并非所有的问题都需要定量处理，对中学生来讲，定量分析和计算无形中增加了学习的难度。因此，应根据课程教学要求和学生的接受能力，定性要求的内容不一定要定量分析；而需要定量分析时，又不能仅限于定性讨论。

同时，化学定量计算属于技能范畴，应采用步骤分解法来逐步掌握。

6.9.5.5 实践价值

量化思想就是要增强数字意识，运用量化的思维方式去观察、分析现实生活，去解决日常生活中的问题。量化意识可以让人们精细地去思考和处理问题，提高分析和处理问题的精确度和科学性。

主题 7　让公开课展示你的才智与优雅

公开课是教师提升化学课堂教学技能的平台，也是专业成长的必经之路。公开课能够反映出教师的教学理念、知识功底、表达能力和驾驭能力等专业技能，每次公开课都可以是教师专业成长的新起点。

公开课是教师投入时间、精力和情感最多的课，借助教学内容研讨与磨课，积极整合备课组和学科组的教学资源，汲取、内化同行的教学经验和教学智慧，通过试上课、反思和改进，不断地更新教学理念和调整教学方法，以实现自我专业成长收益的最大化。

教师借助公开课平台突破自身教学能力的"低洼区"，每个学期上好一节公开课，通过规划与践行，驾驭不同模块、不同课型和不同教学组织形式的课堂，借以提升教学设计能力、课堂组织能力、随机应变能力、情绪调控能力等教学技能。

一剪梅·公开课

一条彩丝绣画卷，
构思精巧，
手工精湛。
六心相助织坤乾，
形也美奂，
神也美奂。

品味赏析赞不断，
启迪共鸣，
弄潮示范。
展施才智逸不凡，
锻了技能，
富了内涵。

开启化学教师职业幸福的密码

7.1 "六心"让公开课展示你的才智与优雅

公开课又称"观摩课",由主讲教师授课,相关人员观看、聆听并进行评析的教学活动。举行公开课是为了研究教学内容和教学方法,探讨教学规律,推动教学改革,推广教学经验,评价教师水平等。[①] 根据公开课的目的,可分为达标课、交流课、研究课、示范课和比赛课等。

公开课能够反映出执教教师的教学理念、知识功底、表达能力、驾驭能力以及专业素养等,是教师实现专业发展的平台,也是其专业成长的路径。每次公开课都可以是教师专业成长的新起点。

7.1.1 精心挑选课题

公开课毫无疑问是教师投入时间、精力和情感最多的课,甚至是倾备课组或学科组之力打造的课堂,当然要精心挑选课题,以实现自我专业成长收益的最大化。

公开课课题的选择首先要考虑模块内容的典型性,现行高中课程采用模块化教学,选取模块中核心的、主干的和具有纵横联系的教学内容,通过研究该教学内容,深度认识和理解该知识内容和所属模块的知识体系;其次是课型的典型性,通过上好一节概念课、原理课、复习课或讲评课,从而掌握此类课型的特点和教学方法;最后还要考虑教学组织形式的典型性,根据教学内容的不同选择探究式、合作互助式或学生讲解式等适当的课堂组织形式。

一般来说,教师尽量挑选自己不熟悉或不擅长的教学内容,这样借助公开课平台来涉足和突破自己教学能力的"低洼区",借此让自己成为该领域的"专业人士"。

教师个人要对自身的专业发展要有一个清晰的规划,每个学期上好一节公开课,几年下来,就能够驾驭不同模块、不同课型和不同教学组织形式的课堂,自身的教学设计能力、课堂应变能力、情绪调控能力以及专业素养都会得到极大程度的提升,这也是自身能够明显感觉到的。

7.1.2 潜心打造教学设计

富有创意的教学设计是上好公开课的前提条件,对于教学新手来说,当然还需要课堂驾驭能力,而对于熟手来讲,只要能够设计出来,一般都能够实现设计初衷。

如果公开课承载的是研究、示范或推广的功能,公开课的设计要彰显特色和新意,

[①] 张燕勤、于晓静:《公开课在数学教师专业发展中作用的个案研究》,载《数学教育学报》2010年第8期,第19-22页。

这样才值得借鉴和参考。

7.1.2.1 原创文案

教师在选定好上课内容后,要认真研读本单元和本节课的教材内容,整理与上课内容有关的知识结构,梳理教学内容与前后章节之间的联系;同时,深入了解学生,准确分析学生的学习难点。只有吃透了"两头"(即教材和学生),教师才能够根据课程标准和个人的理解进行原创设计。

教师在原创教学设计文案时,如果一开始就查阅文献资料,往往会受制于他人的设计思路,既可能失去自我风格,又容易东拼西凑,最后变成大杂烩,显得不伦不类。因此,教师要养成备课时独立思考的原创习惯,切不可照搬照抄他人的设计。原创设计文案,一开始可能会比较"简陋",也无新意,但这是属于自己的,之后在此基础上进行文献查阅、同伴互助,才能够深度体验文案修改、调整的原因,这也是提升教学设计能力的必经之路。

7.1.2.2 查阅文献

教师初步设计的方案,考虑往往难以周全,存在着改进和调整的空间,此时要查阅文献资料,参考他人的教学理念和设计思路,从中借鉴参考和获取灵感。教师利用文献信息对教学设计初稿进行调整、修改和润色,经过教学理念的碰撞、激荡、同化和顺应,逐步掌握教学内容的处理思路和处理方法,在不断汲取新的养分的过程中,逐渐提升教学设计能力。

7.1.2.3 同伴互助

教师在参阅文献修改后的教学设计是否具有可行性和可操作性,还需要经过备课组同伴或学科组专家的佐证和认可。尽管不同教师对同一教学内容的理解和处理方式不同,但经过备课组同伴或学科组专家认可和肯定的教学设计更具有可行性和实效性。

在集体备课中,执教教师与备课组或学科组同伴一道探讨公开课教学目标的可行性、教学策略的适宜性、组织形式的实用性等,通过不同教学思想的碰撞,自我诊断并澄清教学问题,启迪教学思路,改进教学措施。①

7.1.2.4 磨课修改

公开课的优劣高下很大程度上取决于教学设计。对于教学熟手来说,只要能够设计出来,一般在课堂上都能够展示出来。但对于新手来说,教学设计仅仅是个文案,而要在课堂完美展现,还需要进行适度的磨课实践。

磨课就是试上课,通过异班上课,把问题提前暴露出来,然后加以改进。磨课通常分为准备、上课和总结三个阶段,三个阶段为一轮,也可以多轮磨课。在试上课后,听课教师既要肯定执教教师的可取之处,以增强其信心;又要坦诚直言,提出建议,以改进课堂上的不足。② 磨课会让执教教师受益匪浅,这也是备课组同伴毫无保留地提出意见的难得场合。

---

① 李媛、张倩:《公开课促进教师专业发展的价值功能及组织建议》,载《教学与管理》2019年第1期,第29-32页。

② 吴彩云:《好课是"练"出来的》,载《中小学音乐教育》2012年第10期,第16-17页。

磨课也可以针对某一主题反复研讨、打磨，来提升执教教师的教学技能，在"认识—实践—反思—调整"过程中提升课堂实操能力。

7.1.3 细心做足课前准备

7.1.3.1 微调定稿

教学设计最好能够提前 2 天定稿，这样一方面不至于急躁、仓促，还可以利用这两天时间进行微调和修订；另一方面便于教师调整好状态，良好的情绪和饱满的精神是上好公开课的必要条件，因为精神饱满能够影响并感染学生，这样上课时的互动才能够热烈和精彩。

7.1.3.2 调节情绪

对于教学新手来说，特别是场面较大的公开课，情绪紧张是肯定的，但随着课堂节奏的稳步推进，情绪会逐步稳定下来。

为了训练承接公开课时的心理素质，教师不妨把平时的每一节课都当成公开课，自我加压，这样经过长期的训练后，真正上公开课的时候就会淡定许多，也能够调控自如。

7.1.3.3 课前铺垫

如果公开课的内容与前面刚刚学习的内容关联度不大，教师需要根据实际情况进行适当的铺垫，比如布置复习相关内容或预习新课内容等，以唤起学生的记忆和兴趣，为学生顺利学习新知识做好辅助。

如果是异地教学，教师要了解学情，通过翻阅学生已有的作业练习，掌握他们的基础和能力层次；也可以与他们的科任教师进行交谈，重点关注班上几位不同层次的典型学生，这样便于顺利开展课堂问答交流与互动。

7.1.3.4 匹配设备

公开课如果安排在录播室或其他功能场室，执教教师要提前调适好硬件设备，并适应场地。如果有分组实验，教师则要逐项检查并提前摆放，做到万无一失。如果是异地上课，教师最好要准备两个装有课件的 U 盘，以备意外之需。多媒体教学最好使用翻页笔，这样不会受讲台和平台的限制，同时可以在教室的任意地方进行遥控操作。当然，现在有些设备是触屏的，也可以直接在屏幕上进行操作。

为了保障课堂上的声光质量，如果教室太大，教师要考虑使用话筒；如果教室前面两侧屏幕反光，教师在屏幕播放时要关闭讲台前面的灯光，或拉上两侧的窗帘。如果听课人数较多，教师则要事先把学生的课桌前移。

7.1.4 用心让课堂出彩

7.1.4.1 控制好语速

语速是教师上课时教学定力的重要体现。平时的生活语言语速虽快，学生也能够听得明白；但当教学语言所承载的学习内容有一定难度时，有些学生的思维就不一定能跟得上了，就会抱怨教师语速过快，或讲得太快。

教学语言要平缓一些，尤其是上课之初，让学生的思维能够跟得上，同时也显得淡定、从容。语速的高低缓急要随着教学内容的难易适时调节，呈现出此起彼伏、抑扬顿挫的节奏。有些教学新手为了掩盖紧张的心理，语速明显过快，通常会让学生无所适从。

7.1.4.2 问题互动

课堂应是师生互动、共生的课堂，问答式是课堂推进的常见方式。为了稳定并提升课堂的"人气"，教师在开始时设置问题的起点尽可能低一点，这样学生得到肯定鼓励的回答，无形中会给其他同学增添信心和勇气。

教师在课堂上设置的问题要有一定的梯度和深度，不同难度的问题尽可能安排不同程度的学生来回答，这当然要事先做足功课，也依赖于平时对学生的了解。对于答不上来或答得不全面的学生，教师要及时搭建台阶或进行引导，让答案从学生自己嘴里说出。

7.1.4.3 客观反馈学习现状

在教学过程中，教师始终要切中学生的最近发展区，这样才能够提升教学的针对性和实效性。因此，教师要创造条件和给足机会，让学生全面、客观地呈现学习现状，通过细心观察和分析，及时矫正学生的认知偏差。

比如，教师安排不同层次的两位同学到黑板上板演同一问题，这样暴露出来的共同问题就具有普遍性，及时矫正就具有了针对性。同时，学生在板演时，教师要走在学生中间巡视作答情况，以便及时发现典型错误或典型方法并进行展示。

7.1.4.4 让学生总结

公开课接近尾声，会有总结环节，一般都是教师梳理课堂主干教学内容。但如果让学生进行总结，则更具有意义。学生会从"学"的视角进行总结，学生总结所学内容的过程，也是整理、内化所学知识的过程，再让其他学生补充完善，最后再由教师进行点评、提炼和拔高，这样更能够相互完善、相得益彰。

7.1.5 诚心反思与修订

教师上了精心准备的公开课，一般都能够达到预期的设想，加上评课多为鼓励性评价，一段时间的紧张之后自然是放松和兴奋，即便有些逆耳良言，也难以引起足够的反思。事实上，无论是怎样完美的课堂，都没有最好，只有更好。当公开课的兴奋状态回归平淡之后，教师要冷静虔诚地进行教学反思。

反思是公开课的延伸，是教师对教学理念、教学方法和操作思路的回顾与修订。通过教学反思，教师能够获得新的感悟与认知，并能够重塑教学理念，提升教学能力。①

7.1.5.1 虚心听取建议

根据听课教师课后评议的意见和建议，教师对教学过程中的不当之处进行调整和修订，以便在下一次授课时改进实施。

---

① 李媛、张倩：《公开课促进教师专业发展的价值功能及组织建议》，载《教学与管理》2019年第1期，第29-32页。

7.1.5.2 学生作业归因课堂

学生作业是检验课堂教学效果的主要形式。教师通过统计学生作业中出现的高频错点,反思归因课堂教学,分析并修订教学设计和施教策略的不足,以便跟进矫治学生暴露的认知偏差。

7.1.5.3 自我感悟

每次公开课都是教师自我教学亮点的集中展示。上完课后,教师要继续挖掘该节课的价值,比如,一些自我感悟、一些突发奇想,或者偶尔看到他人的新颖的处理方法并加以借鉴等。

随着教师专业的成长与发展,教学理念的不断更新和丰富,对原有教学设计又会产生新的思路和处理方式,此时,教师应在原有基础上进行"升级",从而实现专业素养的可持续性发展。

7.1.6 革心走出公开课误区

7.1.6.1 课堂教学主体移位

在课堂教学上,教师是主导,学生是主体,教师无论是创设问题情境,还是引导启发,都是为了协助学生建构知识和发展能力。而一些教师为了发挥公开课的示范与展示作用,过多地展示了教学功底,增添了"教"的权重,甚至于把课堂当成个人展示的舞台,此时,学生的主体地位发生了位移,学生倒成了教师的配角。

7.1.6.2 忽视学习错误的教学价值

课堂教学的功能之一就是推动学生学习行为与学习效果的变化:由不知到已知,由知之较少到知之较多,由认识肤浅到理解深刻。在学习过程中,学生必然会出现各种各样的认知偏差,这既是教学过程的常态,也是可助力教学活动有效推进的宝贵资源。[①] 教师在课堂教学中矫治学生的认知偏差,能够推动学生实质性学习行为的产生。

但在一些公开课中,教学环节非常紧凑,教学过程异常流畅,教师每提出一个问题,学生都能应声作答,而且几乎是"标准答案"。这样的公开课,教学目标定位过低,学生甚至不用踮一下脚尖就能够摘到桃子[②],没有发挥课堂教学的暴露学习错误和矫正认知偏差的重要功能。

7.1.6.3 学生学习结果展示过多

有些公开课为了突出学生的主体地位,动辄让学生展示和讲解,课堂俨然成了学生的表演舞台。由于要准备公开课,学生花费了大量的时间和精力,这样无形中会对其他学科的正常学习产生冲击——毕竟学生的时间和精力是有限的。

常规的公开课是开展教研活动的平台,是研讨和借鉴提升课堂教学效益的策略和途

[①] 石义堂、李馥郁:《中小学公开课特征与功能探微》,载《当代教育与文化》2016年第7期,第47-51页。

[②] 石义堂、李馥郁:《中小学公开课特征与功能探微》,载《当代教育与文化》2016年第7期,第47-51页。

径。如果一节所谓成功的公开课是以花费学生大量时间为前提，那么这样的公开课也就失去了学习借鉴的价值。

7.2 浅谈化学课堂教学的四维评价[①]

评价一节化学课堂教学需依据一定的标准，通过诊、断、矫、治，肯定亮点，指出不足，其目的是以评促教。当前，课堂教学的评价大都采用评价量表，课堂评价量表中的细则对教师的教学具有一定的指引和导向作用，教师会为了契合评价量表，在教学细节上狠下功夫，力求吻合。但有时这也会造成教学设计和课堂活动被动，教师手脚被束缚，进而影响到教师教学的创新和能力的正常发挥；课堂教学面面俱到、平均用力，也就意味着难以突出重点、彰显特色。

从形、实、神、情四个维度评价化学课堂教学这种"粗线条"的定性评价，能够使教师关注到课堂教学的内核，有助于引导其抓住课堂教学的方向和脉络，使其把握好课堂教学的精髓，围绕化学教学的"神韵"进行创新和展示，进而提升课堂教学的质量和特色。

7.2.1 外观之形

根据化学教学内容确定课型，通过创设问题情境，以问题驱动的方式推进课堂活动，借以生成陈述性知识或程序性知识。

7.2.1.1 化学课型

依据化学新授课的学习内容、学习方法和认知心理的不同特征，化学课分为概念原理、元素化合物、规则技能与讲评等不同课型。（见表7-1）由于不同课型的学习内容彼此不同，而同一种课型的学生认知特征和学习方法又非常相似或接近，因此与之对应的应该是不同的教学流程和学习策略。

表 7-1 几种化学课型与教学流程

课型	教学流程	适用内容
概念原理	典型的外延案例→内涵抽象→推论演绎→整理融合	氧化还原反应、电解质、原电池、盐类水解等
元素化合物	类别通性→物质特性（价态特性或非价态特性）→建构物质间的转化关系	钠、氯、铁、铝、硫、氮等元素及其化合物

[①] 吴庆生：《浅谈化学课堂教学的四维评价》，载《化学教学》2021年第9期，第31-34页。

续表 7-1

课型	教学流程	适用内容
规则技能	分析规则的原理依据→在正例模仿练习中建构规则→利用反例建构规则的适用情境→在适度的练习中建立应用规则的双向自动化反应→整理同类规则，建构规则系统①	化学用语、化学计算、实验操作、有机规则等
讲评	课前准备（统计并分析学生的答题情况→同类问题归类→学生自主矫正）→课堂讲评（题目源处→搭建思维路径→建构解决问题程式）→变式练习②	章节习题讲评、单元测试讲评、模块检测讲评等

7.2.1.2 教学主线

通过问题来驱动教学，解决问题的活动过程，也是知识的建构过程。创设的问题要依据教学内容和课程标准，问题之间要有内在的逻辑联系，既可以是递进式，也可以是并列式，还可以是复合式（递进式中有并列式或并列式中有递进式）。这样就形成了把若干问题串联起来的问题主线。

无论是新授课，还是复习课，创设问题的情境要尽可能少而简，因为情境如果不断变化，学生就会分散一部分时间和精力去熟悉情境，这样就会降低对问题本身的专注和思考，但问题可以多样。

与问题主线对应的就是学生的活动主线。学生的活动可以是独立思考，也可以相互交流；既可以是自主探究，也可以是合作完成。学生的活动过程也是对学习内容的探究、归纳、提炼和整合的过程，也就是建构知识的过程。

比如，铝及其化合物（2019 年人教版，化学必修第一册第三章第二节）的化学性质分为类别通性和物质特性。类别通性是指某物质具有其所属物质种类的通性，而物质特性则是指异于类别通性的性质。本节课以探究 Al、Al_2O_3、$Al(OH)_3$ 的特性为主线，通过对比实验活动，得出它们与碱反应的特性。将【对比实验 2】中两支试管反应后的溶液分别平分到另外两支试管中，然后再分别进行【对比实验 3】和【对比实验 4】的探究活动。（见图 7-1）实验操作前后连贯，自成体系，一气呵成。

---

① 吴庆生：《有机化学规则技能的培养策略》，载《中学化学教学参考》2014 年第 3 期，第 15-17 页。

② 吴庆生：《化学习题讲评课的教学策略》，载《化学教学》2013 年第 11 期，第 25-27 页。

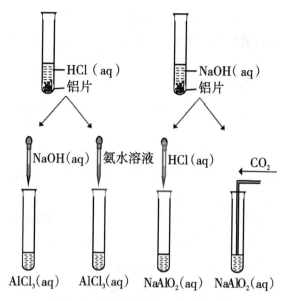

图 7-1 【对比实验 2~4】实验流程

具体的活动主线与问题主线如下：

【对比实验 1】

①燃烧铝粉（用双面胶在滤纸上蘸上铝粉）。

②加热铝箔。

问题 1：

a. 铝箔在空气中不能燃烧，而铝粉能在氧气中燃烧，为什么？

（铝粉接触面积大，氧气浓度大）

b. 加热铝箔，熔化的铝并不滴落，好像有一层膜兜着，为什么？

（Al 的熔点：660 ℃；Al_2O_3 的熔点：2050 ℃）

c. 为什么铝制品在日常生活中能够被广泛应用？

（铝制品表面的 Al_2O_3 致密保护膜能够保护内层金属）

【对比实验 2】

①向装有铝片（未打磨）的试管中加入约 3 mL 2.0 mol/L HCl 溶液，观察现象。

②向装有铝片（未打磨）的试管中加入约 3 mL 1.0 mol/L NaOH 溶液，观察现象。

问题 2：

a. 步骤①发生了哪些反应？

b. 步骤②产生的是何种气体？如果反应后溶液中含有 $NaAlO_2$，书写该反应的方程式。

c. 步骤②还有其他反应吗？如果有，书写该反应的方程式。

【对比实验 3】

①向 $AlCl_3$ 溶液中逐滴滴加 3.0 mol/L NaOH 溶液，边滴加边振荡，观察现象。

（刚开始滴加 NaOH 溶液，没有现象；接着出现白色沉淀；后沉淀又溶解。）

②向 $AlCl_3$ 溶液中滴加氨水,边滴加边振荡,观察现象。

(刚开始滴加氨水,没有现象;接着出现白色沉淀;后沉淀不溶解。)

问题3:

a. 分析步骤①产生实验现象的原因。

b. 如果步骤①开始产生的沉淀完全溶解后溶液中含有 $NaAlO_2$,书写沉淀溶解的方程式。

c. 能否利用 $AlCl_3$ 溶液和 NaOH 溶液反应制备 $Al(OH)_3$?

d. 利用 $AlCl_3$ 溶液和氨水反应制备 $Al(OH)_3$ 有何优势?书写该反应的方程式。

【对比实验4】

①向 $NaAlO_2$ 溶液中逐滴滴加 2.0 mol/L HCl 溶液,边滴加边振荡,观察现象。

(刚开始滴加 HCl 溶液,没有现象;接着出现白色沉淀;后沉淀又溶解。)

②向 $NaAlO_2$ 溶液中通入 CO_2 气体,观察现象。

(刚开始通入 CO_2 气体,没有现象;接着出现白色沉淀;后沉淀不溶解。)

问题4:

a. 分析步骤①产生实验现象的原因。

b. 书写步骤①产生沉淀的方程式。

c. 能否利用 $NaAlO_2$ 溶液和 HCl 溶液反应制备 $Al(OH)_3$?

d. 书写步骤②产生沉淀的方程式。

7.2.1.3 知识生成方式

新课程教学理念注重知识的建构过程,通过引导学生分析、探究、概括和抽象而生成结论。有些验证性实验,先引导学生预估实验现象,然后与实验中出现的"异常"现象而产生认知冲突,从而引出并建构新的认知结论。

比如,【对比实验2】通过探究铝片与 NaOH 溶液"竟然能够反应",而得出 Al、Al_2O_3 具有与碱反应的特性。此时,教师就不能灌输式、填鸭式地先告知学生特性再进行实验验证,如果这样,学生就会失去探究化学的动力和训练思维的机会。

7.2.2 内容之实

评价化学课堂教学不能仅凭外观形式,还要看教学内容是否契合课程标准、教学的着力点是否切中学生的最近发展区、教学效果能否落到实处。

7.2.2.1 课程标准

化学课堂教学目标的设置是依据课程标准,而教学目标决定了教学内容的深度和广度,因此,课程标准决定了课堂教学的内容、形式和侧重点。同一教学内容,在不同学习阶段,根据不同级别的考试说明,教学策略和教学重难点均会有所不同。一般来说,新授课的教学思路多以归纳概括为主,而复习课则以演绎推理为主。

比如,铝及其化合物的教学目标为:通过实验探究铝和氧化铝的性质及转化,认识两性氧化物,丰富对金属多样性的认识,体会实验对认识和研究物质性质的重要作用。

7.2.2.2 最近发展区

教师不能仅仅将公开展示的化学课堂上成表演课,而应该是平时课堂教学亮点的集中展示。无论是问题的设置,还是探究活动,都应该切中学生的最近发展区,通过教师精心的铺垫和精巧的台阶,让学生通过"跳一跳"的努力,从而"摘得苹果"。

比如,Al、Al_2O_3、$Al(OH)_3$ 与酸反应,依据金属单质、碱性氧化物和碱的类别通性可以直接写出方程式,而与碱反应的物质特性则是这节课探究的重点和难点,也是学生的最近发展区。

有些化学课堂,"预设"得很精彩,但"生成"得不够出彩。教师应该在建构知识的关键之处设置"陷阱",借此对学生进行脑力震荡,并通过点拨和启发使其逐渐"顿悟",这也能体现教师的专业素养、教学智慧和能力水平。

7.2.2.3 教学效果

学生上一节化学课,要有所收获,这可以是显性的陈述性知识或程序性知识,也可以是隐形的思维能力的训练或核心素养的提升。学生理解和掌握知识的情况可以从学生反馈的信息中得出,比如问题的回答、板演和当堂练习等。当然,随着学生的层次不同、教学内容的难易,教学效果也会有所出入。

比如,通过【对比探究 2~4】,可以得出 Al、Al_2O_3 和 $Al(OH)_3$ 的物质特性,与它们的类别通性综合可得:

$$\underbrace{\begin{array}{c} H_2 \\ H_2O+Al^{3+} \\ H_2O \end{array} \xleftarrow{H^+} \begin{array}{c} Al \\ Al_2O_3 \\ Al(OH)_3 \end{array} \xrightarrow{OH^-} \begin{array}{c} H_2 \\ AlO_2^- + H_2O \\ H_2O \end{array}}_{\text{类别通性} \quad \text{物质特性}}$$

再结合【对比探究 1】,用 Al 元素价类二维图整理概括铝及其化合物的相互转化关系。(见图 7-2)

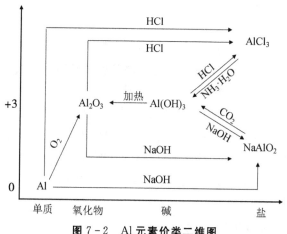

图 7-2 Al 元素价类二维图

7.2.3 教学之神

"教"的目的是"不教","学"的目的是更好地"学"。在化学课堂教学中,以引导学生建构化学知识为载体,培养学生的核心素养,发展学生的认识能力,提升学生的思维品质,这才是化学课堂教学的终极目标和教学神韵。核心素养、认识能力和思维品质具有广泛的迁移价值,当学生掌握了学习的方法和技巧,又具备了良好的认识能力和思维品质,当他们将来走出课堂,仍然能够源源不断地摄入新知识,有效地实现终生学习。

因此,一节化学课堂,无论怎么精彩,教学的神韵应该落脚在学生核心素养的培养、认识能力的发展和思维品质的提升上。

7.2.3.1 核心素养

化学核心素养可概括为宏观辨识与微观探析、变化观念与平衡思想、证据推理与模型认知、科学探究与创新意识、科学精神与社会责任五个方面。一节化学课堂教学,通常也只能彰显核心素养的一个或几个方面,很难面面俱到。但只要把某方面核心素养的培养落到实处,也就发挥了该堂课的功能价值。

比如,【对比实验2~4】实验流程,就体现了实验创新设计的一体化、简约化和绿色化,在客观上也感染和启迪了学生的创新意识。利用 Al 元素的价类二维图平台,建构铝及其化合物的相互转化关系,这种价类二维图模型,对于建构元素及其化合物的性质及相互关系,是简明、便捷和高效的。

7.2.3.2 认识能力

教师引导学生建构知识,通过创设问题情境,在问题驱动下,选取一定的认识角度,经历推理过程和认识路径,形成对研究对象的认识结果。知识的认识功能表现为认识角度、认识路径和推理判据。知识的功能价值只有在学科能力活动中,才能转化为学生自觉主动的认识方式(认识角度、认识思路和思维方式)。①

比如,认识物质的性质,从其类别通性和物质特性两个视角进行探究,物质特性又分为价态特性和非价态特性,Fe^{3+} 与 Fe、Cu 反应,Fe^{3+} 表现为高价态的特性(氧化性),Al_2O_3 与 NaOH 反应,Al_2O_3 表现为非价态特性。

7.2.3.3 思维品质

思维品质集中表现在思维的广阔性、深刻性、灵活性、创造性、批判性和敏捷性五个方面,其中深刻性是一切思维品质的基础,培养思维品质是发展学生智力与能力的突破口。

比如,在分析 $Al(OH)_3$ 与 NaOH 反应的原因时,$Al(OH)_3$ 存在电离平衡,$Al(OH)_3 \rightleftharpoons H_2O + AlO_2^- + H^+$,加入 OH^-,降低 $c(H^+)$,$Al(OH)_3$ 电离平衡向正方向移动,生成了 $NaAlO_2$。当然,为了让学生接受 $Al(OH)_3$ 是两性化合物的事实,也可以把 $Al(OH)_3$ 当成 H_3AlO_3(铝酸),其失去 H_2O 后为 $HAlO_2$(偏铝酸),这样与 NaOH 反应

---

① 王磊:《学科能力构成及其表现研究》,载《化学教学》2016年第9期,第83-88页。

就"合情合理"了。

有些化学课堂一问一答，问题频繁而肤浅，学生不假思索就能够回答，课堂热热闹闹。这种看似"启发式"的教学，非但不能真正开启学生的思维，还将为学生日后的思维混乱埋下隐患[①]，并且一旦"夹生"，认知定势将会对重新建构产生障碍。

为了保证课堂教学的思维深度，教师要注重问题的质量和数量，问题多了就会泛泛而谈，同时要避免无效问题。因此，课堂教学要适度控制PPT的数量，初中可以适当多一点，高中则尽可能少一些。

7.2.4 互动之情

7.2.4.1 师生之情

理想的课堂，不应该是单一乏味的生产车间，而应该是一个让师生向往的幸福磁场，处处洋溢着迷人的风景。在这个风景区里，不仅有细致入微的人性关爱和鼓励，还有循循善诱的引导和点化。[②] 相互研讨中洋溢着愉快气息，互动交流中弥散着生机朝气。教师传递给学生的是探索的信心和登攀的勇气，而学生馈赠给老师的则是聪颖的奇思和真挚的激情。

教师遵循民主平等的教学风格，崇尚学术至上的严谨风范，这种对知识的虔诚和敬畏，能够感染学生，洗涤他们的浮躁之气，让他们沉下心来潜心学习，有助于提升学生思维的广阔性、深刻性和批判性。

7.2.4.2 生生之情

化学问题可分为事实性问题、拓展性问题与探究式问题。事实性问题一般可以从书本直接得到答案，学生可独立自主完成；拓展性问题和探究性问题通常需要学习小组进行合作探究。在组建学习小组时，要遵循组内异质和组间同质的原则，这样在机制设置上保证了组内的合作和组间的竞争。组内异质，生生之间可以优势互补、取长补短、相互合作；而组间同质，平等竞争，通过展示对比，有助于提升学习小组的活力和创意。

无论是组内合作，还是组间竞争，这种氛围能让每一位学生认识到个人能力的局限性，也见识到他人的想法和智慧，能够深刻地体会到合作交流的意义和团队的价值。这样一来，学生就不会妄自尊大，而会尊重身边的每一位同学，因为人人都有可取、可爱和可敬之处。小组成员在合作交流中不时碰撞出新颖的"火花"，生成出独特的思想，这样既增强了团队的荣誉感，也增进了彼此之间的情谊。

7.2.4.3 生书之情

化学书本知识丰富多彩、五彩斑斓，也蕴含着很多哲理，如平衡思想、守恒原理等，一节精彩纷呈的化学课堂，能够让学生对化学产生兴趣、滋生情感。

比如，通过探究向 $NaAlO_2$ 溶液中通入 CO_2 而产生 $Al(OH)_3$ 沉淀，将此进行拓展，就可以得出利用铝土矿采用"碱溶法"制备金属铝的工艺流程。（见图7-3）

---

① 董平生、陈娟：《怎样评课》，载《中学化学》2020年第2期，第1-4页。
② 李明高：《评课的三个维度》，载《教学与管理》2005年第9期，第8-10页。

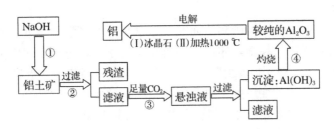

图 7-3 "碱溶法"制备金属铝与工艺流程

通过上述拓展活动,学生就会建立化学探究实验和工业生产实践的联系,认识到化学对生活和生产实践的意义,体会到化学的魅力和价值,从而对化学产生浓厚兴趣,有助于学生树立化学责任感和使命感。

一节优质的化学课堂,能够将形、实、神、情完美地融合在一起,在教师问题的引导和适时协助下,学生完成了探究之旅,建构了知识和方法,发展了认识能力,提升了思维品质,培养了核心素养,也增进了师生之间的情谊。

7.3 利用最后五分钟互动答疑点亮课堂

化学下课后,常常会有学生到讲台来围住教师问问题,所问的问题既有教学难点,也有教学重点,还有一些是学生对自己创意想法的求证。学生的这些问题,大多数是班级学生普遍存在的问题。由于课间时间有限,且较为嘈杂,当问问题的学生较多时,教师通常只能蜻蜓点水、点到为止。通过摸索实践发现,利用课堂最后五分钟进行集中互动答疑,不仅能够提高答疑的质量和效率,而且还能够激发学生学习化学的兴趣和热情。

7.3.1 课堂最后五分钟互动答疑的意义

利用课堂最后五分钟解答学生提出的问题,可以作为课堂活动的一个教学环节,时间具有伸缩性,可以根据教学内容的难易和学生接受的现状适当增减。

7.3.1.1 有助于提升学生的问题意识

问题既是促使学生深度认知的载体,也是促进思考的动力。学生提出问题的过程,既是对原有知识的回顾和整合,也是对新旧知识的分析、比对和融合,更是探索并建构新知识的过程。学生在听课过程中,对于没有听明白的内容,或者产生的新问题,可以先记录下来,等到课堂最后五分钟进行集中提问。事实上,当学生带着问题进行听课时,往往会随着课堂的推进、教师的释疑和思考的深入,有些问题会自然"消解",而剩下的"顽疾"则需要教师集中解惑。

案例1:化学选择性必修2(2020年人教版)第81页,SiO_2的熔点是1713 ℃,第82页 SiC 的熔点是2700 ℃。Si—O 键长小于 Si—C,Si—O 的键能是 460 kJ/mol,Si—C 的

键能是 347 kJ/mol，为什么 SiO_2 的熔点低于 SiC 呢？

SiO_2 和 SiC 的空间构型不同。SiO_2 晶体熔化时，每得到一份 SiO_2，需要断开 2 份 Si—O 键；而 SiC 晶体熔化时，每得到一份 SiC，需要断开 3 份 Si—C 键。这样一来，熔化 SiC 晶体所需的温度就高于 SiO_2，因此，SiC 的熔点高于 SiO_2。

7.3.1.2 能够及时矫正学生的认知偏差

学生在听课过程中，由于知识基础、阅历经验和认识能力等原因，会对新知识的理解产生偏差。如果认知偏差没有及时矫正，课后又没进行练习，就等于强化或固化了这种偏差认知，这种"夹生"的认知偏差以后矫治起来也会比较困难。同时，化学知识点之间关联性较强，一旦学生对某个知识点理解有误，就会影响后续知识的理解和消化。[①] 因此，要利用课堂最后五分钟，及时矫正学生的认知偏差。

7.3.1.3 有利于依据学情提升教学的针对性

一些化学教师在进行课堂教学时，也考虑到学生因素，但对于学生的印象仅仅停留在"想当然"的笼统状态，要么是基于过去的教学经验直接给当前学生"贴标签"，要么是简单"移植""他人"的学情分析[②]，这样必然会导致教学针对性的下降。

在课堂教学中增添"互动答疑"教学环节，教师必然要考虑问题的交互对象——学生的学情现状。在进行互动答疑时，无论是整理学生的问题，还是答疑点评，学生提交的问题和同伴互助时反馈的认知现状和思维方式，都是第一手、最有效的学情信息。当教师依据这些学情信息开展课堂活动时，教学的针对性和实效性就能得以提升。

7.3.1.4 能够激发学生的创新思维

问题是思维的起点，也是创新的源泉。当解决问题的各种思路和方法相互启迪并影响时，就能够产生颇有创意的方案。

案例 2：如何快速判断分子的极性？

判断分子极性的方法：

①根据中心原子周围的价层电子对数判断价层电子对互斥理论(valence shell election pair repulsion，VSERP)。

②依据中心原子所含孤电子对数情况确定分子空间构型。

③利用分子空间构型中化学键的极性向量和是否为零判断分子的极性。

由于利用"化学键的极性向量和是否为零"来判断分子的极性不够简捷，有学生提出直接根据分子空间构型中"正电中心和负电中心是否重合"来进行判断。接着又有学生陆续补充：两个成键原子正电性($δ^+$)和负电性($δ^-$)可依据元素化合价的正负(O_3 除外)来判断；两个正电性（或负电性）原子的连线中点即为正电中心（或负电中心），而多原子的连线中点则为多原子的正（负）电中心。比如，H_2O 分子极性的两种判断方法见图 7-4、图 7-5。

[①] 钱峰、府毓平：《见疑 传疑 洞疑 行疑——初中数学课堂解疑答疑"四部曲"》，载《新课程导学》2021 年第 6 期，第 48-49 页。

[②] 刘岗、田静：《学情分析的价值意蕴、实践困境与改进路径串》，载《教学与管理》2020 年第 9 期，第 18-21 页。

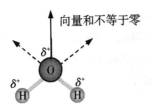
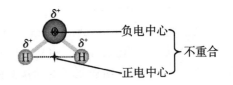

图 7-4 利用"向量法"判断 H_2O 分子的极性　　图 7-5 利用"中心法"判断 H_2O 分子的极性

7.3.2 学生提问的方式和教师答疑的方向

7.3.2.1 学生提问的方式

学生个体或学习小组提交问题时，既可以直接提问，也可以通过传递小纸条进行反馈。

一般来说，如果班级课堂气氛活跃，学生提问的积极性比较高，可以采用直接发问的方式。而如果班级学生不善于或羞于现场提问，可以采用传递小纸条的方式。让学生在上课过程中，将自己的问题写在小纸条上，等到互动答疑环节统一传递给老师。

7.3.2.2 教师答疑的方向

教师在协助学生解答问题时，不能仅仅盯住答案本身，而要授之以渔，引导学生掌握解决问题的分析方向、思维路径以及验证方法。

（1）分析方向

分析问题是解决问题的前提，方向正确才能够事半功倍。

比如，影响分子键角的大小，可以从分子的空间构型、中心原子的孤电子对数、周围原子的半径以及成键电子对离中心原子的远近等方面进行分析。而对于组成和结构相似分子的键角比较，成键电子对离中心原子的远近则是主要因素，而成键电子对离中心原子的远近取决于成键原子电负性的相对强弱。

（2）思维路径

思维路径是指解决问题的思维流程和具体步骤。

比如，"案例 2"中分子极性的判断方法。

再如，比较空间构型相同的金刚石（C）、金刚砂（SiC）和晶体硅（Si）的熔点高低的思维路径：熔点→破坏共价晶体共价键所需能量→共价键键能→键长→原子半径。

（3）验证方法

解决问题的方案是否正确，可以通过实验进行验证。

比如，为了验证"相似相容原理"，可将一定量的碘单质（非极性分子）加入盛有水（极性溶剂）的试管中，振荡后静置，上层溶液呈褐色，有部分碘单质未能溶解。取上层部分溶液于另一支试管中，加入 CCl_4（非极性溶剂），振荡后静置，发生萃取现象；在剩余悬浊液中滴入 KI 溶液，振荡，发现剩余的碘单质也溶解了，原因是，I_2 与 I^- 结合生成 I_3^-。

7.3.3 互动答疑的实施过程

互动答疑过程包含提交问题、整合问题、同伴互助和答疑点评等可能环节，操作流程有四种组合情形，见图7-6。

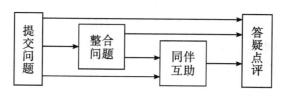

图7-6 互动答疑的操作流程

7.3.3.1 提交问题

为了提高学生提交问题的质量和效率，教师可以根据教学内容的学习方式和班级学生的特点而灵活组合。一般来说，如果是自主性学习，可以由学生个体提交问题；如果是合作探究性学习，则应采用学习小组提交问题。如果班级学生比较活跃，可以采用学生现场提问；而如果班级学生比较内敛和含蓄，则宜采用传递纸条的方式。

7.3.3.2 整合问题

由于五分钟答疑的时间有限，如果通过传递小纸条方式收集的问题较多，则需要对问题进行筛选、整合，以便在短时间内回答最具有代表性和典型性的问题。对问题的筛选和整合应遵循如下优先原则：

(1) 高频问题优先

学生反映较多的问题为高频问题，具有普遍性，应当首先解决。

(2) 核心问题优先

在较多问题中，有些问题处于核心地位或具有裙带关联，应当优先答疑。

案例3：VSEPR模型的应用

对于诸如"如何判断分子或离子的空间构型""如何判断中心原子的杂化轨道类型"等学生提交的问题，究其根本，都是VSEPR模型利用问题。利用VSEPR模型判断分子或离子空间构型的流程：

①分析分子或离子的中心原子上的价层电子数（即最外层电子数）。

②根据离子所带电荷增减中心原子的价层电子数。

③画出中心原子与周围原子形成的共用电子对，以满足周围原子8电子结构（H为2）。

④依据中心原子与周围原子的价层电子对数判断VSEPR模型。

⑤根据价层电子对之间相互排斥的作用力的大小顺序（孤电子对与孤电子对＞孤电子对与成键电子对＞成键电子对与成键电子对）确定分子或离子的空间构型。

中心原子的杂化轨道类型可以直接依据中心原子上的价层电子对数判断，两者与VSEPR模型的相互关系见表7-1。

表7-1 价层电子对数、VSEPR模型与杂化轨道类型的相互关系

中心原子上的价层电子对数	2	3	4
VSEPR模型名称	直线形	平面三角形	正四面体
中心原子的杂化轨道类型	sp	sp^2	sp^3

(3)高频错点问题优先

如果学生提交的问题是往届学生的高频错点,应当及时矫治,以规避课后作业出现错误。

7.3.3.3 同伴互助

学生是丰富的教学资源库,让学生扮演教师角色协助同伴解答问题,会收到意想不到的效果。因为学生之间的认知和思维方式比较接近,同伴之间的互助解答则更容易引起思维共振。对于难度不大或开放性问题,可以采用学生协助解答、教师点评;而对于难度较大或关键性问题,则需由教师直接答疑。

案例4:分子键角大小的判断和比较

以NH$_3$分子为例,∠H-N-H的键角大约是多少呢?

首先,依据价层电子对互斥理论,中心原子N的价层电子对数为4,VSEPR模型为正四面体;由于N原子上孤电子对对N-H电子对的排斥力大于N-H电子对之间的排斥力,因而形成三角锥形空间构型。所以,∠H-N-H的键角小于109°28′,为107°18′。

如何比较NH$_3$与NF$_3$的键角大小呢?

有学生提出:由于$r(H)<r(F)$,N-H电子对离中心原子N较近,相互之间的排斥力较大,所以∠H-N-H大于∠F-N-F,见图7-7。

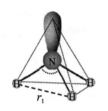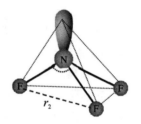

图7-7 从半径角度比较键角

7.3.3.4 答疑点评

"案例4"中,学生对于NH$_3$与NF$_3$键角的比较结果是正确的,但分析方法是表象的,并未涉及实质,是"为解释而解释"。并且按照这种逻辑方法比较PF$_3$和PCl$_3$的键角大小,会刚好得出与事实相反的结论。正确的分析方法应该是从元素的电负性着手,比较中心原子与周围原子的电负性的相对强弱,N的电负性强于H,所以N-H电子对离N较近,N-H电子对之间距离较小,排斥力较大;而N的电负性弱于F,所以N-F对子对离N较远,N-F电子对之间距离较大,排斥力较小。因此,∠H-N-H大于∠F-N-F,见图7-8。

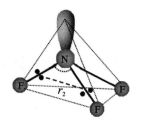

图 7-8 从电负性角度比较键角

7.3.4 互动答疑对教师专业素养的要求

7.3.4.1 教师要有学生主体意识和问题意识

在课堂教学中,学生是课堂的主体,课堂活动的开展要基于学生的基础和能力等学情信息。学生提出的问题就是最直接的学情,能够直接切中学生的最近发展区。问题既是课堂教学的依仗,也是教师与学生交流的媒介。教师要有问题意识,要能够及时发现问题、整合问题、解决问题和升华问题,让问题成为师生互动的平台。

教师无论是对待学生提出的问题,还是对同伴互助的点评,都要以鼓励、肯定为主,以培育班级质疑、答疑的良性风气。

7.3.4.2 教师需要具备完善的专业知识结构和丰富的知识储备

学生提出的"五花八门"问题,对于教师的专业知识提出了挑战,只有丰富的专业知识才能够应对自如。有些比较"古怪""刁钻"的问题,往往会涉及跨学科知识。因此,化学教师要以专业知识为中心往外拓展,以丰富并完善知识储备。

案例5:怎样理顺元素的金属性、非金属性、第一电离能和电负性之间的相互关系?

元素的这些性质均可以利用库仑定律($F=k\dfrac{Q_1Q_2}{r^2}$)进行统摄,即带正电荷的原子核对带负电电子的吸引力强弱与电荷乘积成正比、与距离平方成反比。这样就很容易根据元素在周期表中的位置明确其原子核的电荷数及原子半径的相对大小,然后分析作用力的相对大小,从而得出元素性质的强弱。一般来说,同周期(或同主族)元素从左往右(或从下往上)金属性逐渐减弱,非金属性逐渐增强,第一电离能和电负性逐渐增大(异常除外)。

7.3.4.3 教师要有求真务实的学术素养

教师在解答学生问题时,难免会出现知识上的"短板"和思维上的"短路"。当遇到"卡壳"情形时,教师要端正认识,师未必尽贤于生,尺有所短,寸有所长。与其搪塞应付,不如弄明白后下节课再作回答。① 这非但无损师道之尊,还更能反映教师治学严谨的学术风范,对学生能够产生潜移默化的积极影响。

---

① 郭红霞:《教师课堂答疑"五宜五忌"》,载《教育科学论坛》2011 年第 5 期,第 42—43 页。

主题 8　研究活动让师生携手感知化学的灵动

开展化学课外活动，是指导学生进行研究性学习、化学小制作、探究活动、化学小课题研究等。在化学实践活动的过程中，学生对反应原理和实际操作的差异、反应条件和工艺要求等都会有更深的理解和感触。通过化学实践活动，学生不仅能够深入理解和应用化学知识，还能够拓展化学视野和提高实操技能。

参与化学实验课题研究的同学，其问题意识、实验意识和实操能力都能得到明显增强，在后续的学习过程中，其凭借丰富的实践经验，对于化学知识等间接经验的建构会明显优于其他同学。这类学生因为体验了多次失败后的成功喜悦，所以对化学愈加有感情和热爱，而这是化学课堂教学难以培养的。

化学教师要指导学生开展化学课外活动，就要首先拓展自身知识的深度和广度，提升化学活动的设计能力、探究能力以及管控能力等。

少年游·研究活动

志同趣合热点揪，
豪气种心头。
一路坎坷，
一往情深，
惊喜壮志酬。

格致躬行参真缪，
绝知意深厚。
一次探究，
一生玩味，
青芳溢春秋。

8.1 化学活动小课题　素养影响大乾坤[①]

2012年年初,笔者指导高一年级12名学生以"油"为主题做了"地沟油的制取与检测"等三个化学小课题研究活动,后来又指导这些学生参与"硫酸铜大晶体"的制作活动。历时两年,通过观察、比较与分析,笔者发现,无论是在化学新授课教学还是在高三复习中,参加过课题研究的学生的问题意识、实验能力、思维的严密性以及处理问题的能力等方面都明显优于其他同学。可见,开展化学小课题研究活动对于学生化学综合素养的提升有着极其深远的影响。

8.1.1　课题的选择

化学课题研究活动是以问题为中心,是应用化学知识解决具体问题,培养学生开展课题研究的思维模式,借以提升学生解决问题的综合能力。但考虑到学生的知识能力、实验条件与活动时间等方面的限制,课题的针对性与适宜性则成了课题选择的首要因素。

8.1.1.1　选题要贴近生活

化学课题研究是引导学生从生活走进化学,并应用化学知识去解决生活中的化学问题。选择学生身边的小问题作为研究对象,让学生感受到生活处处皆化学,有利于学生用化学视角来审视身边的世界。课题既可以是学生自己拟定,也可以由教师指定。

化学课题要突出化学学科特点,既可以是物质的制取,如"利用烟油制取家用洗涤膏";也可以是物质性质的探究或物质检测,如"纯碱清洗厨房烟油的最佳条件";还可以是有关STS(科学、技术与社会)问题,如"环保袋真的环保吗"。当然,将上述选题思路综合起来,也可以作为课题的选项。

案例1:"地沟油的制取与检测"研究内容

通过模拟制取地沟油,说明仅从外观上是无法区别地沟油和食用油的。通过地沟油和食用油的对比实验,探索地沟油的多种检测方法,揭示地沟油和食用油的品质差异,从而让学生深刻地认识到地沟油的危害。[②]

在选择课题时,指导教师要对课题研究的方向、方法与成果等进行预测和评估,以提高课题研究的可行性,也便于指导学生开展活动。

[①] 吴庆生:《化学活动小课题　素养影响大乾坤》,载《化学教学》2014年第7期,第26-29页;吴庆生:《化学活动小课题　素养影响大乾坤》,载《中学化学教与学》2014年第10期,第10-13页。

[②] 广州市教育局教研室化学科、广州市化学化工学会中教专业委员会:《广州市中学生"我与化学"活动论文选编》,接力出版社2013年版,第306-315页。

8.1.1.2 课题要紧扣学生的知识结构与能力水平

化学课题要紧扣学生已有的知识结构,让学生有兴趣、有能力进行探究,但又要在教师的指导下,借助新知识、新方法,"跳一跳摘到桃子"。如果课题的内容和研究手段都脱离了学生的实际,学生就会觉得困难重重,其探究的积极性和课题研究的价值就会受到影响。

8.1.1.3 课题要与研究条件相匹配

课题实验中用到的实验装置和基本操作都是中学常用的,并尽可能在实验室里完成,以增加实验探究的可操作性。比如,将混合油水经过"用纱布过滤→分液→漂白去色→用餐巾纸过滤"制取地沟油,实验过程中用到加热、过滤、分液、吸附漂白等都是中学阶段常用的实验基本操作,在实验室里能够顺利完成。

囿于一间学校的实验条件和实验资源所限,有时需要借助其他学校或者是社会上的资源。为确保研究活动的顺利推进,学校要为课题小组提供必要的参考资料和上网便利,并开放实验室。

8.1.1.4 研究活动要突出实用性和综合性

当学生应用所学的化学知识解决了生活中的具体问题时,其积极性、成就感和自我影响力不言而喻。当然,选择课题除注重实用性之外,还要注重研究活动的综合性。课题的综合性有助于学生综合能力的培养,可以实现研究活动教育影响的最大化。比如,学生在课题研究活动中,用调查问卷、查阅资料和实验探究等多种手段获得信息,并运用比较、分类、归纳、概括等方法对信息进行加工与处理等,学生的综合能力能得到充分的锻炼和提升。

8.1.2 课题的培训

课题选定之后,指导教师要对开展课题的研究模式、方法手段以及研究过程中涉及的新知识进行必要的培训辅导,以便为课题研究的顺利展开做好铺垫。

8.1.2.1 研究模式与实验原则

教师应首先向学生介绍开展课题研究的一般思路和研究方法,让学生知道要研究什么和怎样研究;在化学课题研究过程中要用事实、数据去说明,且通过定量实验得出的结论才会严谨、逻辑。比如,控制变量法是开展课题研究活动常用的一种实验方法,即将影响实验结果的诸多条件中的一个条件作为可变条件,其他条件保持不变,以此来探寻此条件的变化对实验结果的影响。①

8.1.2.2 新的知识内容

在探究化学问题时,经常会涉及一些学生尚未学习的知识内容,因此,有必要对学生进行提前辅导。比如,在还没有学习化学选修5(2007年人教版)的情况下,高一学生便开展"地沟油的制取与检测"课题研究时,教师就要首先指导学生自学相关内容,

---

① 刘知新:《化学教学论》,高等教育出版社2004年版,第161-163页。

然后向学生讲解油脂(酯类)的水溶性、密度与熔点等。

8.1.2.3 新的技术方法

在探究活动中会用到一些中学阶段尚未接触到的技术和方法,因此,有必要结合原理进行讲解。同时,教师也可以利用学生开展课题研究的机会,向学生拓展一些前沿的化学探究技术,比如,手持技术,利用数字探测仪能够直观、精确地探究问题。

8.1.3 课题的研究

为提高课题研究的效率,教师要对小组成员进行分工,具体落实小组成员的职责,并由一位组长负责召集协调。

8.1.3.1 理论研究先行

化学课题研究,采取的是一种开放式的研究方式。小组成员在已有化学知识的基础上,以解决具体问题为中心,利用书籍和网络资源,对研究对象进行检索、筛选、分类、鉴别和处理,并设计出研究方案和实验步骤。对于资料中有争议、有出入的内容,则要用实验进行验证,以确定最佳方案。课题研究方案经过小组讨论后交由指导教师审核。只有在理论上可行的方案,在实践中才有可能成功。

案例2:地沟油的检测方法

学生根据地沟油与食用油的组成性质差异,设计出三种对比检测方法:

①食物经高温熬煮后,部分有机物分解成可电离物质;同时,食物在烹调过程中添加了食盐等调味剂,在水相中具有良好的溶解性和导电性。因此,可以用检测水相电导率的方法鉴别地沟油与食用油。

②食用油在烹调之后,再与水、金属、微生物等作用,酸败程度高,导致地沟油的pH值较低。因此,可以用检测水相pH的方法鉴别地沟油与食用油。

③由于地沟油是动物油和植物油的混合物,其中动物油含量高,相比植物油,其黏度和凝固点都较高。因此,可以用凝固法鉴别地沟油与食用油。

8.1.3.2 对问题只给予方向性指导

对于在研究过程中出现的问题,指导教师虽然知道改进措施,但也不宜直接告知,而应当只是提出改进的方向,让学生自己动手进行尝试,让学生体验到实验探究的艰辛和乐趣。否则,学生只是简单"照方抓药"式的操作,其探究价值荡然无存,其课题研究的意义也大打折扣。

案例3:制冷剂的选择

用化学方法让地沟油降温凝固,学生首先想到要选择溶解时吸热的物质作为制冷剂,经查找发现,实验室里只有KNO_3和NH_4Cl两种能降温的物质。这两种物质中哪种物质的降温效果更强一些?如何设计实验进行探究呢?

此时指导老师进行引导:当比较两种物质性质上的差异时,只能采用控制变量法进行对照实验,首先要分析影响这两种物质降温效果的因素有哪些,然后加以控制。这样得出的结论才会严谨、逻辑。

于是,学生在老师的指导下做了KNO_3和NH_4Cl降温效果的对比实验:用2支试管各取 10 mL 水(16.3 ℃)，分别加入 1.0 g KNO_3 和 1.0 g NH_4Cl，然后迅速振荡使 KNO_3 和 NH_4Cl 全部溶解，用温度传感器测量溶液的温度变化见图 8-1。

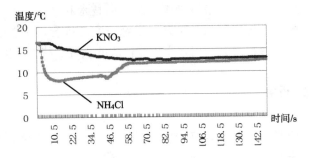

图 8-1　KNO_3 和 NH_4Cl 降温效果对比

可以发现，同质量的 NH_4Cl 比 KNO_3 的制冷效果更好些，于是最终选择了 NH_4Cl 作为制冷剂。

8.1.3.3　鼓励学生创新实验

由于中学生的化学知识有限，而要解决具体的化学问题，可以靠方法的创新去弥补知识的不足，这在客观上为学生创新能力的培养提供了土壤。

案例 4：自制热过滤装置

学生在模拟制取地沟油的过滤环节时遇到了问题，常常只过滤了一小部分，油就已经凝固了(室温 16.3 ℃)，此时，学生在老师的鼓励下尝试改进过滤装置。学生在网络上搜索到图 8-2 装置，但考虑到实验室没有此装置，因此课题小组就对该装置进行改进，设计出图 8-3 装置，利用生石灰与水反应放热，可在一定时间内使过滤顺利完成。[①]

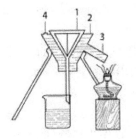

1.玻璃漏斗　2.铜制外套
3.铜支管　4.注水孔

图 8-2　热过滤装置

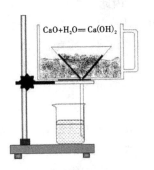

图 8-3　自制热过滤装置

---

① 广州市教育局教研室化学学科、广州市化学化工学会中教专业委员会：《广州市中学生"我与化学"活动论文选编》，接力出版社 2013 年版，第 306-315 页。

8.1.4 课题的报告

教师指导学生将实验过程和研究结论以论文的形式呈现出来，通过论文答辩进一步发现课题研究中存在的问题，以提升课题研究的严谨性和论文书写的规范性。教师通过记录研究过程学生的所想、所感与所悟，加强自我反思改进，从而养成严谨的治学作风。

8.1.4.1 依照格式撰写论文

撰写课题研究论文，既是梳理研究活动的过程，更是科研思维的逻辑化、条理化和科学化过程。学生通过撰写论文，能初步掌握论文的写作模式，对以后从事课题研究能起到规范化作用。

案例5：论文的书写格式

"地沟油的制取与检测"的论文书写格式：

一、课题的研究意义

为什么会选择这个课题，这个课题要研究什么，研究这个课题有什么现实意义。

二、实验过程

(一)地沟油的制取

在哪里取餐饮废油水(制取地沟油的原料)更有代表性，模拟制取地沟油有哪些操作步骤，在实验过程中遇到了什么问题以及怎样解决问题，制取的地沟油与食用油在外观上有何差异。

(二)地沟油的检测

地沟油与食用油的组成性质有何差异，如何利用性质差异进行检测，实验结果如何。

三、实验结论

分析实验事实与实验数据，提炼并得出实验结论。

四、建议与体会

根据"实验结论"指导人们如何使用简易方法区分地沟油，怎样回收餐饮废油水，如何加以利用。

汇集整理小组成员在开展课题研究活动中的感想、感悟与收获。

教师指导学生按照论文的书写格式将实验研究过程进行梳理、完善。论文经课题小组讨论修改后再交由指导教师审阅。

学生的研究论文不仅要强调研究的过程、结论和活动收获，对实验过程中出现的一些异常现象和数据也要进行分析与讨论。

8.1.4.2 模拟答辩

课题小组就研究成果进行论文答辩，一方面，保障了学生参与课题研究的真实感性，同时，也训练了学生的理论水平和语言组织能力。

为了让学生能够胜任答辩，教师可召集课题组成员和班级其他学生进行模拟答辩。首先由课题组中心发言人阐述课题的概况，然后其他学生进行提问，该课题组成员集体进行释疑。这样通过一问一答，课题组成员对课题的原理、过程和结论有了系统、深入的掌握。针对在答辩过程中出现的疑惑,课题小组再进行理论修补和实验完善,这样课题的研究不再是想当然,而是有理有据,并且更加全面、逻辑与严密,小组成员的思辨能力也得到了极大的训练与提升。

案例6:为什么选择沸石漂白地沟油?

在回答其他学生提出的"为什么选择沸石漂白地沟油"时,课题组成员讲述了实验的探索过程:课题小组首先考虑到选择 SO_2、氯水和活性炭进行漂白,但 SO_2 的漂白性是暂时性的;氯水具有强氧化性,会氧化地沟油,并会对后续地沟油的检测产生干扰;而用活性炭进行实验后,发现活性炭的细颗粒残留物导致地沟油的颜色更深,无法起到漂白作用。后经过查阅资料并进行实验,最终选择了沸石。

8.1.4.3 评价反思

无论是研究日记、活动感悟,还是答辩时评委老师与其他学校学生的提问,以及研究成果的获奖等,这种以促使学生反思改进为手段、以促进学生发展为目的的评价方式,实现了学生个体成长发展的最大化。

在研究活动和成果展示中,课题小组成员之间进行了充分的交流与讨论,通过"头脑风暴",学生分析问题和解决问题更有深度和广度。课题小组成员在研究过程中结成的友谊,在后续的学习与生活中仍然延续着。

案例7:活动感想

有一名学生在感叹答辩时说:这种比赛不仅需要参赛者具有一定的知识储备,还要求参赛者具有缜密的思维和准确的口头表达。每当我们表达得不够严谨,或者表达得不够准确时,别的同学就会揪住这一点,不断地向我们提问。而且,一旦我们的回答不够完整或详细,又会引起别的同学的提问。

还有一位学生在活动总结时说:我爱化学,我爱实验,我爱答辩。如果以后还有这样的比赛,我还要参加,并全力以赴,做到最好。

8.1.5 课题的影响

参加课题研究活动学生的问题意识、实验意识和实验能力明显增强,这种影响在后续的化学学习过程中表露无疑。这些学生在以后课堂上的提问更多了,提的问题也更有了深度。在这些"领头羊"的带领下,班级的学生不再"乖乖"地去听了,而是会提出自己的看法与思考,会带着质疑的眼光去思考问题。他们在遇到疑惑时,首先想到的是设计实验来进行解决,而不是简单地从理论上进行逻辑推导,这种依据实验的思维方式是学生化学素养提升的明显标志。

无论是实验条件的设定,还是数据的处理与分析,都要从"量"的角度进行思考与分析。从定性到定量,学生的思维方式有了质的跨越,学生体会到定量研究的必要性,其严谨、规范的思维能力得到了提升。

参与课题实验研究的同学,其相对丰富的直接经验对于化学间接知识的建构,也明显优于其他学生。学生在课题实验过程中产生的问题,他们会在后续的化学学习中特别留意和关注,这也是引领他们探索化学知识的引擎。

8.2 研究案例1 地沟油的制取与检测[①]

课题小组成员：何意华 林 远 孟子杰 简嘉威

8.2.1 课题的研究意义

通过制取地沟油，展示地沟油的制作过程，将地沟油与食用油的外观进行对比，说明仅从外观上是无法区别食用油和地沟油的。

通过食用油和地沟油的对照实验，探索地沟油的多种检测方法，揭示地沟油和食用油的品质差异，从而深刻地认识到地沟油的危害。

8.2.2 地沟油的制取

以学校的饭堂和街镇的酒楼作为取油点，分别进行如下处理得到"学校地沟油"和"酒楼地沟油"。

8.2.2.1 取样

分别取某学校饭堂和某镇上的酒楼的剩余饭菜，用勺子或塑料杯舀取饭菜上面的油水装入容器中，带入玉岩中学化学探究实验室(2)进行后续处理。

8.2.2.2 用纱布过滤

由于油水粗品中混入了动物油，容易凝固，而且黏性较大。为了除去其中的不溶性杂质，要先将油水粗品进行加热，加热到80℃左右使其熔化；然后采用纱布趁热对油进行过滤，以除去粗品中混入的碎菜叶等固体杂质。

8.2.2.3 分液

将过滤后的油水趁热进行分液，静置使油水分层后，取上层油。

8.2.2.4 去色

把分液后的油倒入烧杯中，加入沸石并加热至沸腾，搅拌20 min，以确保沸石尽可能地吸附油中的色素，同时也让油中的一些香料和色素等杂质挥发或分解。(见图8-4)另外，在加热过程中，油中的少量水分也会蒸发，这样得到的油品质量较纯。

图8-4 用沸石煮沸去色

[①] 广州市教育局教研室化学科、广州市化学化工学会中教专业委员会主编：《广州市中学生"我与化学"活动论文选编》，接力出版社2013年版，第306-315页。

8.2.2.5 用餐巾纸过滤

用餐巾纸做成过滤器,将去色后的油倒入过滤器中进行过滤,即得到"学校地沟油"和"酒楼地沟油"样品。

对比鲁花一级花生油、金龙鱼食用调和油和制得的"学校地沟油""酒楼地沟油",单纯从颜色、透明度等外观方面来比较极为相似。因此,仅通过外观去鉴别食用油和地沟油,是不严谨的。

8.2.3 地沟油的检测

用量筒分别量取 10 mL 鲁花一级花生油、金龙鱼食用调和油、学校地沟油和酒楼地沟油于 100 mL 烧杯中,然后分别加入 40 mL 蒸馏水,加热至沸腾后继续加热 2~3 min。

然后,趁热把油水混合物分别倒入四支分液漏斗中,静置分层后进行分液,水相和油相均用小烧杯盛放。另取一只烧杯倒入 40 mL 蒸馏水做空白对照实验,并对小烧杯进行编号。

待水相冷却至室温后进行测量电导率和 pH 值,而油相则进行凝固点测量实验。

重复"8.2.2 地沟油的制取"两次,再制得学校地沟油和酒楼地沟油各两份,然后再按照上述方法制得其水相各两份。

8.2.3.1 电导率法

(1)测量数据

用 Pasport 电导率传感器(见图 8-5)分别测量蒸馏水和上述四种油水相(各三份)的电导率,测量数据见表 8-1。

图 8-5 测水相的电导率

表 8-1 四种油的水相电导率(温度:15 ℃)

(单位:μS/cm)

实验次数	水相				
	水	鲁花花生油	金龙鱼调和油	学校地沟油	酒楼地沟油
1	5	14	15	19	24
2	4	14	16	21	28
3	3	15	14	25	23
平均值	4	14	15	22	25

(2)数据分析

从测量数据可以看出,排除蒸馏水(使用的是怡宝纯净水)的干扰,食用油的电导率在 13 μS/cm 以下,符合食用油的标准。而地沟油的电导率高于食用油,并且酒楼地沟油的电导率高于学校地沟油,可能的原因是酒楼采用的烹饪温度较高或使用的添加剂较多。

(3)油质分析

地沟油电导率比合格食用油的电导率要高的原因,一方面是因为食物残渣经高温熬煮后，部分有机物分解成可电离物质，经提取进入水相，造成电导率升高；另一方面由于食物在烹调过程中添加食盐等调味剂在水相具有良好的溶解性和导电性。

另外，地沟油在收集、提炼、加工的过程中，在水分、空气、金属、微生物等的作用下，会发生水解、氧化、酸化等反应，导致油脂变质，其中含有酸败产生的低分子酸等小分子极性物质，它们也会与各种金属离子一起影响油脂的导电性。

通过查阅网络资料，知道地沟油的平均电导率大约为 100 $\mu S/cm$，而我们制得的地沟油的数字偏小，与正常的食用油比较接近，平均大约只有 23 $\mu S/cm$。

小组通过讨论分析后，推测可能是由于我们所取的地沟油的原料是当天使用过的食用油，没有经过长时间的氧化和接触到其他离子，因此测出的电导率比较小。而真实的地沟油会经过长时间的储存和接触到杂物，混入的离子较多，所以含有的离子浓度较大，电导率也就较大。

8.2.3.2 pH 法

（1）测量数据

用 Pasport pH 传感器测量分别测量蒸馏水和上述四种油（各三份）的水相的 pH，测量数据见表 8-2。

表 8-2 四种油的水相 pH 值（温度：15 ℃）

实验次数	水相				
	水	鲁花花生油	金龙鱼调和油	学校地沟油	酒楼地沟油
1	7.4	8.7	8.5	5.1	4.9
2	7.5	8.6	7.9	5.4	5.2
3	7.6	7.9	8.4	5.2	5.6
平均值	7.5	8.4	8.3	5.2	5.2

（2）数据分析

排除蒸馏水的干扰，食用油的 pH 值接近中性，属于正常。但地沟油的 pH 值呈酸性。

（3）油质分析

由于食用油在烹调之后，再与水、金属、微生物等作用，酸败程度高，产生的游离脂肪酸最多，因此酸性偏大。同时，地沟油含水量高，有利于微生物繁殖，并在油品本身含有的解脂酶的作用下进一步酸败，导致地沟油的 pH 值较低。

8.2.3.3 凝固点法

（1）冷凝剂的选择

根据初三的化学学习可以知道，有些物质溶解时会吸收热量，通常有 KNO_3 和 NH_4Cl 两种物质，那么哪种物质的降温能力更强一些呢？

用 2 支试管各取 10 mL 水（16.3 ℃），分别加入 1.0 g KNO_3 和 1.0 g NH_4Cl，然后迅速振荡使 KNO_3 和 NH_4Cl 全部溶解，用 Pasport 温度传感器测量溶液的温度变化，然后利用 DataStudio 软件进行处理分析，最后利用 Excel 2003 把数据转化为图像。（见图 8-6）

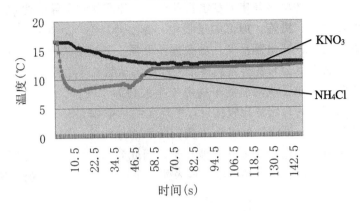

图 8-6 测量溶液温度的变化数据

由图 8-6 分析可得，同质量的 NH_4Cl 比 KNO_3 的降温能力强，因此，选择冷凝剂是 NH_4Cl。

（2）冷凝剂浓度的选择

由于地沟油是动物油和植物油的混合物，其中动物油含量高，相比植物油，其黏度、和凝固点都较高。普通植物油通常在 5 ℃ 左右凝固，地沟油在 8 ℃ 左右就开始凝结。

因此，选择冷凝剂的降温温度要在 8 ℃ 左右，一方面保证地沟油凝固，另一方面，又要保证植物油不凝固。

用 5 支试管各取 10 mL 水（16.8 ℃），分别加入 0.5 g、1.0 g、1.5 g、2.0 g 和 2.5 g NH_4Cl，然后迅速振荡使 NH_4Cl 全部溶解，用 Pasport 温度传感器测量溶液的温度变化，然后利用 DataStudio 软件进行处理分析，最后利用 Excel 2003 把数据转化为图像（见图 8-7）。

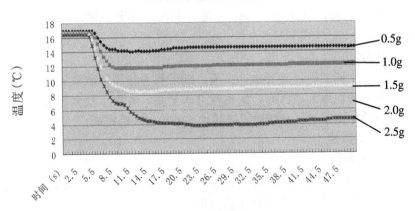

图 8-7 不同浓度氯化铵降温能力

通过图 8-7 分析，把 2.0 g NH_4Cl 加入 10 mL 水中，完全溶解后得到的温度比较适中。

(3) 对比测量凝固点

①用两支试管分别取 10 mL 水,同时加入 2.0 g NH_4Cl,然后迅速振荡使 NH_4Cl 全部溶解,接着同时分别放入装有鲁花花生油和学校地沟油的小烧杯中,迅速取出后观察,发现都会有油滴滴下,再过 0.5 min 后把两支试管倾斜,发现浸入学校地沟油的试管下端的油滴已经凝固,而浸入鲁花花生油的试管下端的油滴仍在晃动。(见图 8-8)

图 8-8 试管底部油滴对照(左为地沟油,右为花生油)

②用一只 250 mL 的烧杯,取 40 mL 水,然后加入 8 g NH_4Cl 固体,用玻璃棒搅拌使其迅速溶解;然后取 4 支试管分别取 5 mL 鲁花花生油、金龙鱼调和油、学校地沟油和酒楼地沟油,同时放入上述烧杯中静置 3 min,再取出试管并将试管倾斜观察现象。结果发现试管中盛装的学校地沟油和酒楼地沟油已经凝固,而鲁花花生油和金龙鱼调和油仍呈现液态。(见图 8-9)

图 8-9 四种油冷却后对照

用自制简易装置测地沟油的凝固点时,发现从酒楼制得的地沟油很快就凝固,而从学校制取的地沟油则需要较低温度,因为相对于学校来说,酒楼制得的地沟油中所含有的动物油(鸡、鸭、鱼、猪肉等)含量较高。

8.2.4 实验要点

为提高实验的成功率,通过反复实验,特提出以下实验操作要点:

①由于地沟油中混入有动物油,其凝固点较高,因此无论是过滤还是分液都要趁热进行,否则分离的速度较慢,甚至分离不了。

②若用实验室中的定性滤纸进行过滤,由于滤纸的筛孔太小,油很难过滤下来;日常使用的纸巾又很难起到过滤作用。而餐巾纸的筛孔适中,过滤效果较好。

③地沟油中溶解的有色物质主要是辣椒素和酱油中的色素。二氧化硫能使某些有色物质脱色,能否使油中的辣椒素和酱油中的色素脱色不能肯定,即使能脱色也是暂时性脱色,加热后,仍会恢复到原来的颜色,不能起脱色效果。氯水和双氧水都是强氧化剂,

本身有毒性，会使油品中含有的双键和一些官能团氧化，产生新的有毒物质。地沟油去色如采用活性炭进行吸附，加热后由于炭的小颗粒混入油中，颜色较深。所以，去色步骤选择沸石作为吸附剂。

④植物油不能使用过期油。因为植物油含有不饱和键，容易被氧化发生酸败，所以过期油的电导率和pH都会很异常。

⑤在制取油的水相操作时，水要用蒸馏水或品牌纯净水（如怡宝纯净水），如果加入水的纯净度不高，在测量电导率及pH值时数据会出现异常。

⑥四种油的水相均要冷却至室温后才能进行电导率和pH值的实验，否则测量结果会有偏差。

⑦测量电导率和pH值时，每测完一种试剂后，均要用蒸馏水清洗传感器的探头，否则蘸在探头上的试剂会干扰后续试剂测量的准确性。

8.2.5 实验创新

我们在自制地沟油的过程中，在过滤这个环节遇到了一个问题：在过滤油时，常常只过滤了一小部分，部分油就已经凝固了，导致过滤无法进行下去，因此，我们在网络上搜索到如图8-2所示的装置。

但考虑到实验室没有此装置，且该装置较浪费能源，用的时候会烫手，不方便，因此，我们团队对此装置做出改进。（见图8-3）

利用生石灰加水反应放热，可以在短时间内将水加热升温，利用余温使过滤顺利完成。

8.2.6 我们的建议

①在县市级行政区域成立一家专门处理烹调废油的公司。该公司要在县市的各个镇街设立废油收购站，并由该公司向一定规模的饭堂、餐馆、酒店等餐饮部门提供油脂分离装置，以接近市场食用油的价格回收废油。废油公司负责废油的加工，主要方向是将其转化为生物燃料或化工产品。所需费用由政府按照该公司的处理量给予补贴。

②每个家庭发放一个能盛放废油水的容器装置，并由指定部门定时定点进行有偿回收。

③少吃油炸食物，以面食、鸡蛋为主，特别是街边用"千滚油"（反复煎炸）煎炸的食物。

8.2.7 我们的体会

8.2.7.1 研究感想

能参加这次"我与化学"活动，我感到非常开心。我体验到化学探究的乐趣，感受到团队的力量。通过这次实验，我学到了很多知识，是我人生中的重要经历。

——何意华

这次实验活动让我成长了许多，获得了许多宝贵的精神财富。我明白了科学探究不是一件随随便便的事情，它需要科学严谨的态度、求实的精神、及时的思考以及坚持不懈。知识不仅仅是靠阅读书本、老师传授，更需要靠自己在生活中、在实践中探索。

——林远

这次实验过程让我收获良多，实验的成功取决于成员间的团结协作、严谨科学的实验态度，实验探索的道路肯定是充满困难的，不能轻易放弃、轻易妥协，要善于总结每次实验失败的原因。这次的实验还让我了解到了许多书本以外的有用的知识！

——孟子傑

这次活动除了老师学术上的指点，几乎全是靠我们自己的力量。当遇到问题时，要多动脑筋，要打破砂锅问到底，还要有严谨的科学态度，要会利用身边的材料，最重要的是团队合作！

——简嘉威

8.2.7.2 答辩收获

我爱化学，我爱实验，我爱答辩，以后如果还有这样的比赛，我还想要参加，全力以赴，做到最好。

——何意华

我走上台去，看着下面许多双眼睛不禁有些紧张。一个个的发问接踵而至，我想回答，又觉得自己的语言组织能力不够，怕讲得不好，所以自始至终我都没敢拿起话筒发言。这无疑是一个遗憾，但这也鼓励了我以后要积极大胆发言。如果还有下次答辩机会，我一定会勇敢地拿起话筒大声说出自己的想法。

——林远

只要你愿意发现，愿意探索，生活中总有化学的影子。这次答辩让我受益匪浅，每个小组都有独特之处，评委老师和观众的改进建议和问题，都将指引着我在化学世界里继续探索，我希望用我的双手去挖掘更多化学的奥妙之处！

——孟子傑

感谢这次答辩！让我收获很多！我在大家面前说话没有磕磕巴巴，我发现只要有一双善于发现问题的眼睛，有打破砂锅问到底的精神，小小年纪也可以大有作为！

——简嘉威

8.2.7.3 点评

本课题通过"地沟油"问题，引导学生从生活走进化学，并应用化学知识解决生活中的"地沟油"检测问题。

通过实验和答辩，学生思维的严密性得到了充分的训练，改进实验的意识和能力也明显增强。这些学生在以后课堂上的提问明显增多了，问题也更有了深度，化学素养显著提升。

8.3 研究案例2 利用烟油制取家用洗涤膏[①]

课题小组成员：钟家荣　彭少峰　蔡东民

8.3.1 课题的研究意义

家庭使用抽油烟机都会产生烟油，而烟油的处理方式通常是倒掉。烟油倒入下水道，一方面会堵塞下水管道，另一方面，烟油作为一种资源被浪费了。柑橘的水果皮也通常会丢掉，造成资源的浪费。

本课题通过利用烟油来制取洗涤剂。在一段时间内产生一定量的烟油，而从中制得的洗涤剂又能满足一定时间内清洁厨房的需要。柑橘皮中的果胶、多缩戊糖和纤维及香精油等成分能起到助效剂的功用和除异味的效用，可以降低生活成本。同时，根据资料显示，添加柑橘皮汁制成的洗涤膏泡沫适中，去污力强，不伤皮肤，且无磷、苯，无任何毒副作用，也不会对环境造成再污染。

8.3.2 烟油的调查

8.3.2.1 烟油的产生原理

食用油分为植物油和动物油。烹调时，食用油受热，达到一定温度时开始挥发，油烟形成的混合气体在上升过程中与空气分子碰撞，温度迅速下降到60 ℃以下，饱和蒸汽压下降，形成含冷凝物的气溶胶，而水气、含水烟尘气体、食用油及食品在高温下的挥发物所组成的烹饪油烟一部分通过抽烟机外排到大气中，而另一部分油烟则凝结在抽油烟机的油网上并沿网罩滴入烟油盒中。据有关资料表明，1 L食用油烹调中会有0.2～0.25 L有机油脂进入空气中。

8.3.2.2 烟油的产量

本课题小组根据本课题的研究需要，制定了"家庭抽油烟机的烟油调查问卷"，共发放200份调查问卷，回收157份，回收率为78.5%。

据调查分析数据，我们得知大多数家庭平时都会有3～4人吃饭，而且用的大多是花生油，多数人家里都使用抽油烟机，这样每天都会产生一定量的烟油。调查显示，82.8%的人会选择在清洗抽油烟机的时候把烟油倒掉，按这样计算的话，一年下来每家

[①] 广州市教育局教研室化学科、广州市化学化工学会中教专业委员会主编：《广州市中学生"我与化学"活动论文选编》，接力出版社2013年版，第286-295页。

就会浪费掉 720 mL 的烟油!

8.3.2.3 烟油的去处

调查显示，82.8%的人都会选择在清洗抽油烟机的时候把烟油倒掉，有 3.8%的人选择做肥料（浇花或浇菜），2.5%选择将其当成油重新使用，其余 1.3%的人有其他用途。

8.3.3 洗涤膏的制取原理

油脂在纯水中很稳定，不会发生化学变化，但是如果遇到强碱，油脂中的脂肪酸和碱溶液混合时就会发生化学反应，生成甘油及高级脂肪的钠盐或钾盐，称之为皂化。脂肪和植物油的主要成分是甘油三酯，皂化反应通常用下式表示：

$$\begin{array}{c} CH_2OCOR \\ | \\ CHOCOR \\ | \\ CH_2OCOR \end{array} + 3NaOH \xrightarrow{\triangle} 3R\text{—}COONa + \begin{array}{c} CH_2OH \\ | \\ CHOH \\ | \\ CH_2OH \end{array}$$

R 基可能不同，生成的 R—COONa 是高级脂肪酸钠，是肥皂的主要成分。

抽油烟机收集回来的烟油主要是由食用油产生的，具有油脂的化学成分，所以可以用来制得肥皂。

8.3.4 烟油和柑橘皮的收集与加工

8.3.4.1 收集烟油和柑橘皮

小组成员积极行动，并动员全班同学，利用周六、日回家休息的时间收集自家及邻居抽油烟机中的烟油和柑橘皮。

8.3.4.2 蒸馏柑橘皮

取柑橘皮 92.0 g，把清洗过的柑橘皮切碎，并倒入蒸馏烧瓶中，加入蒸馏水（水面没过柑橘皮），点燃酒精灯进行加热。

加热 2 h，得到蒸馏液体为橙黄色，经称量测得蒸馏液体的总量为 86.6 g。

8.3.5 洗涤膏的制取过程

8.3.5.1 烟油的预处理

①将收集到的不同烟油样品进行混合，取约 50 mL 倒入烧杯中加热至全部熔化。

②用纱布进行过滤，除去烟油中的黑色固体杂质和其他不溶物。

③往过滤后得到的烟油中加入适量水，加热搅拌，洗去可溶性杂质，再用分液漏斗进行分液，这样就得到了较纯净的烟油。（见图 8-10 至图 8-12）

图 8-10　水洗烟油　　　图 8-11　分液烟油和水　　　图 8-12　水洗后的烟油

8.3.5.2　皂化反应

取 16 mL 经过已处理的烟油与 40 mL 柑橘皮液混合，加热至 90 ℃。然后缓慢加入 40% 的 NaOH 溶液 30 mL，继续加热并不断搅拌，其间测溶液的 pH 值，当溶液的 pH 值在 8~9 之间时，说明已皂化完全，则停止加热。

8.3.5.3　盐析

将 200 mL 的饱和食盐水倒入皂化好的溶液中，搅拌后静置。待溶液分层后，用纱布过滤出上层肥皂絮状物——皂胶。

8.3.5.4　水洗

①往皂胶中加入约皂胶量 2.5 倍的热水（80 ℃左右），加热搅拌，煮沸 3 min 后停止加热，静置冷却。（见图 8-13 至图 8-15）

图 8-13　水洗皂胶　　　图 8-14　加热至沸腾　　　图 8-15　静置

②待温度降下来后，再次加热搅拌至沸腾，然后静置分层进行分液，得到两份洗涤膏。冷却后上下层液体先后凝固，统称为"橘皮洗涤膏"，其中上层称之为"浓缩洗涤膏"，下层称之为"滤液洗涤膏"。

8.3.5.5　重复实验

取 16 mL 经过预处理的烟油与 8.5 mL 乙醇混合，按照"皂化反应、盐析和水洗"步骤，经分液后取上层，命名为"酒精洗涤膏"。（见图 8-16、图 8-17）

图 8-16　酒精洗涤膏水洗后分层　　　图 8-17　橘皮洗涤膏（左）与酒精洗涤膏（右）

8.3.6 洗涤膏的洗涤效果检测

鉴于学校的实验条件，小组决定检测洗涤膏的洗涤效果——检测其泡沫的稳定性和乳化烟油的去污能力。

8.3.6.1 橘皮洗涤膏、酒精洗涤膏、洗衣粉和洗洁精的对比实验

（1）泡沫的稳定性

各取一定量的四种洗涤剂分别加入试管中，然后同时分别加入 10 mL 水，以相同强度振荡试管，静置观察泡沫的高度变化，每隔 5 min 记录一次泡沫高度。（见表 8-3）

表 8-3 四种洗涤剂在不同条件下的泡沫高度

（单位：cm）

洗涤剂	时间						
	0 min	5 min	10 min	15 min	20 min	25 min	30 min
1 mL 橘皮洗涤膏	2.5	2.3	2.3	2.0	1.9	1.8	1.7
1 mL 酒精洗涤膏	3.3	2.7	2.7	2.3	2.2	2.1	1.9
0.5 g 碧浪洗衣粉	2.1	1.9	1.8	1.5	1.4	1.4	1.3
1 mL 立白洗洁精	3.5	3.3	3.3	2.7	2.4	2.3	2.3

为方便比较，把泡沫的起始高度都矫正为 3.3 cm，其他数据也做相应调整，然后利用 Excel 2003 软件处理为图 8-18。

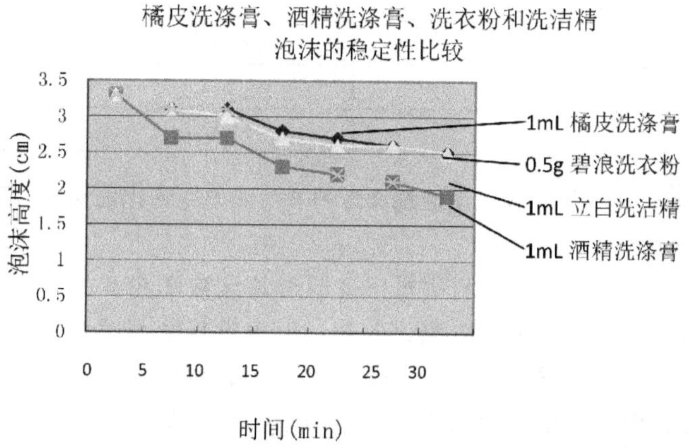

图 8-18 四种洗涤剂泡沫的稳定性比较

从图 8-18 可以明显看出，橘皮洗涤膏的泡沫稳定性与碧浪洗衣粉的比较接近，稳定性较好，而酒精洗涤膏的泡沫稳定性较差。

（2）去污能力

用等量等浓度的洗涤剂与等量的食用油相混合，比较其分层的快慢以及分层后的情况，从而比较洗涤剂的乳化效果，得出去污力的强弱。分层快且分层后下层（洗涤剂层）浑浊

度低表明乳化效果差,即去污力弱;分层慢且分层后下层浑浊度高,则说明去污力强。

在上述加有洗涤剂和水的 4 支试管中同时各加入 3 mL 烟油样品(未处理过),以相同强度振荡试管,发现很快都乳化。于是,又分别同时再加入 2 mL 烟油样品,以相同强度再振荡试管,静置,观察烟油的高度变化。(见表 8-4)

表 8-4　四种洗涤剂的去污能力比较

洗涤剂	0 h	2 h	4 h	12 h 后
1 mL 橘皮洗涤膏	2.16	1.3	1.3	1.4
1 mL 酒精洗涤膏	2.16	已乳化	乳化分层	0.3
0.5 g 碧浪洗衣粉	2.16	已部分乳化(洗衣粉未溶解完全)	已乳化	乳化分层
1 mL 立白洗洁精	2.16	已乳化并分层	已乳化	乳化分层,下层是澄清液

通过测量数据和乳化效果比较,虽然橘皮洗涤膏的乳化能力较差,但实验时其乳化效果较好。

8.3.6.2　浓缩洗涤膏与滤液洗涤膏去污能力对比

取两支试管,用药匙的小匙分别取"橘皮洗涤膏"中的浓缩洗涤膏与滤液洗涤膏各 2 匙,然后加入 10 mL 水和 5 mL 烟油样品(未处理过),以相同强度振荡试管,观察烟油的高度的变化。(见表 8-5)

表 8-5　浓缩洗涤膏与滤液洗涤膏在不同条件下的烟油高度

(单位:cm)

洗涤剂	时间		
	0 h	20 min	10 h 后
浓缩洗涤膏	4.4	1.5	2.9
滤液洗涤膏	4.4	已乳化	0.5

通过测量数据和乳化效果比较,滤液洗涤膏的去污能力和乳化效果均强于浓缩洗涤膏。

8.3.6.3　实验结论

通过上述对比实验可以得出,利用柑橘皮制得的滤液洗涤膏的泡沫的稳定性及去污能力都较好,酒精洗涤膏的去污能力也比较强,但考虑到酒精的经济成本,利用柑橘皮制取洗涤膏,其经济效益更好些,同时还可以做到资源再利用。

另外,用酒精制得的洗涤膏产量较低,而利用柑橘皮制得的洗涤膏产量较多,大约是用酒精制得洗涤膏的 5 倍,经济效益比较明显。

8.3.7　实验创新

8.3.7.1　选取柑橘皮

制取肥皂通常采用酒精进行溶解,经过皂化、盐析后制得的肥皂量比较少,而利用柑橘皮与烟油混合,既节约了成本,又做到了资源再利用,同时制得的肥皂粗品经过水洗、冷却、再水洗发生乳化，上层(浓缩洗涤膏)和下层(滤液洗涤膏)都有去污能力，且产量是酒精洗涤膏的 5 倍之多。

8.3.7.2 制洗涤膏而非肥皂

由皂胶制取肥皂仅一步之遥，只需往皂胶加入凝固剂(比如 Na_2SiO_3 饱和溶液)，再进行烘干、定型即可。但这样做无形中增加了生产的成本，而且，在使用洗衣粉或肥皂时也都要加水进行溶解。而制得的洗涤膏(肥皂膏状物)装入塑料袋中即可供家庭使用，可使生产成本最低化。

8.3.7.3 意外惊喜

当我们制作完成第一块橘皮洗涤膏时，在水洗后，发现皂胶不能结块，我们猜想是水放太多了，导致其不能结块，于是把它放置在一边。接着进行酒精洗涤膏的制作，我们制取酒精洗涤膏时，发现在水洗后立刻进行分液，皂胶和水分离后皂胶结块得很快。于是，我们把第一次没结块的橘皮洗涤膏再次进行加热搅拌，并马上倒入分液漏斗中准备分液，但等了很久都没分层，于是失望地把它又倒回烧杯中，以为失败了，就把它放到一边不管它。当我们开始制取第三块洗涤膏时，无意中发现它竟然分层了！由于还没结块，于是我们用药匙小心地将上层皂胶分离出来，分离出来的皂胶不久就凝固了。在我们快要制取好第三块洗涤膏时，又偶然地惊奇地发现第一次分离后的下层溶液竟然也结块(膏状)了！而且分量比上层的还要多出 5~6 倍。后来我们比较去污能力时，竟然发现下层洗涤膏比上层的去污能力还要强，真是意外惊喜啊！

我们认为，如果工业上采用这种方法制取洗涤膏，不仅产量大、成本低、颜色漂亮，而且制得的洗涤膏去污能力强，这样生产方法的经济效益十分明显。

8.3.8 我们的建议

8.3.8.1 烟油制取洗涤膏应由专门机构生产

家庭直接用烟油制取洗涤膏的操作比较烦琐，需要一定的装置和试剂，同时一家所得的烟油也有限，因此，应由专门厂家进行收集并集中处理，这样可以降低生产成本。

8.3.8.2 定点定时回收烟油和柑橘皮

每个社区定点定时回收烟油，并采用交换方式，回收多少烟油就给一定量的洗涤膏，为提高居民回收烟油的积极性，也可提供"回收烟油，送清洗抽油烟机"的服务。

柑橘皮的收集也采用有偿回收的方式，可与烟油的收集同时进行。因为柑橘皮的水分容易挥发变干，所以回收柑橘皮的频率也应该高一些。

由于抽油烟机中的烟油存放时间过久，容易变质氧化，并且会和灰尘形成黑色的污垢，这样从烟油中分离出油脂较难，制得的洗涤膏的产率极低。因此，烟油的回收和清洗应该定时，建议一个月回收并清洗一次。

8.3.8.3 柑橘皮采用压榨的方式

用水蒸气蒸馏法蒸馏柑橘皮，设备简单、产量大，但能耗大，同时由于高温蒸馏，造成香气成分的热分解、水解、氧化、异构化，从而使油质明显下降。而采用压榨方式则能降低提取柑橘汁的成本。

8.3.8.4 经常清洗抽油烟机的烟油

只要炒菜，就会有油烟进入油网和烟机内部，时间一长就会聚结油垢。烟机内部沉积大量油污，遇热挥发容易产生焦油等致癌物质，被人体吸收后，极易引发肺部疾病甚至肺癌；还容易产生肥胖症状，甚至诱发更年期综合征，继而出现身心疲惫、体重攀升、烦躁失眠、皮肤干燥、发色枯黄等症状。因此，一定要养成定期清洗烟机的习惯，并且需根据在家做饭的频率定期对烟机进行清洗。

8.3.9 我们的体会

8.3.9.1 研究感想

从课题的接手、烟油的收集，到实验的设计、论文的编写和反复修改，确确实实耗费了我不少脑细胞，但对我的表达能力、交流能力、思考方式、动手能力、合作精神又确确实实是一种无形的锻炼，甚至还增强了我的抗承受能力，提高了我的综合素质。

——钟家荣

这次课题活动虽然不是一帆风顺，但是几经波折后得来的成功不是更可贵吗？曾经，烦琐的制作过程、恶心的实验材料让我情绪一度低落；如今，一块小小的洗涤膏又让我情绪高昂。化学真是令人捉摸不透，难道这就是它的魅力吗？

——彭少峰

实验，并不是每一次都会成功。平常上化学实验课时，老师往往会限定时间给我们做实验，在时间紧迫的情况下，一些有趣的东西，通常会被忽略。但"我与化学"探究活动则不同，在探究中，我会有充足的时间观察，有自己独立思考的空间，对个人能力的提升，自然是不言而喻的。

——蔡东民

8.3.9.2 答辩收获

在整个 party 结束后，我发现自己提出来的问题，远不及别人的，我想一方面是因为自己的知识储备不够，另一方面是自己的思维还不够缜密。不管怎么说，这次答辩我收获了很多，我知道了团队合作的重要性，我也知道了机会总是会留给有准备的人。

——钟家荣

主持老师说这是一个化学大 party，大家不用这么拘束，其实还真有点味道，好像在上一节特别的化学课。在有疑问时，我几乎连手都没举就想提问，当别的小组在答辩时，我十分想帮忙解答，差点就脱口而出。感觉就像平时上化学课一样，十分轻松愉快。

——彭少峰

真正到了答辩的时候我才发现，其实不管是哪一组的课题，无论如何，多多少少都会有漏洞，有不足之处，也有考虑不周的地方。毕竟，我们不是在搞科研活动，不足之处是可以被原谅的，甚至是我们之前经过深层研究的实验内容，也仍然有无法回答的细节问题。

——蔡东民

8.3.9.3 点评

利用烟油和柑橘皮制取家用洗涤膏,可以做到废物再用,有利于培养学生从化学视角思考,将生活中的一些废品"变废为宝"。实验的操作和所用到的仪器都是中学化学常用的,可以让学生学以致用。

在实验过程中,学生充分地展示了各自的聪明才智,不断地改进实验,他们的创新思维能力得以提升。更为可喜的是,学生在制作洗涤膏的过程中有"意外收获",更增添了化学探究的兴趣和热情,感受到化学蕴含着的无穷魅力。

答辩活动让学生的思辨能力得到了空前的锻炼和提升,学生因此受益匪浅。

8.4 研究案例3 万能集气、量气与储气装置

课题小组成员:邱 洁 秦萍萍 张泽华

8.4.1 问题的提出

①中学化学收集气体的方法有三种,即向上排空气法、向下排空气法和排水法,因收集的气体通常为无色,难以直观地观察到排除空气的过程,显得比较抽象;而排水法所动用的仪器较多,占据的位置较大,不便于演示。

②"压液量气法"是中学化学常用的测量气体体积的方法,即把产生的气体通过压水来测气体的体积。但这仅限于动画模拟和黑板画图,很少用实物演示,因为要演示该装置,必须先制取气体,这样会耗时、费力。

③"压液法"一般仅适用于不溶于水的气体,而对于CO_2、SO_2等能溶于水的气体则不适用。

④中学化学实验中通常用集气瓶或试管收集气体,如果将集气瓶或试管中的气体通入溶液中或进行点燃,显然实现不了。

8.4.2 装置展示

装置见图8-19至图8-21。

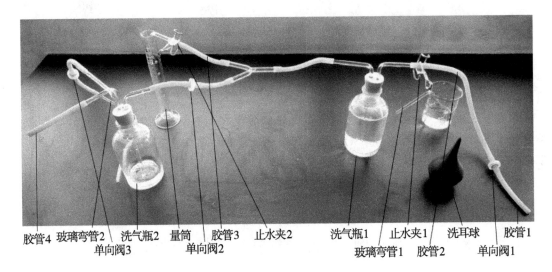

图 8-19 集气、量气与储装置

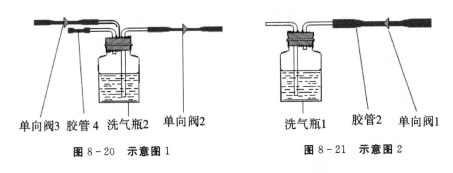

图 8-20 示意图 1　　　　图 8-21 示意图 2

8.4.3 操作步骤

8.4.3.1 连接仪器

将仪器按如图 8-19 所示连接成装置，其中单向阀 1 的通气方向为向洗气瓶 1，单向阀 2 的通气方向为背洗气瓶 2，单向阀 3 的通气方向向洗气瓶 2。胶管 2 和胶管 3 处于通气状态。

向洗气瓶 1 中加水至离胶塞 1~2 cm 处，改为滴加植物油。洗气瓶 2 加入少量水。

8.4.3.2 压液集气

用洗耳球向胶管 1 挤压空气（模拟气体发生器），可以观察到洗气瓶 1 中的水被压入量筒内，当量筒内水面不再增加时，读取量筒内水的体积，水的体积就是洗气瓶内收集到的气体的体积。（见图 8-22）

图 8-22 压液集气

8.4.3.3 吸液

将玻璃弯管 2 放入量筒中，把洗耳球内的气挤出后与胶管 4 连接，可以观察到量筒内的水被吸入到洗气瓶 2 中，反复几次，把量筒内的水全部吸入到洗气瓶 2 中。（见图 8-23）

图 8-23 吸液

8.4.3.4 压液排气

先用止水夹 1 夹住胶管 2、止水夹 2 夹住胶管 3，把单向阀 1 和胶管 1 拆掉，将胶管 2 连接玻璃弯管 1，并将玻璃弯管 1 伸入装有水的小烧杯中（模拟气体与溶液反应），最后再把夹持胶管 2 的止水夹 1 打开。

用洗耳球向胶管 4 中挤压空气，可以观察到洗气瓶 2 的水被压入洗气瓶 1 中，并观察到烧杯中有气泡冒出（洗气瓶 1 中储存的气体通过导管被压入小烧杯中），见图 8-24。

图 8-24 压液排气

8.4.4 创新亮点

①该套装置集集气、量气和储气功能于一体,特别是能将储存的气体导出,可以通入溶液中或进行点燃。

②可以收集、量取和储存密度不同、溶解性不同的任何气体。

③增加实验的趣味性和可操作性,让学生对"压液法"集气、量气过程有一个感性的认识。

④整套装置中的"水"可以循环使用,体现了绿色化学的理念。

主题9 研究与写作是专业素养跃升的双翼

课堂教学、班级管理以及其他组织活动等都是感性的，这是由实践活动的属性决定的，但活动方案的设计、活动的总结和反思、活动案例的加工和提炼、活动成果的推广等则是理性的。带有一定随意性和灵活性的实践活动，只有经过理性的思考并与理论相融合，才能够增添实效性、原则性和教育价值。实践与研究始于教师的日常教育教学工作，以解决实践中的问题为出发点，以提升教育教学质量为目标。在实践中研究，在研究中实践，可以提升教师的理论水平和实践经验，是教师专业成长的翅膀。

无论是方案的设计、课件的制作、案例的提炼，还是论文和报告的撰写，都要经过理性的思考和加工，借助文案平台进行整理、琢磨与推敲，能够做到精细化和品质化。

当然，写什么和怎样写，功在诗外，只有经过实践和创意，才能够有所思、有所悟、有所感，才能够产生与他人分享的冲动，也才能够言之有物。

青玉案·明理

院冷穷究伏案前，
灯愈明，
月早浅。
冬去春来是何年？
融贯中西，
纵横互联，
通晓方释然。

诗外之功字成章，
天上之眼词谋篇。
道外有道何处尽？
尘无人扫，
弦无人伴，
独醉也凄婉。

9.1 案例研究是教师专业发展的起点和归宿

案例研究和写论文、做课题一样,是进行教育教学研究的常见方式和手段。案例研究始于教师的日常教育教学工作,以解决实践中的问题为出发点,以提升教育教学质量为目标。案例研究是教育教学实践的起点和归宿,是促进教师专业发展的有效路径。

9.1.1 案例研究的意义

所谓案例,是指在真实情境中发生的典型事件。教育教学案例既可以是德育案例,也可以是教学课例,其中教学课例可以是一个片段、一个情节,也可以是整堂课的教学过程。教育教学案例研究是指教师结合工作实际,对教育教学实践情境中的事件、现象和问题进行反思、探讨和研究。[①] 教师进行案例研究,可以提升领悟理论能力和驾驭实践能力,是教师专业成长的阶梯。

9.1.1.1 有助于解决突出问题

案例研究是解决教育教学问题的常见方式。为了解决实践中的突出问题,以案例为抓手,通过自我学习和深入研究,吸纳和借鉴他人的智慧经验,积累反思素材,在实践中自觉调整行为策略,提高教育教学效能。

无论是德育案例,还是教学课例,都具有一定的时代性,展示的矛盾通常是当下普遍存在的问题,也是今后可能遇到的场景,因此,通过研究案例得出解决问题的办法具有一定的普适性。同时,教师进行案例研究,不仅能够学习和内化教育教学的理论,而且通过多角度解剖案例,探索解决问题方法和途径,能够提升其解决实际问题的能力。

9.1.1.2 有助于掌握研究方法

案例研究是进行教育教学研究的一种形式和手段,既涉及教育教学理论,又与实践活动紧密相关。案例本身就是理论和实践的结合点,理论需要案例来践行,实践又需要理论来指导。

教育教学实践能力是教师专业能力的核心。实践能力的提升既依赖于实践活动,也与经验积累密切相关。通过案例研究,教师能学会案例的研读和分析,理解教育教学新理念,掌握案例的设计思路和设计环节,从而提升教育教学研究能力。

9.1.1.3 有助于提升理论水平

案例是产生教育教学思想的沃土,也是教育教学理论的故乡,更是理论联系实际的

---

① 周智慧:《论教师的案例研究与教师专业发展》,载《内蒙古农业大学学报(社会科学版)》2008 年第 1 期,第 183 - 184 页。

桥梁。源于实践活动的案例研究，既践行了教育教学原理，也促进了理念的发展。①

理论学习作为教师专业发展的起点，理论水平也是教师专业素养的重要内涵。教师在进行案例研究时，会自觉地应用理论知识进行分析和思考，用教育教学的理念、原则或方法审视案例中的教育教学行为，从而不断地更新教育教学理念和观点。

9.1.1.4 有助于积累素材实例

研究能力是教师成为研究型、学者型或智慧型教师的必备素质。教师通过案例研究和实践，积累了大量丰富的第一手资料，而这些活动实例是撰写论文和进行课题研究的必备素材，也是走向研究型、专家型教师的必经之路。

教师开展实践活动后撰写案例，会跳出原有的场景，站在较高的视角，重新审视和反思自己的行为和理念，澄清和表达自己对教育教学的理解。教师反思并撰写案例的过程，也是深度学习和内化教育教学理论的过程。案例研究为后续的论文写作和课题研究提供了素材实例、理论基础和研究方法。

9.1.2 案例研究的过程与方法

文献研究是案例研究的起点，行动研究是案例研究的落脚点。文献研究和行动研究是相辅相成、相得益彰的。

9.1.2.1 原创设计

教育教学设计是指将教育教学原理转化为实践活动的操作规程，是运用教育教学规律去解决实际问题，表现为教学设计、班会课设计、德育活动方案等。教育教学设计是理念与实践的中介与桥梁，设计以学生为主体，以活动过程为对象，是实施有效教育教学实践活动的关键和保障。②

进行文献研究之前，教师要有解决问题的初步设计方案，然后站在他人成果的基础上进行改进和创新。如果没有原创初稿，只是简单地照搬或参考，往往会受制于人，思路也打不开，最终只能东拼西凑、不伦不类。有了原创方案，然后再参照、比对他人的做法，才能够领悟他人的高明之处，而在此基础上进行改进或创新，就能够逐步摸索出设计的思路和方法，从而提升设计能力和原创水准。

以教学设计为例，教师首先要对教学内容和知识结构进行分析，领会教材编写的意图；然后结合课程标准和阶段教学要求，分析学生的最近发展区；接着设计出问题主线和活动主线，以及具体活动细节等。

有了解决问题的初步设想，教师还要撰写设计文案和制作课件。教师只有借助文案和课件平台，经过反复琢磨与推敲，设计和课件才能够做到精细化和品质化。在进行文案设计或制作课件时，教师要始终把学生放在心上，这样开展实践活动才具有实效性。

---

① 张冀：《教学案例与教师发展》，载《渝西学院学报（社会科学版）》2005年第11期，第64-67页。

② 韩叙虹：《让教学设计、教学案例成为教师专业发展的阶梯》，载《物理教师》2012年第6期，第57-59页。

9.1.2.2 查阅文献

在进行案例研究时,查阅文献是常用的研究方法,伴随着案例研究的始终。相对于同伴互助或专家指导,文献研究可以不受时空限制,而且文献研究具有丰富性、多元性与深刻性等特点。

文献查阅的内容不仅限于案例的设计,还可以查阅案例的理论基础和组织形式,甚至是情境素材等。当然,也可以对照原创设计方案,利用关键词查阅相关文献进行修改。

在参阅文献的同时,根据个人的理解和驾驭能力,对原创设计进行局部、部分或全面的"二次加工"。只有经过自己"改造"的东西才是真正属于自己的,实践起来才会得心应手,否则只会貌合神离、形似而神不似。所谓的"二次加工",就是在他人成果的基础上进行改进和提升,也就是吸收和内化他人的成果。

9.1.2.3 同伴互助

原创设计方案经过参照文献修改后,还需要交由同伴或专家进行指点打磨,毕竟一个人考虑问题往往不够周全,容易有失偏颇。同伴或专家凭借经验,就方案在实施过程中可能出现的问题、优点和不足进行交流,执教教师也可以说出心理感受、遇到的问题以及处理方法等。同行教师群策群力,共同打磨设计方案,能够增添开展实践活动的可行性和实效性。

9.1.2.4 实践活动

经过多次讨论及打磨后的设计方案才可以进入实操阶段,教育教学实践是进行案例研究的中心任务和核心环节。

在实践活动中,按照设计方案的预设步骤稳步推进,以期达到预期的教育教学效果。但在实践活动过程中,无论预设得怎样周全,也会不可避免地出现"意外情况",此时,执教教师要根据经验和智慧灵活处理。同时,也可以利用生成性问题,机智地开发出新的教育教学资源,彰显活动应变能力。

在教育教学的实践过程中,用音像资料记录活动过程,或者活动后用文字叙事记录,这样为案例的后续反思和改进提供材料依据。

9.1.2.5 反思改进

反思改进是以完善实践活动为出发点,以追求达成实践目标为动力,通过改进教育教学的思路和对策,以提升实践效果,这既是教师专业发展的持久动力,也是教师专业成长的路径。

反思改进的内容主要集中在预期目标和达成目标之间的差距,以及课堂上出现的生成性问题等,具体涵盖流程的完整性、策略的针对性、技能的实用性以及师生的交互性等方面,通过比对与权衡,发现优点和不足,从而获得改进的依据和思路。

教师若能够经常对实践活动进行反思,则能够敏锐地发现教育教学中的同类问题,并能够寻找到解决同类问题的有效途径和方法,从而促进教师专业能力的提升。[①]

---

① 鲍坚勇:《案例反思与教师的专业化发展》,载《考试周刊》2013年第74期,第16-17页。

9.1.3 案例研究的策略要点

9.1.3.1 选择典型案例

选择典型案例进行研究，能够起到提纲挈领的效果。由于教师的时间和精力都有限，通过研究掌握典型问题的解决方案，能够达到举一反三、以点带面地提升实践成效。案例越典型，揭示的教育教学规律就越深刻，也就越具有研究价值。但是典型的案例都蕴含在复杂的教育教学情境之中，教师要多角度地解析案例中的主要问题，敏锐地发现并剖析隐藏在背后的教育教学问题。①

比如，抓早读和晚修学生到班的时间，对班主任来说，就是一个具有统领性和裙带性的典型问题，要求学生按时到班，在客观上能够督促学生提升内务整理效率和树立时间意识，有助于提升学生的时间利用率。

9.1.3.2 涉足不同领域

研究案例不仅仅在于获取解决某个或某类问题的最佳答案，而是在于树立研究意识和发展研究能力，提升解决不同教育教学问题的能力。因此，案例研究不仅要纵向推进，而且还要横向拓展。

以教学案例来说，科任教师对案例研究要有个清晰的规划。一个学期研究1～2个典型案例，这样几年下来，不同模块、不同课型的教学内容差不多都能够涉足。而且，当案例研究达到一定数量、质量之后，就会发现不同案例之间可以相互融通、异曲同工。

教师在权衡教学内容和教学组织形式之间的关系时，当以教学内容研究为重，因为教学内容决定教学组织形式。另外，教学实践也是管理的艺术，教学管理往往是教学成绩的保障和增长点，因此，教师要适度增添教学管理案例的研究。

9.1.3.3 迂回递进

教育教学方法和策略没有最好，只有更好。随着教育教学理论的发展，个人专业素养的成长与提升，一段时间过后，教师再回过头来重新审视当初的案例时，就会有新的发现、新的感悟和新的思路。因此，教师进行迂回研究案例，也会有更深、更高的收获。

9.1.4 案例成果的提升

9.1.4.1 打造案例精品

将经过反复打磨和实践检验的教育教学案例，尝试打造成为案例精品。首先，案例要与教育教学理念有机地融合在一起，只有在理论支撑下的实践经验才具有推广、迁移的价值；其次，要将案例中解决问题的方式提炼成模型，这样才便于借鉴和学习。

教师进行案例研究的最终目的是要回馈教学实践，以提升教育教学的质量。教师着力打造的精品案例，在相似的经验背景和思想基础之上，又会引起后来者思想上的共鸣，

---

① 刘锡娥：《教师培训中案例教学与中小学教师的能力发展研究》，载《继续教育研究》2009年第3期，第55-56页。

通过后来者的进一步学习、研究、改进和创新,从而推动教育教学水平不断向前发展。

9.1.4.2 撰写教学论文

教育教学论文需要有一定的主题,并围绕主题对案例进行筛选、架构和表述。教师撰写教育教学论文,通常有两种思路:一种是将案例归类、提炼,并根据凝练的观点组织架构论文;另一种是先有了观点,然后撷取案例进行佐证。无论是哪种方式,都离不开教育教学实例。

教师撰写论文的过程,是教师重组知识结构和知识体系的过程,也是深度理解教育教学理念的过程,更是对教育教学案例深度加工的过程。每一篇论文,都会促进教师实践经验的丰富和理念水平的提升。

9.1.4.3 开展课题研究

课题研究是案例研究的延伸和拓展,是系列化、系统化和理论化的案例研究。事实上,把系列案例进行归类和拓展,就可以成为课题。开展教育教学课题研究,就是对在一定教育教学理念指导下的案例的系列化和系统化的研究。

9.2 在写作中修炼自我

在管理学的丛林里,有两位巨人,一位是德鲁克,另一位是稻盛和夫,前者被誉为"现代管理学之父",后者被称为"经营之神"。德鲁克从顾客的角度思考企业的管理行为,稻盛和夫则从员工的视角思考经营哲学。

稻盛和夫说:人生不是一场物质的盛宴,而是一次灵魂的修炼。他在《活法》一书中写道:"人哪里需要远离凡尘?工作场就是修炼精神的最佳场所,工作本身就是一种修行。只要每天努力工作,培养崇高的人格,美好人生也将唾手可得。"

撰写论文,功在诗外,是一项系统工程。论文既是布道场,也是修道场。在撰写论文的过程中,既可以提升专业素养,也可以修炼秉性品格。

9.2.1 撰写论文的初心

9.2.1.1 有话要说

当自己有了一个得意的教学设计,上完课后有了教学感悟,对教学内容有了更深的认识,对教学管理有了一个创新性的建议等,凡是自认为满意的东西,都可以拿来写作素材,写出来的东西是和大家分享的,不要藏着掖着,"独乐乐"不如"众乐乐"。同时,写作的过程也是理顺观念和思绪的过程和深度挖掘认知的过程。

就好像面对心爱的姑娘或者心仪的黑马,你心里肯定有很多话要说,说风景、谈理想,向往诗和远方。当无话可说时,就不要去硬写,以免坏了写作的美好体验。

案例1：在化学必修第一册（2019年人教版）第一章第二节学习"离子方程式的书写"时，沉淀和弱电解质不能拆成离子，为什么呢？大多数教师只讲书写规则，要求学生背记。本质原因是什么呢？沉淀难溶物存在溶解平衡，弱电解质存在电离平衡，沉淀所溶解的电离出的离子和弱电解质电离出来的离子都是小部分，大部分没有电离。而离子方程式是用实际参加反应的离子来表示的，怎么能用只有极少数的离子来代表整个反应呢，故不能拆开。

有了这样的发现和认识，写作的冲动就不言而喻了。

9.2.1.2　为了把问题弄明白

教学内容与组织形式是教学研究的两个方向，"流水"的形式，"铁打"的内容，教学内容是教学研究的永恒主题。教师对知识内容的理解深度通常决定了教学的高度，也往往决定了教学手段和组织形式。

撰写论文的过程，就是提升自身专业素养的过程。教师选择在教学过程中发现的突出问题进行小课题研究，最后，将研究结论写成论文。教师平时的思维是点状的、非条理的，而通过研究小课题、撰写论文，能够把问题弄得更加明白，并且也更有深度和广度，收获往往都是超预期的。

9.2.2　论文的选题

9.2.2.1　赋予主题以不同内涵

宋代苏轼在《题西林壁》写道："横看成岭侧成峰，远近高低各不同。不识庐山真面目，只缘身在此山中。"可将其改编为《景》："横看成岭侧成峰，远近高低各不同。春夏秋冬景生情，喜怒哀乐情寓景。"

主题相同，但视角不同，观点也不同。即使观点相似，但案例也可不同，论文的组织架构也千差万别。所以，论文的主题和含义是高度开放的，只要你把所见到的最美景色展现出来，加上一些有深度的感悟，都是值得赏析和借鉴的。

当然，对于同一个主题，你看到什么，往往不取决于主题景观，而取决于你的学识、素养、阅历和境界。

9.2.2.2　撰写论文就是讲故事

撰写论文就相当于讲故事，用观点和主题把案例串联成一个完整的故事。当然，故事讲究自圆其说、前后照应，所以论文的布局要注重主次关系和逻辑顺序，还要用专业术语和精炼的文字进行编辑和润色。

案例2：化学活动小课题　素养影响大乾坤

1　课题的选择

1.1 选题要贴近生活

1.2 课题要紧扣学生的知识结构与能力水平

1.3 课题要与研究条件相匹配

1.4 研究活动要突出实用性和综合性

2 课题的研究
2.1 对课题进行辅导培训
2.1.1 研究模式与原则
2.1.2 知识内容的讲授
2.1.3 探究方法和仪器的介绍
2.2 理论研究先行
2.3 对问题只给予方向性指导
2.4 控制变量进行实验
2.5 鼓励学生创新实验
3 课题的报告
3.1 依照格式撰写论文
3.2 模拟答辩
3.3 评价反思
4 课题的影响

——《化学教学》2014年7期

(中国人民大学书报资料中心《中学化学教与学》2014年10期转载)

9.2.2.3 要能感动自己

好的论文要首先能够感动自己，只有感动自己才有可能感动他人，也才有可能感动审稿专家。如果自己都不满意，别人怎么能够对其产生兴趣呢？

人的时间和精力都有限，撰写论文要有精品意识。费了那么多时间和精力，既然要写，就要打造成精品。论文只有经得起实践和时间的检验，才具有生命力。

案例3：陈寅恪，著名历史学家、古典文学研究家、语言学家，留学期间通晓22种文字，被誉为"活字典""教授的教授"。当年，梁启超向清华校长曹云祥举荐时，校长觉得陈寅恪无"名望"、无"博士"、无"著作"，是"三无学者"，很犹豫。梁启超说："我虽著作等身，但价值不及陈先生寥寥百言。"历史学家傅斯年评价陈寅恪："陈先生的学问，近三百年来一人而已。"

多一点精品，少一些正确的废话。

9.2.3 论文素材的积累

9.2.3.1 原创教学设计与课件

教学工作富含创造性，教师集编剧、导演与演员三重角色于一身，编写教学设计时就是编剧；上课时学生是主体，教师就是导演；同时，教师还兼顾引导、启发和展示的演员身份。教学工作是最具有创新性的工作之一，年年岁岁书相似，岁岁年年人不同。

在教师的专业发展过程中，无论是教学设计、课件，还是练习题、测试卷，都要建立个人资料库。只有这样，当教师再教同样的教学内容时，就能够在原有的基础上进行改进和创新，就会有新的想法与感悟，否则又只能从"原点"开始。

9.2.3.2 课后反思,记录感悟

叶澜教授说:"一个教师写一辈子教案难以成为名师,但如果写三年反思则有可能成为名师。"课后反思,是实现自我专业发展的捷径。

对最新教学理念的深度理解和内化往往需要一个较长的领悟过程,而对教学的感悟通常发生在课堂之外,及时记录教学心得、感悟和灵感,定期进行整理,否则稍纵即逝,需要时又难以记起。而这些一手的原始资料,恰好是今后撰写论文的绝佳素材。

9.2.4 论文的主题线索

有了满意的素材和案例,相当于有了不错的坯子,而要制成作品,还需要进行打磨,并要选择一个主题进行装饰,也就是"人靠衣裳马靠鞍"。主题是论文的灵魂。大多数情况下,论文是根据主题来选择案例,把同类或相近的素材按照一定的逻辑线索进行串联编辑的。当然,也可以根据案例素材的共同之处来确定论文的主题。

9.2.4.1 借鉴名师专家的观点

名师、专家的专题讲座和论文,往往是他们经验智慧和研究成果的结晶,通常也代表着最前沿的科研动向。对于他们观点和理论,有共鸣的部分就可以直接拿来作为主题,也可以受其启发进行再加工。

比如,笔者听了王磊教授的讲座,让元素"竖"起来、认识发展等观点,结合个人理解撰写了论文"促进学生认识发展的教学策略"。

案例4:促进学生认识发展的教学策略
1 搭建思维路径,建构认识方法
2 拓展知识深度,提高认识深广度
3 提炼观念性知识,提升认识高度
4 整合物质多重属性,丰富认识视角

——《化学教学》2013 年第 6 期

9.2.4.2 紧跟科研动向

我们都生活在当下,既是当下教科研的受众,也是当下教科研的推动者。虽然教学研究的方向是永恒的,但阶段的研究主题是不断更迭的。

近十年来,化学教科研主题从教学模式、课型、自主学习、微粒观、合作学习到现在的核心素养、关键能力、大概念等,新课程推进实施的每一个阶段,都会有一个主题。所以,论文的主题只有应景当下、顺应时势,才能够在教科研的潮流中溢彩流光。

比如,当下新课程改革倡导的大概念教学,不仅集中体现了学科的结构和学科的本质,而且学生建构的大概念具有持久性,当学科经验和事实消失之后仍会存留。大概念还能够协助学生解释生活中遇到的事实和现象,让其终身受益。这就是当下开展大概念教学的意义之所在。

9.2.4.3 拔高与创新

论文写作带有一定的创作成分,除了可以对案例素材进行提炼、拔高和创新之外,也可以根据自身的感悟对教学理念、教学观点以及教学模式进行深入的挖掘和拓展,从

而确定论文主题。

案例5：化学核心概念的关键特征

概念具有内涵和外延两个基本特征，概念的外延是指概念所反映事物的对象范围，称为背景属性；概念的内涵是指概念所反映事物对象所特有的属性，称为关键特征。关键特征可分解为表观特征和本质特征，表观特征是外在的、宏观的和表象的，而本质特征则是内隐的、微观的和本质的。（见表9-1）

表9-1 化学核心概念的表观特征和本质特征

化学核心概念	表观特征	本质特征	背景属性
氧化还原反应	化合价升降	电子得失或偏移	化学反应
原电池	产生电流	负极失去电子而氧化，正极得到电子而还原	电能与化学能转换装置
化学平衡	浓度恒定	正逆反应速率相等	可逆反应
盐类水解	盐溶液呈酸性或碱性	促进了水的电离	盐的水溶液

9.2.5 论文的布局架构

9.2.5.1 并列式

并列式框架是围绕论文主论点从同一个角度列出多个分论点，分别进行论证，平行安排分论点和论据。各分论点之间是并列的逻辑关系，一般没有主次之分。①

案例6：建构整体性知识 提升系统性思维

1 搭建同一物质（或元素）的多维属性

2 拓展同一原理的多级理解层次

3 整理同一概念的应用范围

4 抽象不同规律的同一实质

——《化学教学》2013年第5期

（中国人民大学书报资料中心《中学化学教与学》2013年第8期转载）

9.2.5.2 递进式

递进式框架是逐层深入、步步推进的，后面的论证是在前面论证的基础上进行的。

递进式的论文一般有两种格式：一是将中心论点进行分解，分成几个分论点，这些分论点之间的关系是由浅入深、由表及里、由简单到复杂的；二是按照"提出问题""分析问题""解决问题"的思路安排论证结构，即围绕中心论点回答三个问题：是什么，为什么，怎么办。②

---

① 薛仕扣：《教科研论文的"框架"建构》，载《江苏教育》2018年第3期，第13-14页。
② 薛仕扣：《教科研论文的"框架"建构》，载《江苏教育》2018年第3期，第13-14页。

案例7：化学核心概念关键特征的建构策略
1　审辨化学核心概念的表观特征和本质特征
2　化学核心概念关键特征的建构程式
2.1　对比归类——从哪里来
2.2　剖析抽象——本质是什么
2.3　推论演绎——有什么用
2.4　整理融合——到哪里去
3　化学核心概念的建构要点与内化途径
3.1　核心概念的建构要结合具体例证
3.2　"应用至上"是内化核心概念关键特征的途径

——《化学教育》2015年第1期

9.2.5.3　复合式

实际上，教师在撰写论文时，并不一定要拘泥于某一种框架，通常论文呈现出的是复合型框架。如并列式框架与递进式框架相结合的方式，即递进式论证中包含并列分论，而并列分论下又有递进的推论，形成复合的立体结构。①

案例8：化学微观表征的方法与教学策略
1　微观表征的意义与方法
1.1 微观表征的意义
1.2 微观表征的方法
1.2.1 文本描述法
1.2.2 活动演绎法
1.2.3 微观表征图法
1.3 微观表征方法的比较
2　微观表征图的设计原则
2.1 突出宏观现象的微观本质
2.2 将微观本质的关键点进行可视化
2.3 有利于符号表征的抽象提炼
3　微观表征图在三重表征中的应用策略
3.1 根据宏观现象进行微观分析
3.2 利用微观表征图建构微观认知
3.2.1 想象与交流
3.2.2 解读微观表征图
3.2.3 将微观表征图动态化与三维化
3.3 从微观表征图中抽象提炼符号表征

——《化学教育》2015年第10期

---

① 薛仕扣：《教科研论文的"框架"建构》，载《江苏教育》2018年第3期，第13-14页。

9.2.6 文献的使用方法

9.2.6.1 先有提纲再查文献

撰写论文离不开查阅文献，但如果只是简单地依赖于文献，就会囿于文献的案例、思想和观点而打不开思路，往往会简单拼凑、杂乱无序、主题不够鲜明，显得比较陈旧、俗套。只有先有了想法、观点，然后列出提纲，最好能够写出一部分，然后对照提纲查阅文献，这样使用文献才具有针对性和有效性。

9.2.6.2 文献用来启发和完善论文

人脑具有自动筛选机制，有撰写某方面内容的需求时，大脑就会通过"大数据"处理，自动推送所需素材，这对于论文的撰写无疑是有所裨益的。但同时，凡事有其利必有其弊，自动推送的素材往往是同类的或相似的，这样就会导致论文侧重于某一方面，显得不够全面和系统。而借助于查阅文献，参考别人的观点和想法，可让我们比较全面地考虑问题，补充和完善论文的欠缺。同时，受别人观点的启发，还能够引起自我的深度思考，进而会有新的感悟和发现。

9.2.7 自我修炼的思考

9.2.7.1 提升自我境界

境界决定做事的视野、方向和高度，什么样的境界做什么样的事情。提升境界要通过不断研修、反思和静悟。正所谓活到老学到老，每位教师都是在成长、发展的路上。

9.2.7.2 保持思想独立和科学精神

1929年，陈寅恪先生在王国维纪念碑铭中首次提出"独立之精神，自由之思想"，将近百年了，其作为"五四精神"的一部分仍然在路上。科学意识淡薄和辩证思维空泛的现象广泛存在。比如，在日常生活、工作中，想当然和拍脑袋的决策俯拾皆是，缺乏佐证和逻辑的因果联系也比比皆是。

要保持思想独立，最有效的方式就是质疑。质疑是深度学习最好的方式，也是提升高阶思维能力的路径。

9.2.7.3 敬畏学术

"盲人摸象"是大家耳熟能详的故事，几位盲人摸到大象的不同部位，就坚信自己对大象的整体看法。一些教师往往会用自己在专业领域的观点看待整个世界，并坚信自己正确。而事实上，每个领域的结论通常只适用于本领域，并不能推及整个时空。列宁说过："真理只要向前一步，哪怕是一小步，都可能成为谬误。"

古希腊哲学家芝诺曾经说过："人的知识就好比一个圆圈，圆圈里面是已知的，圆圈外面是未知的。你知道得越多，圆圈也就越大，你不知道的也就越多。"正所谓无知者无畏，初生牛犊不怕虎。凡是真正崇尚学问的人，一定会注重个人品格、境界的修炼，皆为谦逊、谨慎的典范。一位和你交往，让你感到舒适的人，他的阅历和情商通常会高出常人几个层级。

牛顿临终遗言:"我好像是一个在海边玩耍的孩子,不时为拾到比通常更光滑的石子或更美丽的贝壳而欢欣鼓舞,而展现在我面前的是完全未探明的真理之海。"

9.2.7.4 让自己宽厚起来

撰写论文,功在诗外。以专业为圆心进行广泛研读,读只是形式,关键是研究。可以做读书笔记,也可以写读书心得,研读的过程也是深度理解和内化的过程。

当专业素养发展到一定阶段后,就要看个人的造化了,而禀赋和造化的底色就是悟性。只有"悟"才能学以致用、融会贯通。

中西贯通、古今贯通、文理贯通,能让自己像金字塔底部一样宽厚,就自然能够游走于学生频道之中,把书本世界和学生世界联通起来。

不要高估一年的作用,也不要低估五年的累积。

教师职业成长的每个阶段,都会有每个阶段的成色和追求。新手写作,可能有点青涩,但青涩中弥散着清纯之美;及至骨干,激扬中洋溢着创新的光辉;修至专家,儒雅中蕴含着圆融的哲理。

9.2.7.5 重新认识兴趣

如何对撰写论文产生兴趣呢?

对于兴趣,人们往往认为对某一方面产生兴趣,就会具有该方面发展的先天潜质,即兴趣是最好的老师。其实,对某方面产生兴趣的人,都是在该方面具备优势的人。所以培养某方面的兴趣,有效的方法应该是从培养其在该方面的技能开始,只有会做了,才能够做得下,做得好,当然也就自然能产生兴趣了。

培养兴趣的第二种途径就是建构信念意识。有了坚定的信念,就能矢志不渝,执着奋进,成功的概率自然就能大大提升。玄奘、法显等古代僧侣"西天取经"就是最有力的证据,培养信念,让其深信不疑,就能够持之以恒。

案例9:东晋时代的高僧法显(337—422年),在出家修行期间深感佛教戒律经典缺乏,使广大佛教徒无法可循,以致上层僧侣穷奢极欲,无恶不作。为了维护佛教"真理",矫正时弊,65岁的法显毅然决定西赴天竺(古代印度),寻求戒律。公元399年从京城长安出发西行求法,渡流沙,越葱岭,遍历北西、中、东天竺各地,后赴狮子国(今斯里兰卡),并到过印尼的爪哇岛,于公元412年回到国内。法显游历30余国,历时15年,带回许多梵本佛经,回国后一边翻译佛经,一边撰著旅行传记,终于写成《佛国记》。从年代上看,法显早于玄奘200年。法显后来在他的《佛国记》中描写"取经"路上的情景说:"上无飞鸟,下无走兽,遍望极目,欲求度处,则莫知所拟,唯以死人枯骨为标帜耳。"他们冒着生命危险勇往直前,走了17个昼夜,1500里路程,终于渡过了"沙河"。

钻研学问,就要忍受物理空间的孤单和寂寞,只有常常与心灵对话,与先哲、大家交流,才能有所悟、有所得。其实,此时你已不再孤独,有那么多先贤、大家相伴,你的精神世界是丰富的、多彩的、充实的。

主题10　在心灵触碰中修炼自我

班主任工作既是化学教师在校工作的选项，也是职业历练成长的必备条件，更是提升教师职业技能的必然选择。担任班主任工作，必然要学会协调学生个体与集体、在校学习与家庭生活、学科成绩与总分、班级现状与发展方向等之间的关系，这在客观上促进了教师整体性、系统性与辩证性思维的发展，其理性分析和务实解决问题的能力也会得到锻炼和提升。班主任具备的整体性思维和管控能力，对于化学课堂教学的调控、作业练习的监管以及学科成绩的管理等都具有正向促进作用。班主任工作经历会使教师养成把学生放在心上的习惯，会从学生的视角去思考和解决问题。

班主任既是班级日常管理的参与者和督查者，也是班级发展方向的设计者和引领者，同时也是学生个人发展的助推者和守护者。在班级管理的实践过程中，班主任要不断地学习和内化实用有效的管理理念和经验，不断地反思与调整自我认识水平和管理方法，用心修炼，以提升自我修养和个人魅力，从而影响、感染和引领学生健康成长。

江城子·班主任

与生俱进须轻狂，
抓二操，
盯八方，
五次三番，
位子调恰当。
俯身接耳聆衷肠，
同喜忧，
共晨光。

青蓝辉映入佳境，
曲将终，
谊绵长！
耳聪目明，
何以通心房？
荷月果香情飘荡，
名和利，
两相忘。

10.1 提升寄宿学校班级管控效益的实践与探索

为了防止寄宿学校的学生在校园里出乱子，一些班主任通常采取勤耕死守的管理策略，于是起早摸黑、全程跟踪、事无巨细、亲力亲为，频频现身于教室和宿舍。班主任如果忽视了班干部的作用和班集体建设，介入事务太深，很容易将自己置于全班学生的对立面，不仅会被琐事所累，直至筋疲力尽，往往又吃力不讨好。这种头疼医头、脚疼医脚的工作方式缺少前瞻性，貌似效率很高，实则效益有限。

班主任一般都会担任所带班级的学科教学，要做到班级管理不挤占学科备课的时间和精力，实现班级管理和学科教学"双赢"，就要提升班级管控效益。管控班级不仅仅需要勤劳，更需要智慧。班主任要充分调动管控班级的积极因素，建立管控班级的内在机制，把握好管控班级的度，只有轻重有度、松弛有方，才能够游刃有余，也才能提升班级管控的质量和效益。

10.1.1 充分发挥班干部的作用

10.1.1.1 选拔德才兼备的班干部

在寄宿学校，班干部全天候与班级同学生活在一起，在很多时候，这些班干部就是班主任的化身，他们的言行和操守往往决定着班级的价值取向和舆论导向。因此，建立一支过硬的班干队伍是班主任工作的核心。班主任首先要根据班级情况和发展预期，制定班干部的资格标准（含品德要求）和职责要求，然后让学生酝酿选举产生班干部。比如，设正副班长各一名，分别由男女同学担任，主要负责文明班的评比和晚修纪律等。

选拔班干部要采用竞岗演讲的形式，这既为后续开展工作提供能力条件，同时，竞岗学生准备演讲内容的过程，也是谋划和理顺班级管理思路的过程。学生投票选举产生班干部后，要举行班干部就职演说，这样便于班级同学了解和配合班干部的工作思路和做法，也有助于班干部的自律和他律。

10.1.1.2 指导和培养班干部

班干部的工作方法和工作作风，也反映了班主任的价值取向和工作导向，这对于营造班级文化氛围和价值取向尤为重要。因此，班主任要系统培训班干部，让他们理解自己的管理理念，只有他们自己认可和认同了，才会自觉践行，也才能成为班主任的代言人。

在班级具体事务中，凡是学生能够做的班主任就不要插手。一方面，可以锻炼学生；另一方面班主任可以从琐事中抽身，以便更好地对班级进行前瞻规划和宏观驾驭。班干部都是在管理实践中逐渐成长起来的，因此，班主任既要传授工作方法，又要引导总结教训；既要鼓励创意做法，又要协助分析改进。

比如，宿舍内务一直会让班主任头疼，它不仅是文明班评比的内容，更是舍容舍貌的直接反映。由班长提议组建由宿长组成的"宿舍内务自查小组"，共5人，每人负责一天，每天在宿舍管理员检查评比之前，组员先行检查一次宿舍中是否存在小问题，比如有没有忘了关灯、凳子有没有摆放好等，由组员协助处理，并进行记录。如果出现较大的问题，比如忘了叠被子、拖地等，则通知宿舍值日生回去整改。宿舍内务通过专人自查，舍容舍貌大幅改观。

10.1.1.3 与班干部协商班级管理方案

班主任是班级管理的主导者，班级管理理念直接决定了班级的建设质量和发展方向。班主任在实践管理理念时，要充分考虑到学生的接受能力和执行意愿。因此，班主任要事先与班干部协商，多听听班干部作为学生身份的心声，充分吸纳他们的意见和建议，这样才能够提高管理方案的可行性和实效性。

10.1.1.4 班干部帮扶"结对子"

如何让后进生赶上来是摆在每一位班主任面前的课题，采用"小导师帮扶制"可以有效地化解这一难题。"小导师帮扶制"就是让优秀学生作为后进生的小导师，结成帮扶对子，以实现后进生"脱贫"。具体做法是学科科代表作为该学科的小导师，班级学科成绩最差的几位同学根据个人的喜好选择小导师并结成对子，小导师负责学科辅导和答疑解惑等。对于行为较差的后进生，则让其与班长或班委成员结成对子，而对于个别"特殊"学生也可以多安排几位小导师。实践证明，学生之间更容易沟通、交流和帮助，后进生的进步也显而易见。

10.1.2 建立规章制度和奖惩机制

根据年级要求和班级实际情况确定班级奋斗目标，以此增强班集体的认同感和凝聚力。根据班级目标制定规章制度，借此规范学生的行为和提升自律能力，从而提升班级管控效益。

10.1.2.1 引导学生参与制定规章制度

为了使班级有序良性运作，要建立一套完善可行的规章制度。班主任要让班级学生全员参与，这样会让学生感受到自己才是班级的主人，既提高了规章制度的普适性和可操作性，也为后续的实施推进打下基础。学生参与规章制度的讨论与制定的过程，也是深度理解规章制度的意义和功能的过程。

班级规章制度的制定要针对已经或可能出现的问题，也要考虑到学生的承受能力。比如，有班干部提出"班级不放垃圾桶"，有超过半数的学生举手同意，那么这条规定就能生效；再如，有同学提出"在教室内不能吃东西"，超过半数的学生反对，[①] 因为有些寄宿生早上胃口不太好，会利用下课时间吃早餐，这一条因为部分同学无法遵守，所以就取消。

10.1.2.2 建立具有活力的规章制度

用规章制度去管控学生，能够减少人为因素的干扰，保证管理的公平性，同时，也

---

① 陆妍彤:《高中班主任打造有温度的常规班级管理策略研究》，载《新课程·下旬》2017 年第 10 期，第 215 页。

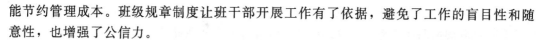

能节约管理成本。班级规章制度让班干部开展工作有了依据,避免了工作的盲目性和随意性,也增强了公信力。

班级规章制度可以根据班级的发展以及学校、年级的要求,在每个学期进行适当的调整,以增强其针对性。比如,进入毕业年级之后,自习课和晚修的纪律要求会更高。

10.1.2.3 建立奖惩激励机制

对于违反班级规章制度的学生要进行惩戒,才能保障规章制度的有效执行。比如,学校对宿舍管理采用量化评价,班级管理要利用这一评价的功能,将宿舍扣分追溯到个人,并进行累积,当积分达到警戒值时就要进行谈话教育或者停宿处理。

规章制度只是对学生行为规范的最低要求,不足以让班级优秀,而要提升班级的战斗力,还要建立激励机制,以激发学生的积极性和主动性。比如,可以把期末评优评先的标准在开学之初公之于众,让学生知道努力的方向和目标。对团队进行集体奖励,有助于发挥团队的舆论导向和自律教育功能。比如,帮扶对象期末学科成绩进步显著,则对结对子双方都要进行奖励。

10.1.3 倡导科任教师参与班级管理

在寄宿学校,班级科任教师也与学生朝夕相处,科任老师也是管理好班级的重要力量。班主任要充分发挥科任教师的管理热情和价值,与科任教师相互合作,形成管理班级的合力。

10.1.3.1 积极正面宣扬科任教师

向班级学生正面宣扬科任教师,让学生"亲其师",自然就更能"信其道"。宣扬的内容要广泛,既可以是学术业务的,也可以是为人处世的,还可以是兴趣爱好的,让学生先入为主地了解和认识科任教师,就会起到积极的暗示效应。学生有了对科任教师的正面印象,就会在日常的学习相处中正能量地诠释老师的言行,当然也就为科任教师的学科教学做好了铺垫,赢得了先机。

10.1.3.2 支持和配合科任教师

班主任都希望班级学科成绩全面开花,但现实总是有的学科成绩不理想,于是就会忍不住介入。班主任适当地协助科任教师是必要的,但如果进行学科业务上的包办,比如催交学科作业等,往往得不偿失。一方面,不具有可持续性;另一方面,也降低了科任教师在学生心中的地位。所以,学科的问题还是让科任教师自行处理,充分尊重科任教师的做法。同时,班主任指导学科科代表主动协助科任教师,督促班级同学按时保质完成学习任务,尤其是作业。只要作业能够按质按量完成,学科成绩就有了保障。

10.1.3.3 建立通报和协商机制

在日常班级管理中,班主任要将班级的新情况、活动安排以及管理举措等及时向科任教师通报,让科任教师心中有数。特别是班级突发事情,班主任要将事情的缘由、过程以及处理情况向科任教师通报,以便科任教师了解和配合。[①] 班主任不要遮自家之

---

① 徐梅:《班主任如何诚邀学科教师参与班级管理》,载《小学教学参考》2020年第1期,第89-89页。

"丑",而应坦诚地和科任教师交流,才可以得到科任教师的理解和支持。班主任向科任教师通报班级的动向和要求,可以实现统一行动而形成管理合力。

10.1.4 利用档案信息管控学生

一般来说,班级大多数学生能够遵守规章制度,但会有个别学生行为异常,而就是这个别的学生,会消耗班主任的主要时间和精力。建立学生档案,尤其是个别学生的档案,是做好学生思想工作的有效方法,这样便于依据档案信息对学生进行准确"诊断",也有利于班主任对他们的可能做出的行为进行精准管控。

10.1.4.1 多渠道了解学生信息

班主任为每位学生建立个人档案,记录学生平时学习、生活的点点滴滴,可以包括图像资料、他人评价等。班主任要从班干部、班级同学、宿舍管理员、科任教师以及家长等处获取学生信息,信息渠道越多,信息就越准确。

教室是学生学习的主战场,虽然班主任不可能时时置身于班级,但对于班级发生的事情却要第一时间知晓,以便及时采取措施。这就要求班主任有及时了解班级信息的通道。为了准确获取班级信息,班主任可以建立多个信息反馈点,可以是班干部,也可是普通学生;可以是公开的,也可以是非公开的。学生感受到有一双双眼睛时刻盯着自己时,就能够最大限度地通过规范自我行为而实现自我管理。

10.1.4.2 利用档案信息教育学生

班主任在做学生思想工作时,尤其是经常"犯事"的学生,比较忌讳泛泛而谈、言之无物,而要证据确凿、言之有理。当面对"犯事"学生,班主任列举了他的诸多异常行为(源自档案信息)并进行深入分析、晓之以理时,学生就会有所触动和醒悟。

由于平时学习任务重,一般学生没有太多时间进行自我反思,即便反思也缺乏条理性和系统性,而班主任为每位学生整理的档案信息相对比较系统、全面和条理。当班级个别学生出现起伏时,班主任就可以依据档案信息循循善诱;当学生感受到班主任的那份苦心和善意时,学生便能客观地进行自我剖析和自我调整。

10.1.5 营造班级舆论正能量

寄宿学校的学生在教室、宿舍、操场和餐厅几点一线,生活相对比较单一。开展丰富多彩的班级活动,一方面可以释放学生的情绪与能量,培养学生的兴趣和爱好;另一方面还能够提升班集体的荣誉感和凝聚力。这对于营造正确的班级舆论导向具有积极作用。

10.1.5.1 开展主题班会

学生的行为都有一定的存在土壤,对于个别学生的异常行为,班主任要进行逻辑分析,评判其是偶然现象,还是惯常行为。如果是惯常的话,班主任就要利用班会课进行指导。通过开展主题班会,班主任能够有效地解决学生学习、生活中的共同问题。

比如,事先拍下每位学生晚修时的学习背影,然后设计主题班会"学习时的你"。通过视频照片，学生发现原来自己在学习时，存在着坐姿不端、不够专注、发呆闲聊等问题。① 接着与学校优秀班级的视频照片进行对比，再让学生谈一谈自己的感想。

10.1.5.2　及时评价班级的人和事

班主任及时评价班级的人和事，可以肯定和表扬好人好事，也可以否定和制止不良行为。班主任要注重发挥榜样的引领作用，积极发现和挖掘班级、年级和学校的榜样，让学生感受到榜样就在自己身边，让他们感受到榜样的力量，从而积极向榜样学习和靠拢，从而营造班级舆论正能量。

班主任在评价学生时，要客观、全面，既要肯定他们表现好的一面，又要指出其不足之处；既要注重行为的结果，又要重视表现的过程。班主任的评价方式和观点对学生具有潜移默化的教育影响。

10.2　让"冷处理"成为班级管理的常态②

及时性是处理班级问题的一项原则，有助于将苗头"扼杀"在萌芽状态，让其难以形成气候。对于一些突发性问题，班主任应及时制止，让学生不敢再触碰班级管理的底线和红线。但如果事事皆进行"热处理"，只想快速解决问题，采用强硬高压，往往会让事情变得复杂和严重，一方面，事情难以朝预期的方向发展，易出现反弹，弄得自己身心疲惫；另一方面，师生之间可能产生隔阂和障碍。而此时如果采取"冷处理"，则能够有效地化解问题。

"冷处理"原指冶炼钢铁过程中的一道工序——淬火，引申到班级管理中，是指班主任冷静地处理敏感问题，钝化矛盾，推后教育时机。与"冷处理"对应的是"热处理"。

学校的教育，本质上是养成教育，学校、年级、班级都是良好的育人环境，具有强大的育人功能。班级管理不存在"快刀斩乱麻"、一劳永逸的事情。"冷处理"班级的突发性、敏感性问题，以冷制热，以静制动，采取"润物细无声"的处理方式，可让班级管理充满着智慧和温情。

10.2.1　"热处理"的不良后果

班主任如果只关注解决问题本身，而忽略解决问题的教育价值，就会把学生当成管理的对象，而将自己定位为"警察""消防员"之类的角色，"热处理"突发性问题仅仅

---

① 滕凤珍：《浅谈主题班会在高中班级管理中的作用》，载《中学教学参考》2009年第9期，第80-81页。

② 吴庆生：《让"冷处理"成为班级管理的常态》，载《中小学班主任》2021年第11期，第32-34页。

是息事宁人，在处理问题的同时也必然会留下诸多隐患。

10.2.1.1 "热处理"时方法往往欠妥

一些班主任在处理突发性问题时，往往不够冷静，容易感情用事，甚至主观臆断，怒从口出，原本较为融洽的师生关系也开始变得紧张，使学生消极对立，教育效果大打折扣。

班主任如果只想快速解决问题，往往就会参考以前的做法和经验。但每一届学生所处的环境不尽相同，学生个体也千差万别，如果只是简单地照搬而缺少针对性，则有刻舟求剑之嫌。

10.2.1.2 "热处理"容易出现反弹

一些学生往往慑于班主任的威严，应付了事，表面上看似解决了问题，但学生并没有在思想上认识到自身的错误，所以，一旦条件具备，又会"故技重施"。此时，班主任再解决此类问题，往往会束手无策，感叹教育管理的无助和无奈。因此，简单、草率地解决问题，通常会给后续管理埋下隐患。所以，不能追求解决问题的速度，而应该注重解决问题的质量。

比如，有些班主任动辄便罚：罚抄书、罚站、罚扫地等。刚开始这种办法还能奏效，但有些学生"犯事"多了，惩罚多了，索性就"破罐子破摔"，不再配合了。"罚"在特定场合中能够奏效，可以起到一定的警示作用，但如果动辄便罚，就会使育人的初衷变得扭曲，甚至违背教育规律。①高压之下，班主任在学生心中树立的不是威信，而是简单粗暴，而且一旦放松，班风、班貌就可能每况愈下。

10.2.2 "冷处理"的意义

班主任如果认识到学生在成长过程中必然会伴随着这样或那样问题，那么就会坦然面对学生的各种突发性问题，就会把学生视为自己的帮扶对象，会以解决突发性问题为教育契机，站在学生的角度考量如何化解问题。

10.2.2.1 有利于平复学生的情绪

当事情发生后，当事学生容易沉浸在问题中而不能自拔，觉得满世界都是自己的问题，就会带着情绪对待问题，这种先入为主的定势，很容易让学生进入"死理"的怪圈，一时半会转不过来。因此，班主任要让学生走出"死理"怪圈，首先要让他冷静下来，反思自身的原因和过错，这样才能够为解决问题创造条件。

班主任一句"你先想一想，等会儿再处理"，让时间往后拖一拖，让情绪静一静，学生的心态就会慢慢走向平和。当然，班主任也可以借助于日常的生活和学习来转移学生的注意力，让他慢慢冷静下来，这样，学生就会多一些理性，此时再引导学生反思自身、检讨过错，就会事半功倍。

10.2.2.2 有助于找到解决问题的更好办法

由于观点、利益和诉求不同，学生在校期间与同学、老师之间出现小争执、小摩擦，

---

① 朱丽云：《班级管理中的"冷处理"》，载《中小企业管理与科技》2014年第28期，第248 - 249页。

在所难免,这也是他们成长的必修课。班主任有了这样的认识高度,就能够比较平静、理智地想办法去解决问题,而不是为了维护所谓的个人尊严或班级荣誉,采用简单粗暴的方式想当然地解决问题。因此,当学生出现了问题以后,班主任首先要冷静下来,客观地分析问题的根源,并参考和借鉴他人的成熟做法,或者把解决问题的方案和相关部门的负责人进行商讨,这样才能够找到解决问题的最佳方案。

比如,开学之初,一名学生下课后匆忙外出,把另一名同学的书碰落在地,为此双方出言不逊,还大打出手。班主任弄清楚事情的缘由后,给这两名打架的新同学布置了一份特殊的作业:对打架一事各写一份说明,题目是"野蛮与文明",要求分别按照野蛮和文明的方式解决问题,分析说明将会产生的结果。两位同学按时上交了作业,班主任检查以后,再让他们交换看看,看完以后,这两名同学不再怒目而视,而是相视而笑,很快就和好了。[1]

10.2.2.3 有助于学生自我教育

一些看似"异常"的学生,其实自尊心很脆弱,更需要呵护和尊重。常规的说教、处罚,会让这些学生产生"抗药性"。班主任在面对这样的学生时,要低调处理,细心观察,贴心待之。真正的教育,就是协助学生学会反思自我、纠正自我和鞭策自我,唤醒他们心中的巨人。事实上,学生都是有思想、有头脑的,他们会从班主任不把这件事声张出去的低调处理中,体会到班主任是为了给自己面子,是为了给自己一次改过自新的机会。[2] 当学生体谅到了班主任的良苦用心后,转变改进也就水到渠成了。

10.2.3 "冷处理"的原则

班主任首先深度分析产生突发性问题的必然性和逻辑关联,剖析解决问题的教育意义和价值;然后设计一整套系统教育思路和方案,并进行评估;最后拟定具体的教育时机、步骤和参与人员等。

10.2.3.1 把教育学生作为首要任务

当前,许多学校都通过对班级量化考核来评价班主任的工作,如果班主任把这些看得太重,就会对学生期望过高,对犯错误的学生就会缺乏理解与宽容,对那些屡教不改的学生更加会难以容忍,甚至厌烦;同时,如果仅仅考虑到班级的量化评比,班主任往往会采用短视的行为,把问题暂时压住,表象上解决了问题,但过了一段时间之后,同样的问题又会出现,或者以另一种形式出现。因此,班主任要把教育学生放在首要位置,以出现的问题作为教育契机,给学生一定的时间和空间来完成思想的转变。

班主任是处理班级突发事情的主导者,班主任的情绪会直接影响学生的情绪和处理问题的质量。因此,班主任要有长者的风范、智者的修养,能理性地分析问题并思考解决问题的良方,且这种处理问题的方式会潜移默化地影响和教育学生。

---

[1] 王庆永:《探究班级管理过程中的"大题小做冷处理"》,载《当代教育实践与教学研究(电子刊)》2018年第4期,第343页。

[2] 楮红琴:《"冷处理"带来的"热效应"》,载《新课程·小学》2012年第7期,第127页。

10.2.3.2 根据学生的述说进行疏导

在处理学生的对抗行为时，一些班主任通常采用说教的方法，给学生摆事实、讲道理，从过去说到将来，从正面说到反面，从益处说到弊端，但这种反复说教的方法非但不能达到预期效果，反而会导致学生满不在乎、无动于衷，甚至反感。① 如果班主任换一种方式，自己少说，多倾听学生述说，把解决问题的主动权交给学生。学生述说的过程，既是宣泄情绪的过程，也是梳理思绪的过程，更是反思自我的过程。班主任可以耐心地倾听并注意观察学生，窥探学生的心思，了解学生的真实想法和对抗原委；根据学生的叙述，伺机地对学生的错误行为和不良思想进行疏导，让学生明白自己的行为给他人和集体带来的危害，以及对自己形象的负面影响，让学生切实地感受到班主任是在为自己考虑，是站在自己的立场上帮自己解决问题。这才能为学生进一步用实际行动去改正自己的错误行径打下基础。②

10.2.3.3 引导学生进行换位思考

一些学生之所以犯这样或那样的错误，并非有心为之，而是自身认识的偏颇和缺失，总是从自身角度考虑问题和处理问题，从而产生矛盾或冲突。因此，班主任应引导学生进行换位思考，让他站在年级、班级、老师或同学的视角去考虑问题，尝试理解他人的苦衷和善意，这才能为教育打开了缺口，也有助于学生以后履行应尽的义务。

换位思考的另一个主角就是老师，学生有时之所以"犯戒"，无非就是老师的要求过于严苛，超出了个别学生承受的能力范围，所以就触碰了"红线"。当从个别学生的视角重新审视一些要求和规则时，班主任或科任教师就会有一定的心理准备，在执行时就会分层对待。当然，这不是无原则地当"老好人"，而是区别对待、分层管理。

10.2.3.4 引导学生反思自身因素

对于班级出现的问题，班主任不能简单地迁就于客观因素，而要引导学生分析个人原因，这样有利于学生形成自我反思、调整改进的良好习惯，也有助于学生健康成长。学生只有在思想上提高认识，并能够反思自己的错误，才有可能在行为上改进自我。

比如擦黑板，经常忘记擦黑板，是责任心的问题；而经常擦不干净，则是工作态度的问题，是做事的品质问题。再比如，在升旗仪式时要穿校服，表面上是个人着装的问题，实质上是思想认识的问题。个人不穿校服，不仅影响了班级荣誉，也是对国旗的不尊重，对班级其他同学的不尊重，更是对自己的不尊重。

10.2.3.5 和学生协商解决问题

有些班主任一经发现学生违反规章制度，就要求学生写检查、做保证，或让学生公开检讨，或请家长到场。但这种做法的效果并不理想，学生表面上屈从了，内心却并不服气，更不要说认识错误、改正错误了。

班主任应把学生当成解决问题的主体，和学生协商解决问题的办法和步骤。当和学生交流如何去遵守规章制度时，他（她）自然就会去思考规章制度的意义，当然也就有了自我反省的可能。和学生协商是一种姿态，也是教育管理的艺术。当学生感受到班主任的那份真诚和友善时，他（她）既能紧密配合，也能积极主动。

---

① 王露华：《班级管理中的教育艺术》，载《教育教学论坛》2018年第6期，第23-24页。
② 王露华：《班级管理中的教育艺术》，载《教育教学论坛》2018年第6期，第23-24页。

10.2.4 "冷处理"后的跟进措施

对于班级出现的突发性问题,班主任不能想当然地认为是偶然现象,而要进行深度分析,找出其中的逻辑联系,因为即便不出现这个问题,也可能会出现那个问题。有了这样的认识高度,才有可能从根本上解决问题。

10.2.4.1 利用班会课营造班级舆论导向正能量

班级的舆论氛围对学生的影响很大,因此,要利用班会课,营造班级舆论导向正能量。班主任要准确抓住班级中存在的带有普遍性的问题和有损班集体荣誉的偶发事件,并以此为契机,开展相应的主题班会。主题班会不仅能够解决当前存在的问题或与此关联的问题,还可以解决可能出现的突发性问题。学生参与班会活动,既能够提升其认识问题的深度和高度,也能够培养其对班集体的情感和向心力。

比如,以擦黑板为切入点的责任教育主题班会,可以设置四个议题:根据个人的理解说说什么是责任;列举1~2个班级中存在的不负责任的现象;分析产生上述不负责任现象的原因是什么;最后,提出一些合理化建议。①

10.2.4.2 对犯错的学生给予耐心和关爱

学生的不良思想是长期形成的,而思想和行为都具有一定的稳固性和惰性。教育学生是一个长期反复、螺旋递进的过程。学校的教育本质上是养成教育,不存在一劳永逸的情况。抓反复、反复抓,是班主任工作的常态。班主任要充分认识个别学生身上劣习的顽固性,打消学生犯错就是和自己作对的念头,保持良好心态,要有耐心、有智慧地教育学生。

对待犯错的学生,要进行人文关爱,不能因为犯了错误就实行"冷暴力",要外冷内热、心有牵挂,关注他们日常生活的一言一行,发现异常,及时跟进,让学生学会自我反思、自我改进,借以培养终身发展能力。

当然,"冷处理"并不适用于解决所有矛盾,班主任需要具体问题具体分析,做到冷热有异、冷热适度。一般来说,属于态度性问题,比如迟到、缺交作业等可以采用"热处理";而对于具有一定"历史积淀"的突发性问题,则宜采用"冷处理"。"冷处理"是一门教育艺术,不仅能够化解问题,还能够让学生感受到班主任对自己的尊重和爱护,有助于学生行为和思想的双重转变,为其终生发展奠定良好的基础。

10.3 在班级精巧管理中塑造学生的优良品质

学校与班级既是社会的一部分,同时也是社会的一个缩影。社会上的诸多现象会影响与折射到学生身上,所以班级管理不可能处于"真空"状态。针对班级管理中的主要

---

① 朱洪秋:《"三阶段四环节"主题班会育人模型及其操作流程》,载《教学与管理(中学版)》2020年第1期,第24-26页。

问题,通过巧设班级管理机制与创新管理策略提升班级管理的质量与效率,让学生在班级岗位角色与班级活动中塑造优良品质,以此促进学生适应社会能力的发展。

10.3.1 组建服务团队,培养责任担当

无论是班干部、科代表,还是小组组长、教室值日生等,都统属于班级服务人员。优良的班级服务团队是班主任管理理念有效实施的保障。班级服务人员的整体素质,尤其是班干部团队的素质,能够直接影响班级的管理水平与舆论导向,能够让班主任工作事半功倍。当然,服务团队在为班级服务的过程中,团队成员的责任意识与能力也会显著提升。

10.3.1.1 制定服务班级的条件

班主任可根据班级实际情况,先拟定班级上的每个服务岗位的服务内容与职责担当,并予以公布,这样便于学生根据个人的特长、爱好选择岗位。比如学科科代表的责任为:

①能够与科任教师积极沟通与有效交流。
②按时保质保量督促同学完成科任老师布置的学科任务。
③按时上交与下发学生作业。
④对同学要有爱心与耐心。
⑤原则上设男、女同学各一名。

在具体到某一项服务内容时,班主任要充分考虑到服务内容对服务人员的"硬件"要求,比如,对负责擦黑板的学生要有身高的要求等。

10.3.1.2 自荐与推荐相结合

有些学生个性比较主动,能够积极参与班级事务;而有些则比较内敛,不愿意主动表现,但工作能力又很强。所以,班主任要充分考虑学生的个性差异,采用自荐与推荐相结合的方式,通过了解学生在以前班级中的表现,在尊重学生个人意愿的前提下,选出能够为班级提供优质服务的学生。

在班干部确定了以后,每半个学期或一个学期,班主任要对班干部进行考核,考核方法可以采用民主测评、任课教师测评与班主任评价相结合的方式,这样既能够督促班干部反思改进服务品质,又能够为班主任日后选用新人、知人善任预留调整空间。

10.3.2 螺旋递进调组,营造公平氛围

班级座位的安排会涉及同学关系、视力情况、学习状态等诸多问题,如果处理不当,会分散班主任的部分精力。采用螺旋递进的调组形式,并辅以座位协调,既能够保障座位安排的公平、公正,又能够顾及每位学生的个性需求;同时,还能够满足诸多家长与学生对民主与平等的合理诉求,培养学生的公平、公正意识。

10.3.2.1 螺旋递进调组

以48位学生组成的一个班级为例,螺旋递进调组的操作模式见图10-1至图10-2。

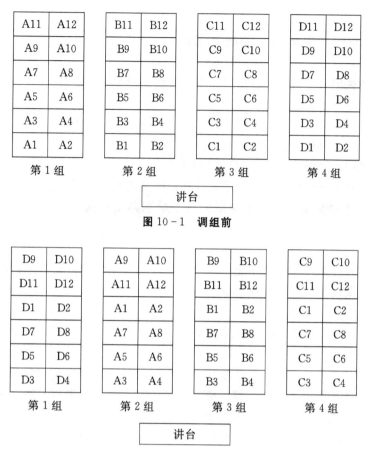

图 10-1 调组前

图 10-2 调组后

在调组时，由于后面两排学生身体相对较高，因此最后两排的学生进行交换，而前面四排的学生进行互换，每两周调整一次。同时，让身高较矮的学生坐在同一侧，可以防止调组时坐在前面的学生挡住后面同学的视线。

当然，如果班级学生身高比较接近，也可以采用六排学生都参与前后循环的方式。

10.3.2.2 设立座位协调员

为照顾个别学生的身高与个性需求，在整体螺旋递进调组的同时，辅以个别微调。具体做法是：

①设立班级座位协调员一名，要求沟通协调能力强。

②调组前3天，有座位调整意愿的学生将自己的意愿座位告知座位协调员，也可以是自己找好座位并协商好后报到座位协调员处。

③调组前2天，座位协调员根据汇总的座位需求进行协调，积极与相关同学进行沟通，尽可能满足有调位需求的同学。

由于座位协调员通常会比班主任更了解学生，让座位协调员去协调学生座位，能够化解班主任难以解决的问题，也能够取得意想不到的效果。一般来说，螺旋递进调组实施几次以后，提出需要协调座位的学生会逐渐减少。

10.3.3 细化卫生值日，明确义务职责

精细安排学生值日劳动，可以培养学生的责任意识与劳动品质。

10.3.3.1 值日任务责任到人

卫生值日尽可能责任到人，这样便于监管与追责。如果需要几名学生合作完成，则需要安排责任心强的学生担任小组组长。

卫生值日的时间也要尽可能固定，比如安排 5 位学生擦黑板，每人一天，这样循环几周之后，擦黑板的学生就不会忘记了，这样能够有效地避免值日生忘记值日的情况。

值日劳动任务的安排可以半个学期或一个学期调整一次，让学生体验不同的劳动内容。

10.3.3.2 明确值日标准

为保障值日卫生的质量，要制定卫生清洁标准，这样便于值日学生自我严格要求与其他学生舆论监督。久而久之，还能够培养学生做事的精致意识与劳动品质。

10.3.4 量化考评宿舍，激发集体荣誉

对于全寄宿学校来讲，宿舍是学生休息与生活的场所，学生在宿舍休息的时间与质量会直接影响学生的学习效率。而宿舍管理由于存在着主客观原因，往往是学校管理的短板。如果班主任过多地介入，会消耗班主任大量的时间与精力，甚至还会影响到班主任的正常休息（比如，学生熄灯后检查宿舍等）。因此，需要专职的宿管人员进行管理，班主任予以配合。为提升管理的质量，宿舍管理要实施量化考评方案，引导学生自我管理与同伴"制衡"，提升学生的公德素养，通过宿舍集体评价，培养学生的集体意识与集体荣誉感。

10.3.4.1 合理搭配宿舍

宿舍一般以学年为单位调整一次，宿舍舍员相对稳定，舍员之间的相互关系会直接影响宿舍自我管理的质量。因此，每个学年之初，班主任要与宿管人员充分交流，同时多听取前任班主任的建议，合理搭配舍员。宿舍舍员搭配的原则是：

①将"问题学生"分散到不同宿舍，进行相对"孤立"。

②宿舍搭配以学生的品性为第一考量因素，其次再考虑学习成绩。

③宿舍的舍长要有服务意识与大局意识，要有强烈的宿舍荣誉感与责任担当。

10.3.4.2 引导组建宿舍家长联盟

对于宿舍管理中出现的突出问题，有些需要借助于家长的力量才能够解决。比如，在全寄宿学校中，手机等电子产品的使用在宿舍会比较普遍，而如何管理好手机就成了棘手问题。要彻底解决手机问题，就只能不让学生带手机回校园。而学生向家长要手机带回学校的理由也很充分，其中一个重要的由头就是宿舍其他同学都带了，我也要带。此时，只有组建同宿舍的家长联盟，让家长们达成共识，统一意见，学生就没有钻空子的借口了。

10.3.5 交流学习经验，分享互助友爱

由于同班学生的基础大致相近，所受的教育环境、教学资源与学习条件相同，因此班级学生之间的学习经验与方法更具有可复制、可借鉴价值。在学习经验的交流过程中，学生可培养取长补短的成长意识与互助友爱的品德情操。

10.3.5.1 开展课题研究

班主任根据班级学生学习过程中出现的突出问题与预期性问题，组建课题研究小组，进行小课题研究。比如：

①怎样从习题的解答过程中建立解题模型？
②整理学习资料的作用与方法。
③学科复习时间的安排与协调方法。

…………

小课题研究的要求：
①字数限定在 1000 字以内。
②方法与建议要彰显实践性与可操作性。
③交电子稿，经班主任审核通过后制成 PPT，利用班会课由课题研究小组成员进行讲解。

开展学习小课题研究，能够让学生深入、理性地去思考、解决学习过程中遇到的问题，同时也能培养学生研究问题的方法与能力。

10.3.5.2 解答学习中的困惑

在月考、期中考等阶段性考试以后，让班级每名学生书写 1~2 条在学习中遇到的困惑与问题，可以是针对某一科或某几科，也可以是针对某一科的某个具体问题，也可以是学习方法或考试技巧等方面的问题[1]，然后由学习委员收齐后进行分类，再安排阶段考中各学科成绩前三名的同学集体研究解决方案。最后，利用阶段考后的班会课，各学科的前三名同学到讲台上集体解答同学们的困惑与问题，可以由一个人来回答，也可以相互补充。学习经验交流会可由学习委员主持。这种学习经验交流方式，能够有效地提升学习经验交流的实效性与针对性。

10.3.5.3 反思改进

学习经验交流会以后，每位学生根据自己所受到的启发与心得，积极制订学习方法的改进措施，并且在以后的学习过程中不断地进行改进和完善，最终形成一套科学的、行之有效的、适合自己的学习方法。[2]

---

[1] 张维仁：《巧开班级学习经验交流会》，载《中学课程辅导》2014 年第 6 期，第 89 页。

[2] 张维仁：《巧开班级学习经验交流会》，载《中学课程辅导》2014 年第 6 期，第 89 页。

10.3.6 书写班级格言，强化自我教育

自我教育是指通过认识自己、要求自己、调控自己和评价自己，自己教育自己。① 所有的教育归根结底都落脚在学生的自我教育上。

10.3.6.1 书写班级格言

学生在日常学习、生活中的一些感想、感悟，可以作为学生之间彼此影响的教育资源。学生把自己具有正能量的所思、所感、所悟展示出来，既教育了同伴，又提升了自身的感悟意识与感悟能力。

班级设立格言管理员一名。由格言管理员列出班级学生（含班主任）书写格言的顺序表。每人提前准备一条格言、警句或感悟语，可以摘抄，也可以自己编写。格言一定要对自己具有正向激励作用，这样才有可能给大家带来正能量。格言管理员提前1天通知到个人，然后由该同学于前一天晚上或当天早读前书写在教室后面的黑板上。

10.3.6.2 给老师写祝福语

每逢教师节、新年元旦，各科的科代表准备一张大的卡纸，版面设计由科代表负责。每位学生给每位科任老师写上一句话，主题是老师的闪光点、感恩与祝福。让学生给老师写祝福语，有利于增进师生之间的感情，既能够培养学生对老师的情感，又有助于科任教师发现自身的风格优势，便于形成特有的教育教学风格。

10.4 班主任素养能力自主发展路径初探

班主任是学校教育活动的基层管理者、班级的建设者、学生成长的引路人。班主任工作是一项充满智慧的管理工作，也是一项充满挑战性的工作。虽然学生的认知原理、成长规律、身心特点相对稳定，但教育环境不同、年代特点不同，正所谓"年年岁岁花相似，岁岁年年人不同"，因此，班主任的教育方式也应该与时俱进、与生共振。

自主性是班主任专业发展的基本要素。班主任的成长过程是一个自我建构、自我完善的自主发展过程。班主任要具有强烈的自我发展意识，对专业素养能力的发展保持自觉状态，能够自主地调整专业发展的方向与方式，通过理论学习、实践研究、反思改进，不断地提升班级管理的素养能力，从而在班主任专业化成长道路上走得更远、走得更高。

---

① 周润生：《论中学生素质教育的核心竞争力——自我教育》，载《中学教学参考》2018年第4期，第70-71页。

10.4.1 班主任素养能力

管理好班级,需要班主任具备一定的素养能力。班主任的素养能力是管理好班级的必要条件,具有广泛的应用迁移价值。

10.4.1.1 洞察分析能力

班级开展活动,除了一些"例牌"之外,更重要的是根据班级的阶段实际情况开展有针对性的教育活动。班主任与班级学生朝夕相处,能够根据班级学生的一些表象,敏锐地洞察班级中存在的问题或会出现的问题,通过开展活动,既能够及时有效地处理当前问题,又能够防患未然。

针对班级中出现的现象,班主任要能够透过现象看本质,深度分析现象背后的深层次原因,这样才能够从根本上解决问题。否则,班级事务总会处于被动的局面,导致头痛医头、脚痛医脚的浅层次管理。

比如,某个学生连续几天作业完成情况较差,班主任就要通过自己与科任教师的观察分析该学生的上课状态,如果上课状态不佳,除身体原因外,极有可能是宿舍休息出现了问题,可能是玩手机、看小说等。

10.4.1.2 量化管理能力

数据量化管理是班级管理走向规范化、科学化的标志。班级中出现的一些现象是个案还是普遍现象,该如何界定?这些都考验着班主任的经验与智慧。而如果用数据来量化分析,就能够比较直观地发现问题,比如作业收交情况、考试成绩变化等。只有用数据来说话,才能够比较有说服力,才能够诊断出问题,进而为解决问题提供支撑。

比如,当学生个人一周内各学科作业缺交次数均超过10%时,就可以诊断出该学生的学习态度或学习状态出现了问题;而当班级某学科一周内作业缺交次数超过10%时,就要逐项排除缺交作业的可能原因:

①练习难度大。
②练习量多。
③各科作业量大,没时间完成。
④科任教师要求不严。
⑤科代表催收作业力度不够。
……

然后通过调查,发现该学科缺交作业的真正原因,并及时进行处理。

10.4.1.3 应景策划能力

在班级管理过程中,教育契机往往稍纵即逝,敏锐的班主任总能够精准地捕捉到机会,及时地找出教育的突破口。择取恰当的教育时机能够有效地提升教育效果,而如果时间滞后往往会导致教育效果有限。因此,班主任要善于捕捉、把握好教育时机,有的放矢。

学校的班会课一般都会安排在周一,这样的班会课安排比较适合于开展主题班会。而平时班级上出现的问题,如果等到下周一班会课再去教育,就会错失最佳教育时机。及时性是班主任处理班级问题的一项重要原则,比如,可以利用第二天早读的部分时间进行应景及时教育。

对于班级已经出现的或者可能出现的普遍性问题，可以利用班会课进行专题教育。班级教育活动既要形式多样、活泼灵活，又要符合不同年级、不同层次的学生心理特点，这样才能够增强教育效果。比如，演讲比赛、成果展示、主题答辩、播放音频视频、参观学习等。

10.4.1.4 人文关爱能力

班级的规章制度是班级有效运转的保障，但如果仅有"冰冷"的规则要求，而缺乏班级文化、师生情感的润滑，班级往往会出现诸如同学关系紧张、座位协调困难、集体归属感与荣誉感缺乏等问题。让班级充满友爱是化解班级管理中诸多难题的一剂良方，当师生之间、同学之间彼此充满着友善、互助与友谊时，学生就会善意地解读老师的一些要求，哪怕是严厉的要求。

在班主任的各项素养中，人文素养是班主任素养的基石，班主任的人文关爱可以增强班主任的亲和力与班级凝聚力。首先，班主任既要对学生充满关爱，同时也要让学生感受到这份无私的关爱。当然，班主任的关爱是点点滴滴的，是润物细无声的。其次，也是最重要的，就是要创造条件，让学生学会传递关爱，比如，同学之间相互帮助，利用教师节、新年元旦，让学生给老师写祝福寄语，等。

10.4.1.5 沟通协调能力

班主任的管理能力从某种意义上就是沟通能力，沟通不畅会导致诸多不良后果：一方面，班主任对班级学生缺少了解，在班级管理决策上就会主观偏颇；另一方面，学生不理解班主任，就会产生消极懈怠的思想。

班主任日常工作的主要任务是处理班级事务，协调与班级学生以及科任教师的关系。而协调关系的前提是让协调对象相信自己，然后才能够进行沟通协商。"亲其师、信其道"，学生如果信任了班主任，就会主动地配合班主任的工作。而让学生信任自己的唯一办法就是要提升自身的品德素养与人格魅力。为此，在班级日常管理工作中，班主任要讲究原则，事无巨细，都要做到公平、公正、公开。

10.4.2 专业素养提升路径

在班级管理实践过程中，无论是理论学习、课题研究，还是反思改进、团队研修，都需要班主任积极主动。唯有自主与自觉，才能够实现自我超越与升华。自主与自觉是班主任专业素养能力发展的内在保障。

10.4.2.1 提升思想境界

管理班级比较烦琐、辛苦，考验着班主任的思想品性与毅力耐心。班级管理是一项系统工程，教育效果滞后是班级工作的一个显著特征。有些班主任的工作方式比较单一，付出辛劳后往往得不到预期的回报，有时就会感到委屈、消极、压抑，会感觉到心很累。而如果把学生当成朋友，将合作的同事当成家人与朋友，把育人工作当成一项高尚的、具有挑战性的事业去做，就会对工作对象充满着热情与激情，就会无私奉献、不求回报，就会全身心地投入而不知疲劳。每个学期的工作虽然年年岁岁曾相似，但岁岁年年各不同，积极进取的班主任总能把工作中出现的新情况、新问题当成挑战，不断地改进与突破，做到精益求精。爱与热情既能够化解班主任工作中的诸多难题，也能够为班主任素养能力的提升提供源源不断的动力。

当你把学生当成朋友，以心交心，学生也会向你敞开心扉，你就会得到无穷的信任与慰藉。班主任是一份艰辛但美丽的事业，需要用心修炼，只有潜下心来，才能够有所思、有所悟，才能够深入研究并发现班级管理中蕴藏着的规律与哲理。

10.4.2.2 开展课题研究

班主任把班级管理过程中遇到的棘手问题作为研究课题，通过深入地研究以寻求化解之道。课题研究是促进班主任专业成长的"加速器"。

班主任工作比较繁重，研究课题又需要花费一定的时间与精力，因此，课题研究一定要突出其实用价值，在选择与研究课题时要遵循以下原则：

（1）普遍性

针对班级管理工作中出现的普遍性问题设立课题，如果仅仅是个案，则不具有普适迁移价值。

（2）关键性

在班级管理中会出现诸多问题，不可能也没有必要每个问题都去研究，而要选择这些问题中的关键性问题进行研究，通过突破核心问题而化解与之相关联的系列问题。

（3）导向性

学习了解班级管理的前沿理论与研究方向，借助先进的管理理念来解决当下班级中出现的问题，这样无论是现在还是将来，对班主任的工作都具有指导意义。

10.4.2.3 建立个人资料库

由于人的心智模式相对稳定，如果班主任没有更新班级管理理念，那么处理问题的方式方法会大致相同，这样在管理班级时的一些不成熟做法与不良后果往往会重演。只有建立班级管理个人资料库，班主任才有反思的依据与改进的基础，班主任处理一次次问题的方式方法才会在原有的基础上有所改进与提升；也只有不断地改进与完善，班主任才能在实践中实现螺旋式的成长。

（1）建立学生档案

建立学生电子档案，将班级学生的信息资料与日常行为进行记录、分类，有助于班主任对学生进行理性、系统、客观的分析，从而减少个人主观成见的干扰。

每个学生的档案信息可以由日常行为表现、作业完成情况、测试成绩等内容构成。一般来讲，有些班主任往往会注重学生成绩的变化，而忽视对学生日常行为状态的记录与跟踪。事实上，学生的作业完成情况、日常行为状态是过程管理，成绩变化是结果管理，只有将过程管理与结果管理有机地结合起来，才能够相辅相成、相得益彰。比如，根据学生成绩的名次变化，引导学生回归分析日常行为状态与作业完成情况等，这样既有助于学生归因反思改进自己，也有助于班主任根据班级暴露的普遍问题及时调整班级管理重点与方式方法。

(2) 建立班会档案

开班会是班级管理工作的重要内容，也是班主任管理班级的主战场，利用班会课对学生进行集体教育，能够提升教育的效率。

班主任要建立班级档案材料，尤其是班会主题材料，一方面，学期或学年的主题班会的安排会比较系统、全面，避免班会主题的重复与单一；另一方面，有助于根据班会的教育效果调整班会的内容与形式，以便增强下一次主题班会的实效性。

10.4.2.4 反思复盘

"鸡蛋，从外打破是食物，从内打破是生命。"教育亦如是，从外面促成是压力，从心灵深处反思才是真正的成长。反思是班主任成长的"基石"，通过反思可以促进自己不断地学习、思考与完善，从而提升班级管理的针对性与实效性。

反思复盘能够有效地改进班级管理工作。复盘是指将已经发生的班级工作场景进行还原，反思工作中的一些失误与不足，然后通过改进，让"虚拟工作"在自己力所能及的条件下尽善尽美。比如，班主任在与学生谈话后，发现效果不太好，可以复盘当时的谈话内容与谈话策略，并进行反思改进。当下次遇到同类问题时，就能够有效自如地提升谈话的教育效果了。

当然，教无止境，没有最好，只有更好。随着自身管理水平与管理能力的提升，班主任的改进方法与技巧也会不断地提升。

10.4.2.5 参加团队研修与技能比赛

班主任自身要成为一个开放的体系，主动吸纳先进的班级管理经验，并为我所用，这样才能够不断地丰富与完善自己。班主任要积极争取加入各种德育研究团体或者加盟各级名班主任工作室，通过团队研修，实现自我成长。班主任也可以牵头组建班级科任教师的"班级教研组"，形成一个分析、研讨、分享本班学生教育教学心得的团队组织，在同伴的支持和合作中提升研究水平与研究能力。[1]

参加班主任技能大赛是班主任自主发展的"催化剂"。以赛促学、以赛促新是班主任提升专业素养与专业技能的捷径。通过技能大赛，班主任可以检验出自身专业水平与能力的差距，从而找出自身努力的方向。更重要的是，在比赛过程中，班主任能够向优秀班主任学习，从而提升班级管理的理论水平和实践经验。[2]

---

[1] 周红杰：《刍议优秀班主任必备的十大核心素养》，载《发现教育》2017年第10期，第27－29页。

[2] 林红明：《从"匠心"到"匠艺"——中职班主任专业化成长新路径》，载《湖南工业职业技术学院学报》2016年第12期，第52－55页。

主题 11　让专业成长成为一种习惯

　　要传授学生化学专业知识，教师首先要拥有丰富的化学知识以及相关领域知识，具有深厚而广博的学识，教学时才能够信手拈来。教育教学是一项实践活动，不能仅凭感觉或想当然进行，否则会误人子弟。教师只有在长年累月的"实践→反思→改进→再实践→再反思→再改进"的循环过程中，才能够得其章法、悟其要领，才能够提高教学技能和经验水平。

　　德高为师，身正为范，这是对教师品德素养的要求，因为身教重于言传。如果说专业知识可以通过快速学习掌握，那么品性素养则需要长年累月的修炼，否则，举手投足之间都会折射出"言"与"行"的脱节，甚至是背道而驰。只有深度体验与思考教育教学的现象和规律，才能够感悟教育教学的真谛，也才能够站在人生发展的历史长河中指导并协助学生，促进学生健康、全面和可持续发展。

　　选择了职业，也就选择了职业发展的路径，而路径存在着时间和投入成本，也就有了路径依赖现象。教师本人要理性地分析和挖掘自我专业特长，明确职业发展方向，通过不断地修炼与提升来实现自我人生价值。教师有了这样的认识高度，教育教学的实践和研究就不再是苦行僧式的差事，而是充满乐趣和惊喜的专业发展之旅。

清平乐·莲心

痴心如山，
莲花水云间。
阅尽浮华真性涵，
提笔修身恬淡。

百里云峰崇险，
千年流溪缠绵。
山藏水之灵透，
水润山之峻秀。

11.1 浅析教师自主发展之内驱力与方向[①]

11.1.1 教师自主发展现状

教师的自主发展是指教师个体根据内在的成长动力和发展需要,通过自我规划、自主学习、自我评价和反思改进,实现自我更新的专业成长过程。教师的专业成长涵盖教育思想的成长、专业知识的成长、技能智慧的成长以及人生境界的成长。

现行学校大都采用目标管理模式,把提升教学质量作为学校的工作重心,以阶段教学成绩去评价教师的教学行为。对于教师个人来说,提升学生成绩的最有效措施就是实施"紧跟"策略,通过课前、课堂与课后的全程监控来实现学生成绩提升的最大化。这种全天候的教学管理行为,必然会消耗教师的大部分时间与精力,导致教师工作繁重、身心疲惫。在这种状态下,即便各级有教研活动与专业培训,教师也往往只能被动、机械与消极地去应对,其专业成长的实效性大打折扣。因此,教师要实现个人专业发展,首先要对学生实施智慧管理,提升教学管理效益,把自己从繁杂的教学事务中解放出来,同时,要积极、主动并有意识地去发展自身的专业素养。

一项针对6000名骨干教师"促进教学水平提高的主要因素"的调查的统计数据见表11-1。

表11-1 促进教学水平提高的主要因素(选前三位)[②]

最主要因素	个人刻苦钻研	学科功底扎实	教学经验积累	老教师指导	进修提高	准备观摩课	教改实验
认同百分比	78%	62%	55%	48%	25%	18%	14%

数据显示,个人刻苦钻研、学科功底扎实和教学经验积累在骨干教师的专业成长过程中占绝对优势,而这三项都依赖教师自身的主观努力,因此,教师的自主发展是教师专业成长的根本。

11.1.2 教师自主发展的内驱力

教师的自主发展是一个持续不断的成长过程,只有具备一定的内在成长需求,才能保持长久有效的发展动力。

---

① 吴庆生:《浅析教师自主发展之内驱力与方向》,载《中学小学教师培训》2013年第5期,第21—23页。

② 徐世贵:《教师自主成长:基于名师成长的案例分析》,外语教学与研究出版社2008年版,第2页。

11.1.2.1 认识教学能力的发展规律

根据教师教学水平的高低，可将教师的能力分为适应型、胜任型、业务骨干型和专家学术型四个层次。这四种能力类型的关系见图 11-1。

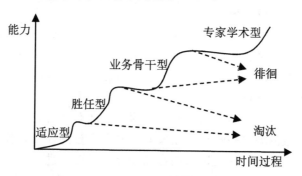

图 11-1 四种能力类型的发展曲线

教学能力的发展按照从低到高的顺序（适应型→胜任型→业务骨干型→专家学术型）逐步提升，没有前一阶段的积累和沉淀，就不会出现更高层次能力的质变。

教师的自主发展虽然需要一定时间的积累，但就教师个体而言，发展的速度和阶段与从教时间并没有必然的联系。当教师的专业发展到一定阶段，由于受到理念水平的限制，都会出现教学能力发展停滞的高原现象。而要突破高原瓶颈，教师只能靠革新教育教学理念。

在每一层级教学能力质变的高原期中，都会出现分化现象。如果教师在适应型和胜任型的高原期中教育教学知识陈旧、消极应对就会面临被淘汰的境况；而如果教师在胜任型和业务骨干型的高原期中知识和技能的积累缓慢、进取心不强则会出现停滞不前的徘徊状况。事实表明，80%的教师会终身滞留在徘徊阶段。

11.1.2.2 发现自身的优势

大量的人才成长实践表明，一个人的成功往往取决于能否开发自己并擅长打造自己的优势。每个人都是一个奇迹，每个人都有他人无以企及的优势。人生最大的缺憾是没能发现自己，并充分利用自身的潜能和特长去创造本可以出现的奇迹。

虽然教师的职业具有"全能型"特点，但每一位教师的知识经验、个性特点、审美情趣和教学风格各有差异，表现在教育教学上各有千秋：有的擅长处理教材、有的擅长课堂的组织形式、有的擅长竞赛辅导，而有的擅长实验创新。每位教师在专业成长的过程中都应该努力地去认识自己、发现自己，并根据自身的优势，把长处发挥到极致，打造自家的"独门绝技"。

11.1.2.3 坚守职业信念

有这样一幅漫画：有个人想要挖一口井，连续挖了五个深浅不一的坑之后，留下一句"这下面没水，换个地方再挖！"便扬长而去。难道地下真的没水吗？其实，土层的下面就有地下水，有个坑离水面已近在咫尺，可挖井人最终还是选择了放弃。

职业信念是自主发展的磁石。由于教师职业的反思性成长特点，教师只有静下心来，反复琢磨，才能在教学实践的拿捏中一点点成长。如果教师在专业成长上选择了追求优秀，那么，也就意味着选择了寂寞。只有在冷静、专一中潜心研究，才能有所思，才能有所得。成长始于信念，有了信念，人才会有所寄托，也才能激情不减。教师为信念而教，虽然辛苦、烦琐，但能体验到幸福，收获着快乐。

11.1.2.4 客观地评价自我

来自学校和社会的评价既是压力，也往往是鞭策教师成长的动力，教师应根据评价不断地调整和改进自我，来实现自身素质的不断提升。但对教师的评价往往是一种主观感受，不存在绝对客观的评价。事实上，最了解自己的还是教师本人，因此，在关注外界评价的同时要进行自我评价，这对教师的自主发展会更有意义。

由于受学校引入竞争机制的导向影响，教师往往会有意或无意地与同备课组、同年级的教师进行横向比较。如果一味地关注横向比较和学校的评价，教师往往会束缚住自身的视野。而进行纵向评价，多与以前的自己相比，只要在进步，只要有收获，就值得坚持。只有坚持，并不断努力，才会更快、更好地成长。教师在进行自我评价的同时，应多关注所在区、市学科教师的发展动态，以便为自主发展提供源源不断的动力和营养。

11.1.3 教师自主发展的方向

对于教师的自主发展，方向往往比努力更重要。教师在确定了自我发展的方向后，再信奉"天道酬勤，亦酬术"的千年古训，必定会取得一定的成绩。

11.1.3.1 认清自我的发展阶段

根据教师教学能力的四个层次，可将教师分为适应型、胜任型、业务骨干型和专家学术型四个发展阶段，每个发展阶段的专业特质各不相同。（见表 11-2）

表 11-2 教师专业特质与发展阶段的相称分布①

专业特质	教师类型			
	适应型	胜任型	业务骨干型	专家学术型
特征	主要靠教学参考书备课	工作熟练化与经验化	工作研究化与知识深广化	独特的教育思想与教学艺术
关注知识维度	学科知识	学科教学知识	教育学心理学知识	最新的教育理论和热点问题
教学内容的设计	规范→整合			
	模仿（讲解）	借鉴（情境）	优化（交互）	创新（探究）
	知识传授→能力培养			

---

① 张学民、申继亮：《国外教师教学专长及发展理论述评》，载《比较教育研究》2001 年第 3 期，第 1-5 页。

续表 11-2

专业特质	教师类型			
	适应型	胜任型	业务骨干型	专家学术型
文本成果的表达	随笔、观察、感悟	案例、经验总结	学术论文	科学研究报告
	记录→建构			
发展方向	掌握规范化的教学技能并向驾驭教学工作的方向转化	提升教育教学的改革意识，拓宽知识面，提升教科研能力	重在优势积累，形成教学思想与教学风格	需要有学术团队作为支撑，参加重点科研课题和学术活动

教师应认清自己所处的发展阶段，并根据自身的实际情况，确定自己在一定学年度内的努力方向，以提升专业成长的针对性和实效性。

11.1.3.2 研究教学内容

教师首先要清楚"教什么"，然后才设计"怎样去教"，最后要去评估"教得怎样"，并根据教学反馈进行改进。"教什么"取决于教师对课程标准和教科书的理解深度，对课程标准和教科书理解的深度往往决定教学的高度；而"怎样去教"既取决于教师的教学理念和教学技能，更取决于教师对学生学习方式的理解，对学习方式的理解不同，课堂上所呈现的教学形态也不同；通过学生的课堂反应与课后作业来反馈"教得怎样"，这是进行教学改进的原始依据。

现行的高考、中考中，笔纸测试仍是主体，笔纸测试是以试卷为载体，所以，学生平时练习的质量就成了影响成绩的关键因素。由于教师的"教"最终落脚在学生的"练"上，因此，练习则成了教师与学生的交流平台，也是"教"与"学"的主战场。

借助于对试题的研究来理解教科书，是研究教学内容的捷径。把与教学内容相关的近几年不同类型的试题进行比较研究，归纳总结出考查的共同属性，然后回归到教科书中的具体章节，就能够准确地把握教学的"度"。而"度"的把握往往是衡量一位教师成熟与否的一个重要指标。

通过分析不同知识点之间的关系，以及模块之间的相互联系，定位教学内容在章节、模块以及中学学科知识体系的位置，有利于知识的有序建构。

11.1.3.3 研究学生的学习方式

新课程彰显了学生学习方式的革新，即突出自主学习、探究性学习与合作学习。建构主义是新课程的重要理论基础，知识是由学生自主建构的，而不是简单的授受。而探究性学习注重知识的形成过程，注重体验性学习，以增加学生的学习兴趣和持久性。

为了有利于知识有序和有机的建构，教师要创设问题情境，找准最近发展区，引导学生进行自主学习和探究学习。但由于学生知识结构与认知能力的差异，不同学生对同一个问题会有不同的理解和认知，因此，引导学生之间进行合作交流学习，能够弥补师生之间知识结构与思维方式上的差异。学生在相互交流互助中，彼此之间进行认知的矫正和完善，能使知识的建构趋于完整和准确。

11.1.3.4 注重学生的认识发展

思想理念是教育教学的间接生产力,思想理念新了,方法才能够新颖。而学生的认识发展培养是教学改革的制高点,因为"教"是为了"不教"。同时,学生认知能力的提升也是学生终身发展的必备素养。

科学知识不是固定不变的,随着探究方式的更新,会不断地被修正。因此,不能把科学知识当作绝对的真理教给学生,而应作为有证据的结论介绍给学生。[①]

在课堂知识解析的教学过程中,教师通过创设关系性问题、为什么问题、怎么办问题和思路性问题,引导学生开展预测、设计、模型建构、分析、解释和评价活动,在引导学生进行知识建构的过程中,发展学生的认识能力。

11.2 浅析教师自主发展之途径与策略[②]

11.2.1 教师自主发展的途径、措施

教师的工作周而复始,可分为学年小循环和学制(初中和高中各为3年)大循环。由于教学对象和教学内容的相对稳定性,教师的教学形态具有一定的重复性。根据教师成长的不同模式,教学能力的提升可分为磨道式循环和螺旋式上升两种路径。(见图11-2)

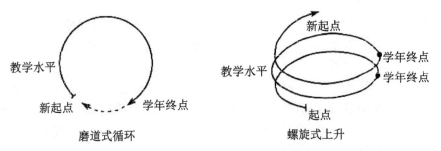

图11-2 教学能力提升的路径[③]

磨道式循环是一条封闭的教学发展道路,在自我的圈子里往复循环,教学业绩平平,汗水与成果不成正比。而螺旋式上升则采取对外开放、对内改进的良性循环学习,实现了专业能力的可持续性发展。

教师个体根据内在的成长动力和发展需要,通过自我规划、自主学习、自我评价和反思改进,走螺旋式上升的能力成长路径,来实现教育思想、专业知识、教学技能以及

---

① 徐洪俊:《化学课堂教学线索的梳理与构建策略》,载《中学化学教学参考》2009年第4期,第24-25页。

② 吴庆生:《教师自主发展策略漫谈》,载《广州广播电视大学学报》2014年第6期,第64-69页。

③ 徐世贵:《教师自主成长:基于名师成长的案例分析》,外语教学与研究出版社2008年版,第8-9页。

人生境界的自我更新和专业成长。

11.2.1.1 建立个人资料库

建立个人教案、课件与练习卷等资料库，一方面，有利于资料的及时改进、更新与补充；另一方面，在新学年从事以前的教学任务时，就可以在原有资料的基础上进行改进与创新。否则，即便执教同一教学内容，由于跨度时间过长，以前施教时的一些闪光点大都记不清了，因此就只好从头开始进行设计，这样就会没有太多的时间与精力去进行精雕细刻，教学工作自然而然就会陷入周而复始、原地踏步的境地。

11.2.1.2 确定阶段发展重点

由于受时间与精力所限，教师在某一阶段只能做好某些事情。在某一(或某几)学期或某一(或某几)学年集中时间与精力重点突破专业技能的某一方面，比如，教学设计、编写练习卷与撰写教学论文等。而如果全方位涉及、全面开花，这种貌似全面发展，实则收效甚微。因此，教师个人要做好专业发展规划，在某一阶段，重点突破某一方面的专业技能。这样，几年下来，专业技能的各个方面都会有较大幅度的提升。当教学阅历累积到一定层级，若再能融会贯通，届时教师的个人专业素养就会有质的飞跃与提升。

11.2.1.3 勇于超越自我

教师专业发展的最大阻力往往来自教师个人。由于思维惰性，大多数老师在执教同一教学内容时，往往会采用先前的教学理念、教学思路与教学方法。这种简单重复的成长模式，无疑会导致教师个人因循守旧、止步不前。因此，教师个人要树立"没有最好，只有更好"的发展意识，要勇于挑战自己、否定自我与超越自我，这样才能实现自我发展的螺旋式上升。

11.2.2 教师自主发展的策略模式

11.2.2.1 模仿实践法

教师无论是平时阅读各种教育刊物，还是外出学习、考察，总会接触到一些优秀的教育教学案例。在学习了这些先进的经验之后，就应该思考这种经验、模式和方法能否移植在自己的课堂上，同时，这种经验、模式和方法在操作层面上还有哪些不足，然后根据个人的理解进行改进和尝试。

模仿实践他人的教学成果，既能够体验到教科研成果的魅力和价值，又能缩短与优秀教师的差距，还能够在此基础上进行改进和创新。

11.2.2.2 原创教学设计法

教师集编剧、导演和演员等角色于一身。教师首先要设计教学内容，然后利用各种教学媒介把平面的教学内容设计为立体、动态的课堂，最后由教师本人和学生在课堂舞台上共同演绎。一堂优秀的课，需要教师用语言和激情去引导学生进行恰如其分的自主学习、探究学习与交流互动，而这一切都依赖于最初的教学设计。因此，教学设计是高质量课堂的保障。

现行的教学设计和PPT等电子素材很多，如果信手拈来，不进行加工处理，就难以领会到别人设计的奥妙之处，课也就会上得不伦不类，形似而神不似。只有在参考别人做法的基础上,自己再进行原创设计,这堂课才是自己的,后续的教学反思和改进才有实际意义。

教学设计是一项创造性劳动。为促使自己的教学能力向高端发展,在自主发展的初始阶段就要学会自己创作,不能照搬他人,否则,创造力没有得到锻炼,以后的教学设计就很难有新意。

要提升教学设计的质量,首先,教师要思想开放,要善于吸纳新思想、新观念;其次,教师要有创新意识,没有最好,只有更好;最后,教师要多研究教科书和学生,一些新的思路和灵感都来自教科书的研究心得和学生的常见认知误区。

11.2.2.3 自我反思法

美国心理学家波斯纳于1989年提出了教师的成长公式:成长=经验+反思。[①] 教师根据课堂上学生的反应和课后的学生作业对教学过程进行分析和反思,并自觉地进行改进。教学反思既能够摆脱对各种教学模式的套用,又能够摆脱对各种理念和观点的盲目服从。教师在理性的怀疑和独立的判断中,逐步形成"学习→实践→反思→再实践"的专业成长模式。

把教学反思写出来,可以让反思更有序和更有深度。反思的内容既可以是对某一个偶发事件的处理,也可以是某一阶段带有普遍性的问题,还可以是一些教学心得和感悟。

教学反思首先要分析其原因是什么,然后再思考如何进行改进。比如,分析学生课堂回答问题不积极的现象,可能的原因是:问题的梯度太大、没有营造学生回答问题的氛围、没有调动学生回答问题的积极性、对学生回答问题的评价过于消极等;然后通过访谈进行排查;最后思考改进措施。

11.2.2.4 教学比赛法

参加教学比赛是教师自主发展的催化剂。参加教学比赛就是一次参赛课题的行动研究。参赛选手拿到参赛课题后,首先要自行设计;然后汇集备课组或科组教师的教学智慧;接着进行试课,每次试课后的改进都是一次教学理念和教学技能的飞跃;最后,获奖名次已变得次要,在比赛准备阶段的"磨课"和煎熬会让参赛者在比赛后收获从容和自信。

11.2.2.5 教学风格法

没有个人风格的教师,就没有个性化的教学;没有个性化的教学,就没有教学中的创新。教师应在教育教学中努力地发现和挖掘自身的潜质,并在实践中逐步形成富有成效的教学观点、教学技巧和教学作风。

教学风格能体现教师的教学能力、教学水平和教学艺术,能够影响学生的学习态度和教学效果。比如,有的教师活泼开朗、内引外联,学生就会思维活跃、主动积极;有的教师性格内向、稳重踏实,学生就会有条不紊、思维严谨;而有的教师知识陈旧、方式单一,学生则会感到课堂沉闷,导致效率低下。

---

① 李源田、朱德全、杨鸿:《试论名师教学风格的养成》,载《上海教育科研》2010年第3期,第62-63页。

11.2.3 对教师自主发展的一些认识

11.2.3.1 境界有多高，舞台就有多大

教师的工作境界可分为三种：一是谋生，工作的动机是为了养家糊口；二是事业，工作的目标不仅是为了养家糊口，而且还追求事业上的成就，具有责任感；三是快乐，即把工作与生活融为一体，在追求事业成就的同时，也追求幸福和快乐。积极工作的人，身心永远年轻；而能把工作和生活视为一种乐趣，则能收获幸福。苏霍姆林斯基说过："如果你想让教师的劳动能够多给教师一些乐趣，使天天上课不至于变成一种单调乏味的义务，那你应引导每一位教师走上从事研究的幸福的道路上来。"教师的自主发展是教师不断地实现自我提高和自我超越，这个过程是积极的、主动的和愉悦的。

在教师自主发展的初始阶段，功利往往是成长的动力，否则，就难以克服专业发展初始阶段的各种阻力。但如果仅仅囿于功利，注定难有大的作为。当教师的素养境界达到一定阶段时，做学问与做人将会融为一体，此时学术上的造诣将有赖于做人境界的提升。提升个人修养境界，是名家们的一致选择。从教书匠、事业型教师再到快乐型教师，这是优秀教师成长的必然选择。

11.2.3.2 汗水和收获是最忠实的伙伴

或许，在一段时间内，你付出了很多，但收效并不及预期。此时，你或许会质疑努力的意义。其实，教学是一项综合技能，靠的是积累和沉淀。教师的每项技能都需要时间去打磨。而整体教学效果则需要教学各项基本技能的整体优化。或许，你的设计很新颖，但教学基本功的稚嫩会让教学过程显得过于肤浅。

如果不是把目光盯在一个学期或一个学年，而是把时间拉长，你就会发现，你的收获与你的付出是呈正相关的。当你辅导了学生竞赛，你会收获学科知识的深度；当你做了班主任，你会懂得课堂的管理与调控；当你下班辅导学生，你能找准学生的最近发展区；当你对学生倾注了爱，你就会收获快乐；当你把教学当成一份事业，你就会幸福着、快乐着。

特级教师魏书生说："教师劳动有三重收获，一是收获各类人才，培养人才，桃李满天下；二是收获真诚感情，赢得学生对教师的爱戴和尊重；三是收获创造性劳动成果（教研、科研成果）。"

11.2.3.3 功在诗外

当教师的教育教学水平发展到一定阶段后，教师要以本学科的知识为中心，从生活和社会的各种资源中吸取营养，博采众长，为我所用。只有海纳百川，才能有容乃大。

教师的学术造诣在很大程度上取决于自身的参悟能力，悟性强的教师通常能够做到融会贯通、一通百通。

11.3 教师职业幸福漫谈

有两位老者在湖边垂钓，一位从未走出村落，一位曾在外边经历风雨，两人对垂钓的感受会完全不同。前者对垂钓的理解就是钓鱼，而后者则认为是一种释然、一种享受、一种幸福。

对幸福的向往与追求，是促进个人发展的永恒动力。个人价值只有与社会价值融为一体时才能实现。幸福是一种感受，是一种理解。学校人际关系和工作业绩是决定教师职业幸福的核心要素。

11.3.1 人际关系

11.3.1.1 地域文化

无论是经世致用的湘学士风，还是中原的忠义文化，如果到了岭南地区，都会被岭南文化逐步同化，比如饮食文化、人情交往文化等。而岭南文化的特点就是人性、包容和诚于信、敏于行。

同事之间的关系如果少几分喧闹，就会多几分真诚。当牵挂的人和事少了，生活就会简单一些，幸福也会多一些。

其实，每位教师都有可敬、可爱之处，如果彼此交往较少，不甚了解，就难以感受到彼此的善意和热情，会感到孤单与冷漠。心理距离又是人与人之间最遥远的距离，而心灵融通则能够超越文化、信仰、价值观甚至语言障碍等。

11.3.1.2 关爱是人际关系的润滑剂

幸福不仅是个人的追求与享受，更是人与人之间"分享"的一种体验。当你向同事或同学奉献爱心时，无论他们反馈怎样，你其实在心灵深处已经收获了爱。教师面对的是学生，与学生朝夕相处，耳濡目染，教师也会变得青春和富有朝气。从这个意义上讲，教师职业是一份永葆青春的职业。

11.3.2 工作业绩

11.3.2.1 职业信念

玄奘在公元 630 年到达"北天竺"，徒步翻越天山山脉的腾格里山，再翻越帕米尔高原和阿富汗境内的兴都库什山。法显比玄奘早 200 多年到达那里，穿越塔克拉玛干大沙漠，翻越帕米尔高原。玄奘翻越帕米尔高原时是 30 岁，而法显已经 67 岁。法显考察完后还达到今天的斯里兰卡，再走海路到印度尼西亚，然后北上回国，那时已经 79 岁，从 80 岁开始翻译带回来的经典，并写作旅行记《佛国记》。

李嘉诚在 2012 届汕头大学毕业典礼上致辞："我一直深信，如果世界上有任何成功秘方，其中最关键的元素必定是你对成功的渴望远远大于对失败的恐惧。"

一个有信念者所创造的力量，大于99个只有兴趣者。有了职业信仰，就有了精神寄托，心灵就少了浮躁和纠结，多了宁静和坚守。

11.3.2.2 用理念建构释惑教师的焦虑

最让教师焦虑的是学生，是学生不听话，是教过的东西仍旧不会。其实，教师的焦虑是多余的，因为学生的认知活动是一种以已有的知识和经验为基础的主动建构过程。

"鱼牛"

在一个小池塘里住着鱼和青蛙，它们是一对好朋友。它们听说外面的世界很精彩，都想出去看看。鱼由于自己不能离开水而生活，只好让青蛙一个人走了。这天，青蛙回来了，鱼迫不及待地向它询问外面的情况。青蛙告诉鱼，外面有很多新奇有趣的东西。"比如说牛吧。"青蛙说，"这真是一种奇怪的动物，它的身体很大，头上长着两个犄角，吃草为生，身上有着黑白相间的斑点，长着四只粗壮的腿，长了一条长尾巴，还有大大的乳房。"鱼惊叫道："哇，好怪哟！"同时，脑海里即刻勾画出它心目中的"牛"的形象：一个大大的鱼身子，头上长着两个犄角，身子下面安了四条腿，屁股后面安了一条尾巴，嘴里吃着青草……

所以，教师的价值在于引导、在于协助，学生才是主体。

"渔王"教子

从前有一个渔人，他在整个渔村拥有一流的捕鱼技术，被人们尊称为"渔王"。然而，"渔王"在自己年老的时候却非常苦恼，因为他的三个儿子的渔技都很平庸，没有一个可以继承"渔王"的称号。

于是，他便经常向周围的人诉说心中的苦恼："我总是弄不明白，我捕鱼的技术这么好，我的儿子们为什么都这么差呢？我从来没有怠慢过对他们的培育，自从他们懂事起我就开始将捕鱼技术传授给他们。而且我都是从最基本的东西教起，我甚至告诉他们怎样织网更容易捕捞到鱼、怎样划船才不会惊动鱼、怎样下网最容易请鱼入网。当他们长大了，我又教他们怎样识潮汐、辨鱼汛……凡是我长年辛辛苦苦总结出来的经验，我都毫无保留地传授给了他们，可他们的捕鱼技术竟然赶不上技术比我差的渔民们的儿子！"

一个路人听了他的诉说后，就问他："你一直都是手把手地教他们吗？""是的，为了让他们得到一流的捕鱼技术，我教得很仔细很耐心。""他们一直跟随着你吗？""是的，为了让他们少走弯路，我一直让他们跟着我学。"路人说："这样说来，你的错误就很明显了。你只传授给了他们技术，却没传授给他们教训，他们没有经历过失败，也就不会得到教训。对于才能来说，没有经历过失败与没有经验一样，都不能使人成大器！"

渔人听了，似有感悟，于是从那天开始他不再带着自己的儿子出海捕鱼，而是让他们自己选择出海的时机。开始的时候，儿子总是很失望地回家，因为他们一无所获，时间久了，他们的收获一天比一天多了起来，做"渔王"的父亲终于在他们的身上看到了希望。

教师只有尊重学生的基础与能力的现状，相信并依靠学生，找准学生的最近发展区，循序渐进地进行培养，这样才能提升教育教学的针对性和实效性。

11.3.2.3 做人要知足、做事知不足、做学问要不知足

学校的资源是有限的,每位教师所能够分享到的资源都存在着一定差异性。如果自己的付出得不到应有的回馈,那就用美国总统肯尼迪的话自勉吧,"我亲爱的朋友,我亲爱的兄弟,不要问你的国家为你做了什么,而要问一下,自己能够为我们伟大的国家做些什么"。

2004年实施新课程,当时笔者想,认真准备三年,以后就会很轻松了。但三年之后发现,再上一轮其实并不轻松,因为之前的教学设计、练习和试题,连自己都看不上了,于是就在原有基础上进行重新设计、改进和创新。

事实上,教学是无止境的,研究也是无止境。没有最好,只有更好。

11.3.2.4 让"美"成为教学的主色调

人类的一切实践活动,包括艺术实践活动,都是在不断地追求真、善、美的统一。真是美的基础,善是美的灵魂,如果把这种符合客观规律的真和有利于社会发展的善,通过具体而又光辉的形象表现出来,这个形象就是美的了。

美的教学风格涵盖和谐的师生关系、美观的板书设计、优雅精致的教学语言、平等民主的互动讨论、真诚善意的心灵交流等。

一个真正爱美并懂得什么是美的人,也必定是一个热爱生活、热衷创造的人。如果你用心用"美"来美化你的教学,你就会生活在"美滋滋"之中。

11.3.3 教师职业成长的思考

11.3.3.1 学术氛围

如果在学校崇尚权利,而权利的巅峰只有一个;如果崇尚学术,人人都可以成为学术领域中的王者。

张艺谋在拍《英雄》的时候说:"每个人心中都有一个英雄梦。"

"人人都有被尊重的心理需求和实现自身价值的精神追求"和"所有的人都愿意当主人,而不想做奴仆",这是两条人性定律。从这个层面上讲,任何人都可以信任。事实上,学校里的中年教师有相当一部分都曾经是教坛精英,可到了一定阶段都"沉默"了。只有激活教师追求职业幸福的热情,才能为学校的发展与创新注入源源不断的动力,也才能实现教师成长与学校发展的共生双赢!

11.3.3.2 培训与钻研

4年的大学教育,不足以支撑未来30多年的教学职业生涯。只有与时俱进,不断地研修和学习,才能为专业发展引来源源不断的活水。

自我研修要有阶段研究的方向,要以问题为中心积极吸纳各种新的理念和思想,并加以内化,为我所用。否则,仅靠参加一些"身"到"心"不到的培训,只不过是过"耳"云烟罢了。

教育是一种需要激情和爱的活动,是一种需要教师全身心投入的活动。没有教师生命质量的提升,就很难有高质量的教育;没有教师精神的解放,就很难有学生精神的解放;没有教师的主动发展,就很难有学生的主动发展;没有教师的开拓创新,就很难培

养学生的创新精神。亦即没有教师的幸福，就很难有学生的幸福。没有教师在职业生涯中自我实现的成就感、满足感和幸福感，也就不会有真正的教育。

11.4 学校团队管理策略探讨

团队是一种为了实现某种目标而相互协作的工作群体。学校实施团队管理策略可以充分凝聚教师的经验和智慧，取长补短、优势互补，最大限度地发挥团队成员的积极性和主动性，以获得解决问题的最佳方案，从而提升学校基层组织的管理效能。

11.4.1 学校团队管理的意义

11.4.1.1 新课程改革的需要

新课程改革给学校管理带来了一定的挑战，学校课程的设置和管理、校本教研的开展、学生综合素质的培养以及后勤职能的转变等都是全新的领域，远非教师个体所能解决。因此，只有依靠教师团队通力合作、集思广益，才能解决新课程实施过程中的诸多问题。

多维度培养目标和日益更新的教学内容反衬出教师个人知识和能力的局限性。在新课程实施过程中，教师成为学习者、研究者和开发者。团队管理能唤醒教师的团队意识：成就源于团队，团队成就自我。因此，只有彼此团结协作，才能实现个人与团队的双赢局面。

11.4.1.2 提高工作效能

现行学校管理强调竞争，突出了个人奋斗和个体绩效，而忽视了集体的合作意识和团队精神，导致个体之间存在"恶性竞争"，人际关系紧张，整体作战能力不强。在一些学校，年级科任教师的常态化调整，导致每个学年都要面临新集体组建。因此，如何在最短的时间内凝聚集体力量则成了学校管理的一个难题。

实施团队管理是营造和谐人际关系和凝聚集体力量的有效途径。统一的团队目标和肩负的责任，把个人和团队紧密地凝聚在一起，团队利益高于一切。相对于传统的命令式、控制式学校管理模式，团队工作方式具有针对性、及时性和灵活性的特点，因而能提高工作效能。

11.4.2 学校团队的组织结构

学校团队管理是以学校的教育教学效益的最大化为目标，每个团队相互支持、彼此协作。在学校团队中，年级管理团队是核心，校本教研团队是质量支撑，管理服务团队则提供指导、评价和后勤保障。

11.4.2.1 年级管理团队

年级组管理是学校常用的管理模式,通过凝聚年级教师和班主任的团队力量来实现对学生的有效管理。年级团队管理要以师生为本,采取人性化管理,注重年级师生人际关系的和谐,弱化班级之间的竞争,倡导班级之间合作。各年级的团队管理还要因级而异,制定适合本年级师生特点的管理策略,以提高本年级团队管理的针对性和有效性。

11.4.2.2 校本教研团队

备课组和学科组是校本教研团队,是以新课程改革和教学改革所面对的问题为研究对象,通过理论研究与教学实践,以促使学生全面发展和教师专业素养提升。教研团队的能力和水平是提升学校教育教学质量的核心因素。在教研团队中,应崇尚个人无私奉献和团队集体智慧,通过学科骨干教师的引领,激发教师教研的积极性和创造性,从而增强备课组和学科组的教研实力。

11.4.2.3 管理服务团队

学生处为年级管理提供指导,课程处、教学处为日常教学和校本教研提供指导和评价,而总务处则为全校师生的工作、学习和生活提供服务。学校管理服务团队要树立"教学是学校工作的核心"的思想,要有服务意识和协作精神。

11.4.3 组建学校管理团队

11.4.3.1 挑选带头人

团队核心人物的存在与否、素质如何,对团队的形成和绩效至关重要。无论是学校的各处室主任还是年级级长、备课组长,团队带头人都要德才兼备,要有高度的事业心和责任感,同时要有奉献精神。团队带头人能够引领团队,整合优势,促使团队健康、和谐发展。

11.4.3.2 确立团队目标

团队目标不但为团队决策提供了依据与导向,而且还为团队精神的形成提供了动力元素。有了明确的团队目标和共同愿景,就有了团队行动的具体方向,也就有了团队行为的评价依据,这将有利于增强团队的凝聚力。①

采用自下而上的团队目标设定方式,让教师参与团队目标的制订。在具体行动方案的制订过程中,教师会不断地加深对团队目标的共识。而且目标是教师自己制订的,在执行过程中会尽职尽责、同心协力,以最大的努力实现既定目标。

11.4.3.3 合理授权

在学校的团队管理中,教师通常是集决策者、管理者和监督者于一身,因此,应赋予团队及其成员以一定的权限,最大限度地激发教师的积极性、主动性和创造性。

学校赋予团队权限,应以适当性为原则,不能超负荷授权,要看团队的承受能力。在团队执行的过程中,学校应予以引导、指点和协助,并坚持请示汇报制度,以便学校及时全局调控。

---

① 高芙蓉:《浅议加强企业团队管理与构建和谐组织》,载《安阳师范学院学报》2006年第1期,第38页。

11.4.4 团队运行的保障

11.4.4.1 建立共同价值观，平等高效沟通

只有建立了共同的价值观和追求，才能算建立了团队。教师的价值观必须与团队的价值观相契合，但不必相同。两者的价值观必须紧密相关、和谐共存。否则，教师就会有挫折感，而且会消极被动、缺乏成效。

教师的职业特点决定了每位教师都拥有一定的优势资源。如果教师团队成员之间没有充分的信任，那么就很难保证成员之间资源的充分共享，也就很难保证教师团队的整体协作。因此，营造圆桌会议工作模式，实现教师之间的平等、高效沟通，是建立团队互信的基础。通过内化团队理念，让教师能够感受到彼此之间的尊重与肯定。①

11.4.4.2 培育团队荣誉，有效激励团队

团队荣誉感，是激励团队成员的良方。要善于发现、挖掘团队的优势，让教师为自己所在的团队而感到自信和优越，从而形成一种教师自觉维护团队荣誉的力量。最终，使教师为荣誉而努力。这样既可以培育团队荣誉，又可以激励教师，实现团队发展的良性循环。②

11.4.4.3 客观评价绩效，正确导向团队

团队管理是一种结果导向型管理。绩效是团队管理的根本，结果说明一切，结果决定一切。高绩效必然涉及责任、时间期限以及最终的成果评价，学校必须客观地评估各团队的绩效，没有评估就没有好成果。

年级绩效评价是以年级师生的级风、级貌和学生的学业成绩为参照，教研团队是以学生的学科成绩和教学成果为参照，而管理服务团队则以服务对象的满意程度为参照。同时，对各团队的评价还要参考团队成员自我管理状况和对团队的满意程度。

11.5 构建有效校本教研的思考与探索

新课程实行国家、地方和学校三级课程管理。三级课程管理的本质在于赋予基层学校一定的课程开发权利，教师由此成为新课程实施的执行者、研究者和开发者。校本教研是一种自下而上的教研方式，是教育教学质量提升的动力因素。

校本教研就是立足学校，以教师为研究主体，以新课程改革和教学改革所面对的问题为研究对象，通过理论研究与教学实践，促使学生全面发展和教师专业素养提升。校本教研的原则是：为了学校、基于学校和在学校中。

---

① 余红、谌启标：《教师团队管理的理念与策略》，载《基础教育参考》2007年第3期，第53页。
② 刘光辉、吴先金：《团队激励模式研究》，载《科技管理研究》2008年第6期，第398页。

11.5.1 校本教研的有效保障

11.5.1.1 科组建设的有效性

学科组长和备课组长要具备一定的组织能力和专业权威,这样既能整合学科资源,又能引领教研方向,并保障教研的质量和水平。否则,教研活动就会"原地踏步"或沦为形式主义。备课组集体备课是校本教研的主要形式,是提升教学质量的核心要素,也是教学创新的"孵化器"。

校本教研是利用集体智慧超越自我的一种研修方式,备课组和学科组等教研组要利用已有的经验和智慧,通过思维碰撞,生成解决问题的新策略。因此,各年级的学科师资要合理搭配、优势互补,以增强备课组的合作意识和教研实力。

11.5.1.2 教研制度的有效性

要改变校本教研松散、无序和低效的状态,首要任务就是要建立一套符合本校特点的校本教研制度,以保障校本教研的有效实施。

(1) 教研活动常态化和制度化

学校副校长、各处室主任都应该深入教研实践,以便从校本教研的视角思考学校的教育教学管理。把教研活动作为教师日常教学的有机组成部分,而教研组是业务研究和思想交流的主要场所。

(2) 教研过程管理

建立完善的教研监控措施,如学期教研计划、听课记录本、备课教案以及随堂听评课制度等。教学处要及时整理教师参加教研活动的情况,适时作出评估与反馈,并把教研成果纳入个人业务考核的范围。

(3) 时间保障

教学处统一安排,为每周一次的年级集体备课和两周一次的学科教研活动提供时间保障。

(4) 学生评议教师

教学处和学科组长每学期召开1~2次学生代表座谈会,了解教师教学情况,听取学生意见和要求,并将学生意见反馈给科任教师,以促使教师反思和改进教学。

(5) 激励进取

设立教学效益奖、优秀公开课奖、科研成果奖、优秀青年教师奖、优秀备课组奖和优秀学科组奖等多项奖励,以激励教师积极进取。

11.5.1.3 教研氛围的有效性

校本教研交流存在着知无不言、言无不尽的"习惯性防卫"现象。"习惯性防卫"是为保护自己免受伤害而逃避说出真实想法的人类本性。要消除"习惯性防卫"的心智定势,需要保持宽容的心态,并在相互信任的基础上推崇思想观点的多元化。一个充满生

机的教研活动本身就应该是"和而不同"的。①

传统的教研对话往往各执己见，不利于教学理念的更新，为此，备课组长和学科组长要改变从现有观点中简单抽取共同点的老套路，要研究教科研的最新动向，并结合学校实际提出具有前瞻性的教研主题和观点，引导教师不断更新教学观点，反思自己的教学局限性，博采众长，在更高层次上达成共识。

11.5.2 校本教研的有效实施

11.5.2.1 问题本质意识

问题意识缺乏是传统教学的重要缺陷，一方面是因为教师长久沉湎于以"重复"为特征的日常教学，另一方面教师总是在回避问题与错误。因此，教师只有打破"经验参照"的思维定势，立足新课程理念进行反思，才能发现问题并尝试解决问题。

校本教研不仅要聚焦"问题"，更要从现象层面的"假问题"抽象出本质层面的"真问题"，为找准问题的症结和解决问题奠定基础。比如，"学生自主探究与教师课堂控制的矛盾"的真问题是"如何加强教师的课堂指导？"，"学生自由插嘴与课堂纪律的矛盾"的真问题是"怎样引导学生有效提问？"②

11.5.2.2 校本教研模式

依据教研范围和参与人员的特点，校本教研通常可分为个体自主教研、年级备课组教研和学科组教研。

(1) 个体自主式

个体自主式是指个人通过查阅资料进行独立思考与研究，自主解决教学中的实际问题。

程序：确定教学内容—初步设计教学思路—查阅资料—研究思考—教学设计修订—课堂教学—课后反思

个体自主教研具有灵活性、针对性和及时性的特点，是目前一些学校较为普遍和常用的校本教研形式。但由于自主教研的个人局限性，需要在个体自主教研的基础上进行集体备课。个体自主教研的能力和水平决定了集体备课的质量。

(2) 集体备课式

为保证教研内容的连续性和系统性，集体备课应以单元为单位。学期伊始，年级备课组组长将单元教研任务分配到组员，该组员为该单元的中心发言人，负责该单元相关资料的查询和教学设计。其他组员也要尽可能为中心发言人提供参考资料。在集体研讨中，各组员针对教学设计的初稿提出意见和修改建议，最后形成统一的教学设计。教学实践后，各组员互享教学心得，反思、修订教学设计。

程序：确定单元教学内容—中心发言人说课—组员研讨—教学设计修订—课堂教学—课后交流反思

---

① 苏鸿：《校本教研需重建新的价值取向》，载《北京教育》2008年第2期，第42-43页。
② 苏鸿：《校本教研需重建新的价值取向》，载《北京教育》2008年第2期，第42-43页。

课堂教学是新课程实施的主战场，经过集体备课的教学设计才能走进课堂。年级集体备课是校本教研的主要方式，是提升学校教学质量的核心因素。

(3) 课例研究式

为解决学科教学中的共同性问题，由学科组长选取有典型性、代表性的教学内容，通过学科集体备课后公开授课，然后学科成员进行评课、研讨。

程序：归纳学科问题—选取课例—集体备课—公开授课—评课、研讨—总结教研成果

公开课通常承担着示范课的角色，是实践新课程理念和探索教学策略的载体，能起到借鉴和引领作用。课例研究是打造学校精品课堂的有效途径。

11.5.2.3 校本教研实践

校本教研立足于教育教学中的实际问题，着眼于新课程理念与教学实践的结合点上，通过个人深入钻研、团队深化交流、个人灵活加减和课后反思总结，最终实现更新教学观念和解决实际问题。[①]

教师首先要进行学情分析，深入钻研教科书，梳理问题核心，找准学生的最近发展区。教研组在问题情景中深化交流，把交流的焦点对准课堂。个人在实施课堂教学时则要根据自身的特点和本班学生的实际，可以对教学设计进行酌情加减；在课后积极进行自我评价，不断反思，并提出改进方案。

11.5.3 校本教研的有效反思

11.5.3.1 课程理念的有效内化

现代教育过分关注效率与操作，而忽略操作背后的理念与思想。由于缺乏新课程理论的支撑，校本教研往往停留在听课、评课和经验总结等层面上，缺乏对某个问题的持续关注与深入研究。

因此，新课程实施首先要加强理论学习，提高理论水平。在备课、上课和课后反思中，教师自觉地将新课程理念内化为自己的教学行为，在实践中提高理论素养，不断发现问题，研究问题，解决问题。校本教研在"实践—研究—培训—再实践"的循环体系中逐步走向规范和高效。

11.5.3.2 教师成长的有效激发

校本教研是教师职业生涯中的一种生存方式，是一名优秀教师专业成长的必经之路。要创造性地完成教学任务，就必须以校本教研为基础。

美国心理学家波斯纳提出教师成长公式：成长＝经验＋反思。[②] 面对不断变化的教学环境和教学对象，教师只有不断地进行教学反思，才能更好地实践新课程理念，才能实现与新课程共同成长。因此，学校要营造良好的学术氛围和成长环境，激发教师的成长

---

① 宋光琼：《"建立以校为本的教学研究制度的探索"研究报告》，载《宁夏教育》2006年第3期，第21页。

② 吴宁建：《教研组建设的思考与实践》，载《河北教育》2008年第2期，第30页。

需求，引导教师爱岗敬业，潜心学习业务理论，带着研究走进课堂，走进学生，不断提高自身素质和驾驭课程的能力。

11.5.3.3 学科骨干的有效引领

学科带头人和教研骨干是学校潜力巨大的教研资源，是校本教研的动力引擎，在同伴互助中输出能量。在学校众多领域，学科带头人的人格魅力或引领作用都优于行政命令。

学校要树立科研立校、科研兴校战略，加大对学科带头人和教学骨干的培养力度。建立激励机制，引导教研团队合作，科学评估教研团队的绩效，并将教研组长的业绩与教研团队的绩效挂钩，以激励学科带头人和教学骨干对校本教研的有效引领。

主题12　让专业素养激活感悟世界的触角

　　视角不同、高度不同，对世事的认知也不尽相同。人与世事的交流方式，往往取决于人的视野、学识和经验。学科专业不同，职业领域不同，但规律和道理都是相通的。借助精修职业素养来发展认识问题的深度和高度，从而提升自身与职业、生活、社会交互的层级与品位，可提升职业的幸福指数。

　　创新能力是职业素养的高级层次，是以思维的创新性和灵活性为品质条件。在教育教学的实践过程中，教师要不断地进行改进和创新，提升原创能力，为教育教学的发展提供一点力量，同时，也为生活增添一丝创意美色。

　　教师在职业发展过程中，既要协调好教学中不同领域之间的关系，还要处理好教学工作与其他业务之间的关系，更要处理好个人与同事、生活、社会等各方面的关系。只有平衡好各方面的关系，教师才能为职业成长提供良好的环境，才能够保障职业发展走得更顺、更高和更远。

蝶恋花·登山

　　甘溪潺潺蕴风流。
　　根深叶茂，
　　一叶知春秋。
　　错落有制胜画轴，
　　仰叹神工巧手。

　　独步探秘溪水幽。
　　登高远眺，
　　清风涤心透。
　　归来田间欢笑声，
　　黄花绿柳别样悠。

12.1 赏析化学中蕴含的灵性与哲理

用人文视角审视化学，能够给理性的化学插上诗意和灵性的翅膀。[①] 将无机的化学世界赋予有机色彩，引导学生在赏析化学的灵性与哲理时，引起情感上的共鸣和意蕴上的感悟，让化学变得可亲、可近与可爱。用熟知的社会现象同化、活化化学问题，既有助于学生深度理解和有机建构化学知识，又能够提升学生学习化学的积极性和主动性，还能够提高学生的鉴赏能力和领悟能力。

12.1.1 团结就是力量

宏观物质是由微观粒子构成的，宏观物质的性质通常需要大量的微观粒子聚集在一起才能够表现出来。比如，一个 H_2O 分子，无法描述其所处的状态（气态、液体与固态）；一个 Cl_2 分子，也无法呈现出黄绿色；一个 O_2 分子撞击器壁产生的压力微乎其微，而当若干个分子撞击器壁时，便产生了气体的压强。

由于 $Fe(OH)_3$ 胶体的分散质粒子是许多分子的集合体，其直径才会介于 1~100 nm 之间，才会对光线产生散射，也才使得胶体具有丁达尔现象。而 $BaSO_4$ 悬浊液中分散质粒子是巨大数目的分子集合体，其直径＞100 nm，所以无法对光线产生散射，也无法透过滤纸。

同一种粒子，由于其聚集方式不同，表现出来的性质也存在着一定差异。比如，金刚石是由碳原子以共价键连接形成的正四面体空间网状结构的原子晶体，而石墨是一种层状结构的过渡型晶体：层内碳原子以共价键结合形成正六边形网状结构，层与层之间存在着分子间作用力。结构的差异导致金刚石是硬度最大的物质、不能导电，而石墨则硬度较小、导电性良好。

由此可见，粒子个体只有在团队中才能展示自我，才能体现力量。

12.1.2 美的天性

空气中的水蒸气遇冷会凝结成常见的六边形雪花；海水晒盐时，溶液中的 Na^+ 和 Cl^- 在三维空间均匀排列，形成正六面体晶体；将 $(NH_4)_2SO_4$ 固体加入含有等物质的量 $FeSO_4$ 溶液的蒸发皿中，缓慢加热，浓缩至表面出现结晶薄膜为止，放置冷却，即能得到透明浅蓝绿色单斜晶体 $(NH_4)_2Fe(SO_4)_2 \cdot 6H_2O$。

[①] 杜建来：《打开美的心灵 感受自然科学之美》，载《兵团教育学院学报》2008 年第 2 期，第 60-62 页。

物质不仅具有形成漂亮形态的本能,还具有用色彩装扮自己的天性,比如,氯气的黄绿色,液溴的深棕红色,固体碘的紫黑色等。

当物质参与化学反应时,常常伴随着气体的逸出、沉淀的生成、热量的变化以及颜色的改变等,这是在向人们展示着各自非凡的本领。指示剂在不同环境中显示着不同颜色,更将这种展示发挥到极致。

12.1.3 各有所长,彰显不一

每一种物质都具有非凡的本领和巨大的潜能,但彰显的方式各不相同。有些性情直率,如 Na、Cl_2 等,能直接与多种物质发生反应。有些则平静淡定,比如木炭、CH_4 等,只有在点燃后才会表现出热情与炙热。而有些则比较含蓄,如 CH_3COOH,25 ℃ 时,0.10 mol/L CH_3COOH 溶液中的 pH 值为 2.87,表明 CH_3COOH 只发生了部分电离,电离程度是 1.34%;而当 CH_3COOH 溶液与足量的镁条反应时,其储存的 H^+ 能全部被释放出来。

案例 1:NO_3^- 的氧化性

向装有铜片的试管中加入 3 mL 3 mol/L KNO_3 溶液,发现没有现象;向其中滴加几滴 6 mol/L HCl 溶液,振荡,发现溶液逐渐变为蓝色。发生该现象的原因是在酸性的条件下,NO_3^- 的氧化性被激发出来。

$$3Cu+8H^++2NO_3^-=\!=\!=3Cu^{2+}+2NO\uparrow+4H_2O$$

12.1.4 多重角色

每一种物质都具有其所属物质类别的通性,又具有核心元素所表现出来的价态特性(氧化还原性),另外还具有非价态特性。即每一种物质都是共性与特性的统一体。

案例 2:SO_2 的性质

①酸性氧化物的通性:

$$SO_2+H_2O=\!=\!=H_2SO_3$$

$$SO_2+2NaOH=\!=\!=Na_2SO_3+H_2O$$

$$SO_2+CaO=\!=\!=CaSO_3$$

②价态特性:

$$SO_2+2H_2S=\!=\!=3S\downarrow+2H_2O$$

$$SO_2+2H_2O+Br_2=\!=\!=H_2SO_4+2HBr$$

③非价态特性:能漂白品红等色素。

每一种物质在与其他物质的相互转化中,都肩负着不同的角色与功能。从物质之间的相互转化关系中,能够比较系统地认知、定位某一物质的性质和角色功能。

案例 3：CH_3CH_2OH 的性质

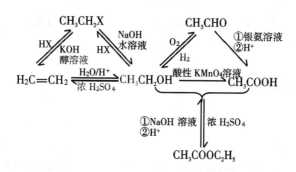

图 12-1　乙醇与其他物质的相互关系

12.1.5　双重性格

一些化学物质具有性质对称的双重属性，是一个矛盾共同体。但能够表现出很强的灵活性，能够根据所属环境的变化而发生截然不同的两类反应。

12.1.5.1　两性化合物

Al_2O_3、$Al(OH)_3$、氨基酸等既能与酸反应生成盐与水，又能与碱反应生成盐与水，是两性化合物。

12.1.5.2　氧化（还原）性

H_2O_2、SO_2 等，由于组成的核心元素为该元素的中间价态，因此，既具有氧化性，又具有还原性。

案例 4：H_2O_2 的氧化（还原）性

H_2O_2 遇到还原剂时，表现出氧化性；遇到氧化剂时，表现出还原性；而 H_2O_2 自身也能发生氧化还原反应，既表现出氧化性又表现出还原性。

①氧化性：

$3H_2O_2+Cr_2(SO_4)_3+10KOH=\!=\!=2K_2CrO_4+3K_2SO_4+8H_2O$

②还原性：

$Ag_2O+H_2O_2=\!=\!=2Ag+O_2\uparrow+H_2O$

③氧化性与还原性：

$2H_2O_2\xrightarrow{催化剂}2H_2O+O_2\uparrow$

又如，CH_3CHO 能够被溴水氧化为 CH_3COOH，而在催化条件下又能够被 H_2 还原为 CH_3CH_2OH。

12.1.5.3　水解与电离

$NaHCO_3$、$NaHSO_3$ 等溶于水后，电离出来的弱酸酸式酸根，既能够发生水解，又能够发生电离。

$H^++CO_3^{2-}\rightleftharpoons HCO_3^-+(H_2O)\rightleftharpoons H_2CO_3+OH^-$

当遇到酸性环境（H^+）时会向水解的方向移动，放出 CO_2 气体；而遇到碱性环境（OH^-）时，则会向电离方向移动，生成 CO_3^{2-}。

比如，向澄清石灰水中滴加少量 $NaHCO_3$ 溶液，会产生白色沉淀。

$$HCO_3^- + Ca^{2+} + OH^- = CaCO_3\downarrow + H_2O$$

12.1.6 稳定趋向

能量最低原理是自然界的普遍规律，化学体系具有趋向能量最低、形成稳定状态的倾向。

原子具有形成稳定结构以降低能量的趋向，这是原子间相互化合的动力。比如，Na 原子与 Cl 原子都很活泼，通过得失电子形成 8 电子稳定结构。而 Na^+ 和 Cl^- 之间的相互吸引和彼此之间电子与电子、原子核与原子核之间的排斥达到平衡时，整个体系的能量降低到最低，便形成了稳定的离子键。

化学反应通过释放出能量，以形成更加稳定的物质。比如，H_2 在 Cl_2 中燃烧，放出热量，生成的 HCl 更加稳定。

12.1.7 强者优先

"优胜劣汰"是自然界的普遍法则，当多种物质在"争夺"有限的资源时，就会表现出竞争意识，最终强者优先反应。

12.1.7.1 氧化还原反应

在 U 形管中注入 $CuCl_2$ 溶液，插入两根石墨棒作电极，接通直流电源，将湿润的淀粉 KI 试纸放在阳极附近。

通电不久，阴极石墨棒上逐渐覆盖一层红色的铜，在阳极石墨棒上有气泡产生，气体使湿润的淀粉 KI 试纸变成蓝色。

该实验说明了 Cu^{2+} 得电子能力强于 H^+，Cl^- 失电子能力强于 OH^-。

原电池中正负电极角色的判断与电解池中离子的放电顺序，实质上决定于粒子得失电子的能力强弱。

12.1.7.2 非氧化还原反应

（1）生成更难溶解的物质优先

向一支试管中依次加入 2 mL 0.1 mol/L NaOH 溶液和 2 mL 0.1 mol/L Na_2CO_3 溶液，然后再滴加 1 mL 0.1 mol/L $MgCl_2$ 溶液，观察有白色沉淀生成。静置后倾去上层清液，并用蒸馏水洗涤沉淀 2～3 次。最后，向沉淀中滴加 0.1 mol/L 盐酸溶液，沉淀逐渐溶解，但并没有气泡产生。说明 OH^- 优先于 CO_3^{2-} 与 Mg^{2+} 结合，原因是 $Mg(OH)_2$ 的溶解度小于 $MgCO_3$。

（2）生成更难电离的物质优先

向一支试管中依次加入 2 mL 0.1 mol/L $FeCl_3$ 溶液和 2 mL 0.1 mol/L HCl 溶液，然后向其中逐滴滴加 0.1 mol/L NaOH 溶液，边滴加边振荡，发现开始时并没有出现红褐色沉淀，直到滴加到一定量时才出现红褐色沉淀。原因是 H^+ 更容易与 OH^- 结合，生成更难电离的 H_2O。

12.1.8 舍己助人

在物质之间的相互反应中,处处洋溢着奉献精神,"强者"通过牺牲自己来帮扶"弱者",使"弱者"得以"重生"。

12.1.8.1 强酸制弱酸
用醋酸洗涤水垢:
$$2CH_3COOH+CaCO_3=\!=\!=Ca(CH_3COO)_2+H_2O+CO_2\uparrow$$

12.1.8.2 高沸点酸制低沸点酸
用食盐与浓硫酸制取 HCl 气体:
$$2NaCl+H_2SO_4(浓)\xlongequal{\triangle}Na_2SO_4+2HCl\uparrow$$

12.1.8.3 强氧化剂制弱氧化剂
Cl_2 置换 NaBr 生成 Br_2:
$$Cl_2+2NaBr=\!=\!=2NaCl+Br_2$$

12.1.8.4 强还原剂制弱还原剂
用铝热法焊接钢轨:
$$2Al+Fe_2O_3\xlongequal{高温}3Fe+Al_2O_3$$

再比如,用牺牲锌块保护钢闸门的牺牲阳极的阴极保护法,以及 Al、Fe 在常温下遇到浓 H_2SO_4、浓 HNO_3 时,表面的 Al、Fe 发生钝化而保护了内层的金属不被腐蚀,这些都是"舍己为人"的典范。

12.1.9 自动调节机制

化学可逆反应、弱电解质的电离、盐类的水解以及难溶电解质的溶解等可逆体系,当可逆体系中正、逆方向的速率相等,即体系中各组分的浓度和含量保持恒定时,该体系达到了平衡状态。平衡体系具有自动调节功能,当原平衡体系被外界因素影响后,体系会通过平衡移动来减缓外界因素的干扰。

比如,向饱和的 NaCl 溶液中滴加几滴浓盐酸,发现溶液中析出白色沉淀。原因是饱和的 NaCl 溶液中存在着如下溶解平衡:$NaCl(s)=\!=\!=Na^+(aq)+Cl^-(aq)$,当滴加浓盐酸时,增加了 $c(Cl^-)$,溶解平衡向析出 NaCl 固体的方向移动,从而降低了溶液体系中增加的 $c(Cl^-)$。

12.1.10 遵循守恒

守恒是化学反应的至高"法律"和行为准则,比如,质量守恒、能量守恒、原子守恒、电子守恒、电荷守恒以及质子守恒等。正是这只无形之手规范了化学反应,使繁杂的化学变化变得循规蹈矩,也使得控制与利用反应造福人类成为可能。

比如，在 $NaHCO_3$ 溶液中，$NaHCO_3$ 完全电离，HCO_3^- 在溶液中存在三种形式：

$$\begin{cases} HCO_3^- （既未电离又未水解） \\ [HCO_3^- \rightleftharpoons] H^+ + CO_3^{2-} \\ [HCO_3^- + H_2O \rightleftharpoons] H_2CO_3 + OH^- \end{cases}$$

根据核心原子（C 原子）守恒，可以得出：

$c(Na^+) = c(HCO_3^-) + c(CO_3^{2-}) + c(H_2CO_3)$

12.1.11 遵守有序

现已发现的几千万种物质也仅仅只有一百多种元素通过不同但有序的结合而组成。在这一百多种元素中，元素的名称不同、结构不同、性质也不同，表现出元素世界的丰富多彩与千差万别。[1] 而元素周期表则将这些元素和谐、有韵律地统一在一起，让元素的性质与对应物质的性质变得有规可循。

根据物质和反应的共同属性进行归类，让每一种物质和每一个反应都有了家的归属。分类让化学科学不再那么高深莫测、杂乱无章，而是和谐有序、有章可循。

12.1.12 智慧规则

化学用语是化学学科不同于其他自然科学的独特的语言表现形式，是化学科学发展过程中高度提炼与严格规范的"化学世界语"，如元素符号、分子式、电子式、结构式、键线式、化学方程式等。[2] 化学用语内涵丰富，并将符号意义与客观事实完美地融合在一起。正是这些充满智慧的化学用语，让认识化学、探究化学与应用化学成为可能。

为了便于人们认知和应用化学，化学先驱们用富有创意的智慧创造了一些规则和标准。比如相对原子质量，是以一个 ^{12}C 原子质量的 1/12 为标准，解决了原子真实质量很小而使用不便的问题。再比如，把 0.012 kg ^{12}C 中所含有的碳原子数规定为阿伏伽德罗常数，用 6.02×10^{23} mol^{-1} 来表示，搭建了宏观质量与微观粒子数之间的桥梁。

12.2 平衡论

花鸟虫草，人情事世，虽形态异殊，然盛衰有律，更迭有序，生息不尽，重演不止，何耶？自然与之社会，皆为生态之系统，具内驱平衡之天力。夫平衡者，乃造物之神笔，万物之纲纪。

生态何以平衡？生态因子互依互存，相连相克，此消彼长，势均力敌，故耗能至少，平和共生。若外界施以变化，体系必应之以悖，正逆相搏，增减互消，假以时日，遂至新态。故平衡亦为动态平衡耳。

---

[1] 朱建荣：《挖掘化学之美 优化课堂教学》，载《素质教育论坛》2011 年第 8 期，第 96 页。
[2] 薛建跃：《美在化学中的体现》，载《安徽化工》2005 年第 1 期，第 63-64 页。

人事运行皆有习惯之惰性，维系常态，本性使然。若图新变革，必承革新之磨炼，嬗变之煎熬，非涅槃而不得重生。然惰性顽疾，强拉硬扯，常徒劳折返。是故有志有力，而又不随以怠，方能迭代升级。

芸芸众生，乃天地之一粒，生态之一环，既助与平衡，亦囿于平衡。养生命之躯，谨遵天道，和于阴阳，调于四时，春生夏长，秋收冬藏，食饮有节，起居有常，积精会神，形神兼顾，方颐养天年。盖因心定于动静适宜，肝宁于宠辱淡定，肺全于调息寡言，脾健于饮食有节，肾足于怡神寡欲。凡万事虚浮，弗知持满，逆于生乐，起居无常，耗散其真，多半百而衰。若透支以精气，必警之以异常，须舒缓节奏，药食辅之，调和至衡。譬食之冷热，饱饥无度，胃肠过载，久必患疾，故善待脏器，温和食之，适其承载，方可益寿。

人存乎于天地之间，交换于身心之外，惟收支平衡，取舍有度，施受有节，方和谐延年。食之绿色，呼之清新，利于体健。视之行善，闻之言良，益于神怡。观绿竹之节得其品，赏青莲之净悟其性，则恬淡之气上下贯通，舒然通透，郁结弗存。

呜呼！人之迥然，源自环境有异，路径有别。然人之品性自成一统，阴阳互补，正反相辅。如若不然，则言行离析，人格分裂，非常人所能及也。故多欲者难以慷慨，多躁者难以沉潜，多言者难以笃实，多勇者难以文雅。执拗者福轻，圆融者禄厚，操切者寿折，宽厚者年长，乃人生之定数。出世者方能入世，非则世缘易堕；入世者方能出世，否则空趣难持，为处世之玄机。

嗟乎！盖万物皆历生兴衰亡，唯长短不齐耳。物极必反，否极泰来，乃平衡之天道。事事互依，事物相连，人事推移，势运因缘。是故激湍之下，必有深潭；浚谷之上，必有高丘。是故审时度势，见微知著，履霜而坚冰至，执持良机，势去金成铁，运来铁似金。

12.3　原创论

三生万物，万物始一，时移世易，周行不殆。物事更迭，乃新颖滋于常态，常态稳固，及至更新，遂呈新状，久则常态，如此迭代不息，发展不止。发展之手何焉？创新也。创新乃发展之本，物事之魂。原创为创新之始，革新之源。

术业图精专，事业谋宏达，必经模仿、跟进、超越之历程。模仿虽为伊始，然奠成长之基，关键之至。模仿唯神形兼备，方能跟进超越。否则形似神非，驻地盘旋，跟进维艰，超越何谈？唯模仿赋以原创，兼收并蓄，根植嘉苗，苗壮方可期也。

原创者，常倚前人之肩，以改进、重组者居多。虽跃跃欲试者众，然超乎前人者寡，卓有建树者鲜，盖犹大浪淘沙，凤毛麟角。原创何其难哉！盖因要领不得，新意不足，持之不坚。加以浮躁之风甚嚣，近利之欲尘上，生存不易，琐事缠身，疲于应付，有心无力，东拼西凑，得过且过耳。

原创岂真难耶？欲原创而有所为者，首以担当笃志，压力与之动力，良性互动，携手并进，格局愈高，天地愈广。次以淡泊名利，名则杂念丛生，利则急功虚浮。唯淡泊而能静悟，静则思全，悟则融通。再以自主为先，外援为辅，穷究其理，事必躬亲。唯知其然，亦知其所以然者，始得法门。盖乎矢志原创，亦能感化上苍，上苍眷之，犹如神助，滤其消极，罗其积极，满脑皆为所思，满目皆为所需。事事联通，疑无路时，姑且放之，功在诗外，迂回花明。原创者，常一波三折，冥思数载，故矢志不渝，勿忘初心，方修正果。

　　人择于事，事亦择人，优胜劣汰，生态法则。所遭南墙，既为成事之磨炼，亦为反思之信号。人生所经世事，有其偶然，亦有必然。盖因人之秉性难改，心智难移，非遭乎挫折，孰愿革焉？盖所遇之人，所遭之事，多为人生之定数，非此即彼。唯正面处之，革而适之，虔诚修炼，以期圆满。故不必耿耿于怀，叹上苍之不公。

　　原创伊始，虽显青涩，然为原创，嬗变迭代，熠熠犹可期也。若未能如愿，失之东隅，必收之桑榆。行业有别，时空有异，然大道相通，至理归一。夫专攻一术而精，主修于一业而达，若触类旁通，则无论宏微，无分彼此，皆能而有所为也。

　　呜呼！善原创者，百人能有几何？人之成长，须成败修剪，顺逆磨炼。好奇驱使，人之天性，图志创新，塑造秉性，改良心智，参常态之瑕疵，创未来之新奇。噫！众人微创，聚沙成塔，假以时日，终育集大成也。

12.4　评价论

　　凡事有始终，所为有因果，相聚以聊，论及人事，必言之以评。是故为人为事，评议相随，或正或偏，或褒或贬。孰见无人不被说，无人不说人耶？盖乎人之善恶优劣，事之好歹利弊，自信自卑，幸甚痛疾，皆得乎自评他评矣。

　　评及人事，须矩之以识，然人人有别，所识有异，以异矩同，见解岂能同焉？人之所见，犹横看成岭，侧观成峰，春夏秋冬，喜怒哀乐，景象万千。老子曰，道亦道，非常道。盖因所识存乎发展，所见亦遂之而异。故评价之论断，为彼时彼景之感言耳。人之所识也有限，而世事亦无限，以有限之识评无限之事，岂能中焉？盖犹盲人触象，而笃定其所知，岂不悲哉？故欧洲谚语曰，人类但思考，上帝遂发笑。

　　盖乎主观评判，源乎于心，目之所及，心之所属。然心之所属，亦欲之所系也。身心之状况，生存之境遇，所需所好皆生欲念。故治国齐家修身之志，当以正心为先。

　　年少评以好歹，简易纯粹，及至益壮，虑以利害，言之凿凿，饰掩其欲。盖因时空有异，好恶有别，故人之评价，仅限参阅。自评益于他评，自评者亦能反省，惟反省方助更新。纵向比之往昔，发现自我，扬长避短；横向较之四周，定位自我，笃定方向。

　　评价人事，据之以理，正反兼顾，誉毁有节，评其已然，瞻其未然，以期许褒扬为尚。论及人事，心怀善念，念善随之吉神，念恶附之厉鬼。勿以恶小而为之，勿以善小而不为。呜呼！世间焉有憨人耶？诚心待之，以恕己之心恕人，人或不谅，然历久自明，故不必急求其明也。

　　嗟乎！评价为何哉？非泄义愤，非彰才智，当以渡人为旨，关爱为先，吸纳为径，欣然为适。噫！渡人者，须经其所未经，悟其所未悟，方指点丘壑，渡之以术。然艺精德馨，高乎数阶，非潜修数载而不能至也。